영화 속의 행정윤리

이 병 철

도서출판 대영문화사

머리말

2008년에 『영화를 통해서 본 행정학』이란 책을 출간했다. 이 책을 집필하게 된 의도나 동기는 딱딱하고 어려운 행정이론을 좀 더 흥미롭고 재미있는 영화와 접목해 이해시키고 설명하면 훨씬 좋겠다는 생각에서였다. 실제로 이 책에 대한 독자들의 반응이 좋았다. 처음 이 책을 집필할 때 저자가 생각했던 것처럼 독자들도 영화라는 도구를 빌려 행정이론을 접하니 훨씬 이해도 잘 되고 재미있었다는 것이다.

이러한 반응에 고무되어 평소에 관심을 가지고 있던 행정윤리 영역에도 이런 시도를 해 보는 게 어떨까 하는 생각을 했다. 이런 실험정신이 오늘 이 책을 낳게 만들었다고 볼 수 있다. 많은 관련 영화들을 나름대로 분석하고 평가하면서 자료를 하나하나 업그레이드시켜 나갔다. 그러면서 다른 한편으로는 행정윤리를 어떻게 설명하면 독자들이 좀 더 잘 이해할 수 있을까 하는 생각 끝에 나온 것이 행정윤리 분야를 주제나 성격에 따라 영역을 나름대로 저자의 판단과 기준으로 나눠 보았다. 그런 다음 이 영역에 관련 영화들을 서로 짜맞춰 집어넣는 작업을 했다.

이 책에서 선정된 여러 영화가 객관적으로 볼 때 행정윤리의 영역 범주와 정확히 일치하는 것은 아니다. 보는 시각에 따라 얼마든지 다른 범주화가 가능하다. 또한 영화가 이런 범주를 넘나들며 상호 관련성을 가지는 것도 많이 있다. 예컨대 어떤 영화는 행정신뢰라는 범주에 들어갈 수 있고, 또 행정부패나 행정책임과 관련성을 가지고 있기도 하다. 따라서 여기에서 영화를 분류하고 범주화한 기준은 오로지 저자 본인의 판단과 기준에 입각한 것이며, 이에 따라 영화들을 행정윤리 영역 범주별로 분류해 정리했다.

그리고 이 책을 집필하는 데 저자의 전작인 『행정윤리』, 『행정철학』, 그리고 『영화를 통해서 본 행정학』 등에 쏟아진 연구가 많은 도움이 되었다. 이러한 선행적인 연구 결과들이 없었다면 이번의 저서 집필은 힘들었을 것이다.

이제 집필을 마치고 책을 내려고 하니 기대가 큰 만큼 아쉬움 역시 크게 남는다. 이 영화를 이 영역 범주에 집어넣어야 했던 것은 아닌지 또는 저 영화는 저 영역 범주에서 빼고 이 영역 범주로 넣어야 하는 것은 아닌지 하는 걱정과 영화에 대한 분석이 제대로 된 것인지, 그렇지 않으면 저자 혼자의 생각에 갇혀 있는 것은 아닌지 하는 우려가 진종일 머리를 무겁게 했다. 그러나 우리나라 속담에 "천릿길도 한 걸음부터"라는 말에서 나름대로 위안을 삼고자 한다.

말은 이렇게 해도 분명 부족한 점이 많을 것이다. 많은 지도 편달이 요구되는 부분이다. 그러나 어렵고 딱딱하게 느껴지는 행정윤리라는 분야의 이론과 사상을 재미있게 꾸며진 멋들어진 영화라는 틀을 빌려 나름대로 흥미롭게 접근하기 위한 새로운 노력 정도로 이해해 주었으면 한다. 그리고 2008년의 『영화를 통해서 본 행정학』에서의 첫 시도가 이 책의 산파 역할을 했다고 보면서 나름대로 이러한 두 번째 발걸음에 의미를 부여해 본다.

이 책을 출간하는 데 도움을 주신 많은 분들께 따뜻한 감사의 정을 전하고 싶다. 무엇보다 먼저 학문적 우인들에게 감사의 뜻을 전한다. 그리고 저자로 하여금 책을 출간할 수 있도록 격려해 주고 도와 주신 대영문화사 임춘환 사장님과 보이지 않는 곳에서 관심을 가지고 보살펴 주고 염려해 주신 부모님을 비롯한 많은 분에게 진심 어린 감사를 드린다.

2016년 12월
울산대학교 문수캠퍼스 연구실에서
이병철

차례

머리말 / 3

서문 13

제 1 장 영화와 행정윤리 23

제 1 절 창의적 상상 ······ 23
제 2 절 예술과 영화 ······ 29
제 3 절 예술과 행정 ······ 33
제 4 절 영화 속의 행정윤리 ······ 41

제 2 장 공직자의 자세 46

제 1 절 정약용의 『목민심서(牧民心書)』에서 강조하는 공직자의 자세 ······ 46
제 2 절 정약용이 보는 선물과 뇌물 ······ 52
제 3 절 경주 최부잣집의 육훈(六訓) ······ 54
제 4 절 아우구스투스, 키케로 그리고 소 카토가 강조하는 공직자의 자세 ······ 57

1. 아우구스투스 / 57
2. 키케로 / 58
3. 소 카토 / 58

제 5 절 법에서 규정하고 있는 공직자의 자세 ········· 60
제 6 절 공직자의 자세와 관련된 영화들 ········· 63
1. 『광해, 왕이 된 남자』 / 63
2. 『데이브(*Dave*)』 / 70
3. 『긴급명령(*Clear and Present Danger*)』 / 73
4. 『신기전』 / 75

제 3 장 행정신뢰 80

제 1 절 관련 이론 및 사례의 개관 ········· 80
1. 신뢰에 대한 개념 정의 / 80
2. 신뢰와 사회적 비용의 관계 / 81
3. 정부 불신의 원인 / 85
4. 정부 신뢰 회복을 위한 방안에 대한 고민 / 86

제 2 절 국가 권력과 관료제에 대한 불신을 담은 영화들 ········· 89
1. 『부러진 화살』 / 89
2. 『럭키』 / 90
3. 『부산행』 / 91
4. 『서울역』 / 93
5. 『방황하는 칼날』 / 94
6. 『도가니』 / 95
7. 『돈 크라이 마미』 / 97
8. 『추격자』 / 99
9. 『신세계』와 『디파티드(*The Departed*)』 / 101
10. 『리처드 닉슨의 암살(*The Assassination of Richard Nixon*)』 / 103
11. 『절대권력(*Absolute Power*)』 / 104
12. 『테이큰(*Taken*)』 / 106
13. 『서울무지개』 / 107

제 4 장 행정부패 109

제 1 절 국제투명성기구와 정치경제리스크컨설턴시의 국가청렴도 조사 ······ 109
제 2 절 공직부패는 망국의 병 ······ 110
제 3 절 읍참마속(泣斬馬謖)이 주는 교훈 ······ 111
제 4 절 사법적 정의의 실현과 한계 ······ 112
제 5 절 행정부패의 개념과 관련 접근 이론 ······ 115
1. 행정부패의 개념 정의와 한계 / 115
2. 공직부패에 대한 접근 이론 / 119

제 6 절 고위 공직자에게 요구되는 자성적 노력과 처신 ······ 121
제 7 절 행정부패와 관련된 영화들 ······ 122
1. 『내부자들』 / 123
2. 『더 킹』 / 126
3. 『기술자들』 / 131
4. 『부당거래』 / 133
5. 『강남 1970』 / 135
6. 『사생결단』 / 137
7. 『범죄와의 전쟁: 나쁜 놈들 전성시대』 / 138
8. 『노리개』 / 140
9. 『돈의 맛』 / 141
10. 『13구역(*District 13*)』 / 142
11. 『13구역: 얼티메이텀(*Banlieue 13: Ultimatum*)』 / 143
12. 『브릭 맨션: 통제불능 범죄구역(*Brick Mansions*)』 / 144
13. 『투캅스』 / 145
14. 『공공의 적』과 『주유소 습격사건』 / 146
15. 『공공의 적 2』 / 147
16. 『가문의 위기』 / 149
17. 『뱅크 잡(*The Bank Job*)』 / 150
18. 『트레이닝 데이(*Training Day*)』 / 152
19. 『나쁜 녀석들(*Bad Boys*)』 / 153
20. 『머니 트레인(*Money Train*)』 / 154
21. 『L.A. 컨피덴셜(*L.A. Confidential*)』 / 155

22. 『갱스 오브 뉴욕(*Gangs of New York*)』 / 157
23. 『피스메이커(*The Peacemaker*)』 / 158
24. 『네고시에이터(*The Negotiator*)』 / 159
25. 『내셔널 시큐리티(*National Security*)』 / 160
26. 『1724 기방난동사건』 / 161
27. 『광복절 특사』 / 162
28. 『라이터를 켜라』 / 164
29. 『헬(*In Hell, The Savage*)』 / 165
30. 『쇼생크 탈출(*The Shawshank Redemption*)』 / 166
31. 『스트라이킹 디스턴스(*Striking Distance*)』 / 167
32. 『황시(*The Children of Huangshi*)』 / 168
33. 『모던 보이』 / 170
34. 『아수라(阿修羅)』 / 171
35. 『체인질링(*Changeling*)』과 『더러운 경찰(*Dirty*)』,
그리고 『불량 경찰: 부정부패 소탕작전』 / 172

제 5 장 내부고발과 증인 보호 174

제 1 절 관련 이론 및 사례의 개관 ···· 174
1. 내부고발 / 174
2. 증인 보호 / 191

제 2 절 내부고발과 증인 보호 프로그램과 관련된 영화들 ···· 192
1. 내부고발과 관련된 영화 / 193
2. 증인 보호 프로그램과 관련된 영화 / 204

제 6 장 행정갈등 208

제 1 절 관련 이론 및 사례의 개관 ···· 208
1. 갈등의 개념 / 208
2. 갈등사상의 변천 / 210
3. 조직갈등의 근원 / 212
4. 갈등 해소 방안 / 216

제 2 절 행정갈등과 관련된 영화들 218
1. 『베를린』 / 219
2. 『룰스 오브 인게이지먼트(*Rules of Engagement*)』 / 221
3. 『어 퓨 굿맨(*A Few Goodman*)』 / 222
4. 『아웃브레이크(*Outbreak*)』 / 224
5. 『더 록(*The Rock*)』 / 226
6. 『리플레이스먼트(*The Alternate*)』 / 228
7. 『트리플X2: 넥스트 레벨(*xXx 2: The Next Level*)』 / 229
8. 『야망의 함정(*The Firm*)』 / 233
9. 『월 스트리트(*Wall Street*)』 / 234
10. 『마이너리티 리포트(*Minority Report*)』 / 235
11. 『미션 임파서블(*Mission: Impossible*)』 시리즈 / 237
12. 『그때 그 사람들』 / 242
13. 『왕의 남자』 / 243
14. 『왝 더 독(*Wag the Dog*)』 / 245
15. 『*J. F. K.*』 / 246
16. 『컨스피러시(*Conspiracy Theory*)』 / 249

제 7 장 행정책임과 행정통제 250

제 1 절 행정책임 252
제 2 절 행정통제 255
1. 외부통제 / 260
2. 내부통제 / 272
3. 행정책임과 행정통제의 효과를 높일 방안 / 274
제 3 절 행정책임과 행정통제에 관련된 영화들 278
1. 『설리: 허드슨 강의 기적(*Sully*)』 / 279
2. 『버티칼 리미트(*Vertical Limit*)』 / 282
3. 『캡틴 필립스(*Captain Philips*)』 / 284
4. 『살인의뢰』 / 286
5. 『베테랑』 / 288
6. 『내가 살인범이다』 / 289

7. 『살인의 추억』 / 290
8. 『26년』 / 292
9. 『더 울프 오브 월 스트리트(*The Wolf of Wall Street*)』 / 294
10. 『라이언 일병 구하기(*Saving Private Ryan*)』 / 295
11. 『트루스(*Truth*)』 / 297
12. 『모두가 대통령의 사람들(*All The President's Men*)』 / 298
13. 『닉슨(*Nixon*)』 / 301
14. 『이장과 군수』 / 303
15. 『크림슨 타이드(*Crimson Tide*)』 / 305
16. 『유령』 / 307
17. 『붉은 10월(*The Hunt for Red October*)』 / 308
18. 『튜브』 / 311

제 8 장 정보화 사회와 행정윤리 313

제 1 절 관련 이론과 사례의 개관 ……… 313
1. 정보의 장애물 제거 / 313
2. 사이버 범죄의 근절 / 316

제 2 절 정보화 사회의 행정윤리와 관련된 영화들 ……… 319
1. 『네트(*The Net*)』 / 320
2. 『에니미 오브 더 스테이트(*Enemy of the State*)』 / 321
3. 『방화벽: 파이어 월(*Firewall*)』 / 322
4. 『엔트랩먼트(*Entrapment*)』 / 325

제 3 절 사이버 테러와의 전쟁에 행정윤리의 중요성을 소재로 한 영화들 …326
1. 『터미네이터 1(*The Terminator 1*)』 / 326
2. 『아이, 로봇(*I, Robot*)』 / 328
3. 『웨스트월드: 인공지능의 역습(*Westworld*)』 / 328
4. 『이글 아이(*Eagle Eye*)』 / 329
5. 『판도라』 / 333
6. 『마지막 보이 스카웃(*The Last Boy Scout*)』 / 334
7. 『자칼(*The Jackal*)』 / 336
8. 『네이키드 웨폰(*Naked Weapon*)』 / 338

9. 『다이 하드(*Die Hard*)』/ 339
10. 『다이 하드 2(*Die Hard 2*)』/ 341
11. 『언더 시즈 2(*Under Siege II*)』/ 342
12. 『다이 하드 3(*Die Hard: With a Vengeance*)』/ 343
13. 『다이 하드 4(*Live Free Or Die Hard*)』/ 344

참고 문헌 / 349
찾아보기 / 359

서 문

몇 해 전인가 『광해, 왕이 된 남자』라는 영화를 우연히 보게 되었다. 천인(賤人) 하선이 광해군과 닮았다는 이유로 왕의 부재 시 그의 대역 역할을 한다는 재미있는 소재로 영화를 코믹하면서도 드라마틱하게 구성했는데, 발상이 참 좋았고 영화를 본 후 여운이 깊게 남는다는 인상을 받았다. 또한 출연 배우들의 연기가 자연스럽고 매우 세련되었다는 느낌도 받았다.

그러면서 다른 한편으로는 천인 하선을 통해 전해지는 메시지가 참 인상적이고 마음속 깊이까지 파고드는 무엇인가를 느끼게 하는 것 같았다. 백성을 사랑하는 군주, 그러기에 기꺼이 백성을 섬기고자 하는 임금, 또한 백성의 생명을 자신의 생명처럼 아낄 줄 아는 왕, 그리고 탐욕스러운 부패한 관리들에게 백성의 편에서 맞서는 현군, 영화에서 만들어지는 광해군의 대역으로 나오는 천인 하선의 이미지는 역사책에 나오는 폭군 광해군과는 상당한 거리를 두는 인물로 묘사되고 평가되고 있었다.

영화에서 그려지는 천인 하선의 모습은 그야말로 도덕적이고 윤리적인 기준에 맞춰 본다 해도 손색이 없는 어진 임금으로의 품격이 그대로 드러나는 인물이다. 국가를 경영하고 국민을 다스려야 하는 일국의 지도자라면 이러한 마음가짐과 이런 모습을 가져야 할 것이고, 이러한 마음가짐과 모습이 마땅히 책임지는 어진 공직자의 표상이 되어야 하며, 더불어 이러한 마음가짐과 모습이 바로 공직자의 품격이 되어야 하지 않을까 하는 생각도 해 보았다.

아무리 시대가 변했다고 해도 인간의 도리에는 변화가 없듯이 정부를 관리하고 국민을 섬기는 데는 예나 지금이나 커다란 차이가 없는 것이 사실이라면, 이러한 영화를 통해 옛날을 시대적 배경으로 하건 또는 현재나 미래를 시대적 배경으로 하건 간에 올바르고 제대로 된 공직자상(像)을 도출할 수 있고, 이를 행정윤리의 이해를 위해 적절히 활용만 할 수 있다면 영화라는 도구를 사용하는 방법도 좋겠다는 생각을 하게 되었다.

이런 생각은 평소 학문적 관심을 두고 있던 행정윤리 분야의 여러 이론이나 사상을 이러한 분야와 관련지을 수 있는 영화들을 통해 살펴본다면 어떨까 하는 생각과 서로 맥이 닿았다. 그러면서 2008년에 집필했던 『영화를 통해서 본 행정학』을 다시 한 번 더 상기해 보았다. 그래서 이 책에서 소개되었던 모든 영화를 다시 재검토하고 그중에서 행정윤리와 연관성이 있는 것들을 다시 뽑아 수정 보완을 했다.

그러면서 다른 한편으로는, 이 책 집필 이후에 새로이 출시된 많은 영화를 검토하는 작업을 시작했다. 그리고 이러한 검토 과정을 거쳐 행정윤리와 관련이 되는 영화들을 뽑아 새롭게 집필 목적에 따라 정리하고 이를 분석했다. 이와 더불어 새롭게 쓰여질 윤리 관련 책자에 들어갈 행정윤리의 영역을 범주별로 나누는 작업을 했다. 이렇게 해서 얻은 영역이 영화와 행정윤리, 공직자의 자세, 행정신뢰, 행정부패, 내부고발과 증인 보호, 행정갈등, 행정책임과 행정통제, 그리고 정보화 사회의 행정윤리 등 여덟 가지가 되었다. 이 작업을 마친 다음 이 영역 범주에 가장 합당하게 맞아떨어진다고 생각되는 영화들을 재분류해 해당 영역 분야로 끼워넣는 작업을 진행했다.

이런 과정을 거쳐 탄생하게 된 것이 바로 이 책 『영화 속의 행정윤리』이다. 이런 맥락에서 보면, 이 책은 학문 분야라는 시각에서 볼 때 행정이론과 행정윤리로 차이가 나지만, 영화를 통해 행정이론이건 또는 행정윤리이건 살펴보고자 했다는 면에서는 『영화를 통해서 본 행정학』의 제2탄이라고 할 수 있다.

이 책에서는 행정윤리의 영역을 여덟 가지 부문으로 나눴다. 그리고 이러한 영역 분류에 따라 각장을 구성했다. 제1장은 영화와 행정윤리, 제2장은 공직자의 자세, 제3장은 행정신뢰, 제4장은 행정부패, 제5장은 내부고발과 증인 보호, 제6장은 행정갈등, 제7장은 행정책임과 행정통제, 그리고 제8장은 정보화 사회의 행정윤리

등이다.

제1장을 제외한 각 장은 행정윤리 영역의 주제에 따라서 이와 관련되는 이론과 관련 사례가 있다면 그 사례들까지 포함해 설명했다. 그리고 이러한 윤리적 주제나 이슈와 직접적으로나 간접적으로 연관된다고 생각되는 영화들을 선정해 앞에 설명된 이론들에 대한 이해를 심화시키고자 했다.

이제 이 책의 구체적인 각 장별 구성 내용을 살펴보면 다음과 같다.

제1장은 창의적 상상이 인류에게 가져다 주는 혜택을 시작으로 해서 논의와 설명을 해나갔다. 그리고 이러한 창의적 상상이 낳은 여러 결과를 살펴보면서 하늘이 인간에게 가장 값진 선물을 주었다는 생각을 했다. 그리고 이러한 창의적 상상은 인간으로 하여금 예술을 창조하게 했으며, 예술을 통해 인간은 더 인간다워질 수 있었다. 현대에 들어서면서 예술의 발전은 과학의 발전과 맥을 같이했다. 그리고 영화라는 새로운 문화 영역을 만들어 냈다. 영화를 통해 인간은 기존 예술을 한 단계 더 업그레이드시켰을 뿐만 아니라 삶을 더욱 풍요롭게 만들었다.

이러한 영화를 통해 행정 현상을 이해하고 설명하려는 움직임이 학계를 중심으로 해서 일어났고, 이러한 움직임은 서서히 그 보폭을 넓혀나갔다. 많은 학자가 영화와 행정을 연결지으려는 노력을 했고, 새로운 영화라는 도구를 통한 행정 현상의 이해는 좀 더 깊고 넓게 퍼져나갔다. 이제 영화가 접목된 행정은 좀 더 입체적인 학문으로 지평을 넓히게 되었다. 행정윤리 영역도 예외가 아니어서 다양한 영화들이 공직자 혹은 행정관료들의 도덕성·윤리성을 이슈화하고 쟁점화했으며, 민간이건 공적이건 기타 거대조직이 가지는 윤리적 문화와 규범성에 대해 사회에 고발하고 비판하는 소재를 늘려나갔다. 이제 다양한 영화들이 이러한 주제에 대해 생각하고 비판하고 해답을 찾아나가는 노력들을 하고 있는 것이다. 이제 영화와 행정 그리고 영화와 행정윤리는 불가분리의 연결고리로 이어져 있다 해도 과언이 아니다.

제2장은 현재 이 시대가 기대하고 요구하는 공직자상을 과거 그리고 우리가 살고 있는 현재에서 찾아보았다. 구태여 과거에서까지 찾으려 했던 까닭은 온고이지신(溫故而知新)이란 정신 속에 과거의 것도 현재와 미래를 위해 유용하게 사용할 수 있을 것이라는 믿음 때문이다.

우선 과거에서는 조선의 대표적인 실학자인 다산 정약용(丁若鏞) 선생이 제시한 공직자상과 한국판 노블레스 오블리주(noblesse oblige)의 대명사로 일컬어지는 경주 최부잣집의 가훈에서 얻을 수 있는 공직자상을 제시했다. 그리고 현재 시점에서는 '헌법'과 관련 법률에 의해 요구되는 공직자상을 제시해 보았다.

다산 정약용 선생과 최부잣집 가훈의 경우는 이상적인 공직자상의 기반이 될 것이라 생각했고, '헌법'이나 기타 관련 법률이 요구하고 있는 공직자상은 현실적인 공직자상의 기반이 된다는 생각에서 이렇게 구성해 보았다. 그리고 국민의 공복(公僕)으로서 국민을 섬기는 공직자의 자세와 관련되는 영화로 『광해, 왕이 된 남자』, 『데이브』, 『긴급명령』, 그리고 『신기전』을 소개했다.

제3장 행정신뢰는 공직자가 국민으로부터 얻어낼 수 있는 윤리와 관련된 가장 중요한 가치 중의 하나로 보았다. 공직자가 올바르게 행동하고 자신의 임무를 전문성에 입각해 완수하고, 국민의 생명과 재산을 지켜 주어 공직자로서의 도리를 다해준다면 국민으로부터의 믿음은 자연스럽게 따라올 것으로 생각했다. 또한 국민으로부터 정부가 믿음을 얻을 수 있도록 공직자는 언행과 처신 그리고 자신의 업무에서 도덕적으로나 법률적으로 하자가 없어야 하며, 나아가 무사안일 등의 고질적인 병폐에서 벗어나 적극 행정을 구현해 공직자에 대한 국민의 믿음을 더욱 강고히 다져나가야 한다는 생각을 해보았다.

행정신뢰와 관련되는 영화로 『부러진 화살』, 『럭키』, 『부산행』, 『서울역』, 『방황하는 칼날』, 『도가니』, 『돈 크라이 마미』, 『추격자』, 『신세계』, 『디파티드』, 『리처드 닉슨의 암살』, 『절대권력』, 『테이큰』, 그리고 『서울 무지개』를 소개했다.

제4장 행정부패에서는 부패와의 결별이 공직자에게는 가장 선결적이면서 핵심적인 과제 중의 하나라는 점을 부각시켰다. 과거를 되돌아보아도 국민으로부터 믿음을 얻는 데 가장 커다란 걸림돌 중 하나가 바로 공직자의 부조리나 비리 또는 부패였다. 국민의 주권을 위임받거나 그런 공인들에게 지휘 감독을 받아 국민을 위해 일해야 하는 행정관료들은 국민의 생명과 재산을 보호해야 하며, 이에 대해 국민의 뜻과 다른 생각이나 행동을 해서는 안 된다는 것이다. 그 이유는 공직자의 생활 기반부터 시작해 모든 공적 업무에 소요되는 재원과 그들이 결정하는 모든 정책에 투입되는 재원이 모두 국민으로부터 나온 혈세이기 때문이다.

따라서 국민으로부터 빌려 쓰고 있는 권력은 국민을 위해 되돌려 주어야 하며, 그들에게 조금이라도 이와 관련된 의혹을 사는 행위를 해서는 안 된다. 이런 관점에서 볼 때 공직자는 근검과 절약을 바탕으로 하며 청렴하게 살 것이 요구된다. 그렇다고 해서 공직자가 부(富)를 축적해서는 안 된다는 뜻은 아니다. 공직자도 얼마든지 성실 · 근면하게 일하고 노력해서 부를 불려나갈 수 있다. 이들이 합법적인 수단과 방법을 통해 부를 증진시키는 것까지 막는 것은 아니라는 의미이다. 단지 국민의 녹을 먹고 국민에게 봉사하는 입장에서 국민에게 도움이 되기보다는 국민에게 폐를 끼치는 불법적인 부의 축적은 결코 용납되지 않는다. 이러한 근검 · 절약과 성실 · 근면을 기반으로 하는 공직자의 청렴한 삶은 국민이면 누구나 기대하고 소망하는 이상적인 공직자상이며, 이러한 기준을 충족시킬 수 있을 때 행정윤리의 목적은 실현되는 것으로 볼 수 있다.

행정부패와 관련되는 영화로 『내부자들』, 『더 킹』, 『기술자들』, 『부당거래』, 『강남 1970』, 『사생결단』, 『범죄와의 전쟁: 나쁜 놈들 전성시대』, 『노리개』, 『돈의 맛』, 『13구역』, 『13구역: 얼티메이텀』, 『브릭 맨션: 통제불능 범죄구역』, 『투캅스』, 『공공의 적』, 『공공의 적2』, 『주유소습격사건』, 『가문의 위기』, 『뱅크 잡』, 『트레이닝 데이』, 『나쁜 녀석들』, 『머니 트레인』, 『LA컨피덴셜』, 『갱스 오브 뉴욕』, 『피스메이커』, 『네고시에이터』, 『내셔널 시큐리티』, 『1724 기방난동사건』, 『광복절 특사』, 『라이터를 켜라』, 『헬』, 『쇼생크 탈출』, 『스트라이킹 디스턴스』, 『황시』, 『모던보이』, 『아수라』, 『체인질링』, 『더러운 경찰』 그리고 『불량 경찰: 부정부패 소탕작전』을 소개했다.

제5장에서는 공직사회의 행정부패를 쉽게 색출해 낼 수 없다는 문제점과 이를 제도적으로 해결하는 방법 중 하나로 내부고발과 증인 보호에 대해 논의를 전개했다. 부패 색출이 어려운 것은 세상이 항상 선만 존재하는 것은 아니고 반대로 악만 존재하는 것도 아니기 때문이다. 밝음이 있으면 어둠이 있고, 하늘이 있으면 땅이 있듯이 선과 악은 양면성을 가지며 공존한다.

따라서 공직사회에도 옳지 못함을 행하는 소수의 무리가 있어 전체 공직자의 위신을 떨어뜨리게 하는 경우가 종종 있어 왔다. 이럴 경우에 해당되는 말이 아마 예부터 전해 내려오는 "미꾸라지 한 마리가 온 웅덩이를 흐린다"는 것이다. 따라서 국가나 사회를 위해서뿐만 아니라 여타의 선량한 공직자를 위해서라도 부패한 공직자는 발본색원할 필요가 있다.

그런데 문제는 현실적으로 공직자의 부패를 적발해 내는 일이 매우 어렵다는 점이다. 부패를 조장하는 자나 이에 장단을 맞춰 부패를 행하는 공무원 양쪽이 손해를 볼 것이 없다면 당연히 그들은 은밀히 불법 거래를 할 수 있다. 물론 불법 거래로 인해 발생하는 사회적 비용은 고스란히 국민의 몫이다.

이러한 공직자의 범죄 심리에 대해 예리하면서도 명쾌한 분석 논리를 제시하는 학자들이 있다. 이해의 편의를 위해 소개하면 다음과 같다. 로스-애커맨(Susan Rose-Ackerman)에 따르면 공무원을 비롯한 공직자들이 부패를 자행하는 이유는 부패를 통해 얻는 잠재적인 편익이 잠재적인 비용을 상회한다고 믿기 때문이라는 것이다.

이에 대해 클릿가드(Robert Klitgaard) 역시 동조하면서 좀 더 구체적으로 설명하고 있는데, 만약 부패를 저지르다 발각되어 처벌받게 될 가능성을 차감한 편익이 부패를 하지 않을 때 얻는 편익보다 더 크다면, 공무원은 부패를 합리적으로 선택하게 된다는 것이다.

이러한 심리를 가장 포괄적이며 적실성 있게 표현한 사람은 윌슨(James Q. Wilson)으로, 그는 "사람은 지켜보는 사람이 없고 아주 가져가기 쉽게 느슨하게 놓여진 큰돈이 있을 때 훔치게 된다."고 말한다. '지켜보는 사람이 없고 아주 가져가기 쉽게 느슨하게 놓여진'이라는 표현에서 자신이 만약 들켰을 경우 치러야 할 비용의 최소화라는 의미를 찾을 수 있고, 큰돈이라는 표현에서 만약 들키지 않았을 경우 얻게 될 편익의 극대화라는 의미를 읽을 수 있다. 비용은 최소화되어 있고 편익이 극대화된 상황이라면 당연히 훔치게 된다는 것이다.

그래서 우리는 항상 긴장한 자세로 공직자의 일거수일투족에 신경을 쓰고 제대로 된 감시 체계를 제도적으로 구비하기 위해 노력하는 것이다. 이러한 것 중에 하나가 바로 내부고발과 증인 보호 제도이다.

내부고발은 조직 내에서 이뤄지는 불법적인 일을 외부에서 모르는 상태에서, 조직 내부에서 범죄에 자의적으로나 또는 어쩔 수 없는 상황에서 타의에 의해 공모를 했던 자나 이를 우연히 또는 의도적으로 지켜본 자가 양심의 가책 등 심적 변화나 동요에 의해, 스스로 조직 내부의 불법을 외부로 폭로하는 것이다. 내부고발에서 가장 중요한 것은 이러한 내부고발자의 신원을 철저하게 보호하는 등, 그가 조직 내에서 불이익을 받지 않도록 하는 제도적인 보장 수단을 확보하는 일이다. 이러한 일이 제도화되어 실행될 수 있을 때 비로소 조직 내에 은폐되거나 은닉된 비리나 부패 등을 적발할 수 있다.

증인 보호도 넓게 보면 내부고발과 같은 연장선상에서 이해할 수 있다. 증인 보호는 범죄를 입증할 수 있는 증거 자료가 전무한 상태에서 목격자나 또는 증인이 유일한 증거일 경우 이들의 신변을 보호해 주는 제도이다. 용기를 내어 내부고발을 한 자나 또는 주변의 위협과 협박 등에도 굴하지 않고 증언을 해 주는 사람들을 보호할 수 있어야 이러한 사람들이 계속 나타날 수 있으며, 나아가 은밀하게 자행되는 공직사회 조직 내의 불법적 범죄행위를 근절시키는 데 도움을 받을 수 있다. 따라서 이러한 제도를 활성화시키기 위한 방안을 연구하고 이를 전파하고 발전시켜 나가는 한편, 이러한 제도를 공직사회에 널리 알려 불이익을 받는 사람이 없도록 하는 노력이 필요하다.

내부고발과 관련되는 영화로 『제보자』, 『인사이더』, 『그녀는 날 싫어해』, 『시티즌포』, 『내부고발자』, 『모비딕』, 그리고 『차이나 신드롬』을, 증인 보호와 관련되는 영화로 『이레이저』, 『트래픽』, 그리고 『의뢰인』을 소개했다.

제6장 행정갈등은 민간 사회와 마찬가지로 공적 사회 역시 서로 생각을 달리하는 많은 사람, 집단 그리고 조직이 서로 어우러져서 살아가는 곳이기 때문에 발생한다. 개인, 집단, 조직 모두 자신들의 목적과 이익이 존재하고, 이러한 각자의 목적과 이익 간의 엇갈림을 피해 갈 방도는 없다. 그래서 이러한 엇갈림을 최소화하기 위해 나름대로 합리적인 규정을 만들고 형평성에 맞는 조정을 하는 기구를 구축하지만 그렇다고 해서 이러한 엇갈림의 문제가 모두 해소되는 것은 아니다.

설혹 이러한 것들이 잘 작동된다고 해도 공적 조직 내부에서 불가피하게 발생하는 행정갈등의 문제는 피할 수 없는 현상으로 존재할 수밖에 없다. 따라서 논의의 초점은 이러한 갈등을 어떻게 해소해 긍정적인 효과를 극대화하고 부정적인 효과를 최소화하느냐 하는 것이 무엇보다 중요하다. 따라서 그러기 위해서는 무엇보다 각 구성원들이 갈등으로 인한 비용이 그렇지 않은 상황에서의 편익보다 못 하다는 점을 알도록 만들어 주는 일이다.

예를 들어 자동차가 다니는 도로 위에 로터리가 있다고 가정해 보자. 자동차들이 로터리를 돌아서 각자 자신이 가야 할 길을 가도록 되어 있다면 많은 자동차가 자기 갈 길을 가기 위해 이 로터리로 집중할 것이다. 쉽게 말해 로터리가 교통의 병목 지점이 된다. 모두들 막힘이 없이 빠르게 로터리를 돌아 자기의 갈 길로 가기를 원할 것이다. 이러한 각자의 욕구가 결과적으로 로터리를 정체시키고 만다. 서로 빨리 가기 위해 자동차를 무작정 로터리 안쪽으로 밀어넣다 보니 결국에는 오도가도 못하는 신세가 된다. 사람들은 반복된 이런 일들을 당하다 보면 자신의 생각이 잘못되었음을 학습 효과를 통해 깨닫게 된다. 욕심을 부리다 보니 자신이 내야 될 비용이 너무 커지는 것이다. 교통 정체가 되니 제 시간에 맞춰 출퇴근도 못하게 되고, 또 기름값도 더 들게 되며, 금쪽 같은 시간도 허비하게 되고, 스트레스로 인해 정신건강도 안 좋아지는 등 자신이 치러야 하는 비용이 만만치 않음을 깨닫게 됨으로써 지금까지의 행태를 바꾸게 된다. 즉, 서로 양보하는 것이다. 신호등을 사용해 시간을 서로 나눠 쓰는 방법을 통해 정체되는 것을 막는다거나 또는 먼저 도착한 순서대로 로터리로 진입한다거나 하는 방식을 통해 자신의 비용을 최소화하고 빠른 로터리 통과를 통해 얻는 편익을 극대화시키는 것이다.

이와 같이 행정갈등이 서로 양보하고 타협을 할 경우 갈등으로 인한 비용이 적게 들어가고 편익이 자신에게 돌아온다는 점을 인식하게 된다면 일은 훨씬 수월하게 풀릴 것이 틀림없다. 바로 이러한 갈등 해결을 위한 양보와 타협의 규칙이 내재하고 있는 윤리적 마인드를 갖도록 만드는 것이 무엇보다 중요하다. 행정윤리 분야에서 행정 서비스 비용을 인상시키는 중요 요인 중에 하나인 행정갈등에 초점을 맞춰야 하는 이유도 여기에 있다.

행정갈등과 관련되는 영화로 『베를린』, 『룰스 오브 인게이지먼트』, 『어 퓨 굿맨』, 『아웃 브레이크』, 『더 록』, 『리플레이스먼트』, 『트리플 X2』, 『야망의 함정』, 『월 스트리트』, 『마이너리티 리포트』, 『미션 임파서블 1』, 『미션 임파서블 2』, 『미션 임파서블 3』, 『그때 그 사람들』, 『왕의 남자』, 『왝 더 독』, 『*J. F. K.*』, 그리고 『컨스피러시』를 소개했다.

제7장 행정책임과 행정통제는 모든 일에는 권리가 있고 그에 따르는 책임도 있다는 데서 시작된다. 공적 조직에서도 권리와 책임이라는 것이 엄연히 존재한다. 그런데 일반적으로 권리에 대해서는 많은 공직자가 잘 알고 이를 실행하고 있지만 책임에 대해서는 잘 모르고 있거나 또는 이를 소홀히 여기는 경향이 짙다. 이러한 점은 분명 시정되어야 한다. 국민의 공복(公僕)으로서 맡은 바 소임을 다하기 위해서는 자신들이 행하는 행정행위에 대한 권리와 책임을 분명히 알고 이에 맞게 처신하고 행동해야 할 것이다.

모든 일을 상대편의 자비에 맡겨둘 수는 없다. 그래서 강제 규범인 법도 있고, 이를 강제적으로 집행하는 여러 제도가 있는 것이다. 가장 비근한 예로 삼권이 서로 분립되어 있는 것도 이러한 이유 중 하나이다. 행정부의 행위를 견제해 무소불위의 권력으로 국민 위에 군림하지 못하도록 만드는 것이 바로 삼권분립의 취지이다.

일반적으로 행정책임은 관계 법규에 그 근거나 적용 범위 등이 명시되어 있고, 이를 감시하고 통제하는 행정통제 역시 각 관계 법규나 규정 그리고 관련 제도 등이 존재한다. 그리고 이러한 것을 어떻게 잘 적용하고 운용하며 문제가 발생했을 때 어떻게 효율적으로 관리해 나가야 할 것인가에 대한 논의도 상당히 진행되고 이에 근거한 여러 법이나 이론도 즐비하게 존재한다. 행정책임을 명확히 하고 그렇게 하지 못할 경우를 상정해 이를 통제할 수 있는 메커니즘을 확실히 해두는 일이 올바른 행정으로 나아가는 데 중요한 관건이 될 수 있다.

문제는 이러한 제도나 규범을 만들고 집행하는 공직자들이 취지와 목적에 맞도록 운영해 나가야 된다는 점이다. 아무리 제도나 규범이 완벽하고 이상적이라고 가정한다 해도 이것을 운영하는 공직자가 그릇되게 운영하게 된다면 모든 것이 공염불로 끝날 수 있다.

칼이 사랑하는 가족을 위해 저녁을 준비하는 어머니의 손에 들려 있을 때는 문명의 이기이지만 살인 의도를 가진 살인자의 손에 쥐어졌을 때는 문명의 흉기가 되는 것과 같은 이치이다. 제도나 규범을 잘 만드는 것 못지않게 이러한 것을 제대로 올바르게 운영할 수 있도록 공직자의 마인드를 갖추는 것이 중요한데, 바로 여기에서 행정윤리의 중요성이 부각되는 것이다.

행정책임과 행정통제와 관련되는 영화로 『설리: 허드슨 강의 기적』, 『버티칼 리미트』, 『캡틴 필립스』, 『살인의뢰』, 『베테랑』, 『내가 살인범이다』, 『살인의 추억』, 『26년』, 『더 울프 오브 월 스트리트』, 『라이언 일병 구하기』, 『트루스』, 『모두가 대통령 사람들』, 『닉슨』, 『이장과 군수』, 『크림슨 타이드』, 『유령』, 『붉은 10월』, 그리고 『튜브』를 소개했다.

제8장은 우리가 살고 있는 이 시대가 바로 칸(Herman Kahn) 등이 예고한 정보의 시대라는 데에서 출발한다. 미래학자 토플러(Alvin Toffler) 등이 예측한 정보혁명은 우리의 삶을, 심지어 가정의 풍속도까지 송두리째 바꿔버렸다. 공적 사회도 이

에 예외가 될 수는 없다. 어떻게 보면 공적 사회가 다른 어떤 사회보다 더 많이 정보화의 영향을 받고 있는지도 모르는 일이다. 그래서 요즈음의 정보화된 정부를 일컬어 '전자정부(e-government)' 또는 '사이버 정부(cyber government)'라 일컫기도 한다.

전통적인 행정에서는 안 다뤄졌던 부분이 다뤄지게 됨으로써 행정에는 새로운 변화의 바람이 불게 되었다. 행정구조도 바뀌고, 행정 기능도 바뀌며, 행정의 의사결정 또는 정책 결정 구조나 과정도 바뀌게 되는 것이다. 이러한 변화에 적응하기 위한 행정관료들의 변화도 필연적이다. 정보화 사회는 이렇듯 공적 조직을 바꿔 놓았다. 따라서 기존의 비정보화 사회의 행정윤리의 틀로는 다룰 수 없는 새로운 영역이 많이 나타나게 되었다.

종전까지는 없던 사이버 부문의 보안과 비밀 등도 새로운 윤리 영역으로 첨가되는 것이다. 또한 사이버 관련 범죄가 날마다 기승을 부리면서 증가하는 추세를 보이고 있을 뿐만 아니라, 더욱이 정보화가 매우 빠른 속도로 발전하고 확산하면서 사이버 테러와 같은 범죄문제는 국가 안보, 더 나아가서는 세계 안보까지 위협할 수 있는 민감하고 중요한 관리 영역으로 자리 잡게 되었다.

바로 이러한 사이버 전쟁터의 최전방부터 의사 결정을 내려야 하는 최상층부까지 이와 직무 연관성을 가지는 공직자들이 본연의 임무를 수행하고 있는데, 이들이 본연의 임무를 차질 없이 수행할 수 있도록 올바른 마음가짐으로 무장해야 될 필요가 있다. 사이버 부문은 이제 새로운 윤리 영역으로 자리 잡게 되었다.

정보화 사회의 행정윤리와 관련되는 영화로 『네트』, 『에니미 오브 더 스테이트』, 『방화벽: 파이어 월』, 그리고 『엔트랩먼트』를, 사이버 테러와의 전쟁에 행정윤리의 중요성과 관련되는 영화로 『터미네이터 1』, 『아이, 로봇』, 『웨스트월드: 인공지능의 역습』, 『이글아이』, 『판도라』, 『마지막 보이 스카웃』, 『자칼』, 『네이키드 웨폰』, 『다이 하드』, 『다이 하드 2』, 『언더시즈 2』, 『다이 하드 3』, 그리고 『다이 하드 4』 등을 소개했다.

제 1 장 영화와 행정윤리

제 1 절 창의적 상상

한국의 바둑 천재 이세돌 9단과 구글 딥마인드(Google DeepMind)가 개발한 인공지능(AI) 알파고(AlphaGo)와의 바둑 대결은 전 세계적으로 초미의 관심사였다. 많은 사람의 예상과는 달리 이 게임에서 4전 3승 1패로 알파고가 승리했다. 서양 장기인 체스는 이미 컴퓨터와의 게임에서 두 손을 든 바 있다. 그러나 경우의 수가 거의 무한대에 가깝다고 하는 바둑에서조차 인공지능은 인간의 능력을 뛰어넘었다. 인류 최초의 컴퓨터인 에니악(ENIAC)[1]을 만든 사람들이 아마 이 소식을 듣는다면 그들조차 믿기 어렵다고 아연실색할지 모르겠다. 어쨌든 인간의 거의 무한에 가까운 창의적 상상력이 드디어 알파고 같은 초슈퍼컴퓨터라는 새로운 문명의 총아를 만들어 낸 것이다.

얼마 전에 작고한 애플컴퓨터(Apple Inc.) 사의 창업주 스티브 잡스(Steve Jobs)는 스마트 폰(smartphone)[2]을 발명해 냈다. 새롭게 시장에 출시된 스마트 폰은 기존의

1) 에니악(ENIAC)이라는 명칭의 컴퓨터는 electronic numerical integrator and calculator, electronic numerical integrator and computer의 약어로서, 1946년에 미국 펜실베이니아대학의 에커트(J. P. Eckert, Jr.)와 모클리(J. W. Mauchly)가 중심이 되어 제작했다. http://terms.naver.com/entry.nhn?docId=822403&cid=42344&categoryId=42344

폴더형 휴대용 전화를 밀어내고 새로운 통신시장의 강자가 되었다. 이로 인해 가장 뼈아픈 실패의 아픔을 겪은 것은 핀란드에 모기업을 둔 글로벌 통신 네트워크 솔루션 회사인 노키아(Nokia Corporation)였다.

2011년까지는 휴대전화 분야에서 시장 점유율 1위를 기록할 만큼 통신시장은 바로 노키아가 지배하고 있었다. 그러나 2013년 9월 2일에 휴대전화 사업 부문을 미국의 마이크로소프트 사(Microsoft Corporation)에 매각함으로써 노키아는 결국 휴대전화 분야의 패배자가 되어 스마트 폰이 주도하는 휴대전화 부문 통신시장에서 퇴출되었다. 누구도 생각하지 못했던 잡스의 창의적인 상상력이 낳은 스마트폰의 위력을 과소평가한 탓이다. 그리고 휴대전화 부문 통신시장의 새로운 변화의 흐름을 읽지 못하고 역행한 탓이기도 하다.

어쨌든 잡스는 애플사에 화려한 복귀를 하면서 MP3 플레이어인 아이팟(iPod)을 통해 1980년대에 인기를 누렸던 소니(SONY)의 포터블 미디어 플레이어인 워크맨(Walkman) 신화를 다시 부활시켰다. 그리고 그 여세를 몰아 스마트폰인 아이폰(iPhone)과 타블로이드 컴퓨터인 아이패드(iPad)를 출시해 일약 휴대폰 전화 부문 통신시장의 공룡으로 우뚝 섰다. 이러한 성공을 일궈 낸 잡스의 창의적 상상력은 어떻게 보면 그리 대단한 것이 아닐 수도 있다. 그러나 발명이라고 하는 것은 어느 날 하늘에서 뚝하고 새로운 것이 떨어지는 것이 아니라 항상 우리 주변 어딘가에 맴돌고 있는 것을 창의적인 상상력을 동원해 새로운 아이템으로 바꾸는 능력과 재주에 달려 있는 것이다.

잡스는 이미 우리 주변에서 흔히 볼 수 있었던 손바닥 위에서 사용할 수 있는 소형 팜톱 컴퓨터(palm top PC)[3]와 휴대용 핸드폰을 하나로 통합하면 어떨까 하는 상상을 해 본 것 같다. 바로 그 상상이 새로운 통신매체인 스마트폰을 창조해 내게 된 것이다. 현재 우리나라를 포함해 전 세계적으로 스마트폰 시장과 관련된 직장에서 일하는 사람들은 이루 헤아릴 수 없이 많다. 그러니 스마트폰 시장이 세계 경제

---

2) PC의 소형화된 운영 체제를 탑재한 기기에 무선전화 통신이 가능한 하드웨어와 소프트웨어 모듈이 추가된 휴대 전화이다. https://ko.wikipedia.org/wiki/%EC%8A%A4%EB%A7%88%ED%8A%B8%ED%8F%B0

3) 일반적으로 휴대용 컴퓨터를 구분할 때 무릎 위에 올려놓고 쓸 수 있을 만큼 소형화된 것을 랩톱(lap top)이라고 하고, 그것보다 더 소형화되어 마치 노트만한 크기의 컴퓨터를 노트북(notebook)이라고 칭하며, 이것을 더 소형화해서 손바닥(palm) 위에 올려놓고 쓸 수 있는 컴퓨터를 팜톱(palm top)이라고 부른다. PDA도 팜톱의 일종이라고 볼 수 있다.

에서 차지하는 비중 역시 만만치 않다. 이 모든 것이 결국 잡스의 상상력에서 나왔다고 본다면 인간의 상상력이 가지는 가치는 이루 말로 형용할 수 없는 것이 아닌가 싶다.

잡스의 창의적인 상상력은 여기에서 멈추지 않는다. 그래서 그를 100년에 한번 나올까 말까 한 천재라고 말하는지도 모르겠다. 그는 이윤을 극대화시킬 수 있는 경영 방법으로 기존의 아웃소싱(outsourcing)[4]을 넘어 플랫폼(flatform) 방식을 주도적으로 채택했다.

여기에서 플랫폼의 이해를 높이기 위해 간단히 설명하면 소프트웨어를 실행할 수 있는 기반으로 볼 수 있다. 또한 플랫폼은 이를 이용하는 소프트웨어 개발자에게는 다른 어떤 플랫폼 위에서 자신의 로직 코드가 돌아가건 동일하게 작동할 수 있도록 약속하는 하나의 계약이기도 하다.[5]

이러한 비유가 적절한지는 잘 모르겠지만 백화점의 임대사업장 진열대를 생각해 보면 어떨까. 임대인인 백화점 측과 임차인인 상인이 서로의 합의하에 계약을 체결하고 계약 조건에 따라 상인이 마음대로 자기가 판매하려고 하는 상품을 진열대 위에 진열해 놓는 것이다.

기존의 아웃소싱 방법은 장점도 많지만 단점도 없지 않았다. 바로 이러한 점을 간파한 잡스는 창의적 상상을 통해 새로운 경영전략으로 이러한 플랫폼 전략을 채택했던 것이다. 플랫폼 전략을 이해하기 쉽게 설명하기 위해 스마트폰에 탑재되어 있는 수많은 애플리케이션(application software), 다른 말로 표현하면 애플리케이션의 약자이기도 한 일명 앱(app)이라고 불리는 것을 예로 들어보자. 여기에서 애플리케이션은 운영 체제를 제외한 나머지 소프트웨어나 프로그램을 뜻한다고 보면 이해하기 쉽다.

어느 누구나 자기 자신이 개발한 앱을 진입 장벽이나 제한 없이 자유자재로 탑재할 수 있는 플랫폼을 가진 스마트폰 체제를 구축하고 있다면 앱을 만드는 소프

---

4) 기업의 내부 프로젝트나 제품의 생산, 유통, 용역 등을 외부의 제3자에게 위탁, 처리하는 것을 말한다. 원래는 미국 기업이 제조업 분야에서 활용하기 시작했으며 경리, 인사, 신제품 개발, 영업 등 모든 분야로 확대되고 있다. 기업은 핵심 사업에만 집중하고 나머지 부수적인 부문은 외주에 의존함으로써 생산성 향상을 극대화할 수 있다. https://ko.wikipedia.org/wiki/%EC%95%84%EC%9B%83%EC%86%8C%EC%8B%B1

5) https://ko.wikipedia.org/wiki/%EC%BB%B4%ED%93%A8%ED%8C%85_%ED%94%8C%EB%9E%AB%ED%8F%BC

트웨어 개발 회사가 큰 회사이건 또는 작은 회사이건 또는 부유한 회사이건 영세한 회사이건 자신들이 개발한 앱을 잘 나가는 스마트폰에 너도 나도 앞서서 탑재할 것이다.

마치 앞서 예를 들었던 백화점 임차인들이 자신들의 상품을 백화점 임대사업장 진열대에 올려놓는 것과 마찬가지라고 볼 수 있다. 물론 백화점의 진열대에 있는 상품처럼 스마트폰에 탑재된 그 앱을 사용하고 안 하고는 또는 구매를 하건 또는 안 하고는 소비자가 선택할 것이다.

구매자의 선호도가 높아 잘 판매되는 앱은 플랫홈에서 지속적으로 살아남을 것이고, 그렇지 않은 앱은 자동적으로 플랫홈에서 퇴출될 것이다. 따라서 플랫폼을 제공한 회사는 어느 회사의 앱이 판매가 잘 되는지 또는 안 되는지에 대해 신경을 쓸 필요 없이 팔리는 앱의 판매액에 자신의 계약된 지분만 챙기면 된다. 물론 이러한 과정에서 생기는 광고 수익은 어떻게 보면 덤일 수도 있다.

그의 이러한 상상력은 결국 애플에 커다란 이윤을 창출할 수 있게 만든 원동력이 되었다. 애플을 세계 최고의 스마트폰 회사로 발돋움하게 만들어 낸 것은 플랫폼 전략 등 잡스의 다양한 상상력이 융합된 경영에서의 창의성의 발로라고 해도 지나침이 없다.

상상은 결코 상상만으로 끝나는 것이 아니다. 인류가 지금까지 배출해 온 천재들의 상상은 실현될 뿐만 아니라 인류의 삶에 활력을 불어넣고 삶을 더욱 풍요롭게 만들어 주었다. 상상이라는 즐거운 창의성이 만들어준 인류에 대한 커다란 선물인 것이다.

잡스 이전의 사람들도 상상을 즐겼던 것 같다. 대표적인 사람이 바로 19세기 프랑스 과학자 쥘 베른(Jules Verne)[6]이다. 그의 상상력은 21세기인 현 시점에서 되돌아본다 해도 가히 슈퍼급이다. 그가 1865년에 쓴 고전 과학소설인 『지구에서 달까지(*De la terre à la lune*)』에서는 대포를 쏘아 달에 사람을 보내지를 않나 또는 노틸러스(Nautilus)[7] 호라는 가공의 원자력 잠수함을 만들어 네모 선장(Captain Nemo)에

6) 쥘 베른은 1828년 2월 8일에 출생해 1905년 3월 24일 사망했다. 그는 프랑스의 과학소설 분야를 개척한 작가이다. 1864년에 출간한 『지구 속 여행』, 1870년에 출간한 『해저 2만리』, 1873년에 간행된 『80일간의 세계일주』와 같은 소설로 유명하다. 베른은 이미 비행기나 잠수함, 우주선이 만들어지고 상용화되기 전에 우주, 하늘, 해저 여행에 대한 글을 썼다. https://ko.wikipe dia.org/wiki/%EC%A5%98_%EB%B2%A0%EB%A5%B8

의해 바닷속을 헤집고 다닌다.

이 당시에는 달에 안착한 아폴로 11호(Apollo 11)나 이를 가능하게 했던 새턴(Saturn) 로켓도 없었고 원자력 잠수함 역시 없었던 시대이며 또한 그러한 발상조차 기대하기 어려웠다. 그럼에도 불구하고 그는 이와 같은 상상을 『지구에서 달까지』, 1869년에 쓴 고전 과학소설 『해저 2만리』나 1874년에 출간한 『신비의 섬』이라는 소설에서 표현했고, 오늘날 우리는 상상이 아닌 현실로 이러한 사실들을 아무 거부감 없이 친숙하게 접하고 있는 것이다.

미국의 천재 과학자 라이트(Wright) 형제[8]의 상상 역시 즐겁게 현실이 되었다. 그들은 인간이 날개는 없지만 새처럼 하늘을 날 수 있다는 상상력을 가지고 창의적인 날틀인 비행기를 만들었다. 물론 이들 이전에도 어떻게 보면 황당한 상상을 즐긴 사람도 많았다. 그런 사람 중에 하나가 바로 세계적인 명화로 손꼽히는 '모나리자'를 그린 레오나르도 다 빈치(Leonardo di ser Piero da Vinci)[9]이다. 그도 하늘을 인간도 새처럼 날 수 있다는 꿈을 상상력을 동원해 펼쳐 나갔다. 현재 남아 있고 전해 내려오는 자료에 의하면, 다 빈치는 날아다니는 기계를 제일 먼저 스케치했으며, 처음 비행기에 대한 기본적인 원리와 구조를 생각한 사람이기도 했다.

고대부터 모든 인류는 새처럼 날 수 있다는 꿈을 가지고 있었고, 자신만이 가지고 있는 온갖 상상력을 동원해 마음껏 하늘을 날았다. 바로 이러한 것들이 다빈치나 라이트 형제 등에 의해 실제로 현실이 된 것이다.

---

7) 노틸러스라는 배 이름은 1800년에 풀턴(Robert Fulton)이 설계한 잠수함 노틸러스 호의 영향을 받은 것으로 보인다. 노틸러스는 본래 라틴어에서 온 말로, 앵무조개를 뜻한다. https://ko.wikipedia.org/wiki/%EB%85%B8%ED%8B%B8%EB%9F%AC%EC%8A%A4_%ED%98%B8

8) 형 윌버 라이트(Wilbur Wright)와 동생 오빌 라이트(Orville Wright)는 1903년 12월 17일 조종이 가능하고 공기보다 무거운 동력 비행기를 제작해 최초로 비행에 성공시킨 미국인 형제이다. 이들은 가솔린 기관을 이용해 만든 플라이어 호로 미국 노스캐롤라이나 주 키티호크에서 사상 최초로 12초 동안 36m를 동력 비행하는 데 성공했던 것이다. 그로부터 2년 전에 형제는 첫 고정익 항공기를 제작했다. https://ko.wikipedia.org/wiki/%EB%9D%BC%EC%9D%B4%ED%8A%B8_%ED%98%95%EC%A0%9C

9) 레오나르도 디 다 빈치(Leonardo di ser Piero da Vinci, 1452－1519)는 이탈리아 르네상스를 대표하는 근대적 인간의 전형이다. 그는 화가이자 조각가, 발명가, 건축가, 기술자, 해부학자, 식물학자, 도시계획가, 천문학자, 지리학자, 음악가였다. 그는 호기심이 많고 창조적인 인간이었으며, 어려서부터 인상 깊은 사물, 관찰한 것, 착상 등을 즉시 스케치했다. https:// ko.wikipedia.org/wiki/%EB%A0%88%EC%98%A4%EB%82%98%EB%A5%B4%EB%8F%84_%EB%8B%A4_%EB%B9%88%EC%B9%98

현대로 들어서면서 비행선(airship)과 비행기(airplane)의 발명도 바로 이러한 상상의 결과였다. 한때는 하늘로 뜨는 성분을 가진 공기보다 더 가벼운 헬륨이나 수소 따위의 가스를 커다란 기구나 또는 고무풍선 같은 곳에 가득 채우고 하늘을 나는 비행체인 비행선이 비행기보다 하늘을 나는 상상을 좀 더 현실화시켜 줄 것으로 생각했던 사람들이 많았다. 그러나 이러한 꿈은 대형 재난 앞에 속절없이 무너져 버렸다.

그 당시 가장 크고 화려했던 비행선 '힌덴부르크(Hindenburg)' 호의 화재와 연이은 폭발[10]은 당시의 세인들을 경악하게 만들었고, 이로 인해 하늘을 날 수 있는 꿈의 실현체로 비행선은 탈락되고 대신 양력(揚力)을 이용해서 하늘로 뜨게 만드는 비행체인 비행기로 선택이 이뤄지는 결정적인 계기가 되었다.

힌덴부르크 호의 화재 원인은 가연성이 높은 가스를 비행선을 띄우는 힘으로 사용해 불티나 정전기 스파크 등에 취약할 수밖에 없었기 때문이다. 어쨌든 인간의 하늘을 날고 싶은 욕망과 꿈은 이뤄졌고, 오늘 이 시각에도 수많은 사람이 하늘을 이리저리 날고 있다. 앞서가는 선각자들의 창의적 상상의 결과인 것이다.

임진왜란 당시 국가가 풍전등화와 같은 위태로운 순간에 조국 산하를 지켜낸 영웅이 있었으니 모두가 잘 알고 있는 이순신(李舜臣) 장군이다. 그는 왜군에 의해 전라좌수영까지 무너지게 되면 전세는 완전히 왜군 쪽으로 기울어질 것이라고 생각했다. 그 이유는 전라도를 빼앗기면 곡창지대를 내주는 격이 되어 적의 병참을 돕는 꼴이 되고, 설상가상으로 그 당시 고속도로와 같은 해로를 왜에게 완전히 내주면 한성 등 전략적 요충지가 그대로 적의 날카로운 칼날에 노출됨으로써 조선의 미래는 기약하기 어렵다고 생각한 것 같다.

그는 또한 왜군의 침략 조짐을 간파하고 이를 효과적으로 제압할 수 있는 첨단 신무기의 필요성을 어느 누구보다 간절히 원했다. 아무래도 수적으로 열세인 조선 해군이 왜군을 대적해 맞서 싸우려면 적이 가지지 못한 비대칭 전력이 필요하다는

10) 힌덴부르크 참사(Hindenburg disaster)란 1937년 5월 6일 목요일, 독일의 여객 비행선 LZ 129 힌덴부르크가 미국 뉴저지 주 레이크허스트 해군항공기지의 계류탑에 정박을 시도하던 도중 화재가 발생해 전소한 사건이다. 탑승자 97명(승객 36명, 승무원 61명) 중 사망자는 35명(승객 13명, 승무원 22명)이었다. 지상 노동자 한 명도 떨어지는 물체에 맞고 사망해 총 사망자는 36명이다. https://ko.wikipedia.org/wiki/%ED%9E%8C%EB%8D%B4%EB%B6%80%EB%A5%B4%ED%81%AC_%EC%B0%B8%EC%82%AC

전략적 사고의 발로가 아닌가 여겨진다. 그래서 그는 임진왜란이 일어나기 전에 첨단 신무기인 거북선을 제작했다.

이순신 장군의 창의적 상상과 과학기술적 재능을 갖고 있던 군관 나대용(羅大用) 등의 합작품이라고 할 수 있는 거북선 역시 이러한 상상의 결과였다. 일명 귀선(龜船)이라 불리었던 이 전투함은 갑판의 윗부분을 덮도록 고안된 특수한 구조를 가지게 함으로써 배 안에 있는 전투요원들이 적의 공격에 노출되지 않아 선상에서 치러지는 백병전이나 적의 화력 집중에서 비롯되는 불리함을 만회하고, 나아가 수적으로 우세한 왜선을 압도하기 위해 그리고 신속한 적진 돌파를 통해 종심 깊게 공격력을 투사하기 위한 군사적 바람을 상상을 통해 현실화시킨 돌격 전투함이었기 때문이다.

또한 거북선의 진수와 실전 배비를 위한 취역식이 임진왜란 발발 하루 전에 이뤄진 것도 우연은 아니다. 이순신은 마치 제갈량(諸葛亮)이 적벽대전(赤壁大戰)에서 바람의 방향을 알아내고 이를 역이용한 화공으로 조조(曹操)의 군대를 격퇴한 것처럼 자연의 신출귀몰한 조화를 잘 이용했던 것도 천기를 읽고 경험 많은 뱃사람들의 물길과 지형 그리고 바람의 형세 등의 이야기를 경청하고 이를 작전에 활용한 덕으로 이해된다.

그는 이러한 창의적인 상상력을 통해 수적으로 압도적인 왜군과 스물세 번을 싸워 한 번도 지지 않고 전승을 거두는 세계 역사상 전례나 유례가 없는 위업을 일궈 내고 이 강산과 산하를 지켜 낸 것이다. 이순신 장군이 압도적인 승리를 일궈 낸 한산대첩은 세계 해전사에서 살라미스 해전과 트라팔가 해전과 함께 3대 대첩으로 평가받고 있다.

제 2 절 예술과 영화

지금까지 고대에서부터 현대에 이르기까지 역사적으로 기록되어 있는 인류의 창의적 상상의 결과물을 하나하나 살펴보았다. 이러한 창의적 상상은 과학기술의 급속한 발전에 힘을 얻어 새로운 예술 분야를 만들어 내게 되었다. 지금까지 생각해 볼 수 있는 예술 분야의 주된 장르 등은 문학, 음악, 미술 등을 손에 꼽을 수 있다.

그리고 시대가 발전함에 따라 이러한 것들이 좀 더 전문화되고 세분화되었으며, 일부에서는 서로 융화되면서 새로운 장르의 예술 분야가 나타나기 시작했다. 대표적인 것이 연극(play), 오페라(opera), 뮤지컬(musical) 등이다.

문학과 미술 그리고 음악 등이 접목되어 연극을 새로운 예술 분야로 만들어 내고, 오페라는 이러한 연극에 음악적인 내용을 더 많이 삽입해서 하나의 스토리를 엮어 내는 예술 분야로 만들어 냈고, 현대의 뮤지컬은 옛날 귀족들의 삶과 연관된 노래 이야기를 현재의 대중과 시민들의 이야기로 바꾼 노래의 이야기로 특화시켜 발전시켜 나가게 만든 것이다.

우리가 잘 알고 있는 오페라로는 모차르트(Wolfgang Amadeus Mozart)의 「피가로의 결혼(Le nozze di Figaro)」, 로시니(Gioacchino Antonio Rossini)의 「세비야의 이발사(Il barbiere di Siviglia)」, 베르디(Giuseppe Fortunino Francesco Verdi)의 「맥베스(Macbeth)」와 「리골레토(Rigoletto)」, 비제(Georges Bizet)의 「카르멘(Carmen)」 등이 있다. 그리고 뮤지컬로는 「캣츠(Cats)」, 「오페라의 유령(The Phantom of the Opera)」, 「레미제라블(Les Miserables)」, 「메리 포핀스(Mary Poppins)」, 「사운드 오브 뮤직(The Sound Of Music)」 그리고 「시카고(Chicago)」 등이 있다.

특히 「캣츠」에 나오는 '메모리(memory)'라는 음악은 늙은 고양이 그리자벨라(Grizabella)[11]가 부르는 넘버로 캣츠를 상징하는 곡이 되었고, 미국 가수 스트라이샌드(Barbra Streisand)를 비롯해 많은 가수가 리메이크하면서 더욱 주목받았으며, 전 세계의 많은 사람의 귀를 즐겁게 해주고 있다.

그런데 여기서 한 가지 관심을 가져야 할 것은 연극, 오페라, 그리고 뮤지컬 등은 모두 라이브로 이뤄진다는 것이다. 같은 내용의 이야기나 노래를 매 공연 때마다 배우나 관련 연출자들이 반복해서 연출해야 한다는 특징을 가지고 있다. 이러한 것이 가지는 장점도 있지만 또한 단점도 없지 않은 만큼 이를 개선하고자 하는 노력이 또 하나의 창의적 상상으로 구현되고 그 실체가 드러나는 것이 바로 활동사진이라고 하는 영화의 탄생이다.

영화는 더 이상 극을 진행하기 위해 매번 연극 무대를 설치할 필요가 없게 만들고, 또 매번 출연자인 배우들이 긴장 속에서 진행을 해나가지 않아도 되며, 매번

11) 배우 엘리언 페이지(Elaine Paige)가 이 역을 맡아 열연했다.

관객들은 연극 시간에 맞춰 가는 수고스러움을 벗어날 수 있고, 좀 더 규모가 크고 웅장한 스펙터클한 화면을 담아 낼 수 있으며, 거기에다 입체 및 효과 음향을 곁들인 음악까지 담아 낼 수 있을 뿐만 아니라 사진과 그림까지 자유자재로 붙이고 떼어 낼 수 있어 그야말로 다목적인 예술 장르로 발돋움할 수 있는 많은 장점을 보여주게 되었다.

이렇게 우리가 생각해 볼 수 있는 다양한 상상력은 영화라는 새로운 매체를 만들어 내게 했다. 마치 소설과 마찬가지로 사실이나 허구를 작가의 상상을 통해 만들어 내고 이를 좀 더 현실적으로 그리고 입체적으로 보여 주는 수단을 만들어 내려고 한 결과였다. 더욱이 영화의 가장 커다란 장점은 인간이 가지고 있는 오감을 다 사용해 스스로 느끼도록 만들었기 때문에 영화라는 매체를 통한 정보의 전달이나 감성의 자극은 다른 어떤 전달매체보다 더 효과적이고 강력하다.

정보라는 것은 단 하나의 소스(source)를 통해 전달받는 것보다 다양한 전달 소스를 통해 받아들인다면 그리고 이렇게 다양한 전달 소스를 통해 획득한 정보들을 상호 비교해 교차 검증을 할 수 있다면 좀 더 정확한 정보를 얻는 데 많은 도움을 줄 수 있다. 이러한 원리를 응용해 교육 방법으로 사용한 것이 바로 시청각 교육이다. 그리고 이러한 시청각 교육의 한 수단으로 빈번히 활용된 것이 바로 영화인 이유가 바로 여기에 있다.

앞에서도 언급했지만 영화는 지금까지 개발된 어떤 전달매체보다 훨씬 더 가독성도 높고 입체적이라는 장점과 특성을 가진다. 최근에는 관련 과학기술의 발전에 힘입어 2차적 평면을 벗어나 3차원의 3D, 4차원의 4D, 그리고 가상현실(Virtual Reality: VR)[12]의 세계까지 넘나들고 있다.

---

12) 가상현실(假想現實)은 컴퓨터 등을 사용한 인공적인 기술로 만들어 낸 실제와 유사하지만 실제가 아닌 어떤 특정한 환경이나 상황 혹은 그 기술 자체를 의미한다. 이때 만들어진 가상의(상상의) 환경이나 상황 등은 사용자의 오감을 자극하며, 실제와 유사한 공간적·시간적 체험을 하게 함으로써 현실과 상상의 경계를 자유롭게 드나들게 한다. 또한 사용자는 가상현실에 단순히 몰입할 뿐만 아니라 실재하는 디바이스를 이용해 조작이나 명령을 가하는 등 가상현실 속에 구현된 것들과 상호작용이 가능하다. 가상현실은 사용자와 상호작용이 가능하고 사용자의 경험을 창출한다는 점에서 일방적으로 구현된 시뮬레이션과는 구분된다. 쉽게 떠올릴 수 있는 가상현실 시스템의 예로는 비행훈련 시뮬레이션과 3D로 표현되었으며, 사용자의 의지가 반영될 수 있는 세컨드 라이프와 같은 게임이 있다. https://ko.wikipedia.org/wiki/%EA%B0%80%EC%83%81%ED%98%84%EC%8B%A4

영화 속의 사실이 현실인지 그렇지 않은지 구별하기 어려운 시대로 접어들었다. 정말 놀라운 발전이라고 할 수 있다. 이러한 관점에서 볼 때 이제 영화는 인간이 가지고 있는 상상의 꿈을 현실화시킬 수 있는 가장 중요한 매체 중의 하나로 자리 잡게 된 것이다.

『인터스텔라(*Interstellar*)』[13]나 『별들의 전쟁(*Star Wars*)』[14]에서처럼 영화를 통해 우리는 실제처럼 우주 공간을 날아다닐 수도 있게 되었고, 『쥬라기 공원(*Jurassic Park*)』[15]에서처럼 영화를 통해 1억 년 전의 중생대로 돌아가 공포의 전율을 느끼게 해주는 티라노사우루스(Tyrannosaurus)와 같은 공룡과 함께할 수도 있다. 마음껏 상상의 나래를 펼칠 수 있는 그런 시대를 맛보고 있는 것이다.

상상의 소재로는 시대적 순서로 볼 때 영화보다 앞서는 것이 소설이다. 소설은 작가의 상상을 마음껏 글로 표현해 우리에게 감동을 주고 이를 통해 우리를 울리기도 웃기기도 한다. 영화와 마찬가지로 내용이나 소재가 사실에 근거를 하건 또는 허구에 근거를 하건 그것이 중요한 것은 아니다. 작가의 상상을 통해 나온 소재들이 아름다운 미사여구나 혹은 직설적인 화법 등을 통해 전달되어 작가의 상상과 같이 동행해 함께 감동을 전달받을 수 있다는 것이 중요하다.

작가뿐만 아니라 소설을 읽는 독자의 입장에서도 상상력이 발동되는 것은 마찬가지이다. 독자들은 소설을 읽으면서 자신이 주인공도 되었다가 또는 주인공이 아니더라도 그 소설에 나오는 마음에 드는 그 어떤 인물이 되기도 한다. 독자는 그런 인물들에 자기 자신을 이입시키고 그 속에서 감정 이입에 따른 대리 만족을 느끼게 되는 것이다. 이것이 줄거리의 재미에 끌려서뿐만 아니라 소설을 읽고 즐기는 중요한 동인이기도 하다.

---

13) 크리스토퍼 놀란(Christopher Nolan) 감독이 쿠퍼 역의 매튜 맥커너히(Matthew McConaughey), 브랜드 역의 앤 해서웨이(Anne Hathaway), 브랜드 교수 역의 마이클 케인(Michael Caine) 등을 주연으로 해서 2014년 11월 6일 개봉한 영화이다. http://movie.naver.com/movie/bi/mi/basic.nhn?code=45290

14) 어빈 커쉬너(Irvin Kershner) 감독이 루크 스카이워커 역의 마크 해밀(Mark Hamill), 한 솔로 역의 해리슨 포드(Harrison Ford), 레이아 공주 역의 캐리 피셔(Carrie Frances Fisher) 등을 주연으로 해서 1997년 4월 26일 개봉한 영화이다. http://movie.naver.com/movie/bi/mi/detail.nhn?code=10006

15) 스티븐 스필버그(Steven Spielberg) 감독이 앨런 그랜트 박사 역의 샘 닐(Sam Neill), 엘리 새틀러 박사 역의 로라 던(Laura Dern), 이언 말콤 박사 역의 제프 골드브럼(Jeff Goldblum), 그리고 존 해먼드 역의 리처드 아텐보로(Richard Attenborough) 등을 주연으로 해서 1993년 7월 17일 개봉한 영화이다. http://movie.naver.com/movie/bi/mi/basic.nhn?code=13500

또한 그 배경이나 환경 자체에 대한 상상도 할 수 있다. 독자가 지금 처지가 곤궁하기 그지없지만 소설 속에서 그는 부자가 될 수 있고 또한 화려하고 멋진 귀부인이 될 수도 있다. 이러한 상상은 인간만이 가지고 있는 고귀한 자산으로 이를 통해 인간의 삶의 지평은 더욱 넓어졌고 삶의 질도 고양되어 풍요로워질 수 있었다.

제 3 절 예술과 행정

행정학의 발전 초기에 이러한 소설 속의 내용에서 행정 현상을 발견하려고 창의적인 상상을 한 사람이 있었다. 그야말로 기발한 발상의 전환이었다. 이러한 창의적 발상을 해 낸 사람이 바로 볼프(Humbert Wolfe)였다. 그는 행정 현상의 편린을 엿볼 수 있는 여러 소설을 읽고 여기에서 공통적인 중심 주제뿐 아니라 이러한 소설을 쓴 작가들의 상상 속에서 행정학자들도 간과한 중요한 사실을 발견할 수 있었다.

그는 이러한 내용들을 담아서 1924년에 「소설 속에 나오는 몇몇 공직자들」이라는 논문을 집필했다. 이 논문에서 그는 공직자들이 영국 소설에 어떻게 묘사되고 있는가를 분석 검증했고, 이에 입각해 두 가지 공직자의 유형을 제시했다. 하나는 자신의 사리사욕을 위해 권력을 자신의 사유물처럼 휘두르는 공직자 유형(mandarin-cum-parasite)과 반대로 거대 관료제의 희생물로 전락하는 공직자 유형이 그것이다(Wolfe, 1924: 39-57).

그는 여러 소설 속에 등장하는 공직자의 행태에 대해, 이러한 소설을 쓴 작가의 상상적 시각을 동원해 분석하고 그에 따른 평가를 내리고 있다. 볼프가 이 논문을 쓰며 활동하던 그 당시는 행정이 별로 민주적이지 못했다. 엽관제(spoil system)의 폐해를 종식시키기 위해 '펜들턴법(Pendleton Act)'이 제정되어 시행되고, 뉴욕시정연구회(the New York Bureau of Municipal Research)가 활동하고 이와 관련된 민간 행정개혁가들의 활동이 활발히 이뤄지고 있었지만 엽관제의 짙었던 그늘은 아직도 수그러들지 않고 영향력을 암암리에 끼치고 있었으며 개혁해야 할 부문은 너무 많았다.

그 당시의 행정은 홉스(Thomas Hobbes)의 말처럼 국민을 벌벌 떨게 만들었던 거대한 괴수의 단계에서 크게 벗어나지 않았을 것이다. 한마디로 시민의 시각에서 볼 때 정나미가 떨어지는 존재였다. 그래서 그런지 볼프가 읽고 분석한 소설 속에 나오는 공직자들의 대부분은 탐욕적인 권력자이거나 반대로 그러한 거대 관료제의 희생양 등 부정적으로 묘사되고 있다.

그런데 소설가들이 소설 속에서 묘사한 공직자나 그들의 행정 행태 등이 지금의 시점에서 전문적인 행정학자가 본다 해도 전혀 손색이 없는 정확한 사실을 묘사했다는 점이 중요하다. 이것이 의미하는 것은 공직자의 행태를 비롯한 다양한 행정 현상을 이해하고 설명하고 분석, 평가하는 것이 행정학자만의 전유물이 아니라는 점이다. 그리고 행정학자들이 전문화된 무능(trained incapacity)이나 주관적 편견(subjective bias)으로 인해 보지 못하는 사각지대까지 그들은 정확히 볼 수 있다는 점을 의미한다.

흔히 하는 이야기이지만 숲 전체를 보려고 한다면 숲 안에서 나와야 한다. 그리고 우리가 산을 보려고 한다면 그 산에서 나와 산과 일정한 거리를 가지고 있는 먼 곳에서 보고자 하는 산을 보아야 한다. 그래야 산이 보인다. 행정관료나 행정학자들은 행정이란 현상의 중심에서 행정 현상을 이해하려 하고 설명하려고 한다. 그렇기 때문에 경우에 따라서는 행정의 전체를 볼 수 없을 뿐만 아니라 부분을 보고 마치 그것이 전체인 것처럼 이야기할 수도 있는 것이다.

그러나 소설가나 영화 관련 예술가들은 행정이라는 울타리 밖에서 행정을 들여다볼 수 있는 매우 큰 이점을 가지고 있다. 그렇기 때문에 경우에 따라서는 그들의 시각이 행정관료나 행정학자보다 더 정확할 수 있고 더 진실에 가까울 수도 있다. 그리고 행정학자가 미처 보지 못하거나 간과한 부분을 지적해 줄 수도 있다.

누구에게나 보지 못하는 사각지대는 있고 주관적 편견은 존재한다. 행정학자라고 해서 예외는 아니다. 이러한 맹목성과 사각지대 그리고 주관적 편견을 배제하기 위해서는 아웃사이더의 관찰과 이들의 이해와 설명이 필요하다. 바로 이 점이 소설가나 영화 관련 예술인들에 의한 행정의 관조가 필요한 이유이다. 물론 그 반대도 성립될 수 있다. 영화에 문외한인 행정학자가 영화 관련 예술인이 미처 보지 못한 부분을 보고 이를 지적해 줄 수도 있다.

이것이 의미하는 함의는 그만큼 우리가 살고 있는 세상이 예전보다 월등히 복잡해지고 어지럽게 얽혀 있다는 것이다. 아무리 그 분야의 전문가라고 해도 그들이 가지고 있는 단일 시각만으로는 전체의 그림을 보는 데 한계가 있을 수밖에 없는 세상에 우리가 살고 있다는 것을 뜻하기도 한다. 그래서 요즈음 추세가 여러 학문이 서로 어우러지는 융합학문화가 이뤄지는 것이 아닌가 하는 생각도 해 볼 수 있다. 다른 말로 표현하면 학문 간 상생을 위한 노력의 하나라고 할 수도 있겠다.

미국에서 행정학 연구를 위해 행정소설이 가지는 학문적 가치에 대한 논의는 1940년대 『미국행정학회지(*Public Administration Review: PAR*)』에서 시리즈로 소설평론을 다룬 데서 그 기원을 찾을 수 있다.

당시 에거(Rowland Egger)나 베일리(Stephen Bailey)와 같은 저명한 학자들이 평론가가 되어 그 시대의 기준으로 보아서는 좀 더 과격하고 진보적인 방법으로 소설이 행정학 관련 전문서적보다 더 행정에 대해 진실을 말하고 있음을 증언했다. 특히 베일리는 만화가나 소설가, 시인 등과 같은 문학 예술인들이 정치학자나 행정학자들보다 정치나 행정 상황과 현상에 대해 좀 더 깊은 통찰력을 가지고 예리하게 이해하고 있다고 주장하기까지 했다(Goodsell & Murray, 1995: 8-9).

이러한 여러 노력이 있긴 했으나 처음으로 탐구적 학술 주제로 삼아 행정소설에 대한 체계적인 검증을 시도한 학자는 왈도(Dwight Waldo)였다. 1956년에 집필한 『행정에 대한 전망(*Perspectives on Administration*)』이란 책에서, 그는 정부의 일상적 삶을 문학적으로 다룬 것이 독자들에게 행정세계에 대한 깊은 가치 있는 통찰력과 전문서적에서 얻을 수 없는 지혜를 제공했다고 주장했다(Waldo, 1956: ch.4).

이러한 맥락에서 그는 전문서적을 대체하거나 무력화시키지 않는 범위 내에서 학문적 보조 원천 자료로 소설을 활용할 것을 적극적으로 권고했다. 물론 이러한 그의 생각은 12년 후에도 재천명된다.

왈도에 의해 봇물이 터지자 후속적인 이와 관련된 연구들이 쏟아져 나오기 시작했다. 특히 행정 현상을 이해하려는 도구로서 소설에 대한 관심의 증대는 그 당시 지배적인 학문적 패러다임으로 자리 잡고 있었던 논리실증주의(logical positivism)나 행태주의(behavioralism)의 전제에 대해 도전을 하고픈 그 당시 행정학자들의 바람이기도 했다.

정치학을 과학적으로 연구하려는 데 대해 반대 의사를 분명히 한 에거가 행정소설이 행태주의에 직면하고 있음에도 불구하고, 인간적 사회 탐구를 가능케 해주는 방안으로서 나름대로 커다란 의미를 가진다고 주장했던 것도 이와 맥을 같이 한다.

그리고 맥커디(Howard McCurdy)도 소설이 절정을 넘어 이제 소멸되어가고 있는 실증주의를 대체하는 데 커다란 도움이 되었다고 보고 있다. 맥커디의 이러한 주장에 동조하면서 맥대니얼(Thomas McDaniel)은 행정소설이 행정의 필수적인 주관적 과정에서 의미를 도출해 내는 유용한 방법을 통해 행정 현상에 대한 이해의 폭을 넓혔다고 주장했다.

이와 같이 초기에는 연구의 영역이 주로 소설을 비롯한 문학(literature)적 영역으로만 국한되어 왔으나 근자에 들어와서는 이 벽이 점차적으로 허물어지고 있다. 즉, 과학의 진보와 이에 따른 표현 매체의 다양화와 첨단화에 힘입어 좀 더 다양하고 첨단적인 영역에까지 연구의 관심이 확대되고 있다. 영화, 드라마, 시, 고전문학, 영상예술, 그리고 심미이론 분야까지 행정학 연구의 대상과 영역으로 활용되고 있는 것이다.

애덤스(Guy B. Adams)가 주장하듯이 사실상 예술은 행정문제에 새로운 빛을 비쳐 주었다. 그리고 이러한 새로운 밝은 빛은 학문적인 조명(illumination)에 의한 기여뿐만 아니라 잠재적인 인간 정신의 발현을 통한 영감(inspiration)의 발로를 통해 행정에 기여하고 있다는 것이다(Adams, 1996: 207).

이 말이 뜻하는 바는 예술이 행정학 연구에 도입됨으로써 지금까지 행태주의나 논리실증주의와 같은 과학적 접근으로 인한 행정 현상 연구의 제한성을 벗어나게 해주었으며, 또한 더 넓고 깊은 상상의 세계로 행정 현상 연구를 확대함으로써 행정 현상이 가지는 무한한 가치를 활용할 수 있게 되었다는 것이다. 그리고 이로 인해 인간이 가지고 있는 무한한 영감까지 자유자재로 연구의 방법론으로 활용할 수 있도록 만들었으며, 이제 이로 인해 연구의 시각은 더욱 넓고 깊어지게 되는 것이다.

그렇다고 해서 사실적 검증을 전제로 하는 과학적 연구 방법을 완전히 드러내자는 것은 아님을 정확히 이해해야 할 필요가 있다. 지금까지 도외시되었던 또는 뒤로 미뤄 두었던 가치적 영역을 새로이 발굴하고 이를 기존의 과학적 연구 방법과 서로 아우르는 접근이 필요하다는 것이다. 이러한 의도를 가장 잘 설명하고 있는 학자들이 바로 듀이(John Dewey)와 쿠퍼(Joseph H. Kupfer)이다.

이들은 행정 현상을 좀 더 잘 이해하고 설명하기 위해서는 이러한 현상들에 대한 경험적 검증이 선행되어야 하는데, 이러한 경우에 경험적 검증을 좀 더 완벽하게 완성해 줄 수 있는 것은 바로 예술이고 심미적 접근이라고 주장한다. 한마디로 요약하면 과학적 검증에 부가해 예술과 심미적 접근이 가미될 때 행정 현상에 대한 좀 더 완벽한 경험이 가능하게 된다는 의미이다.

즉, 듀이는 예술을 대상과 일상적 경험의 감각으로부터 분리할 것을 강요하는 전통적 예술관에 반대하면서 우리 일상생활의 경험은 내용 면에서 예술적이며 심미적으로 접근해야 한다고 주장하고 있으며(Dewey, 1934: 6), 쿠퍼 역시 일상생활의 경험들이 심미적 성질과 관계로 채워지는 한도 내에서 그것들을 완전하게 경험할 수 있다고 주장한다(Kupfer, 1983: 3).

이와 맥을 같이하면서 전종섭도 개인과 세상에 영향을 미치는 실증주의적 맹점과 소외감의 고통을 개선하기 위해서는 일상적 경험의 장소에서 심미성을 회복할 필요가 있다고 주장한다(전종섭, 2001: 223).

이와 같이 행정에 대해 좀 더 앞선 논의를 전개하고자 하는 많은 사람이 조직과 사회의 복잡다기성이 증대되고 이를 둘러싼 환경이 좀 더 다원화되고 심화됨에 따라 예술을 포함하는 더 넓은 시야의 전향적 학문관이 행정학에도 필요하다고 주장한 것으로 이해할 수 있다.

이런 관점에서 보더라도 이제 행정학을 비롯한 학문적 움직임은 협소한 과학적 한계성에서 탈피해 더 넓은 세계, 다시 말하자면 예술을 포함하는 총체적 영역으로 확산되어 나가야 할 필요성이 더욱 커지고 있다.

이러한 맥락에서 굿셀(Charles T. Goodsell)과 머레이(Nancy Murray)는 행정과 예술이 서로 학문적으로 접목되어 연결되어야 한다는 점을 강조했다. 그리고 이러한 학문적 접목의 연결고리를 '새로운 교량'이라는 개념 틀을 사용해 설명하고 있다. 이 새로운 교량이라는 개념 틀을 통해 행정과 예술이 서로 교호하면서 서로를 보완하고 수정해 나가야 한다는 것이다(Goodsell & Murray, 1995: 3-8).

이들은 예술이 행정학 연구에 기여할 수 있는 이유로 네 가지를 제시하고 있다(Goodsell & Murray, 1995: ix-xi).

첫째, 소설이나 단편, 영화, 드라마, 시, 고전문학, 시각예술 그리고 심미주의 이론 등이 행정을 이해하고 적용하는 데 좀 더 크게 기여할 수 있을 것이라는 믿음 때문이다.

둘째, 복잡다기한 현대 사회의 성질로 인해 행정은 좀 더 복잡한 여러 문제를 접하게 될 것이고, 이를 해결하기 위한 노력이 다각적으로 필요한 현실은 좀 더 새로운 개념적 영역의 확장과 이를 통한 지식 영역의 확대 적용이 요구된다. 그래서 행정에 예술을 적용할 필요가 생긴다. 즉, 예술을 통해 행정이 필요로 하는 지식 기반을 풍요롭게 할 수 있기 때문이라는 것이다.

셋째, 이제 좀 더 체계적인 방법으로 예술이 행정에 기여할 때가 되었다는 시대적 인식을 거스를 수 없기 때문이라는 것이다.

넷째, 기존의 행정학 연구의 주요한 학문적 기여가 행정학 분야 그 자체에서만 나왔고 또한 행정학자들의 시각이 경제적 합리성이나 정치적 합리성과 같은 것에 국한되었다고 믿기 때문에 예술학자들의 상상력이나 통찰력이 무엇인가 행정의 연구에 앞으로 도움을 줄 수 있을 것이라고 생각하기 때문이다. 즉, 학제 간 연구의 시너지 효과를 행정의 연구에 줄 수 있다는 믿음이 있기 때문이라는 것이다.

이러한 이유 때문에 행정과 예술은 교량으로 연결되어야 한다면서 행정과 예술을 이어줄 새로운 교량으로 다섯 가지의 다리를 제시하고 있다.

첫째가 이론의 다리(theory bridge)이고, 둘째가 가치의 다리(values bridge), 셋째가 리더십의 다리(leadership bridge), 넷째가 가르침의 다리(teaching bridge), 그리고 마지막으로 앞의 가르침의 다리와 함께 결합된 정책의 다리(policy bridge)가 그것이다(Goodsell & Murray, 1995: 11-21).

그리고 이러한 다섯 가지 교량을 호메로스(Homeros)가 쓴 『오디세이(*The Odyssey*)』[16]와 텔레비전 영화용으로 제작된 『행운의 바퀴(*The Wheel of Fortune*)』 그리고 영화 『별들의 전쟁』에 직접 접목시켜 사용해 가치 있는 조명을 하고 있다.

행정과 예술과의 괴리를 메우고 이 둘을 연계짓기 위한 다섯 개의 개념적 다리를 좀 더 쉽게 이해하기 위해 굿셀과 머레이의 표현을 빌려 구체적으로 설명하면 다음과 같다.

첫째, 이론의 다리는 예술 분야에서 예를 든다면 심미주의 이론이나 철학 등에서 이뤄진 이론의 개발이 행정에 대해서도 실질적인 도움을 줄 수 있다는 생각에

16) 고대 그리스의 서사시로 저자는 호메로스(영어명으로는 호머)로 전해지며, 오디세우스(영어명은 오디세이)의 10년간에 걸친 귀향 모험담을 그린 작품이다. http://terms.naver.com/entry.nhn?docId=936228&cid=43667&categoryId=43667

서 연유되는 것이다. 실제로 이러한 예술 분야에서의 이론 개발은 유추를 통해 행정의 실제 사안에 적용될 수 있다(Goodsell & Murray, 1995: 6).

둘째, 가치의 다리는 관료제에 내재되어 있는 가치와 매우 깊은 관련성을 가진다. 이런 가치의 다리의 기초는 이미 이와 관련된 선행 연구를 시도한 사람들에 의해 놓여졌다. 수십 년 전에 많은 학자가 행정의 연구는 소설 등을 읽음으로써 더 큰 도움을 얻을 수 있다고 말해 왔었다. 그들은 행정을 주제로 한 소설 등은 행정학 교과서나 강의실에서 일상적으로 얻을 수 없는 통찰력을 제공해 줄 수 있다고 주장해 왔다.

사실 소설의 가장 중요한 기여 중 하나는 권력이나 야심, 생존, 보살핌, 비전과 같은 가치적 규범이 개재된 추상적 개념을 구체적인 형태로 바꿔 줄 수 있다는 것이다. 다른 말로 표현하면 이런 소설을 비롯한 문학은 행정의 가치를 살아 움직이는 것으로 현시(顯示)해 줄 수 있다는 것이다(Goodsell & Murray, 1995: 6).

셋째, 리더십의 다리는 개인으로서의 지도자의 정념(情念)과 인간적 자질을 예술적 묘사를 통해 더욱 생생하게 이해시킬 수 있다는 것이다. 물론 이를 표현하는 수단은 문학, 영화, 그리고 비디오 등 매우 다양할 것이다.

또한 조직의 지도자들이 일상 업무에서 부딪치는 딜레마나 여러 가지 긴장을 좀 더 깊게 이해시켜 줄 수 있는 것도 행정과 관련지어 쓴 소설의 또 다른 기여이다. 사실 조직 바깥에 있는 많은 사람에게 이것은 조직을 보는 눈을 더욱 넓혀 주고, 지도자들 자신들에게는 자기반성과 검증을 하게 해 주는 계기를 마련해 주게 되는 것이다(Goodsell & Murray, 1995: 6−7).

넷째, 가르침의 다리는 실제로 가르침을 행하는 교육자들뿐만 아니라 행정실무자들에게도 중요한 주제이다. 그 이유는 공직에 있는 사람들로 하여금 더 큰 능력을 갖고자 하는 열망을 심어 주는 데 커다란 영향을 줄 수 있기 때문이다.

행정과 관련된 소설에서 이러한 가르침의 중요성을 터득한 자들은 행정 과정의 미묘함을 행정의 문외한인 학생들에게 전수시키는 데 무미건조한 교실보다는 소설이나 영화를 통해 전달하는 것이 더 나은 방법이라고 오래전부터 주장해 왔다.

사실 이러한 배움의 매체에서 선명성과 구체성은 전통적인 교육 방법을 지지해 나가는 데도 도움을 주는 일면 더 나은 혁신을 낳는 데도 기여할 것이다. 이러한 사실을 인정할 경우 제기되는 유일한 문제는 이러한 목적을 위해 어떻게 가장 적절한 소재를 찾아서 이를 통해 배우고자 하는 사람들에게 상상력 있게 이를 제시하고 전달시켜 줄 수 있을 것인가 하는 것이다(Goodsell & Murray, 1995: 7).

다섯째, 정책의 다리는 행정의 정책 산출과 깊은 관련을 갖는다. 일반적으로 많은 사람이 민주 과정을 통해 결과된 정책 산출은 세속적인 영향력의 산물로 여겨 예술의 유미적인 영향력과는 무관한 것으로 생각할 수 있을 것이다.

사실 예술은 선거로 당선된 공직자가 내세우는 전략과는 무관한 듯 보이고 또 이익집단의 로비나 전문가집단에 의한 합리적 분석과는 무관한 것으로 이해하기가 쉽다. 그러나 이러한 모든 노력은 좀 더 광범위한 대중성 속에서 이뤄진다는 점을 유념해야 한다.

영향력이란 여러 가지 생각의 흐름을 통제하고 미묘하고 예측하기 어려운 사조(思潮)로부터 비롯되는 것이므로 그 시대를 관류하는 대중문화나 예술의 성격 그리고 흐름과 결코 무관할 수는 없다. 예를 들어 미국 서부를 아름답게 채색한 예술로 인해 많은 사람이 서부로의 이주를 결심케 했으며 국립공원의 생성을 자극하게 만들었다. 또한 공상 과학소설의 인기는 우주 탐험[17]이나 첨단 전략 및 전술무기[18]의 개발 무대를 제공하고 이를 가속시키는 영향력을 행사케 했다. 물론 이는 이와 관련된 정책에 커다란 영향을 끼쳤다(Goodsell & Murray, 1995: 7).

겉으로 보기엔 행정과 예술이 전혀 관련성이 없어 보이지만 굿셀과 머레이가 제시한 다섯 개의 다리를 통해 연결시켜 보면 그러한 시각이 잘못되어 있음을 알 수 있다.

이러한 시각에서 볼 때 행정에 대한 현상을 이해하고 설명하는 데 예술 분야에 대한 기여와 관련성은 높다고 볼 수 있다. 이미 앞에서도 이러한 관련성에 대한 여러 예를 열거했지만 또 다른 예 하나를 더 들어보면 지역사회에 대한 종전의 사고와 명백히 다른 또 다른 사고의 한 일면을 예술을 통해 얻을 수 있다. 즉, 지역사회를 어떻게 쇄신할 것인가에 대한 연구를 하는 데도 소설이나 예술 부문에서 시사하는 바가 크다는 것이다.

14세기 이탈리아의 문호였던 단테(Alighieri Dante)가 쓴 『신곡(*Divina Commedia*)』

---

17) 쥘 베른(Jules Verne)은 『달세계 여행』이라는 소설을 통해 로켓 개발을 예견했다.
18) 이러한 예 중 하나로 원자력 잠수함의 출현을 들 수 있다. 이것은 쥘 베른의 소설에 나오는 노틸러스 호의 능력을 현실에서 이루게 함으로써 잠수함 개발자들의 꿈을 실현시켜 주었다.

의 제1부인 '지옥(the Inferno)' 편에서 그 예를 들어보자(Dante, 1949). 깊은 지옥으로의 여행에서 인간의 원죄(原罪)는 상대적으로 얕은 지옥에 놓여 있다. 여기에서 흥미로운 점은 개인에 대해 저질러진 범죄는 상대적으로 얕은 지옥에서 심판을 받고, 지역사회를 위태롭게 한 범죄는 아홉 개 지옥 중에서 가장 깊은 지옥에서 심판을 받는다는 것이다.

사실 이런 식으로 지역사회에 대해 생각해 본 적이 별로 없을 것이다. 행정적으로 지역사회의 발전과 혁신을 꾀하고자 할 때 또는 이를 이해하고 설명하려고 할 때 이러한 생각을 가지고 출발한다면 행정에 대한 문제 해결에 훨씬 도움이 될 것이다. 바로 이러한 점에서 예술과 문학은 풍부한 발상의 전환을 하기 위한 창의적 상상의 보고(寶庫)가 될 수 있다.

행정학에서 중요한 이슈로 다뤄져 왔고 다뤄지고 있는 관료제에 대해서도 이를 영화를 통해 투영하는 과정을 통해 새로운 통찰력을 가지게 하는 것도 이러한 예술을 통한 하나의 새로운 접근이라 할 수 있다.

홀처(Marc Holzer)와 슬래터(Linda G. Slater)는 실제로 영화를 통해 관료제 안에 내재되어 있는 스테레오타입(stereotypes)적 현상을 잘 적시해 드러내고 있다(Holzer & Slater, 1995: 75-90). 또한 애덤스(Elsie B. Adams)나 마리니(Frank Marini), 그리고 크롤(Morton Kroll)도 영화 등을 통해 예술에서 나타난 관료제의 여러 가치에 대해 우리에게 많은 것을 시사해 주고 있다(Adams & Marini, 1995: 59-74; Kroll, 1995: 91-106).

제 4 절 영화 속의 행정윤리

행정윤리나 공직윤리와 관련된 영화도 상당히 많이 출시되어 있다. 조금만 관심을 가진다면 이러한 영화들을 통해 우리의 행정윤리 분야의 문제점을 알 수 있고 또한 이에 대한 나름대로의 해결책에 대한 암시를 얻을 수도 있다.

사실 공적 윤리의 문제를 다룬다는 것은 이 분야의 행정 전문가들도 머리께나 아픈 일이다. 그런데 놀라운 점은 이 분야에 대해 전문적인 교육과 훈련을 받지 않은 영화 제작자나 시나리오 작가들이 이 분야의 행정전문가들도 탄복할 만한 기발한 문제의 적출과 해결 방안을 제시하고 있다는 점이다. 이것이 가능한 것은 앞에서도 누차 언급했듯이 그들이 가진 기발한 상상력과 또한 영화를 비롯한 예술가들이 보는 날카로운 현상에 대한 관찰력과 이에 근거한 이해력 그리고 설명력에 근거하는 것으로 볼 수 있다.

공직자가 행해야 할 윤리적 근본 자세는 무엇일까? 일반적으로 생각해 보면 국민을 잘 섬기고, 자기 관리를 철저히 하기 위해 청렴해야 하고 부패해서는 안 되며, 자기에게 부여된 임무를 최선을 다해 완수하고 그럼으로써 국민으로부터 신뢰받는 공직자가 되는 것이 바로 공직자로서 갖춰야 할 윤리적 근본 자세가 아닌가 싶다. 이러한 내용을 영화인들은 영화를 통해 직·간접적으로 우리들에게 중요 메시지로 전달해 주고 있는 것이다. 공인은 국민을 잘 섬겨야 한다는 윤리적 덕목을 잘 표현해 낸 영화로는『광해, 왕이 된 남자』[19]를 그 예로 들 수 있다.

이 영화에서 도승지인 허균(許筠)은 다음과 같은 말을 남긴다. 광해군을 대신해서 거짓 왕 노릇을 하고 있는 천인 하선에게 "백성을 하늘처럼 섬기는 왕, 진정 그것이 그대가 꿈꾸는 왕이라면 그 꿈 내가 이뤄 드리리다"라고 말함으로써 굳은 백성 섬김의 정치 신념에 공감하고 있음을 분명히 하고 있다. 공인의 자세로서 이것처럼 확실하게 우리의 마음에 와 닿을 수 있는 표현은 없으리라는 생각이 든다.

또한 공인은 청렴하고 부패하지 말아야 한다는 윤리적 덕목을 잘 표현해 낸 영화로는『내부자들』[20]을 예로 들 수 있다. 한마디로 잘 나간다는 부패한 정치인, 기업인, 언론인들을 내세워 공인으로서 결코 청렴하지도 않고 부패한 자인 이들을 통해 정치깡패보다 못한 그들의 적나라한 부끄럽고 수치스러운 민낯을 여과 없이 드러냄으로써 반면교사로 공인의 올바른 길을 교훈적으로 제시하고 있다.

그리고 공인은 자기에게 부여된 임무를 최선을 다해 완수하고 그럼으로써 국민으로부터 신뢰를 받아야 한다는 윤리적 덕목을 잘 표현해 낸 영화로는『설리: 허드

19) 추창민 감독이 광해군과 하선 1인 2역의 이병헌, 도승지 허균 역의 류승룡, 중전 역의 한효주, 조내관 역의 장광, 호위무사 도 부장 역의 김인권 등을 주연과 조연으로 해서 2012년 9월 13일 개봉한 영화이다. http://movie.naver.com/movie/bi/mi/basic.nhn?code=83893

20) 우민호 감독이 정치깡패 안상구 역의 이병헌, 검사 우장훈 역의 조승우, 유명 논설주간 이강희 역의 백윤식, 유력한 대통령 후보인 정치인 장필우 역의 이경영, 그리고 재벌인 대기업 오현수 회장 역의 김홍파 등을 주연으로 해서 2015년 11월 19일 개봉한 영화이다. http://movie.naver.com/movie/bi/mi/basic.nhn?code=121788

슨 강의 기적』[21]과 『신기전』[22]을 예로 들 수 있다.

『설리: 허드슨 강의 기적』은 이륙 직후 조류(鳥類) 충돌(bird strike)을 일으킨 비행기를 침착하게 허드슨 강에 수상 착륙시켜 승무원과 승객 155명을 전원 구조할 수 있게 만든 설리라는 애칭을 가진 기장과 관련된 실화에 근거를 둔 영화이다. 이 영화에서는 기장의 침착성, 전문성, 승객우선주의, 그리고 안전성을 우선적으로 고려해 비상시에 기장으로서의 책임을 완수함과 동시에, 사고 이후 청문회 등에서 인근 공항으로 회항하지 않고 수상 착륙을 한 자기의 행동이 과연 옳았는지에 대해 깊은 고뇌를 하면서 155명을 한 명의 희생자도 없이 모두 생존시킨 영웅으로서의 자기 모습보다는 사고 비행기의 기장으로서 자기의 직무에 대해 최선을 다했는가 하는 진실된 자기 모습에 더 책임을 통감하는 공인으로 묘사되고 있다.

『신기전』은 세종의 백성 사랑과 백성으로부터의 존경과 신뢰가 어디에서부터 연원되는가를 잘 표현해 준 영화이다. 세종 치하의 조선은 새로운 신무기인 신기전(神機箭)의 위력으로 명나라의 압박으로부터 벗어날 수 있게 된다. 세종은 이러한 신무기를 개발한 자에 대해 고마움을 가질 수밖에 없었다. 세종은 신무기 개발자를 불러 그들의 공을 치하하고 새로 신설되는 신무기 관련 기관에 책임을 맡아 주길 부탁한다. 그러나 이들은 자연인으로 살아가기를 원하고 세종의 부탁을 거절하며 어전을 나선다.

세종은 이들의 뒤에 대고 큰절을 올린다. 주위의 신하들은 놀라 이를 말린다. 그러나 세종은 이를 그치지 않는다. 그러면서 세종은 이렇게 이야기한다. "한낱 적국의 사신에게도 4배를 하거늘…… 하물며 이 나라의 백성에게 절을 하는 것이 어찌 허물이 된단 말이더냐?"라고 힐난한다. 그런 후 세종의 백성 섬김의 깊은 마음이 그대로 녹아나는 말로 다음과 같이 독백을 한다. "짐은 왕이요, 그대들은 황제

21) 클린트 이스트우드(Clint Eastwood) 감독이 체슬리 설리 설렌버거 역의 톰 행크스(Tom Hanks), 로리 설렌버거 역의 로라 리니(Laura Linney), 제프 스카일스 역의 아론 에크하트(Aaron Eckhart)를 주연으로 하고 엘리자베스 역의 안나 건(Anna Gunn), 제프 콜로제이 역의 샘 헌팅턴(Sam Huntington), 마이클 딜레이니 역의 제리 페라라(Jerry Ferrara), 테스 소사 역의 어텀 리저(Autumn Reeser), 마이크 클리어리 역의 홀트 맥칼라니(Holt McCallany)를 조연으로 해서 2016년 9월 28일 개봉한 영화이다. http://movie.naver.com/movie/bi/mi/basic.nhn?code=143495

22) 김유진 감독이 설주 역의 정재영, 홍리 역의 한은정, 세종의 호위무사 창강 역의 허준호, 세종 역의 안성기, 사마순 역의 정성모, 캬오룽 역의 김명수, 홍만 역의 이도경 등을 주연과 조연으로 출연시켜 2008년 9월 4일에 개봉한 영화이다. http://movie.naver.com/movie/bi/mi/basic.nhn?code=63824

이니라." 세종의 진솔한 백성 사랑과 섬김의 진정성이 그대로 묻어 나오는 명장면이라 할 수 있다. 바로 이러한 공직자의 마음이 국민의 마음을 감동시키고 바로 여기에서 공직자나 국가 그리고 정부에 대한 믿음이 생기게 된다. 이 영화는 이러한 장면을 통해 우리에게 중요한 메시지를 던지고 있다.

이상으로 영화 등 예술 분야의 영감이나 지식 그리고 관련 이론들이 행정 현상을 이해하고 설명하는 데 생각보다 많은 도움을 줄 수 있다는 것에 관해 많은 설명을 했다.

이제 이 책에서 예술 영역 중에서 영화를 선택해 행정 현상, 특히 그중에서 행정윤리와 관련되는 현상을 이해하고 설명하려고 하는 데는 몇 가지 이유가 있기 때문이다. 앞에서 언급한 내용을 참고해 설명하면 다음과 같다.

첫째, 이 책에서 선정된 영화들이 이 책의 주제인 행정윤리와 관련된 행정 현상을 이해하고 적용하고 설명하는 데 좀 더 크게 기여할 수 있을 것으로 믿기 때문이다. 더 나아가 행정윤리가 가지는 적용 영역의 지평을 확대할 수 있을 것이다.

둘째, 시대가 변하고 복잡다기한 현대 사회의 성질로 인해 사람들의 가치관이 변하고 공익에 대한 생각도 바뀌게 됨으로써 행정윤리는 예전에 비해 더욱 복잡한 여러 문제를 접하게 될 것이다. 그리고 이를 해결하기 위한 노력이 다각적으로 요구되고 있는 현실은 좀 더 새로운 개념적 영역의 확장과 이를 통한 지식 영역의 확대 적용이 요구되고 있다. 그래서 행정윤리에 종합 예술인 영화를 적용할 필요가 생긴다. 즉, 종합 예술인 영화를 통해 행정윤리가 필요로 하는 지식 기반을 풍요롭게 할 수 있기 때문이다.

셋째, 이제 좀 더 체계적인 방법으로 종합 예술인 영화가 행정윤리에 기여할 때가 되었다는 시대적 인식을 거스를 수 없기 때문이라는 것이다.

넷째, 기존의 행정윤리 연구의 주요한 학문적 기여가 행정학 분야 그 자체에서만 나왔고 또한 행정학자들의 시각이 경제적 합리성이나 정치적 합리성과 같은 것에 국한되었다고 믿기 때문에, 이와 다른 시각을 가지고 다르게 접근하는 종합 예술인 영화 관련 제작자, 시나리오 작가 등의 통찰력이 무엇인가 행정윤리의 연구에 도움을 줄 수 있으리라고 생각하기 때문이라는 것이다. 즉, 학제 간 연구의 시너지 효과를 행정윤리의 연구에 줄 수 있다는 믿음이 있기 때문이라는 것이다.

이러한 관점에서 이 연구는 예술 분야 중 종합 예술의 상징이 되어가는 영화를 선택해 실제 행정윤리와 연관된 현상에서 쉽게 실현시키기 어려운 실험적 상황을 재현하고, 이 속에서 좀 더 적나라한 윤리 관련 행정이론들의 응용적 적용의 타당성을 나름대로 검증하고자 한다.

제 2 장 공직자의 자세

제 1 절 정약용의 『목민심서(牧民心書)』에서 강조하는 공직자의 자세

정약용(丁若鏞, 1762~1836)은 조선의 대표적인 개혁 군주 중 하나인 정조(正祖)의 총애를 받던 중신이었다. 정조의 개혁정책을 밑에서 뒷받침하면서 기울어져 가던 조선의 새로운 중흥을 위한 여러 시책을 기획하고 집행해 나갔다. 그는 유학(儒學)에서만 기량이 뛰어났던 것이 아니라 자연과학과 같은 분야에서도 뛰어난 실력을 발휘했다. 거중기라 하여 지금의 기중기와 같은 것을 발명해 수원성을 축조할 때 직접 사용하기도 했다. 이러한 그의 실용적 학문관은 그 시대가 요구했던 변화를 수용할 수 있는 새로운 프레임이었다.

그는 이러한 사상과 활동을 통해 개혁 군주인 정조를 보필했고, 정조는 이러한 정약용의 재능과 충심을 인정하고 이를 국가 발전을 위해 긴요하게 활용했다. 지금 말로 하자면 코드가 맞는 왕과 신하가 멋진 환상의 파트너 관계를 형성하며 국정을 일사불란하게 옳은 방향으로 발전시켜 나갔다고 표현할 수도 있다.

그러나 이러한 정조와의 밀월 관계는 정조가 개혁의 뜻을 다 펼치지 못하고 아깝게도 일찍 세상을 뜸으로 인해 마무리되어 버린다. 정조 승하 후 정약용은 자신의 정적들에 의해 탄핵을 받고 지방으로 유배되는 신세가 된다. 이래서 옛 선현들은 아무리 위세 등등한 권력도 뜬구름과 같다고 말을 했던 것 같다. 웬만한 사람이면 꺾일 만도 한데 정약용은 그렇지 않았다. 그가 가진 꿈은 너무나 강렬했고 원대했다. 그는 힘겨운 유배 생활 동안에도 조선 중흥을 위한 강렬하고 원대한 꿈을 버릴 수 없었다.

그는 기나긴 18년 동안의 어려운 유배생활을 하면서 자신이 미처 이루지 못한 꿈을 많은 저작활동을 통해 실현하고자 했다. 그는 언제 금부도사가 당도해 어명을 내세우고 자신에게 사약 그릇을 내밀지 모르는 유배지의 불안한 생활인지라 하루라도 긴장의 끈을 놓을 수 없었을 것이다. 그러나 그는 이러한 불안하면서도 살얼음판을 걷는 유배생활 속에서도 국가의 발전을 위한 청사진을 그리고 이를 실현하기 위한 여러 방책을 강구하고 마련하는 노력을 게을리하지 않았다.

이러한 과정을 통해 어렵사리 출간된 여러 저서 중에 지금 이 시대를 살아가고 있는 일반인과 공직자에게 가장 널리 알려지고 읽혀진 책 중에 하나가 바로 『목민심서(牧民心書)』이다. 이 책은 제목 그 자체에서도 유추해 볼 수 있듯이 지방을 다스리는 수령인 목민관이 백성을 다스리면서 지켜야 할 여러 가지 마음의 덕목이나 관련 내용을 집필한 것으로서, 지금의 시점에서 본다 해도 전혀 손색이 없는 좋은 내용들을 담고 있다.

아마도 이러한 저작을 하게 만든 동기는 정약용이 지방으로 유배되어 유배지에서 생활하면서 직접 지켜보고 들은 백성들의 곤궁하고 피폐한 모습이 애처로워서가 아닐까 싶다. 왜에 의해 자행된 임진왜란과 곧 뒤이어 발발한 정유재란 그리고 북방 오랑캐에 의해 도모된 정묘호란과 병자호란이라는 커다란 양대 전란으로 인해 조선의 종묘사직은 풍전등화와 같았으며 죄 없는 백성은 전란의 희생양으로 갈가리 찢겼고 국고는 고갈되어 나라꼴이 말이 아닌 지경에 이르고 있었다.

그나마 쥐꼬리만한 권력을 움켜쥔 못된 지방 수령과 지방 아전은 자신들의 생존과 축재를 위해 혈안이 되어 있었다. 그들의 탐욕으로 핏발선 눈에는 양대 전란으로 인해 피폐해진 백성들의 가녀린 모습은 들어오지도 않았다. 그들의 짐승 같은 탐욕이 이들의 눈을 모두 가렸기 때문이다. 그들은 오래전부터 폐지해야 한다는 논쟁이 끊이지 않았던 방납(防納)의 폐해를 그치지 않았으며, 새롭게 만들어진 백성의 수탈 및 착취 도구인 삼정(三政)의 문란을 획책하면서 어느 한 곳 의지할 곳조차 없는 가엾은 백성들에 대한 수탈과 착취를 계속했다. 사정이 이러할 지경에 이르니 백성들의 삶은 더욱 피폐하고 곤궁해져만 갔다.

정약용은 이러한 백성들의 가련한 모습을 지켜보았을 것이다. 그리고 깊은 통한과 애처로운 마음을 쓸어내려야 했고, 자신이 추구한 조선의 개혁이 이러한 모습으로 속절없이 주저앉는 것이 안타까웠을지도 모른다. 그는 이러한 폐해를 시정하고 조선이 새로운 길로 나아가는 길은, 유배되어 있는 자신의 입장에서 볼 때 자신의 주특기인 글을 통해 이뤄낼 수밖에 없다는 생각을 했을 것이다.

그래서 그는 이러한 수탈과 착취를 종식시키기 위해서는 우선 지방의 수령들이 제대로 된 민생관리에 주력할 수 있도록 도와야 한다는 생각을 했고, 그런 생각에 입각해 그는 목민관으로서 백성을 다스리는 데 어떠한 자세가 바람직한 것인가를 고민했으며, 이러한 고민과 번뇌 속에서 탄생한 것이 『목민심서』였다.

그의 깊은 고뇌에서 출발한 『목민심서』의 내용 모두가 금과옥조(金科玉條)와 같아 하나도 버릴 것이 없다. 그러나 공직자의 올바른 자세와 관련해 가장 관심을 가지고 눈여겨 살펴볼 대목은 지방 목민관의 올바른 자세를 다룬 내용 중 『목민심서』 총 12강 72조 중에서 율기육조(律己六條) 6항에 나오는 것이다.

그는 이곳에서 목민관이 가져야 할 바람직한 마음의 덕목을 여섯 가지로 요약해서 제시한다. 칙궁(飭躬), 청심(淸心), 제가(齊家), 병객(屛客), 절용(節用), 그리고 낙시(樂施)가 그것이다.

이를 하나하나 설명하면 다음과 같다.

첫째, 칙궁은 목민관, 지금의 표현 방법을 쓴다면 공직자는 오로지 단정하고 바른 몸가짐을 가져야 한다는 것이다. 일반인이 감히 범접할 수 없는 단정하고 올바른 몸가짐을 가질 수 있도록 노력해야 한다는 뜻을 가진다. 이러한 몸가짐을 가지기 위해서는 무엇보다 자기관리가 필요하다. 어떠한 유혹으로부터도 자기 자신을 지켜낼 수 있는 마음가짐이 전제되어야 한다.

고대 그리스의 철학자이며 아리스토텔레스(Aristoteles)의 스승이기도 했던 플라톤(Platon)은 인생을 살아가는 데 가장 어려운 일 중에 하나가 바로 자기 자신을 이겨내는 것이라 했다. 그는 이러한 일을 다른 어느 것과 비교할 수 없는 최상의 승리로 보았다. 플라톤과 같은 현인(賢人)조차도 자기 자신을 이기는 것이 어려운 일로 보고 있는 만큼 극기(克己)를 해나간다는 것은 예사로운 일이 아니다.

그렇게 어려운 일을 공직자는 해내야 한다는 것이다. 그렇기에 공직은 일반인들이 생각하듯이 부(富)와 명예 그리고 권력을 모두 손에 쥐어 주는 꽃자리가 아니라 국민을 섬기고 봉사하고 자신에게 인내하는 형극의 가시자리라고 비유할 수 있다. 한마디로 공직은 그 자리를 만들어 준 국민을 섬기고 그들에게 봉사하는 자리인 것이다.

국민을 섬길 마음이 없는 자 그리고 국민에게 봉사할 마음이 없는 자 그리고 그 자리를 자신의 입신영달과 자신과 가문의 부와 명성을 높이고 권력을 향유하는 것으로 생각하고 있는 자라면 절대로 공직에 나서서는 안 되는 것이다. 주위의 어떠한 유혹으로부터도 자기 자신을 지켜낼 수 있는 마음가짐을 가지고 오로지 국민만 바라보고 공인(公人)으로서의 봉사 자세를 견지해 나가야 하는 것이 공직자의 숙명임을 분명히 하고 있다.

둘째, 청심은 깨끗하고 투명하며 청렴한 마음가짐을 가져야 한다는 것이다. 마음을 항상 깨끗하게 유지해 잡스러운 마음이 들지 않게 할 뿐만 아니라 수단과 방법을 가리지 않고 돈이나 재물을 추구하는 마음을 버리고 안빈낙도(安貧樂道)하는 마음을 가져 일반인으로부터 손가락질을 당하지 않는 모범을 보여야 한다는 뜻을 가진다.

반소사음수(飯疏食飮水)로 곡괭이침지(曲肱而枕之)라도 낙역재기중의(樂亦在其中矣)다. 불의이부차귀(不義而富且貴)는 어아여부운(於我如浮雲)이란 말이 있다(孔子, 論語 述而篇). 이 말은 공자(孔子)가 『논어(論語)』에서 한 말씀으로 그 뜻은 "거친 밥 먹고 물 마시며, 팔을 굽혀 베개 삼더라도, 나의 삶의 즐거움은 이 속에 있노라. 의롭지 못한 부(富)를 얻고 높은 지위를 얻는 것은, 나에게는 그저 뜬구름일 뿐"이라는 의미를 가진다. 앞에서 언급한 안빈낙도를 가장 잘 표현한 내용이 아닌가 싶다. 공직자는 공자의 말씀처럼 스스로의 분수를 알고 그 속에서 기쁨과 행복을 찾을 수 있는 안빈낙도의 깨끗하고 투명하며 청렴한 마음가짐이 무엇보다 필요하다.

셋째, 제가는 집안의 법도를 바로 세우고 이를 실행해 집안을 잘 다스려 나가야 한다는 것이다. 말뜻을 확대해 보면 자기 자신을 잘 다스린 다음에 집안을 잘 다스려 나가야 한다는 의미로 되새겨 볼 수 있는 대목이다.

사서삼경 가운데 하나인 『대학(大學)』에 나오는 말로서 "수신제가치국평천하(修身齊家治國平天下)"1)라는 말이 있다. 이것이 의미하는 뜻은 먼저 자기 몸을 바르게

1) 본문은 "사물의 본질을 꿰뚫은 후에 알게 된다. 알게 된 후에 뜻이 성실해진다. 성실해진 후에 마

가다듬은 후 가정을 돌보고, 그 후 나라를 다스리며, 그런 다음 천하를 경영해야 한다는 의미를 가지고 있다. 지금도 아무리 자기 자신을 잘 다스려 입신양면해서 출세했다 해도 집안을 잘 다스리지 못해 부인 때문에 또는 자녀들 때문에 낙마하는 공직자들을 주변에서 볼 수 있다. 이를 경계함이라 할 수 있다.

넷째, 병객은 사사로운 손님은 물리치라는 것으로 지금의 표현을 쓴다면 부당한 청탁을 물리치라는 의미로 이해할 수 있다. 정약용은 "가까운 사람을 관청에 들이지 마라. 무릇 관부는 엄숙하고 청결해야 한다"고 주장했는데 이와 맥을 같이하는 것으로 이해할 수 있다.

예나 지금이나 공직자 주변에는 많은 유혹이 따르게 마련이다. 공직자는 각자 나름대로의 권력을 손에 쥐고 있는 터라 이를 이용해 먹으려는 무리들이 주변에 맴돌 수밖에 없다. 따라서 이러한 무리를 경계하지 않고 마음의 긴장을 풀고 방심해 틈을 보이게 되면 이들의 유혹에 필연코 넘어가 공직자로서 결코 행해서는 안 되는 금도(襟度)를 넘게 된다. 이는 패가망신을 당하는 개인 본인으로서도 커다란 낭패이지만 공인인 공직자의 그릇된 행위로 인해 사회 전체에 큰 누를 끼치는 결과를 가져오게 된다. 이를 경계함이라 할 수 있다.

다섯째, 절용은 씀씀이를 아껴 모든 것을 절약해서 쓰라는 것이다. 공직자는 무릇 백성의 혈세를 가지고 생활하고 나라의 재물 등을 사용하는 관계로 자신의 방종한 마음으로 씀씀이를 절약하지 않고 재물을 쓰다 보면 이 역시 자신뿐만 아니라 사회 전체를 어지럽히고 어렵게 만드는 결과를 가져올 수 있다 함을 경계함이라 할 수 있다.

일반인조차 근검하고 절약해 검소하게 사는 것을 생활에서 기본적인 덕목으로 여기고 있다. 하물며 공인인 공직자는 일반인보다 훨씬 높고 엄격한 도덕적 가치를 지녀야 하는 존재이다. 더욱이 공직자가 사용하는 재물 등은 모두 백성의 땀과 피로 일궈진 혈세에 기반을 두고 있다. 따라서 공직자는 나라의 돈과 재물이 마치 나의 돈과 재물이란 생각을 가지고 솔선수범해 씀씀이를 아끼고 절제해 타의 모범이 되고, 나아가 자기 자신에 대해서도 엄격한 도덕적 가치를 부여해 스스로 근검하고

음이 바르게 된다. 마음이 바르게 된 후에 몸이 닦인다. 몸이 닦인 후에 집안이 바르게 된다. 집안이 바르게 된 후에 나라가 다스려진다. 나라가 다스려진 후에 천하가 태평해진다. 그러므로 천자로부터 일개 서민에 이르기까지 모두 몸을 닦는 것을 근본으로 삼는 것이다." http://terms.naver.com/entry.nhn?docId=1670514&cid=50801&categoryId=50804

절약하는 마음가짐을 가질 수 있도록 옥죄어 나가야 함을 의미한다.

여섯째, 낙시는 같이 나누고 베풀기를 좋아해야 한다는 것이다. 예부터 탐욕스러운 탐관오리들은 수단과 방법을 가리지 않고 피폐하고 곤궁한 백성으로부터 많은 재물을 수탈하고 착취해 자신의 것으로 만드는 경우가 비일비재했다. 그래서 재물을 빼앗긴 백성들은 곡기조차 제대로 잇지를 못해 허기에 지쳐 쓰러지거나 할 수 없이 마을을 떠나는 유랑민 신세에 처해지는 반면, 탐관오리의 곳간에는 백성으로부터 수탈하고 착취한 재물이 넘쳐나다 못해 부패해 썩는 냄새가 진동을 했다 한다. 이 당시 백성에 대한 탐관오리의 착취가 형용키 어려울 정도로 극에 달했던 것이다.

이를 가장 잘 보여 주는 글귀가 있어 소개한다. 작자 미상의 전래되어 내려오는 『춘향전』에 나오는 암행어사 이몽룡이 지은 시 구절이다. 금준미주(金樽美酒)는 천인혈(千人血)이요. 옥반가효(玉盤佳肴)는 만성고(萬姓膏)라. 촉루락시(燭淚落時) 민누락(民淚落)하고, 가성고처(歌聲高處) 원성고(怨聲高)라. 이를 알기 쉽게 풀어 해석하면 "금동이의 아름답게 빚은 술은 일천 백성의 피요, 옥쟁반의 맛좋은 안주는 만백성의 기름이라. 촛불의 눈물이 떨어질 때 백성의 눈물 떨어지고, 노랫소리 높은 곳에 백성들의 원망소리 드높도다"이다.

정말 빈부의 양극화도 이런 양극화가 없을 듯싶다. 이러한 폐단을 시정하기 위해서는 공직자가 솔선수범해서 자신의 재물을 백성과 함께 나누는 노력이 필요하다는 것이며, 나아가 백성의 재물을 탐하고 이를 부당하게 취하려 하는 것을 경계함이라 할 수 있다.

정약용은 앞에서 살펴본 공직자가 가져야 할 바람직한 덕목 여섯 가지 이외에 유학자로서 『서경(書經)』에서 설파한 나라의 근본이 바로 백성[2]이라는 민본(民本) 사상에 확고한 신념을 지녔던 선비였다.

정약용은 『목민심서』에서 "지극히 천하여 어디에 호소할 데도 없는 사람들이 약한 백성들이지만 높고 무겁기가 태산과 같은 사람들이 또한 약한 백성들이다. 때문에 약한 백성들의 도움을 받아 싸우게 되면 아무리 높은 상사라도 굽히지 않을

---

2) "제후들 모두가 함께 추대한 사람이 천자가 되는데 천자라는 사람은 민중들이 추대해 만들어진다(諸侯之所共推者 爲天子 天子者 衆推之而成者也)"라고 말해 천자도 백성들이 추대해 지위가 만들어짐을 잘 설명하고 있다.

사람이 없다"라고 말해 백성이 나라의 주인이고, 나라에서 가장 큰 힘을 지닌 사람이라고 주장했다.

옛 선현들은 백성을 물로 많이 비유했다. 우리 곁에서 가장 흔한 것이 공기 아니면 물일 것이다. 그러나 공기는 보이지 않지만 물은 보이는지라 우리에게 가장 가깝고 친근한 것이 물이다. 그래서 물로 백성을 비유한 것이 아닌가 싶다. 물이 가지는 의미는 참으로 여러 가지이다. 한 예로 물을 어디에 붓건 물은 항상 아래로 내려간다. 이를 빗대어 물을 겸손의 상징으로도 보는 것이다.

다른 비유로 백성을 물로 비유해서 배를 띄우기도 하지만 성난 물이 배를 뒤엎을 수도 있다는 정치적 경구도 있다. 이 말이 가지는 뜻은 백성이 나라를 받들기도 하지만 권력자들이 백성을 우습게 여기거나 그들의 뜻에 어긋날 때에는 언제든 나라를 뒤엎을 힘이 있음을 경고하는 『순자(荀子)』 왕제(王制) 편에 나오는 사자성어 '군주민수(君舟民水)'에서 연원된 것으로 이것 역시 맥을 같이하는 것으로 이해할 수 있다. 『맹자(孟子)』에서도 역성혁명의 당위성을 같은 맥락에서 설파하고 있다.

또한 『홍길동전(洪吉童傳)』을 써서 우리에게 잘 알려진 허균(許筠)도 그의 유명한 글 「호민론(豪民論)」에서 "온 세상에서 두려워해야 할 것은 오직 백성일 뿐이다(天下之所可畏者 唯民而已)"라고 말하며, 권력자들이 백성을 두려워하지 않았다가는 반드시 큰 환란을 당하고 만다는 경고를 함도 이와 맥을 같이한다.

앞에서 언급한 정약용이 제시한 목민관, 즉 공직자가 가져야 할 바람직한 덕목 여섯 가지와 국민을 두려워하고 자신의 몸가짐을 바르게 해야 하는 것은 지금의 시대에도 그대로 유효하며, 공직자라면 누구나 이러한 덕목을 마음의 거울로 삼아 항상 이를 따르도록 노력하고 이를 게을리 실행하는 잘못을 저지르지 않도록 경계해 나가야 할 것이다. 이것이야말로 바로 오늘의 공직자가 따르고 행해야 할 올바른 자세로 볼 수 있기 때문이다.

제 2 절 정약용이 보는 선물과 뇌물

앞에서 정약용이 『목민심서』에서 제기한 공직자의 올바른 몸가짐에 대해 살펴보았는데 이곳에서는 그가 가지고 있었던 일단의 공직관에 대해 살펴보고자 한다.

우선 그는 관직을 맡기면 절대로 안 되는 사람을 다음과 같이 제시하고 있다. 우선 관직을 맡아서 하는 것이 좋아서 동네방네 자랑하고 다니는 사람이다. 이러한 사람을 일종의 자기과시형이 지나친 사람으로 보고 있다. 둘째는 자신의 능력과 걸맞지 않은 관직을 바라는 사람이다. 능력은 안 되면서 높은 관직만을 바라는 사람으로, 이런 사람이 그의 소원대로 높은 관직을 얻게 되면 큰일을 치를 사람으로 보는 것이다. 정약용은 백성을 대하는 목민관은 능력과 인격을 갖춘 사람이 맡아야 한다는 가르침을 주고 있다.

다음 정약용은 선물과 뇌물의 기준에 대해서도 엄격한 잣대를 들이밀고 있다. “선물로 보내온 물건은 비록 작은 것이라 하더라도, 은정이 맺어졌으니 이미 사사로운 정이 행해진 것이다”라고 말했다. 이것이 의미하는 바는 공직자에게 선물은 물건의 크기가 중요한 것이 아니라 아무리 작은 것이라 해도 그릇된 것이라는 뜻을 담고 있다.

한 지방자치단체에서 펴낸 『신목민심서』라는 책에 의하면, 선물과 뇌물의 기준을 아주 재미있게 표현했는데 ‘편하면 선물이고 불편하면 뇌물’이라는 것이다. 또한 “그 일을 내 자식에게 떳떳하게 얘기할 수 있을까?”를 자문해 보라는 것이다. 그렇지 못하다면 그것은 뇌물이라는 것이다.

드라마 「정도전(鄭道傳)」[3]에서 이인임(李仁任)[4]이 한 명언으로 “정치엔 선물이라는 게 없다네. 혹시 모를 나중을 위해 주는 뇌물이 있을 뿐이라네”가 있다. 공인

---

3) 한국방송공사(KBS)에서 2014년 1월 4일에 첫 방영을 한 후 2014년 6월 29일 종영된 드라마로 50부작이다. 고려에서 조선으로 교체되는 시기에 새 왕조 조선을 설계한 정도전의 이야기이다.

4) 이인임(李仁任)은 공민왕이 피살되고 명덕태후(明德太后)와 시중 경복흥(慶復興)이 종친을 새로운 왕으로 세우려 하자 자신의 일파와 모의해 나이 10세의 어린 우왕을 즉위시켰다. 그동안 배척당했던 원나라와 가깝게 지내려고 했다. 정도전(鄭道傳) 등이 정부의 친원 외교정책을 비판하고, 이첨(李詹)이 이인임의 죄목을 열거하며 이들을 목 벨 것을 상소했으나, 최영(崔瑩)과 지윤 등의 도움을 받아 이첨, 정몽주(鄭夢周) 등을 모두 유배시켰다. 반대 세력을 제거한 후, 지윤과 임견미(林堅味) 그리고 염흥방(廉興邦)과 함께 권력을 휘두르며 관직과 옥(獄)을 팔고 전국에 걸쳐 토지와 노비를 축적하는 등 탐학을 일삼았다가 1388년 염흥방의 가노(家奴) 이광(李光)이 주인의 권세를 배경으로 전직 밀직부사 조반(趙胖)의 토지를 빼앗자 이에 격분한 조반이 이광을 죽였다. 이에 염흥방이 조반을 국가모반죄로 몰아 순군(巡軍)에 가두고 심하게 고문시킨 사건이 발생했는데, 이를 계기로 그동안 기회를 엿보던 우왕과 최영 그리고 이성계 등이 오히려 염흥방과 임견미 그리고 왕복해(王福海) 등을 처단하고 그 일파를 유배시켰는데, 이때 이인임도 경산부로 옮겨졌다가 곧 죽었다. 『네이버 지식백과』 이인임[李仁任] 『한국민족문화대백과』, 한국학중앙연구원.; http://terms.naver.com/entry.nhn?docId=535687&cid=46621&categoryId=46621

에게는 어쩌면 이인임의 말처럼 선물과 같은 공짜가 없는 것인지도 모른다. 정약용의 생각도 이와 유사한 것으로 보인다. 공인에게 사사로운 선물은 바로 뇌물과 같은 것이라는 정약용의 생각을 깊이 새겨야 할 것이다.

제 3 절 경주 최부잣집의 육훈(六訓)

공직자가 공인으로서 제대로 된 처신을 하고, 나아가 공인으로서의 도리를 다하기 위해 필요한 지혜로운 가르침으로는 경주 최부잣집의 육훈을 빼놓을 수 없다.

오래전부터 전해 내려오는 말 중에 "부불삼대(富不三代), 즉 부자가 삼대를 넘기기 힘들다"고 한다. 그런데 이 말에 보기 드문 예외가 있다. 300년 동안 9명의 진사와 12대의 만석꾼을 배출한 집안이 있기 때문이다. 바로 이 집안이 경주 최부잣집이다. 경주 최부잣집은 신라 최치원이 시조인 경주 최씨 가문 중 조선 중기 무신이던 정무공 최진립을 중시조로 하는 종가로서, 최진립의 셋째아들 최동량의 장남 최국선이 만석꾼의 부를 축적하면서 얻은 이름이다. 이들이 행한 부자로서의 올바른 마음가짐과 나눔 그리고 베풂기로 인해 자타가 인정하는 한국판 노블레스 오블리주의 대표적인 예로 꼽힌다.

경주 최부잣집은 임진과 병자 양란 이후 큰 흉년이 찾아오자 곳간의 문을 열어 경주뿐 아니라 포항, 영천, 밀양까지 영남 일대 지역 사람들의 주린 배를 채워 주었다. 또한 일제에 의한 식민지 강점기에는 가문의 전 재산을 헐어 백산상회를 세워 상하이(上海) 임시정부를 후원했으며, 미래의 인재를 키우는 일도 게을리하지 않아 교육에도 많은 기여를 했는데 영남대의 전신인 대구대도 최부잣집 종손인 최준이 설립했다고 한다.

전해 오는 이야기에 의하면 최준은 한 노스님에게서 받은 금언을 평생 잊지 않았다고 한다. "재물은 분뇨와 같아 한곳에 모아 두면 악취가 나 견딜 수 없고, 골고루 사방에 흩뿌리면 거름이 되는 법이다."[5)]

---

5) 김창규, "경주 최부잣집 … 제가의 가훈 '육훈'과 수신의 가훈 '육연'"; http://sunday.joins.com/archives/22266

경주 최부잣집의 육훈은 일종의 가훈으로서 집안을 다스려 나가는 데 지켜야 할 원칙과 자기 절제의 정신을 열거하고 있다.

첫째, 과거를 보되 벼슬은 진사 이상 하지 말라는 것이다. 한마디로 압축하면 권력을 탐하지 말라는 것으로 부와 권력을 다 가지려는 욕심을 버리라는 것이다. 권력을 탐하다가 정치에 휘말리게 되면 결국 정치적 재물이 되기 십상이다. 정치권력과는 불가근불가원(不可近不可遠), 즉 너무 가까우면 타 죽고 너무 멀어지면 얼어 죽으니 가까이 하지도 그렇다고 멀리 하지도 말라는 것이다.

둘째, 만석(萬石) 이상의 재산은 모으지 말라는 것이다. 한마디로 압축하면 너무 재물에 욕심을 부리지 말라는 것이다. 과유불급(過猶不及)이라는 말이 있다. 너무 지나친 것은 미치지 못한 것만 못하다는 말이다. 재물은 바닷물과 같아서 먹으면 먹을수록 해갈이 되는 것이 아니라 더욱더 조갈을 일으킨다. 아무리 축재해도 항상 모자란 듯이 느껴지며 남의 것이 더 커 보이고 그것에 욕심이 이르게 되는 것이다. 더욱이 재물은 물과 같아서 움켜쥐려고 하면 할수록 손가락 사이로 모두 빠져 나가고 만다. 그래서 재물만큼 허망하고 속절없는 것이 없다. 따라서 끝없는 부를 추구하기보다는 어느 정도 가문이 넉넉하게 먹고살 수 있을 만큼이 되면, 더 이상의 욕심은 부리지 않고 마을 사람들과 두루두루 함께 잘살 수 있는 방향으로 나아가야 한다는 것이다.

셋째, 지나가는 과객을 후하게 대접하라는 것이다. 인정을 베풀어 적을 만들지 말라는 것이다. 나눔과 베풂이 무엇보다 중요한 것임을 강조하는 말이기도 하다. 일반적으로 지나가는 과객은 언제 또 볼지도 모르는 일이다. 그러니 구태여 그를 후하게 대접할 필요도 없다고 생각할 수 있다. 그러나 사람이란 큰 바위에 걸려 넘어지는 것이 아니라 잔돌에 걸려 넘어지는 것이다. 이와 같이 세상을 살다 보면 사소하게 생각했던 일이 화근이 되는 경우가 많다. 그러기에 하나라도 사소하게 생각을 해서는 안 되며 중하게 여기고 대해야 하는 것이다. 이러한 사소한 일로 인해 동네 인심이 후하게 나타난다. 사소한 소홀함이 큰 재앙을 가져올 수 있음을 경계하는 말이면서 동시에 후한 나눔과 베풂이 축복을 가져올 수 있음을 지혜롭게 의미하는 말이라 할 수 있다.

넷째, 흉년이 들었을 때에는 땅을 사지 말라는 것이다. 한마디로 압축하면 흉년에 재산을 불리지 말라는 것이다. 이것을 확대 해석하면 불행하게 된 자나 없는 자의 궁박한 상태를 악용해 그를 착취하지 말라는 지혜의 말씀이기도 하다.

사람은 어느 때고 어려운 상황에 처할 수가 있다. 그러할 때 그에게 도움의 손을 내미는 일은 좋은 일일 수도 있다. 그러나 그것이 자신의 이해타산에 근거해 도움의 손을 내미는 것이라면 문제가 있다는 것이다. 흉년이 들면 당장 먹거리에 문제가 생기게 된다. 목구멍이 포도청이라고 안 먹고 살 수 있는 방법은 없다.

따라서 논이나 밭을 일궈 농사를 져서 생계를 꾸려 나가는 농부라 할지라도 우선 먹을 것을 위해 유일한 생계 수단인 땅이라도 팔아야 할 판이다. 그런데 이런 일이 흉년이 들어서 발생한 일이라면 한 사람에게만 일어나는 것이 아니다. 여러 가난한 농부들이 생존을 위해 마지막 생계 수단인 땅을 내놓는 것이다. 이럴 경우 땅값은 폭락할 수밖에 없다. 이때 탐욕스러운 부자들은 하늘이 준 절호의 기회라 생각하고 폭락한 땅값을 치르고 가난한 농부의 땅을 차지하게 된다. 이런 경우를 빗대어서 표현할 때 칼만 안 든 도적이라고 하는데, 여기에서 이런 도적이 바로 탐욕스러운 부자인 것이다.

그들도 할 말은 있다. 이 어려운 시기에 그들의 생계를 위해 땅을 사주었다는 것이다. 그러나 이 말은 허공을 겉돌 뿐 알맹이 없는 말임을 잘 알 수 있다. 남의 불행을 딛고 자신이 행복해지려고 하는 행위가 과연 정당한 것인지 자문해 보면 옳고 그름은 분명해진다.

다섯째, 사방 백 리 안에 굶어죽는 사람이 없게 하라는 것이다. 기부와 자선을 통한 부의 사회 환원은 상생(相生)의 기본이라는 지혜의 말씀이다. 나라에 흉년이 닥칠 때면 망설임 없이 가문의 곳간을 열어 굶주림에 시달리는 사람들에게 죽을 쒀 나눠 주더라도 사방 백 리 안에 배를 곯는 사람이 없도록 노력하라는 것이다. 기록에 따르면 흉년이 들었던 어떤 해에는 최부잣집의 곳간에서 나온 곡식으로 쑨 죽을 먹고 목숨을 건진 사람들은 경주뿐 아니라 포항, 영천, 밀양에 이르렀다고 하니, 그 나눔의 정신이 얼마나 한없는 것이었는지 조금이나마 알 것도 같다.

여섯째, 며느리들은 시집온 후 3년 동안 무명옷을 입게 하라는 것이다. 근검절약을 실천하라는 지혜의 말씀이다.

최부잣집에 시집온 며느리들은 유유상종이라고 모두가 영남지방에서 한다 하는 일류 양반집 가문 출신이었다. 명문댁 출신으로 최부잣집에 시집을 온 며느리들에게 비단옷 대신 3년 동안 무명옷을 입혀 근검절약을 직접 체험으로 익히게 하는 것이 최부잣집의 생활철학이었다.

이러한 가훈 아래 제대로 올바르게 교육을 받은 후손들이 재산을 낭비할 리 없다. 그리고 이렇게 부자임에도 불구하고 자신의 재산을 아껴 어려운 사람들을 돕는 진정한 나눔을 실천하며 재물과 권력을 과시하고 뽐내는 대신 겸손함과 절제를 가풍으로 굳혀 왔기에 경주 최부잣집은 오늘날까지 그 명성을 전하며 세상 사람들에게 큰 존경을 받을 수 있었다. 한마디로 권력을 탐하지 말고 이웃을 생각하며 나누고 베풀며 검소하게 살라는 내용이다. 바로 경주 최부잣집이 300년 동안 부(富)를 유지해 온 비결이 여기에 있다.

제 4 절 아우구스투스, 키케로 그리고 소 카토가 강조하는 공직자의 자세

1 아우구스투스

고대 로마 공화정 말기 삼두정치의 수장이었던 율리우스 카이사르(Gaius Julius Caesar)의 양아들이자 로마제정의 초대 황제였던 아우구스투스(Augustus)는 황제가 가지고 있는 자신의 권력이 국민으로부터 부여된다고 생각했다. 따라서 권력이 강한 황제라도 국가의 대표로서 통치하는 것이며, 그 권력은 국가의 이름 아래 또는 국가의 이익을 위해 행사되어야 한다고 생각했다. 이러한 그의 사상을 현재적 시각에서 해석한다면 주권재민적 의미를 가지는 것으로 모든 국가의 권력은 바로 국민에게서 나온다는 사상이다(이병철, 2003: 37-38; 2015: 96).

또한 자신이 가지고 있는 권력으로 볼 때 충분히 황제(Imperator)라고 칭할 수 있음에도 불구하고 자신을 시민의 대표라는 뜻을 가진 프린캡스(Princeps)로 칭하도록 한 것 역시 시민에 대한 배려의 일면으로도 이해할 수 있다. 물론 카이사르의 비참한 최후를 지켜보면서 뼈저린 교훈으로 얻은 것으로 공화정을 지지하는 무리들의 저항을 최소화하기 위한 고도의 통치적 셈법에 입각한 조치였다 해도 그의 시민에 대한 관심과 애정이 없었다면 결코 생각해 낼 수 없는 것이다(이병철, 2003: 38; 2015: 96).

지금으로부터 거의 2000여 년 전에 이러한 민주적 사고를 할 수 있음은 그의 탁월한 정치적 식견과 능력 그리고 깊은 애민사상을 인정하지 않고는 생각하기 어렵다(이병철, 2003: 37–38; 2015: 96).

2 키케로

율리우스 카이사르 집권 시의 로마의 정치가이며 법률가였던 키케로(Marcus Tullius Cicero)는 정부의 업무를 책임진 사람은 플라톤의 법칙 중 두 가지를 반드시 기억해야 한다고 주장했다.

그가 언급한 플라톤의 법칙이란 첫째, 공직자는 국민의 이익을 위해 업무를 집행해야 하며, 그 자신의 이익과는 상관없이 그들의 모든 일은 상기한 목적에 따라 확정되어야 한다는 것이다. 그리고 둘째, 공직자는 국민을 배반하고 한 개인이나 어떤 특정한 사람들의 이익을 위해 봉사할 것이 아니라 국민 전체의 복리를 위해 행정을 집행해야 한다는 것이다. 그 이유는 정부행정은 관리직과 같아서 관리를 잘 해달라고 위촉한 주인 격으로 있는 사람, 즉 국민을 위해 일해야 하기 때문이라는 것이다(이병철, 2003: 39; 2015: 116).

키케로의 이러한 주장은 플라톤의 법칙을 빌려서 공직자는 어떠해야 하는가 하는 이상적 공직관을 제시한 것으로 볼 수 있다.

이에 그치지 않고 키케로는 이러한 자신의 이상적 공복관(公僕觀)의 연장선상에서 공직자를 일컫는 말 역시 국민에게 봉사하는 자라는 의미에서 영어적 표현, 즉 공중의 하인(public servant) 혹은 시민의 하인(civil servant)이라는 용어를 제시했다. 이로써 그는 공직자의 어원적 의미를 시민을 받들고 섬기는 사람으로 나타냈던 것이다(이병철, 2003: 39; 2015: 116).

3 소 카토

율리우스 카이사르가 지배하고 있던 당시의 로마는 정치적으로 부패가 일상화되어 있던 시기였다. 이러한 시대적 상황에도 불구하고 자신의 신념을 지키고 올곧은 청렴결백함의 상징적 인물로 이름난 사람이 바로 소(小) 카토(Marcus Porcius Cato Uticensis)였다.

그는 키케로와 엇비슷한 시기에 로마 행정을 오염되지 않고 깨끗하게 발전시켜 나갈 수 있게 노력한 사람으로서 부패 근절에 앞장섰을 뿐만 아니라 실제로 행정을 펼쳐 나가는 데도 다른 어떤 동료나 정치가들보다 솔선수범하며 진솔하고 성실한 자세로 임한 것으로도 유명하다(이병철, 2003: 40; 2015: 127).

또한 그는 불의를 보고는 그냥 넘어갈 수 없는 불 같은 성정을 지닌 사람이었다. 재무관 시절 전임자들이 저지른 비리나 부정부패를 서슴지 않고 고발했을 뿐만 아니라 날던 새도 떨어뜨린다는 세도 당당한 술라(Lucius Cornelius Sulla)의 독재관(dictator) 시기에 악명 높았던 그의 부하를 공금 횡령으로 고발까지 하다가 정치적으로 많은 어려움을 겪기도 했다(이병철, 2015: 120).

제2차 포에니 전쟁(the Second Punic War) 당시 로마의 구국 영웅 스키피오 아프리카누스(Publius Cornelius Scipio Africanus) 장군의 휘하에서 카르타고의 명장 한니발(Hannibal Barca)에 맞서 로마를 지켜낸 대(大) 카토(Marcus Porcius Cato)가 바로 그의 증조부였다.

그는 자신의 증조부가 그랬던 것처럼 청렴하고 검소한 생활을 했다고 전해진다. 명문 집안으로서 충분한 유산이 있었음에도 불구하고 자신이 가지고 있는 청렴이라는 철학적인 신념을 실천하려고 했기 때문에 검소하고 절제하는 삶을 살았던 것이다(이병철, 2015: 119-120).

그리고 불의와 타협하지 않으려는 그의 삶의 자세는 죽음 앞에서도 결코 흐트러지지 않았다. 그는 카이사르와의 마지막 전투였던 탑수스 회전(Battle of Thapsus)이 패배로 끝나자 불의의 상징으로 여겨졌던 카이사르에게 항복해 목숨을 구걸하는 길보다는 스스로 자살을 통해 정의로운 자신의 삶을 마감하는 길을 택했다. 자신의 목숨보다 자신의 신념을 지키는 일이 그에겐 더 소중했던 것이다.

이러한 그의 불의와의 타협 불허, 근검과 절제의 청렴사상, 이러한 자신의 소신을 몸소 솔선수범해 나가는 제반 행동은 올바른 공직관을 가지고 행정에 관한 공직윤리를 설정하는 일에 기반이 되었고, 더 나아가 이를 몸소 실천을 해나감으로써 공직자의 훌륭한 귀감이 되었다.

제 5 절 법에서 규정하고 있는 공직자의 자세

공직자는 국민에 대한 봉사자로서의 역할을 수행해야 할 의무가 있음을 '헌법'은 분명히 하고 있다. '헌법'에 따르면 "대한민국의 주권은 국민에게 있고, 모든 권력은 국민으로부터 나온다."[6]고 되어 있다. 이것은 대한민국의 실질적인 주인이 국민이라는 것을 분명히 규정하고 있는 것이다. 그리고 공무원은 "국민 전체에 대한 봉사자이며, 국민에 대하여 책임을 진다."[7]고 규정함으로써 공직자가 국민에 대한 봉사자이며 국민에 대해 책임을 져야 함을 분명히 하고 있다.

또한 그러한 맥락에서 공무원의 정치적 중립을 보장하고 있다.[8] 이것이 의미하는 것은 어떠한 정치적 집단이나 정치 세력으로부터의 영향이나 위협, 그리고 압력으로부터 공무원을 보호함으로써 오로지 국민에게 봉사하고 국민의 이익만을 위해 매진할 수 있도록 함이다.

그리고 '공직자윤리법'에 따르면 공직자는 부정한 재산 증식을 해서는 안 되고, 공무 집행의 공정성을 확보해야 하며, 이러한 행동 등을 통해 공익과 사익의 이해 충돌을 방지해 국민에 대한 봉사자가 되어야 한다[9]는 점을 분명히 하고 있다.

또한 2008년 3월 28일 개정된 '국가공무원법' 역시 공직자는 "국민 전체의 봉사자로서 행정의 민주적이며 능률적인 운영을 기하게 하는 것을 목적으로 한다"[10]는 내용을 명기함으로써 공직자의 국민에 대한 봉사자로서의 책무와 역할을 분명히 하고 있다.

---

6) '헌법' 제1장 총강 제1조 ① 대한민국은 민주공화국이다. ② 대한민국의 주권은 국민에게 있고, 모든 권력은 국민으로부터 나온다.

7) '헌법' 제1장 총강 제7조 ① 공무원은 국민 전체에 대한 봉사자이며, 국민에 대하여 책임을 진다.

8) '헌법' 제1장 총강 제7조 ② 공무원의 신분과 정치적 중립성은 법률이 정하는 바에 의하여 보장된다.

9) '공직자윤리법' 제1장 총칙 제1조(목적) "이 법은 공직자 및 공직후보자의 재산 등록, 등록재산 공개 및 재산 형성 과정 소명과 공직을 이용한 재산 취득의 규제, 공직자의 선물 신고 및 주식백지 신탁, 퇴직 공직자의 취업 제한 및 행위 제한 등을 규정함으로써 공직자의 부정한 재산 증식을 방지하고, 공무 집행의 공정성을 확보하는 등 공익과 사익의 이해 충돌을 방지하여 국민에 대한 봉사자로서 가져야 할 공직자의 윤리를 확립함을 목적으로 한다."

10) '국가공무원법' 제1장 총칙 제1조(목적) "이 법은 각급 기관에서 근무하는 모든 국가공무원에게 적용할 인사행정의 근본 기준을 확립하여 그 공정을 기함과 아울러 국가공무원에게 국민 전체의 봉사자로서 행정의 민주적이며 능률적인 운영을 기하게 하는 것을 목적으로 한다."

이에 한 걸음 더 나아가 '국가공무원법'은 공직자들에게 성실 의무, 복종의 의무, 직장 이탈 금지의 의무, 친절·공정의 의무, 종교 중립의 의무, 비밀 엄수의 의무, 청렴의 의무, 품위 유지의 의무, 영리 업무 및 겸직 금지의 의무, 정치운동 금지의 의무, 집단행위 금지의 의무 등을 요구하고 있으며, 이를 통해 국민 전체에게 봉사할 것을 의무화하고 있다.

여기에서 성실 의무는 모든 공무원이 법령을 준수하며 성실히 직무를 수행해야 한다는 것이며,[11] 복종의 의무는 공무원이 직무를 수행할 때 소속 상관의 직무상 명령에 복종해야 한다는 것이고,[12] 직장 이탈 금지의 의무는 공무원이 소속 상관의 허가 또는 정당한 사유가 없으면 직장을 이탈하지 못한다는 것이며,[13] 친절·공정의 의무는 공무원은 국민 전체의 봉사자로서 친절하고 공정하게 직무를 수행해야 한다는 것이다.[14]

종교 중립의 의무는 공무원은 종교에 따른 차별 없이 직무를 수행해야 한다는 것이고,[15] 비밀 엄수의 의무는 공무원은 재직 중은 물론 퇴직 후에도 직무상 알게 된 비밀을 엄수(嚴守)해야 한다는 것이며,[16] 청렴의 의무는 공무원은 직무와 관련해 직접적이든 간접적이든 사례·증여 또는 향응을 주거나 받을 수 없다는 것이다.[17]

품위 유지의 의무는 공무원은 직무의 내외를 불문하고 그 품위가 손상되는 행위를 해서는 아니 된다는 것이며,[18] 영리 업무 및 겸직 금지의 의무는 공무원은 공무 외에 영리를 목적으로 하는 업무에 종사하지 못하며 소속 기관장의 허가 없이 다른 직무를 겸할 수 없다는 것이다.[19]

---

11) 제56조(성실 의무) 모든 공무원은 법령을 준수하며 성실히 직무를 수행하여야 한다.
12) 제57조(복종의 의무) 공무원은 직무를 수행할 때 소속 상관의 직무상 명령에 복종하여야 한다.
13) 제58조(직장 이탈 금지) ① 공무원은 소속 상관의 허가 또는 정당한 사유가 없으면 직장을 이탈하지 못한다.
14) 제59조(친절·공정의 의무) 공무원은 국민 전체의 봉사자로서 친절하고 공정하게 직무를 수행하여야 한다.
15) 제59조의2(종교 중립의 의무) ① 공무원은 종교에 따른 차별 없이 직무를 수행하여야 한다.
16) 제60조(비밀 엄수의 의무) 공무원은 재직 중은 물론 퇴직 후에도 직무상 알게 된 비밀을 엄수(嚴守)하여야 한다.
17) 제61조(청렴의 의무) ① 공무원은 직무와 관련하여 직접적이든 간접적이든 사례·증여 또는 향응을 주거나 받을 수 없다.
18) 제63조(품위 유지의 의무) 공무원은 직무의 내외를 불문하고 그 품위가 손상되는 행위를 하여서는 아니 된다.

정치운동 금지의 의무는 공무원은 정당이나 그 밖의 정치단체의 결성에 관여하거나 이에 가입할 수 없고, 선거에서 특정 정당 또는 특정인을 지지 또는 반대하기 위한 행위를 해서는 아니 되며,[20] 다른 공무원에게 앞에 말한 내용에 위배되는 행위를 하도록 요구하거나, 정치적 행위에 대한 보상 또는 보복으로서 이익 또는 불이익을 약속해서는 아니 된다는 것이며,[21] 집단 행위의 금지의 의무는 공무원은 노동운동이나 그 밖에 공무 외의 일을 위한 집단 행위를 해서는 아니 된다는 것이다.[22]

국민 전체의 봉사자로서 가지는 특수한 신분 때문에 공직자는 이러한 의무를 준수해야 한다는 점을 '국가공무원법'을 통해 분명히 하고 있다.

또한 2011년 7월 4일 전면 개정을 한 '국가공무원 복무규정'에서도 "공무원은 국민 전체의 봉사자로서 직무를 민주적이고 능률적으로 수행하기 위하여 창의와 성실로써 맡은 바 책임을 완수하여야 한다."[23]고 규정하고 있다.

그리고 이를 위해 근무기강의 확립,[24] 친절 · 공정한 업무 처리,[25] 비밀 엄수[26] 등을 요구하고 있다.

---

19) 제64조(영리 업무 및 겸직 금지) ① 공무원은 공무 외에 영리를 목적으로 하는 업무에 종사하지 못하며 소속 기관장의 허가 없이 다른 직무를 겸할 수 없다.

20) 제65조(정치운동의 금지) ① 공무원은 정당이나 그 밖의 정치단체의 결성에 관여하거나 이에 가입할 수 없다. ② 공무원은 선거에서 특정 정당 또는 특정인을 지지 또는 반대하기 위한 다음의 행위를 하여서는 아니 된다.

21) 제65조(정치운동의 금지) ③ 공무원은 다른 공무원에게 제1항과 제2항에 위배되는 행위를 하도록 요구하거나, 정치적 행위에 대한 보상 또는 보복으로서 이익 또는 불이익을 약속하여서는 아니 된다.

22) 제66조(집단행위의 금지) ① 공무원은 노동운동이나 그 밖에 공무 외의 일을 위한 집단행위를 하여서는 아니 된다.

23) 제2조의2(책임 완수) 공무원은 국민 전체의 봉사자로서 직무를 민주적이고 능률적으로 수행하기 위하여 창의와 성실로써 맡은 바 책임을 완수하여야 한다.

24) 제3조(근무기강의 확립) ① 공무원은 법령과 직무상 명령을 준수하여 근무기강을 확립하고 질서를 존중하여야 한다.

25) 제4조(친절 · 공정한 업무 처리) ① 공무원은 공사(公私)를 분별하고 인권을 존중하며 친절하고 신속 · 정확하게 업무를 처리하여야 한다. ② 공무원은 직무를 수행할 때 종교 등에 따른 차별 없이 공정하게 업무를 처리하여야 한다.

26) 제4조의2(비밀 엄수) 공무원이거나 공무원이었던 사람은 직무상 알게 된 다음 각 호의 사항을 타인에게 누설하거나 부당한 목적을 위하여 사용해서는 아니 된다. 다만, 법령에 따라 공개하는 경우는 제외한다.

제 6 절 공직자의 자세와 관련된 영화들

공직자의 자세와 관련된 내용을 잘 보여 주는 영화로는 『광해, 왕이 된 남자』, 『데이브』, 『긴급명령』, 『신기전』 등이 있다.

1 『광해, 왕이 된 남자』

이 영화는 추창민이 감독을 맡았고, 2012년 9월 13일 개봉되었다.[27)]

광해군과 하선 1인 2역을 연기한 이병헌이 주연으로 출연했으며, 류승룡은 15일 동안 왕의 자리에서 사라진 광해군을 대신해서 천인 광대 하선을 왕위에 앉혀 놓는 장본인으로 오로지 한 명의 주군을 모셔야 하는 충신으로서의 본분과 더 나은 조선을 꿈꾸는 이상 사이에서 고민하며 나름대로 비밀스러운 계획을 실행하는 인물인 도승지 허균(許筠) 역으로 출연했다.

또한 한효주는 정적들의 공격을 받아 폐비가 되어 출궁을 당할 위기에 처함으로써 내명부에서의 자신의 위치가 불안정해지고 자신의 오라비 역시 역적으로 몰려 국문을 받게 되는 등 혈족의 안위에까지 노심초사하는 광해군의 중전 역으로 출연했다.

장광은 허균을 제외하고 유일하게 하선이 광해군이 아니라 천인 광대 하선이라는 사실을 알고 있는 조 내관 역으로 출연해 허균과 같이 하선이 조금씩 왕의 역할을 깨우쳐가는 데 일조하는 역을 맡았으며, 광해군을 주변에서 그림자처럼 호위하는 무사 도 부장 역으로는 김인권이 출연했다.

심은경은 부패한 권력으로 인해 부모의 안부도 모른 채 궁에 팔려올 수밖에 없었던 사연을 지닌 광해군의 기미나인인 사월이 역을 맡았으며, 왕의 자리를 위협하는 광해군의 정적으로 기득권 세력의 수장 노릇을 하는 이조판서 박충서 역으로는 김명곤이 출연했다.

이 영화는 숨겨진 비사(秘史)에 근거를 두고 있다. 이에 따르면 조선 15대 왕으

27) http://movie.naver.com/movie/bi/mi/basic.nhn?code=83893

로 16년간의 재위 기간 중, 어느 15일간 그는 전에 없던 성군(聖君)이었다. 궁 내 가장 아랫사람들의 안위까지 두루 살피고 백성 스스로 노비가 되고 기생이 될 수밖에 없는 현세에 개탄했으며, 왕위를 지키기보다는 민생을 먼저 염려하는 조선이 꿈꿔온 이상적 왕이었다 한다.

하지만 광해군 8년, 2월 28일자 『조선왕조실록 광해군 일기』에는 "숨겨야 할 일들은 기록에 남기지 말라 이르다"라는 글귀가 남아 있다.[28] 그런 후 『조선왕조실록』에서 광해군 15일간의 행적은 영원히 사라졌다고 하는데 바로 이 점에 착안해 만들어진 영화이다.

광해군은 널리 알려지다시피 조선 15대 왕으로서 연산군과 더불어 폭군으로 역사에 기록되어 있다. 역사란 승자의 것이라는 말이 의미하듯이 광해군 15년인 1623년에 일어난 인조반정(仁祖反正)에 의해 축출된 광해군은 왕위 재임 시에 유일한 적통(嫡統)인 어린 동생 영창대군(永昌大君)을 살해하고 어머니 격인 인목대비(仁穆大妃)를 폐비시킨 폐모살제(廢母殺弟)의 패륜아로 낙인찍혀져 역사에 기록되어 있다.

그렇지만 최근에 들어 기존의 역사적 관점과는 다른 평가가 이뤄지고 있다. 광해군이 행했던 명과 청 사이에서 펼친 실리외교의 대외정책과 대동법(大同法) 등의 민생 안정책에 대한 재평가가 이뤄지고 있는 것이다. 때늦은 감이 없지 않지만 이제 더 이상 광해군은 폭군이 아닌 개혁 군주로 재조명되고 있다.

이렇듯 그가 살았던 당대와 현대의 평가가 극과 극으로 나뉘는 조선의 왕 광해군을 다룬 최초의 영화이자 실제 역사와 상상력을 넘나들며 펼쳐지는 긴장감 넘치는 스토리를 통해 권력의 가장 하위에 있는 천민의 모습을 빌려 조선이 필요로 했던 진정한 군주의 모습을 그려냄으로써 우리 시대에 과연 진정한 지도자는 어떠한 것인가 하는 메시지를 던져 주는 영화이기도 하다.

이 영화의 시대적 배경은 왕위를 둘러싼 권력 다툼과 붕당정치로 인해 혼란이 극에 달했던 광해군 8년이다. 도처에 깔린 암살과 역모의 위협으로 자신의 목숨을 노리는 자들에 대한 분노와 다른 한편으로 엄습해 오는 두려움으로 점점 난폭해져만 가던 광해군은 도승지 허균에게 자신을 대신해 위협에 노출될 대역을 찾을 것을 지시한다.

이에 허균은 저잣거리 기방의 취객들 사이에서 무능한 조정과 부패한 권력을

---

28) 光海 100卷 8年 2月 28日; http://movie.naver.com/movie/bi/mi/basic.nhn?code=83893

풍자하는 걸쭉한 만담으로 인기를 끌던 천민 하선을 발견한다. 왕과 똑같은 외모는 물론 타고난 연기 재주와 말솜씨로 왕의 흉내도 완벽하게 해내는 하선은 허균에 의해 영문도 모른 채 궁에 끌려가 광해군이 자리를 비운 하룻밤을 가슴 조이며 왕의 대역을 하게 된다.

그러던 어느 날 광해군이 갑자기 의식을 잃고 쓰러지는 엄청난 사건이 발생하고, 허균은 광해군이 치료를 받는 동안 하선에게 광해군을 대신해 왕의 대역을 할 것을 명한다. 하선은 졸지에 허균의 지시에 따라 말투부터 걸음걸이, 그리고 국정을 다스리는 법까지 익히면서 함부로 입을 놀려서도 들켜서도 안 되는 위험천만한 왕 노릇을 시작하게 된다.

하지만 하선이 아무리 완벽한 연기를 한다 해도 본래 태어날 때부터 가지고 있는 마음속의 성정 그 자체까지 바꿀 수는 없는 법이다. 예민하고 난폭하면서 자신의 안위와 왕권만을 염려하던 광해군과는 달리, 비록 은 20냥에 수락한 15일 간의 왕 노릇이지만, 그리고 정치가 무엇인지는 잘 몰라도 백성을 위하는 길이 무엇인지는 알고 있는 따뜻함과 인간미가 느껴지는 달라진 왕의 모습에 궁정이 조금씩 술렁이고, 점점 왕의 대역이 아닌 자신의 목소리를 내기 시작하는 하선의 모습에 그를 조종하는 허균까지도 당황하기 시작한다.

이 영화에서 광해군의 대역을 맡은 하선이 백성을 귀히 여기고 받들고 섬기는 생각과 모습이 상상력을 바탕으로 해서 극적으로 잘 표현되어 나타나고 있다. 광해군의 대역을 연기하는 하선은 기미나인인 사월이를 통해 당시 백성들의 삶을 옥죄었던 방납(防納)의 폐해를 알게 된다.

사월이는 광해군에게 "소인의 아버지는 산골의 소작농이었는데 어느 날 관아에서 (농사를 짓고 있는 아버지에게) 세금으로 (해산물인) 전복을 바치라 해서 고리를 빌려 세금을 메우다 보니 빚이 빚을 낳게 하고 결국 집과 전답마저 빼앗기고 아버지까지 옥살이를 하게 되었나이다…… 그걸로도 가름이 되지 않자 어머니와 동생은 변방 노비로 팔리고 저는 참판댁 집 몸종으로 (가게 되었고) 혼자 남은 아버지는 결국 맞은 장이 화근이 되어 해를 넘기시지 못하시고 그만 (돌아가셨나이다)."

사월이의 눈물 어린 말에 방납의 폐해가 끼치고 있는 실상을 적나라하게 알게 된 광해군은 분노했고 어전회의 때 호조판서에게 대동법의 실시에 대해 하문을 한다. 난감한 입장이 된 호조판서가 입을 떼지 못하자 대동법 실시에 반대하는 세력의 수장인 이조판서 박충서가 “하루아침에 결수대로 세금을 부과한다면 지주들의 피해가 이루 말할 수 없사옵니다. 그들 또한 백성이온데 어찌 차별을 두겠나이까?” 하고 반문하고 나선다.

광해군은 이에 대해 “땅 열 마지기 가진 이에게 쌀 열 섬을 받고 땅 한 마지기 가진 이에게 쌀 한 섬을 받겠다는 게 그게 차별이오?” 하고 되묻는다. 그런 후 “백성들은 스스로 노비가 되고 내시가 되는 판에 기껏 지주들 쌀 한 섬 때문에 차별 운운한단 말이오.” 하고 질책한다.

그런 후 호위무사 도 부장을 시켜 죄인을 대령케 한다. 그런 후 광해군은 “저 자는 강원도 현감으로 양민들에게 고리를 챙긴 관료요. 저자가 챙긴 고리를 어떤 놈한테 바쳤는지, 그걸 받아 처먹은 놈은 또 어떤 놈한테 갖다 주었는지, 내가 저 놈의 주리를 틀어 전모를 밝혀야 되겠소. 대신들 중 누가 저놈의 고리를 상납받지 않았다고 자신할 수 있소.” 하고 일갈한 후 호조판서에게 “공납을 독점해 높은 고리로 이익을 취하는 자 즉각 엄단토록 하시오.”라고 명한다.

그런 후 형조판서에게 “각 관아는 곳간을 열어 취한 쌀과 포목을 양민들에게 모두 돌려 주도록 하시오.”라고 명한다. 그리고 “그대들에게 명하오. 대동법을 즉각 실천토록 하시오. 이를 방해하거나 어지럽히는 벼슬아치가 있다면 국법으로 엄하게 다스릴 터이니 모두 유념하고 실천하기 바라오.” 하고 대동법 실시를 기정사실화해 버린다.

광해군의 이러한 언행에서 그가 진정 섬기려고 하는 것은 호가호위를 일삼는 부패한 기득권 세력이 아니라 힘없고 착취당하는 피폐한 백성이라는 것을 알 수 있다. 방납 폐해의 문제점을 정확히 꿰뚫어보고 이를 시정하는 조치를 단호하게 내려 백성을 위하는 길로 내닫는 광해군의 정치적 신념을 이러한 상상력을 통해 표현해 내고 있는 것이다.

여기에서 주된 이슈가 된 방납의 폐해가 무엇인지 좀 더 구체적으로 살펴보면 다음과 같다.

임금에게 진상하는 각 지방의 특산물 구매와 관련되어 일어난 부조리와 부패를 의미한다. 예를 들어 인삼이 특정 지역의 특산물이라고 가정하면 이를 임금에게 진상해야 되는데 매년 중앙정부에서 얼마치를 내도록 하라는 명령이 지방 수령들에게 하달된다. 지방 수령들은 방납업자들과 유착되어 백성들이 구매해 납부하는 인삼을 여러 가지 이유를 들어 퇴짜를 놓고 이를 받아들이지 않는다(이병철, 2014: 42–43).

사정이 이러하니 백성들의 입장으로서는 난감할 수밖에 없고, 이를 타결하기 위해 방납업자에게 일정한 돈을 주고 대신 납부토록 하거나, 또는 그가 내놓은 턱없이 비싼 인삼을 울며 겨자 먹기로 구매해서 관아에 납부할 수밖에 없게 되는 것이다. 이러한 과정에서 관아의 수령과 방납업자는 부당 이득을 취할 수밖에 없고 이를 나눠 갖게 되는 것이다(이병철, 2014: 43).

이러한 폐해는 이에 그치지 않고 지방 수령은 예를 들어 중앙정부로부터 올해 인삼 100근을 상납하도록 하라는 명령을 받았다면 이를 부풀려 백성들에겐 300근을 바치도록 함으로써 또한 200근의 인삼을 방납업자와 사전에 짠 대로 나눠 가지게 되는데 이는 결과적으로 백성을 다시 한 번 더 착취하게 되는 것이다(이병철, 2014: 43). 더욱더 악질적인 것은 기미나인 사월이가 울면서 하선에게 말한 것처럼 특산물이라는 핑계에 걸맞지 않게 농촌지역에서는 해산물을 바치게 하고 어촌지역에서는 인삼과 같은 농작물을 바치게 하는 것이다. 이럴 경우 방납업자를 통하지 않고서는 백성들로서는 이런 특산물을 바칠 재간이 없다. 결국 농부나 어부인 백성들은 엄청난 바가지를 쓰면서 이런 특산물을 방납업자에게 사서 상납할 수밖에 없고, 방납업자와 지방 수령의 배만 불리는 제도로 자리 잡게 되는 것이다.

이러한 폐단이 심화되자 백성들은 지방 수령과 방납업자 간의 유착으로 인한 더 이상의 착취를 참을 수 없게 되고, 하나둘 유민(流民)이 되어 마을을 떠나게 되는데, 지방 수령들은 이를 막기 위해 그리고 자신들의 착취 목표를 유지하기 위해 납부의 의무와 책임을 개인 단위로 하는 것이 아니라 마을 단위로 함으로써 유민이 발생하면 할수록 남은 백성들이 이를 더 떠안게 되는 형국이 되었다. 이로 인해 마을에 남은 백성들의 피폐와 폐해는 이루 말로 형용하기 어려운 지경에 이르게 되었던 것이다(이병철, 2014: 43). 이를 해결하기 위해 특산물 대신 모두 미포(米布), 즉 쌀로 통일해 대납하도록 한 대동법(大同法)이 대안으로 제시되었다.

그리고 그가 취한 명과 금(후에 청나라가 됨) 사이의 중립 외교도 백성을 섬기는 그의 마음에서 나왔음을 이 영화에서는 강하게 표현하고 있다.

어전회의에서 명에게 바치는 조공물에 대해 허균이 미리 지시한대로 "경의 뜻대로 하시오."라고 광해군은 말하지만 마음이 편치 못하다. 이어서 청에 맞서는 군사를 명에 보내는 문제가 거론된다. "군사는 기마 5백 두에 궁수 3천, 기병 1천을 더해 총 2만의 병사를 파병토록 하겠사옵니다."

그러자 이에 우려를 표명하는 신하가 있자 다른 신하가 나서며 "이 나라가 있는 것이 누구의 덕이옵니까? 명이 있어야 조선이 있는 것. 오랑캐와 싸우다 짓밟히는 한이 있더라도 사대의 예를 다하는 것이 황제의 은혜에 보답하는 길이라 사료되는 바입니다. 윤허하여 주시옵소서." 하며 우려를 표한 신하의 말을 폄하하고 자신의 의견을 받아들일 것을 상소한다. 이에 대해 광해군은 힘없이 "경의 뜻대로 하시오."라고 대답한다.

신하는 다시 아뢰기 시작한다. "다음은 태황태후 앞으로 바칠 품목입니다. 공녀 40, 황세조 150포, 백세조 150포", 이를 힘없이 가만히 듣고 있던 광해군은 더 이상 참을 수 없다는 듯 갑자기 "적당히들 하시오! 적당히들 하시오!" 하고 언성을 높여 말하며 아뢰는 신하의 말을 끊는다.

그리고 "대체 이 나라가 누구 나라요? 뭐라? 이 땅이 오랑캐에게 짓밟혀도 상관이 없다고? 명황제가 그리 좋으시다면 나라를 통째로 바치시던가. 부끄러운지 아시오! ~ 좋소! 경들의 뜻대로 명에 2만의 군사를 파병하겠소. 허나 나는 금에 서신을 보낼 것이요. 홍문관은 적어라. 명이 두려워 2만의 군사를 파병했으나 금과는 싸움을 원치 않는다. 부디 우리 병사들을 무사히 조선으로 돌려보내 주시길 소원한다."

그러자 한 신하가 나서서 "사대의 명분을 저버리고 오랑캐에게 손을 내밀다니요?" 하고 이의를 제기하자 광해군은 자신의 백성 섬김의 신념이 꽉 찬 목소리로 "그깟 사대의 명분이 무어요? 도대체 뭐기에 2만의 백성을 사지로 내몰라는 것이요. 임금이라면……백성이 지아비라 부르는 왕이라면 빼앗고 훔치고 빌어먹을지언정 내 그들을 살려야 되겠소. 그대들이 죽고 못 사는 사대의 예보다 내 나라 내 백성이 열 곱절 백 곱절 더 소중하오."라고 말한다. 그야말로 광해군의 백성을 받들고 섬기고자 하는 신념이 그대로 적나라하게 드러나고 녹아내리는 가장 극적인 표현이다.

그러나 이러한 왕 노릇도 오래 가지는 못한다. 서서히 그의 왕 노릇이 거짓이라는 사실이 드러나기 시작하고, 광해군의 정적들이 이를 빌미로 삼아 하선의 정체를 만천하에 드러내려고 의기투합해 군사를 모아 궁으로 쳐들어 올 때 허균은 하선이 이제 왕의 탈을 벗어버리고 목숨이라도 부지할 수 있게 해주기 위해 궁을 떠나 도망을 가라고 이른다.

허균 역시 백성을 하늘처럼 우러르며 섬기고자 하는 하선의 마음을 잘 알고 있던 터라 그의 목숨이 경각에 달린 것을 알고 그를 살리고자 하는 마음이 동해서 그랬던 것이다. 그러나 하선은 이를 단호히 거절한다. 그리고 기꺼이 자신의 정치적 신념을 위해 왕의 자리를 굳건히 지키겠노라고 선언한다. 이에 허균은 하선의 거짓 없는 굳은 백성 섬김의 정치 신념에 공감하며 같은 운명의 배를 탈 것을 선언한다.

허균은 "백성을 하늘처럼 섬기는 왕, 진정 그것이 그대가 꿈꾸는 왕이라면 그 꿈 내가 이뤄 드리리다."라고 화답을 한다. 자신들을 해치려는 창검을 가진 무력이 그들 앞에 나타나고 있는 마당에 그들은 자신의 안위에 대해서는 전혀 관여치 않고 오로지 백성 섬김의 정치 신념을 구현하기 위해 함께 행동에 나설 것을 결심하는 것이다.

물론 영화는 이 위기를 극적으로 모면하고 허균이나 하선 모두 목숨을 부지하는 해피 엔딩으로 끝나지만 마지막 자막에 허균이 그 다음해에 죽임을 당하고 광해군 역시 5년 후 왕권을 잃게 된다는 역사적 사실이 담긴 내용을 명시함으로써 백성 섬김의 정치 신념이 얼마나 지키기 어렵고, 이를 지키려면 자신의 목숨까지 내놓아야 했던 당시의 처연하고 소름끼치는 정치 상황을 간접적으로 내보이고 있다.

실제로 허균은 『홍길동전(洪吉童傳)』이라는 최초의 한글 소설을 통해 간악하고 부패한 정상배나 탐관오리들을 홍길동이라는 의적(義賊)을 상상의 인물로 내세워 철저하게 응징하고 이들에게서 빼앗은 재물을 어려운 백성들에게 나눠 주어 구휼을 하고 있다.

소설 속에 반영된 그의 생각은 아버지를 아버지라고 부르지 못하는 적서차별(嫡庶差別)에 대한 사회적 모순을 지적하는 한편, 충분히 백성을 하늘처럼 섬기는 애민사상이 녹아 있는 일말의 편린(片鱗)을 우리에게 읽히게 만들고 있다. 바로 이러한 사상은 철저한 반상(班常)의 계급 사회에 기반을 두고 있던 당시의 기득권 세력들에게는 눈엣가시처럼 보일 수밖에 없었을 것이고, 결국 그를 죽음[29]으로 내모는 중요한 원인이 되었을 것이다.

광해군은 자신의 아비인 선조에게 밉보여 세자 옹립 시에 많은 어려움을 겪었을 뿐만 아니라 임진왜란 당시 정부를 둘로 나누는 분조(分朝)를 해서 의주에 몽진

29) 허균은 광해군 10년인 1618년 역적 혐의를 받고 결국 형장의 이슬로 사라졌다.

(蒙塵)을 하고 있던 선조를 대신해 의병 등을 이끌고 왜군과의 전투를 솔선수범해 이끌어 나가 국란을 극복하는 데도 나름대로의 역할을 수행했다. 점차 강성해지는 청(淸)과 쇠약해지는 명(明)과의 사이에서 지혜로운 국정 운영과 외교술을 통해 어느 한쪽으로 치우치지 않는 중립정책으로 조선의 국익을 극대화하는 노력을 펼쳐 나갔으며, 이를 통해 백성들의 불필요한 희생도 극소화해 나갔다.

광해군을 몰아내고 인조반정(仁祖反正)을 통해 왕권을 얻은 인조는 향명배금(向明排金) 정책을 통해 철저한 친명 사대주의를 고집하다가 결국 인조 5년인 1627년 만주에 본거를 둔 후금(後金)의 침입으로 발발한 정묘호란(丁卯胡亂)과 인조 14년인 1636년 12월에 일어난 병자호란(丙子胡亂)을 자초하는 결과를 맞이했으며, 이러한 양대 전란으로 인해 수많은 죄 없는 백성이 희생됨과 비교해 볼 때 광해군의 지혜로움이 돋보인다.

나아가 백성을 하늘처럼 섬기는 정치사상을 구현하기 위해 더 이상 백성들이 전쟁이나 부패한 정상배나 탐관오리들의 희생양이 되지 않고 안빈낙도(安貧樂道)의 삶을 살아갈 수 있도록 하기 위해 방납의 폐해를 지적하고 대동법 등을 기득권 세력의 반대에도 불구하고 실시해 나간 것은 평가할 만한 일이다.

앞에서 언급되었지만 광해군의 정적들이 인조반정을 통해 광해군을 축출할 때 이용한 명분인 영창대군의 살해 책임과 인목대비 폐위 건은 역사적 진실이 더욱 규명되고 밝혀져야 되겠지만 승자의 역사 왜곡으로 인한 반정에 대한 정당성의 주장과 광해군에 대한 흠집내기로 보는 일부의 시각이 있는 것은 부인할 수 없는 사실이다.

따라서 이러한 관점에서 보자면 광해군의 16년 치적에 대한 평가가 사실과 다르게 폄하된 면이 없지 않다는 사실을 인정할 수 있다. 이러한 맥락에서 점차적으로 이를 바로잡으려는 노력이 학계뿐만 아니라 영화를 비롯한 예술계를 중심으로 일고 있는 것은 역사의 진실을 파헤친다는 측면에서 바람직한 일이다.

2 『데이브(*Dave*)』

이반 라이트먼(Ivan Reitman) 감독이 데이브(Dave Kovic)와 미첼(Bill Mitchell) 1인

2역의 케빈 클라인(Kevin Kline)과 엘런(Ellen Mitchell) 역의 시고니 위버(Sigourney Weaver)를 주연으로 하고, 밥(Bob Alexander) 역의 프랭크 란젤라(Frank Langella) 등을 조연으로 해서 1992년에 개봉한 영화이다.30)

이 영화 역시 앞에서 살펴본 『광해, 왕이 된 남자』와 유사하게 백악관을 중심으로 한 관료조직의 갈등 상황 등 어두운 일면을 병리적으로 예리하게 해부하고, 조직에서 리더십이 얼마나 중요한가 하는 점뿐만 아니라, 권력층이 국민을 섬기고 받들어야 한다는 공인으로서의 본분을 망각하고 자기 이익과 영달을 위해 몰두할 수 있음과 이들이 자신의 이익과 영달을 위해 펼치는 야심과 음모, 그리고 술책이 얼마나 비열하고 추잡한지를 적나라하게 제시해 주고 있다.

메릴랜드(Maryland) 주 볼티모어(Baltimore)에서 작은 임시 직업소개소를 운영하는 데이브는 내로라하는 부자는 아니지만, 자기를 찾아오는 실업자들에게 일자리를 소개해 주는 데서 오는 즐거움과 행복을 찾는 평범한 미국 시민이다. 그런데 데이브에게는 아주 특이한 점이 하나 있었다. 바로 미국의 현 대통령과 외모가 아주 비슷하다는 것이며, 바로 이 특이한 점이 데이브 인생을 완전히 바꿔 놓는다.

이 점에서는 이병헌이 광해군 역으로 출연한 『광해, 왕이 된 남자』와 인물 설정이 같다. 이 영화에서는 이병헌이 케빈 클라인처럼 광해군과 천인 하선이라는 1인 2역을 연출한다. 영화에서 광해군과 하선은 서로 외모가 아주 비슷하기 때문에 왕 역할이 가능했을 것이다. 이 영화도 이와 같은 설정이 이뤄지는 것이다.

볼티모어를 방문하는 미첼 대통령은 공식적인 행사에서 벗어나 잠시 사적이고 은밀한 시간을 갖기 위해 데이브를 대역으로 내세우기로 한다. 미첼 대통령의 교활하고 부패한 비서실장 밥은 데이브에게 잠시 대통령 흉내만 내게 함으로써 국가에 봉사할 수 있는 기회를 제공한다고 유혹하고 순진한 데이브는 이를 받아들인다.

하지만, 여비서와의 은밀한 계획을 가졌던 대통령이 뇌졸중이라는 불상사로 인해 갑자기 혼수 상태에 빠져버리자 비서실장 밥의 강요에 의해 졸지에 진짜 대통령이 되어버린다.

대통령의 대역을 하면서 데이브는 자신을 허수아비로 내세우고 실권을 휘두르려는 권력층의 야심과 자신의 정체성 사이에서 방황하고, 설상가상으로 진짜 대통령과 사이가 나빴던 영부인 엘런의 도전에도 직면하게 된다. 그리고 이에 그치지

30) http://movie.naver.com/movie/bi/mi/basic.nhn?code=12808

않고 정치가들의 더러운 음모와 술책 등에 빠져 허우적거리기도 한다.

그러나 데이브가 천부적으로 가지고 있던 따뜻한 인간미와 진솔한 리더십으로 인해 그동안 관계가 소원했던 영부인과도 사이가 좋아지고 관계가 복원되었으며, 그를 가지고 놀면서 자기의 야심을 채우려던 주변 각료들도 그를 새롭게 보기 시작한다.

특히 여기에서 주목해 볼 가치가 있는 부분은 데이브가 선천적으로 가지고 있는 따뜻한 인간미가 결국 영부인의 마음을 움직여 소원했던 영부인과의 관계를 다시 돈독하게 만드는 스토리와 『광해, 왕이 된 남자』에서 광해군의 대역을 하고 있던 천인 하선이 중전의 차디차게 얼어붙은 냉정한 마음을 온화하고 정감이 넘치는 여인으로 다시 돌아서게 하는 스토리가 서로 유사하게 겹치는 것이 흥미롭다.

천인 하선은 광해군의 대역을 하면서 중전과의 대면을 무척이나 꺼린다. 이유는 자신의 정체가 드러날 것이 두려웠기 때문이다. 이 당시 중전은 그야말로 살얼음판을 걷는 심정으로 하루하루를 두려움과 분노로 지새우고 있었다. 자신의 정적들이 폐비를 획책하며 자신의 목에 비수를 겨누고 있었고 또한 친정 오라버니가 역적죄를 뒤집어쓰고 국문까지 당하는 참담한 지경에 처해 있었기 때문이다. 설상가상으로 중전은 지나치게 정치적인 계산에 따라 움직이는 자신의 지아비인 광해군조차 심적으로 의지하기 어려운 상황이었다.

이러한 사면초가의 상황에 직면하다 보니 중전의 마음은 얼음장처럼 굳게 닫혀 있었는데 천인 하선은 이러한 중전의 고고한 자태에 한편으로는 고귀한 품격을 느끼면서도 다른 한편으로는 깊은 연민의 정을 느껴 자신의 정체가 드러날지도 모른다는 마음은 접고 중전에게 친근하고 다소 해학적인 모습을 일부러 보이면서 접근한다. 그리고 중전의 상처받은 마음을 어루만지면서 중전과 감성적으로 교감하려 애쓴다. 종전의 광해와는 다른 모습을 보는 중전으로서는 한편으로는 당혹스럽고 의심스럽기도 했지만 차차 천인 하선의 진심을 이해하면서 그에게 심적인 의지를 해오기 시작한다.

데이브와 천인 하선의 이러한 따스한 인간미 넘치는 마음가짐이 결국 차게 얼어붙었던 인간관계도 풀어 내듯이 인간 만사라는 것이 인간이 문제도 만들지만 이것 역시 해결하는 것도 인간이라는 점을 직시하고, 따뜻한 인간의 얼굴을 한 리더십이나 공직관이 몸에 밴 공직자가 결국 국민의 마음을 얻을 수 있다는 단순한 진리를 이 영화들에서는 공통되게 보여 주고 있다.

『데이브』라는 영화가 우리에게 보내는 핵심적인 메시지는 권력층이 국민을 섬기고 받들어야 한다는 공인으로서의 마땅한 자신의 본분을 망각하고 자기 이익과 영달을 위해 몰두할 수 있음을 보여 줄 뿐만 아니라, 이들이 자신의 이익과 영달을 위해 펼치는 야심과 음모, 그리고 술책이 얼마나 비열하고 추잡한지를 적나라하게 제시해 준다는 점이다.

또한 이 영화는 관료조직에서 지도자가 가지는 리더십으로 표현되는 영향력이 얼마나 큰가 하는 것도 잘 표현해 내고 있다. 거짓이긴 하지만 데이브가 대통령이 됨으로써 영부인과의 관계 복원뿐만 아니라 주변 각료들과의 팀워크 등이 제고되는 것 등은 바로 이러한 점을 대변해 준다.

이러한 점은 앞에서도 언급했지만 『광해, 왕이 된 남자』에서도 두드러지게 나타난다. 진짜 광해군이 행한 리더십과 가짜 광해군인 천인 하선이 행한 리더십에는 분명 차별점이 나타나는 것이다. 광해군의 리더십을 실리적이고 차갑고 냉정한 리더십이라고 본다면 천인 하선이 행한 리더십은 따스한 인간의 얼굴을 한 리더십이라고 볼 수 있다.

『데이브』 스타일의 영화로는 클린트 이스트우드(Clint Eastwood) 감독이 1997년에 제작 출시한 클린트 이스트우드, 진 해크먼(Gene Hackman) 출연의 『절대권력』[31]을 들 수 있다. 이 영화에서도 대통령을 중심으로 하는 권력층이 섹스, 살인, 범죄 은폐, 음모 등을 기도하면서 추한 정치 권력의 어두운 면을 마음껏 발산한다.

그리고 이병헌이 광해군과 천인 하선의 역할로 1인 2역을 연출한 『광해, 왕이 된 남자』와도 음모와 갈등 등 내용 구성 면에서 유사한 점이 많다.

3 『긴급명령(*Clear and Present Danger*)』

이 영화는 필립 노이스(Phillip Noyce) 감독이 잭 라이언(Jack Ryan) 역의 해리슨 포드(Harrison Ford), 존 클라크 역의 윌렘 데포(Willem Dafoe), 케시 라이언 역의 앤 아처(Anne Archer) 등을 주연으로 해서 1994년 9월 17일 개봉한 영화이며,[32] 필립

31) 볼다치(David Baldacci)의 소설을 각색해 극화시킨 영화이다.

노이스 감독이 잭 라이언 역의 해리슨 포드, 캐시 라이언 역의 앤 아처, 케빈 오도넬 역의 패트릭 버긴(Patrick Bergin) 등을 주연으로 해서 1992년 9월 5일 개봉한 『패트리어트 게임(*Patriot Games*)』의 속편 격인 영화이다.

톰 클랜시(Thomas Leo Clancy Jr.)의 베스트셀러가 이 영화의 원작이다. 이 영화는 한 부패한 실업가[33]의 살해사건에서 그와 과거 관련을 맺고 있던 현역 대통령과의 연결고리를 이용해 대통령이 하늘같이 섬겨야 할 국민을 기만하고 자신의 생각과 야심에 따라 온당치 않게 정부를 운영하는 것을 소재로 삼고 있다. 이 영화는 실제로 미국 레이건(Ronald Reagan) 대통령을 궁지로 몰아넣은 '이란-콘트라 사건'과 겹치는 면이 많이 포착되어 좀 더 현실성이 높게 피부로 와 닿는 느낌을 갖게 한다.

정보담당국장 그리어(James Greer) 제독의 갑작스런 병으로 인해 공석이 된 이 자리를 서리직으로 물려받은 라이언은 대통령이 마약정책에 관심을 가지고 미국 내에 마약을 밀매하려는 조직과 이와 연계된 해외 커넥션을 붕괴시키려는 의도에 따라 이를 수행하기 위해 콜롬비아로 나아가 공작을 하게 된다.

이때 대통령은 마약자금을 돈 세탁한 것이 6억 5천만 달러에 달한다는 것을 알고, 이를 국민의 대표기관인 의회나 국민들 모르게 은밀히 회수할 것과 군사작전을 통해 마약 거점을 파괴시키려는 의중을 제임스 커터 국가안보담당보좌관에게 흘리고, 이를 간파한 보좌관은 대통령을 대신해 마약 거점을 파괴하려는 모종의 음모를 꾸민다.

이를 위해 미국 중앙정보부(CIA) 리터 차장을 포섭한다. 리터 차장은 그렇다면 마약 제거 공작과 관련된 대통령의 '작전재가서'를 보여 줄 것을 요구하고, 커터는 이를 만들어 제시한다.

여기에서 대통령과 안보담당보좌관의 군사행동에 대한 불법과 또한 6억 5천만 달러를 회수해 이를 정치자금화하려는 그릇된 정치관을 읽을 수 있다. 또한 출세욕에 불타는 리터는 이것이 불법적으로 자행되고 있음을 뻔히 알면서도 이를 무시하고 무리한 군사작전을 펼치고 결과적으로 그릇된 행정 권력을 남용하게 된다. 또한 아무리 절대 권력을 지닌 대통령이라 하더라도 모든 국사는 헌법과 관련 법 절차

32) http://movie.naver.com/movie/bi/mi/basic.nhn?code=16579
33) 극중에서는 하딩이라는 이름으로 나온다.

를 따라야 함에도 불구하고 이를 어기면서 공작적 접근을 통해 대통령의 뜻을 관철시키려는 잘못된 행위에 대해 이 영화는 고발하고 있는 것이다. 한마디로 콜롬비아 마약조직에 대한 정책에서, 국민의 대표기관인 의회의 승인 없이 군사력을 행사하면서 법을 교묘하게 어긴 국가 최고 권력자인 대통령과 그의 뜻을 맹목적으로 추종하는 부패한 정보기관의 음모에 맞선 주인공이 국민 앞에 진실을 밝히려 나서는 것을 이 영화는 극화해 보여 주고 있다.

또한 이 영화는 하늘처럼 받들고 섬겨야 하는 국민을 무시하고 헌법을 비롯한 법적 절차를 깔아뭉개면서 자기의 뜻과 의지에 따라 자의적으로 정책을 펼쳐 결과적으로 국민으로부터 부여받은 정치 및 행정 권력을 남용하는 대통령과 부패한 정보기관의 고위 공직자들의 비민주적인 처사에 대해 날선 비판을 담고 있다.

4 『신기전』

감독은 김유진이고, 설주 역의 정재영, 홍리 역의 한은정, 세종의 호위무사 창강 역의 허준호, 세종 역의 안성기, 사마순 역의 정성모, 쨔오륭 역의 김명수, 홍만 역의 이도경 등이 출연했으며, 2008년 9월 4일에 개봉한 영화이다.[34)]

조선시대의 가장 훌륭한 임금으로 자타가 인정하는 세종은 나름대로 원대한 꿈을 가지고 있었다. 조선을 창업한 지 얼마 되지 않은 시점이라 여러 가지 어려운 정치적 지형은 이미 그의 아비인 태종에 의해 정리되어 있었다. 이미 세종을 위한 웅비의 터전이 태종에 의해 마련된 상황이었다. 세종은 이러한 굳건한 터전 위에서 진정 백성을 섬기는 정치를 펼쳐 나가야 하겠다는 원대한 꿈을 실현시키기 위한 여러 프로젝트를 실시해 나갔다.

그 첫 번째가 사랑하는 백성을 무지로부터 일깨우는 일이었다. 그래서 안팎의 많은 반대와 어려움 속에서도 굴하지 않고 한글을 창제한 것이다. 이러한 그의 마음은 훈민정음 해례본에 잘 나타나 있다.

"국지어음(國之語音)이 이호중국(異乎中國)하야 여문자(與文字)로 불상유통(不相流通)할세. 고(故)로 우민(愚民)이 유소욕언(有所慾言)하여도 이종부득신기정자다의

34) http://movie.naver.com/movie/bi/mi/basic.nhn?code=63824

(而終不得伸其情者多矣)라. 여위차민연(予爲此憫然)하여 신제이십팔자(新制二十八字)하노니 욕사인인(欲使人人)으로 이습(易習)하여 편어일용이(便於日用耳)니라."

이 뜻을 풀이하면 "우리나라 말이 중국과 달라 한자와는 서로 통하지 않으므로 이런 까닭으로 어리석은 백성이 말하고자 하는 바가 있어도 마침내 제 뜻을 펴지 못하는 사람이 많다. 내가 이것을 딱하게 여겨 새로 스물여덟 글자를 만드노니, 모든 사람들로 하여금 쉽게 익혀서 날마다 쓰는 데 편하게 하고자 할 따름이다"라는 의미이다.[35] 세종의 백성 사랑과 섬김이 그대로 진정성 있게 녹아 있는 내용이다.

다음으로 그가 중점을 둔 프로젝트는 백성의 삶을 좀 더 풍요롭게 진작시켜 줄 수 있는 과학의 중흥이었다. 관노 출신이었던 장영실을 조정 내외의 반대에도 불구하고 중용해 첨단과학의 조선을 만들어 나가는 데 혼신의 힘을 기울인 것이 그 한 예이다. 영농기술을 발전시키기 위해 측우기 등을 발명하고 시간을 백성에게 돌려주기 위해 물시계를 만들기도 했다.

그리고 그가 백성을 위해 꾼 원대한 꿈 중 하나는 첨단무기를 개발해 국가안보를 튼튼히 하는 프로젝트였다. 첨단무기는 예나 지금이나 전쟁의 승패를 가르는 중요한 요소 중의 하나이다. 첨단무기를 가지고 있는 측과 그렇지 못한 측의 승패는 명약관화(明若觀火), 즉 불을 보듯 뻔하다. 그래서 오늘날에도 많은 국가들이 비밀리에 상대 국가를 압도적으로 제압할 수 있는 첨단무기 개발에 광분하고 있는 것이다.

세종 재위 시 조선의 안보는 여러 면에서 위협을 받고 있었다. 명나라와 북방의 오랑캐가 서쪽과 북쪽에서 조선의 안보를 위협했고, 남쪽에서는 왜가 노략질을 하면서 호시탐탐 조선을 노리고 있었다.

영화에도 나오듯이 명나라는 조공을 받는 상전 국가로서 자신들의 위세를 단단히 높여 드러낸 반면, 자신의 변방국가인 조선을 격하시키고 능멸했다. 사신이 받들고 온 명 황제의 위패를 세종의 자리에 놓고 세종은 그 아래에서 무릎을 꿇리고 조아려 절을 하게 함으로써 신하의 예를 지키도록 강요당했다. 그리고 조금이라도 자신들의 요구가 받아들여지지 않거나 미진할 경우나 또는 기대 수준에 미치지 못하면 "발칙한 조선은 들어라!" 하는 식의 안하무인격의 도발적인 언사를 마구 쏟아냈다. 민족적 자존심과 자긍심이 심하게 상처받고 유린당하기 일쑤였다.

35) 『네이버 지식백과』. http://terms.naver.com/entry.nhn?docId=939627&cid=47322&categoryId=47322

이러한 상황에서 국가를 보위하고 민족적 자존심과 자긍심을 지키고 백성의 생명과 재산을 지켜 내기 위해서는 무엇보다 전쟁에서 비교 우위에 설 수 있는 첨단 무기의 개발이 시급했다. 그래서 세종은 명나라보다 위력이 강한 첨단 신무기를 개발하기로 결심하게 된다. 그리고 명을 자극하지 않기 위해 또 그들의 불필요한 방해공작을 받지 않기 위해 아주 은밀하고 비밀스럽게 새로운 첨단 무기를 개발하게 된다. 그것이 바로 다연장 로켓 무기인 신기전(神機箭)이다. 이것은 지금으로부터 560여 년 전인 1448년 절대강국을 꿈꾼 세종이 완성한 비밀병기로서 서양보다 300년이나 앞선 세계 최초의 다연발 로켓화포를 칭하는 명칭이다.

이 신기전은 동시에 수십 기의 로켓을 적 진영에 날려보내 적의 핵심 역량을 초토화시키는 무서운 무기였다. 실제로 이것은 현대전에서도 아주 유용한 무기 체계로 인정받고 있으며 실전에 배치되어 사용되고 있다. 현대의 용어를 사용한다면 다연장 로켓발사 시스템(Multiple Launch Rocket System: MLRS)이라고 하는 것이다.

조선시대에 이런 첨단 무기 체계가 개발되어 실전 배치된다면 전쟁의 양상과 승패는 완전히 뒤바뀌게 되는 것이다. 이러한 가공할 첨단 무기를 개발하는 데 비밀 유지 등 보안이 가장 우선적인 것이지만 불행스럽게 비밀은 지켜지지 못하고 명나라 쪽으로 새나가게 된다.

세종 30년인 1448년 조선의 새로운 첨단 무기 개발을 두려워한 명나라 황실은 극비리에 이를 주도적으로 개발하고 있던 조선의 화포연구소를 은밀하게 습격한다. 생각지도 못한 기습 공격에 허를 찔린 연구소 도감인 최해산은 신기전 개발의 모든 것이 담긴 『총통등록』과 함께 외동딸 홍리를 피신시킨 후 완성 직전의 신기전과 함께 자폭한다.

명나라 황실은 자신들이 의도했던 계획이 실패로 돌아가자 차선책으로 대규모 사신단으로 위장한 무장 세력을 조선에 급파해 사라진 『총통등록』과 최해산의 외동딸이며 화포 제작 기술자인 홍리를 찾기 시작한다.

명의 대규모 사신단이 온다는 소식을 듣고 한몫 제대로 챙길 계획으로 대륙과의 무역에 참여하려던 보부상단 설주는 잘못된 정보로 전 재산을 잃게 된다. 그러던 어느 날, 세종의 호위무사인 창강이 찾아와 큰돈을 걸고 비밀로 가득 찬 여인 홍리를 거둬 줄 것을 부탁한다. 상단을 살리기 위해 거래를 수락한 설주는 그녀가 비밀병기 신기전 개발의 핵심 인물임을 뒤늦게 알게 되고 돌려보내려 하지만 그녀가 보여 준 신기전의 위력에 매료되어 자신의 동료들과 함께 신기전 개발에 적극적으로 참여하게 된다.

그러나 신기전 개발을 계속하는 한 어디에도 그들의 안전지대는 없었다. 포위망을 점차 좁혀온 명나라 무사들의 급습으로 『총통등록』을 그들에게 빼앗기게 되고 신기전 개발은 미궁에 빠지게 된다. 한편, 조선이 명의 요구에 굴복하지 않자 명은 10만 대군을 압록강변까지 진격시킨 채 조정을 압박하고 세종은 백성들의 안위를 걱정해 결국 신기전 개발을 중지하라는 명을 내리게 된다. 이에 분노한 설주는 어명을 거역한 채 신기전의 최종 완성을 위한 한판의 싸움을 시작하게 된다.

설주는 원래 고려 화약제조장의 아들이었고 고려가 조선으로 왕조가 바뀌면서 중인으로 전락해 상단을 이끌며 자신과 뜻을 같이하는 무리를 이끄는 인물로 영화에서는 묘사된다. 혼란기 은둔자로서 스스로 부정했던 조선의 왕을 따르게 되는 설주의 운명적 선택은 조선 초기 시대상을 그대로 여과 없이 반영한 것이다. 여자 과학자인 홍리 또한 고려시대 최초의 화약 제조에 성공한 최무선의 손녀이자 조선 초 태종 시절부터 화차 개발의 핵심 인물인 최해산의 딸로 등장하게 되는데 이것 역시 역사적 사실에 근거해 영화화했다.

당시 화약은 중국만 제조할 수 있었고 고려는 수많은 공물을 바치고 나서야 소량의 화약과 바꿀 수 있었다. 그러나 고려 말 최무선이 화약을 제조하는 기술을 개발했고 이는 조선 초기 화차 개발로 이어진다. 이것이 세종조에 이르러 문서화되고 그로 인해 신기전은 설계도가 존재하는 세계 최초의 로켓화포로 인정받게 되는 것이다. 바로 이 설계도가 영화 속에서 서로 뺏고 뺏기는 『총통등록』이다. 또한 고려 말 화약 제조장이었던 아버지로부터 제조법을 전수받은 설주에 의해 화약의 대량생산이 가능해지고, 이로 인해 홍리는 신기전 개발을 계속할 수 있게 된다.

여러 번의 실패와 시행착오 끝에 결국 신기전 개발에 성공하고, 이렇게 해서 만들어진 새로운 첨단 병기는 의주로 집결하는 명의 10만 대군을 압도적으로 제압하는 데 혁혁한 공을 세우게 된다.

또한 명의 사신으로 와서 명나라 황제의 위패를 왕의 자리에 놓고 세종을 그 아래에 무릎을 꿇리게 해서 명나라의 신하처럼 만든 후 세종에게서 절을 받으며 "발칙한 조선은 듣거라." 등으로 안하무인(眼下無人)의 방약무도(傍若無道)가 극에 달하는 오만한 행동을 하며 조선을 업신여기던 사마순까지 신기전의 제물로 삼아

버린다.

한때 세종은 이러한 명의 오만불손한 언행에 분노하면서 "요동 땅을 되찾고 조선의 주권을 곧추세우는 일이 이리도 험난한가?" 하며 자조 어린 자괴의 말을 쏟아내기도 했지만 이제 신기전으로 인해 역전되어 명으로 인해 구겨졌던 자존심을 조선은 다시 되찾게 되는 것이다.

이러한 성공에 큰 공을 세운 설주와 홍리는 이를 감사하게 생각하고 있던 세종의 부름을 받고 그 앞에 서게 된다. 세종으로부터 신기전 발명에 대한 감사의 뜻을 전달받고 새롭게 세워지는 화약과 관련된 기관의 요직을 요청받지만 설주와 홍리는 이를 받아들이지 않고 정중하게 세종 앞에서 물러선다. 그리고 자연인으로 되돌아가기 위해 이들은 세종에게 예를 갖춰 인사를 한 뒤 어전을 뒤로하고 궁을 망설임 없이 나선다.

세종은 이들을 배웅하며 어떠한 사심도 배어 있지 않은 진정 어린 큰 절을 이들의 뒤에 대고 하게 된다. 배석했던 신하들과 호위무사 창강은 순간 당황하면서 세종의 이러한 행동을 제지하려 든다. 그럼에도 불구하고 또 절을 하려 하자 호위무사 창강이 "전하, 왜이러십니까?" 하면서 이를 다시 제지하고 옆의 신하들도 "아니 되옵니다!" 하며 거듭 제지한다.

그러자 세종은 "한낱 적국의 사신에게도 4배를 하거늘…… 하물며 이 나라의 백성에게 절을 하는 것이 어찌 허물이 된단 말이더냐?"라고 힐난한다. 그런 후 세종의 백성 섬김의 깊은 마음이 그대로 녹아나는 말로 다음과 같이 독백을 한다. "짐은 왕이요, 그대들은 황제이니라."

엄격한 계급사회였던 조선을 상정할 때 그야말로 영화에서 표현된 세종의 언행은 바로 이 영화가 우리에게 보내는 백성 사랑 그리고 더 나아가 백성 섬김의 깊은 의미를 지닌 메시지가 아닌가 사료된다. 세종의 진솔한 백성 사랑과 섬김의 진정성이 그대로 묻어 나오는 명장면이라 할 수 있다.

오늘의 공직자들도 이러한 세종의 백성 사랑과 섬김의 진정성을 되새겨 마음 깊이 간직하고 이를 솔선수범해 행동으로 옮겨야 할 것이다. 바로 그것이 현대를 살아가는 진정한 공직자의 자세라고 할 수 있다.

제 3 장 행정신뢰

제 1 절 관련 이론 및 사례의 개관

1 신뢰에 대한 개념 정의

신뢰에 대한 개념적 의미는 상당히 다양하고 다의적이다. 따라서 논자의 시각과 처해 있는 상황에 따라 각기 다를 수밖에 없다. 이해의 편의를 위해 이를 몇 가지로 요약해 정리하면 다음과 같다.

가장 간단하게 신뢰에 대한 개념을 설명하면 믿음이다. 무엇인가를 믿는 것이다. 그것이 물질이건 물체이건 또는 사람이건 영감(inspiration)이건 또는 신념이건 간에 그 실체를 인정하는 것이다. 일반적으로 눈에 보이지 않는 가치 등도 믿음의 대상이 될 수 있는 이유가 바로 이것에 있다. 이러한 믿음을 조직이나 사회와 연관 지어 설명하면 그 범위나 규모 그리고 그 내용이 확대될 수 있다. 사회를 구성하는 것이 사람이라고 한다면 이러한 사람들 간의 목적이나 이익이나 취향 또는 기호, 나아가 선호 등이 서로 같다고 믿는다면 이들의 유대는 더욱 강화될 수 있다. 믿음은 이런 동질감 등에서도 연유될 수 있는 한편 이런 믿음에 의해 동질감 등이 증대될 수도 있다.

우선 바버(Bernard Barber)나 블라우(Peter M. Blau)는 "사회 체계 내의 결속을 만들어 내고 유지하는 통합 메커니즘"으로 신뢰성을 이해하고 있다(Barber, 1964). 그리고 베니스(Warren G. Bennis)는 "조직을 움직이도록 하는 윤활유"로 신뢰성을 보고 있다(Bennis & Nanus, 1985). 골렘뷰스키(Robert Golembiewski) 등은 신뢰를 생산성과 연계시키고 있고(Golembiewski & McConkie, 1975; Rotter, 1967: 651–665). 잰드(Dale E. Zand) 등은 집단 성과(group performance)와 연관을 짓고 있다(Zand, 1972: 229–239; Boss, 1978: 331–342).

그리고 도이취(Morton Deutsch) 등은 협력이나 갈등과 연관짓고 있으며(Deutsch, 1973; Loomis, 1959: 305–315; Sherif, 1966). 리커트(Rensis Likert)는 리더십 유형(Likert, 1967)과 맥그리거(Douglas M. McGregor)는 노동자들에 관한 관리 가정(McGregor, 1960)과 머슬로(Abraham H. Maslow)는 욕구 충족(Maslow, 1984)과 마일스(Lawrence E. Miles)는 참여(Miles & Ritchie, 1984)와 멜링거(G. D. Mellinger)는 의사소통(Mellinger, 1956: 304–309)과 아지리스(Chris Argyris)는 심리적 계약 혹은 고용인과 그 고용주 간의 불문화된 상호기대(Argyris, 1960)와 라이히(Robert B. Reich)는 노사관계의 질(Reich, 1987)과 각각 연관지어 개념을 정의하고 있다.

이렇게 학자들에 따라 다양하게 개념이 정의되는 신뢰의 뜻을 하나의 의미 있는 개념 정의로 설명하기는 어렵다. 단지 여러 학자가 제시하는 의미의 공통분모를 고려해 일반적인 정의를 내리자면 "신뢰성이란 사회 체계 내의 여러 갈등 요인 간의 결속과 협력을 윤활유처럼 원활하게 만들어 내고 유지하는 통합 메커니즘"으로 이해할 수 있다.

2 신뢰와 사회적 비용의 관계

서로를 믿고 의지할 경우 쌍방이 훨씬 많은 편익(benefit)을 얻을 수 있다. 상생게임(win–win game)이 이러한 점에서 정당성을 갖게 된다. 영화 게임(zero sum game)보다는 논 제로섬 게임(non–zero sum game) 혹은 플러스 섬 게임(plus sum game)이 더 바람직하다. 영화 게임은 두 사람이 경쟁을 통한 게임을 할 때 한 사람이 게임에 이겨서 하나를 얻으면 다른 한 사람은 필연적으로 하나를 잃는다는 것을 의미한다. 논 제로섬 게임은 이익과 손실의 합이 영(零)이 되지 않는 상황을 의미한다(이병철, 2012: 51 재인용).

후쿠야마(Francis Fukuyama)는 불신이 사회적 비용을 증가시킨다고 보았다(Fukuyama, 1996). 그는 서로가 믿지 못할 때 사회적 비용이 발생한다고 주장했다. 상호 신뢰의 이점을 가질 땐 사회적 비용이 발생할 필요가 없다는 것이다. 치킨 게임(chicken game)이나 죄수의 딜레마(prisoner's dilemma)에서 보듯이 서로 불신할 땐 커다란 사회적 비용을 지불해야 하는 것이다.

참고적으로 치킨 게임은 두 명의 게임 참가자가 상호 신뢰를 통해 타협을 하느냐, 그렇지 않으면 상호 불신 속에서 충돌하고 대립하느냐 하는 것에 따라 두 게임 참여자의 비용과 편익이 현격하게 차이가 남을 잘 보여 주는 일종의 게임이론이다.

예를 들어 도로 위에 두 대의 자동차가 서로 마주 보고 있고, 이 자동차에는 물론 두 명의 운전자가 타고 있다. 이들이 게임의 참가자라고 가정해 보자. 그리고 도로 양옆에는 수많은 관람자가 운집해서 이 게임을 지켜보고 있다고 하자. 드디어 도로 위에서 서로 마주 보고 있던 자동차가 달리기 시작한다. 양쪽 운전자는 시간이 흐를수록 점점 다가오는 상대편의 자동차를 보면서 초조해지기 시작할 것이다. 만약 내가 충돌을 회피하기 위해 먼저 핸들을 꺾으면 나는 패자이고 겁쟁이가 되고 상대편은 승자가 될 것이다. 관람자들에 의해 그는 마치 영웅처럼 대접을 받을지도 모른다. 그렇다고 내가 핸들을 꺾지 않고 그대로 돌진하면 상대편은 두 가지 대안 중 하나를 선택할 것이다. 하나는 핸들을 꺾어 충돌을 회피하는 것이고, 다른 하나는 그대로 나처럼 돌진하는 것이다. 전자의 경우 나는 승자가 되고 영웅이 되겠지만 상대편은 패자이고 겁쟁이가 될 것이다. 그러나 만약 핸들을 꺾지 않고 돌진하는 대안을 선택한다면 나와 상대편은 죽거나 또는 커다란 부상을 입어 반신불수가 될지도 모른다.

이것을 게임이라 했으니 숫자를 대입해 살펴보면 더욱 이해하기 쉽다. 두 운전자가 서로 충돌 직전에 핸들을 동시에 꺾는다면 가장 좋은 경우가 될 것이다. 둘 다 승자도 패자도 되지 않기 때문이다. 그리고 두 운전자는 확실하게 생존한다. 생존 이상 중요한 것이 이 세상에 어디에 있겠는가. 두 운전자 모두 비용도 0이고 편익도 0이다.

그러나 두 운전자를 각각 A운전자, B운전자라고 할 때 A운전자가 먼저 핸들을 꺾으면 A는 +1, B는 −1이 되고, 반대의 경우라면 A는 −1, B는 +1이 될 것이다. 전자는 A가 승자가 되고 영웅이 되며, B는 패자가 되고 겁쟁이로 낙인찍힐 것이다. 물론 후자는 B가 승자가 되고 영웅이 되며, A가 패자가 되고 겁쟁이로 낙인찍힐 것이다.

그러면 모두 핸들을 꺾지 않고 서로 충돌하는 경우를 상정해 보자. 둘 다 죽거나 크게 다칠 것이기 때문에 똑같이 −10이 된다. 둘 모두에게 가장 큰 비용을 치르게 하는 경우에 해당된다.

A운전자와 B운전자가 서로를 믿고 신뢰한다면 서로 타협할 것이다. 왜냐하면 그것이 가장 비용과 편익을 극대화할 수 있는 방법이기 때문이다. 서로를 믿지 못하고 그저 이기려고만 든다면 최악의 경우 모든 것을 잃게 되는 가장 비극적인 결과를 받아들이게 된다. 이러한 점에서 치킨 게임은 신뢰가 얼마나 중요한 것인가를 잘 말해 주고 있다.

표 3-1 치킨 게임의 비용과 편익

구분		운전자 A	
		타협 (핸들을 꺾음)	비타협 (핸들을 꺾지 않음)
운전자 B	타협 (핸들을 꺾음)	(0, 0)	(+1, −1)
	비타협 (핸들을 꺾지 않음)	(−1, +1)	(−10, −10)

죄수의 딜레마도 마찬가지이다. 이것도 이해를 돕기 위해 예를 들어 보기로 하자. A라는 사람과 B라는 사람이 아주 친한 사이라고 가정해 보자. 이 두 친구는 서로 의기투합해서 한 건을 크게 터트려 대박을 내려고 결심을 한다. 그래서 서로 범죄를 공모하고 이를 실행에 옮긴다. 그러나 운이 안 좋았던지 잡히고 만다. 그리고 검찰로 넘어가 검사의 조사를 받게 된다. 이때 범죄를 입증할 물증 등이 없어서 오직 이들의 자백만이 범죄 혐의를 인정할 수 있는 상황이라고 가정해 보자. 검사는 이들의 자백을 이끌어 내기 위해 협상 카드를 내놓는다.

먼저 A에게 만약 B보다 먼저 자백을 하면 이 자리에서 바로 풀어 주겠다고 제의한다. 물론 B는 A보다 늦게 자백을 하거나 또는 안 하게 되면 20년을 감옥에서 살게 하겠다고 말한다. 물론 이러한 제의는 B에게도 A에게 한 것처럼 똑같이 한다. 그리고 덧붙여 검사는 친절하게도 만약 둘 다 입을 꼭 다물고 자백을 하지 않으면 증거 불충분 등으로 6개월만 감옥에서 살고 나가게 될 거라고 이들에게 이야기해 준다고 가정해 보자.

만약 당신이라면 어떻게 하겠는가? 상대편을 굳게 믿고 그가 자백을 안 할 테니 나도 자백을 안 해서 서로 6개월만 감옥에서 살고 나갈 것인지? 어떻게 생각하면 이것이 가장 좋은 선택일 수도 있다. 그런데 내가 자백을 안 하고 끝까지 버티려 하는데 상대편이 먼저 자백을 해버린다면 그는 자백 즉시 감옥에서 나가는데 나는 20년을 살아야 한다니 이게 말이 되는가? 결국 선택은 내가 상대편을 얼마나 신뢰하고 있느냐에 따라 결정이 이뤄질 것이다.

논리상 가장 합리적인 선택은 서로 자백을 하지 않고 끝까지 버티다가 6개월 만에 나가는 것이다. 그런데 대부분의 인간은 이러한 상황에서는 합리적 선택을 하기 어렵다고 한다. 결국 어떠한 선택을 할 것인가 하는 딜레마, 즉 진퇴양난은 상대편에 대한 믿음의 정도와 비례한다. 이와 같이 상대편에 대한 믿음은 매우 중요하다.

이러한 선택을 개인 차원에서 사회적 차원으로 확대해 생각해 볼 수 있다. 이러한 맥락에서 보면 불신에 따른 갈등이나 대립 그리고 충돌 그리고 이를 해소하기 위한 견제 장치 등을 마련하기 위해서는 엄청난 사회적 비용이 발생하게 된다. 만약 이러한 불신이 없고 서로 신뢰할 수 있었다면 이러한 사회적 비용은 필요치 않았을 것이다.

그래서 후쿠야마는 그 사회가 발전해 나가고 건전하고 건강한 사회가 되기 위해서는 모든 사회구성원이 신뢰에 기반을 두고 활동하고 생각하고 처신해 나가야 한다고 주장했다. 그렇게 할 때 경제의 효율성이 높아지고 국가 경쟁력을 증대시킬 수 있는 가장 중요한 사회적 자본이 형성된다는 것이다(이병철, 2012: 62－63 재인용).

만약 우리 사회가 불신의 사회가 아니라 서로 믿을 수 있는 신뢰의 사회라면 구태여 값비싼 자물쇠를 사서 내 문을 채울 필요가 없을 것이다. 또 돈을 들여 철문을 세울 필요도 없고, 담을 쌓고, 값비싼 고성능 CCTV까지 설치할 이유가 없다.

그러나 상호 불신하는 사회에서는 이런 비용이 더 들어가게 마련이다. 그는 그래서 상호 신뢰가 이뤄지는 사회에서는 사회적 비용이 저렴해서 사회 발전에 도움이 된다고 주장했다(이병철, 2012: 63 재인용).

3 정부 불신의 원인

가이 피터스(B. Guy Peters)는 정부를 불신하게 되는 원인으로 정부 정통성에 대한 불신을 들고 있다. 그는 정부가 정통성을 잃게 되면 국민을 설득할 수 있는 힘도 떨어지기 때문이라고 주장한다.

이러한 불신으로 월남전, 워터게이트 사건, 정부융자제도에서 파생되는 경제적 문제, 그리고 클린턴(Bill Clinton) 대통령이 연루된 화이트워터 스캔들 등을 열거하고 있다(Guy Peters, 1999: 10). 정부가 정통성에 대한 지지를 많이 받지 못하는 경우에도 불구하고 예외적으로 지지를 받았던 사례로 부시(George Herbert Walker Bush) 대통령에 의한 걸프전 수행을 들고 있는데, 그에 따르면 전쟁이라는 특수 상황 때문이라는 것이다(Guy Peters, 1999: 10-11, 51 재인용).

가이 피터스의 이론을 중심으로 이야기하면 정부 불신의 뿌리는 다음과 같다. 이미 앞에서 언급했듯이 믿지 못하는 것, 즉 불신의 시작은 바로 정부 정통성에서부터 시작된다고 그는 보았다. 정부 정통성은 국민이 정부를 올바르고 제대로 된 정부, 즉 민의를 통해 창출되고, 이러한 민의를 수렴하고 대변하고 실천하려는 정부로 인지하고 이해해 주는 것이다.

만약 불법적으로 군사 쿠데타를 통해 세워진 정부라면 이런 기준에서 볼 때 정부 정통성은 없다. 반대로 국민의 합법적인 인정을 통해 세워진 정부는 신뢰성과 정통성을 가진다. 정부가 정통성을 잃게 되면 국민을 설득할 수 있는 힘도 떨어지게 된다는 것이 바로 가이 피터스의 주장이다. 정부 정통성은 정부를 신뢰하게 하는 데 매우 중요한 변수가 된다고 주장한다(Guy Peters, 1999: 70 재인용).

그러나 미국 정부는 이러한 사실을 제대로 이해하지 못했다. 아니 일부러 이러한 사실을 애써 외면하려고 했는지도 모른다. 베트남전 보도로 퓰리처 상을 받은 미국 언론인 핼버스탬(David Halberstam)은 맥나마라(Robert McNamara) 등 명석한 두뇌를 지닌 펜타곤의 고급 행정관료들이 현실에서 요구하는 핵심은 모르는 채 수많은 정책을 지휘하고 관리함으로써 결국 파국의 결말을 맞게 되었다고 하면서 아무리 전략과 정책을 잘 세워도 현실을 모르면 바보가 될 수밖에 없다고 주장한 것은 이와 맥을 같이한다(Halberstam, 1972; Merry, 2005; 로버트 메리 지음, 최원기 옮김, 2006: 284).

겉으로는 명민하고 천재적인 두뇌의 소유자인 것처럼 보이지만 현실을 제대로 파악하지 못하고 현실과 괴리를 가지는 정책이나 전략을 구사하면 결과적으로 국민과의 소통에서는 실패하고 마는, 그래서 국민의 마음을 얻지 못하는 바보로 전락하게 된다는 것이다(이병철, 2012: 71).

핼버스탬의 비판적 주장이 말해 주듯이 현실과 괴리된 월남전으로 인해 미국 정부의 권위나 정권의 정통성은 점점 힘을 잃어갔다. 국민들의 정부에 대한 이반 현상이 눈에 두드러지게 나타나게 된 것이다. 그래서 결국 베트남에 비해 월등히 강대국인 미국이지만 이 전쟁에서 불명예스럽게도 발을 빼지 않으면 안 되는 처지로 몰리게 되었다. 결국 미국은 베트남에서 철수했고, 미국이 떠난 베트남은 1975년에 북부월맹에 의해 무력으로 흡수되어 공산화되어 버렸다(이병철, 2012: 71).

메리(Robert W. Merry)는 부시 행정부에서 이뤄진 이라크전과 연계된 정책들도 이와 비슷했다고 주장한다. 체니(Dick Cheney) 부통령, 럼스펠드(Donald Rumsfeld) 국방장관, 울포위츠(Paul Wolfowitz) 등의 일명 네오콘(neocon)[1] 그룹이 중심이 되어 추진된 이라크 정책 역시 국민의 정서나 현실과는 괴리된 그들만의 논리와 목적을 위해 그리고 부정확한 현실 인식과 어설픈 관념에 기초해 이뤄졌다는 점에서 그렇다고 주장하는 것이다(로버트 메리 지음, 최원기 옮김, 2006: 284).

4 정부 신뢰 회복을 위한 방안에 대한 고민

카네베일(David G. Carnevale)은 오늘날의 정부를 비롯한 조직에서 신뢰의 위기는 이제 남의 이야기가 아니고 바로 우리의 발등에 떨어진 불이며, 이러한 위기를

1) 신보수주의(neoconservatism) 혹은 신보수주의자(neo-conservative)들을 줄여서 네오콘이라고 한다.

극복하기 위해서는 신뢰할 수 있는 리더십(trustworthy leadership)을 일궈 내고 시민들의 적극적인 참여(participation and involvement)를 이끌어 내야 하며, 나아가 효과적인 소통(effective communications) 구조를 만들어 나가면서 공정한 평가(fair performance appraisal)와 이에 따른 인센티브 시스템을 구축해 나가지 않으면 안 된다고 주장(Carnevale, 1995)하고 있다(이병철, 2012: 50).

결국 이러한 내용을 담은 법제도가 정비되고 이것이 제대로 운영되도록 해야 한다는 말로 귀결된다. 그러나 한 가지 유념해야 할 점은 법이 많이 제정된다고 해서 마냥 좋다고만 할 수 없다는 점이다. 그만큼 공직사회의 무책임, 무소신, 위선, 거짓, 그리고 부패 등이 만연하고 있다는 것을 다르게 표현해 주는 지표일 수도 있기 때문이다.

고대 로마의 정치가였던 타키투스(Tacitus)의 자신이 살고 있는 시대의 정부가 저지르는 위선과 부패를 억누르기 위해 수없이 만들어지는 관련 법에 대해 "국가가 부패할수록 법은 더 많아진다"(Lewis & Catron, 1996: 703)는 일침은 오늘도 예외일 수 없다(이병철, 2012: 55).

스틸만(Richard J. Stillman)은 관료제를 부정적으로 왜곡해서 보려는 사람들의 일반적인 생각이 모두 신화(神話)라고 주장한다. 이런 생각이 잘못된 것이 많다고 주장하고 있는 것이다. 관료제를 지나치게 부정적으로 보는 시각에서 이러한 관료제에 대한 잘못된 신화가 만들어진 것이라고 보고 있다. 그래서 스틸만은 이것을 반(反)관료제적 신화라고 명명했다.

그러나 이러한 스틸만의 주장에도 불구하고 그가 신화로 제시한 관료제의 역기능이 실제 행정에서는 어느 것보다 더 피부에 와 닿는다는 사실을 부인하기는 어렵지 않다. 그만큼 관료제에 대한 부정적 시각은 국민의 행정에 대한 불신과 혐오감을 심어 주는 데 큰 역할을 하고 있다(이병철, 2004: 242; 2012: 69-70).

덴하트(Robert B. Denhardt)와 복(Sissela Bok)이 워터게이트 사건과 이란-콘트라 사건이 공무원 윤리와 관련된 논의에 기폭제가 되었다고 주장하는 것도 이와 맥을 같이한다(Denhardt, 1995: 107; Bok, 1978: 174-191; Bok, 1983: 105-107). 이러한 사건들로 인해 촉발된 관료제에 대한 부정적 시각은 국민의 행정에 대한 불신과 혐오감을 심어 주었고, 이를 해결하라는 국민의 목소리는 공무원 윤리를 다시 한 번 더 새롭게 재조명하고 이를 통해 잘못된 부분을 새롭게 뜯어 고치게 되는 중요한 계기가 되었다.

이러한 정부와 행정에 대한 불신감은 미국과 달리 한국이라고 해서 예외는 아니다. 김번웅은 행정 관서를 드나드는 민원인의 71%가 공무원의 업무 처리의 공정성에 대해 회의(懷疑)를 나타내고 있고 55%가 공무원의 근무 자세를 소극적이고 나태한 것으로 보고 있는 반면, 일선공무원들의 73%가 행정 업무에 관한 민원인의 태도나 자세가 부정적이라고 보고 있어 공무원과 민원인 간, 다시 말해 정부와 국민 간의 상호 불신이 매우 심각하다고 주장했다(김번웅, 1997: 255).

또한 그는 이러한 상호 불신이 결국 행정규제를 강화시키고 통제 위주의 행정체제를 초래한다고 주장하면서 이런 상황에서는 국민이 정부나 행정부를 신뢰하기 어렵다고 주장했다(김번웅, 1997: 256).

이러한 주장은 그만큼 우리 정부나 행정부의 대(對)국민적 신뢰성이 바닥을 기고 있음을 의미하는 것이다. 그리고 이러한 정부와 행정에 대한 불신감이 인내할 수 있는 정도를 넘어선 수위에 이르고 있다는 데 문제의 심각성이 있다.

어쨌든 이러한 사건과 위기는 정부의 존립에 커다란 도전이었고, 이러한 도전에 대해 생존을 위한 적절한 응전을 하기 위해서는 정부 스스로가 변화될 필요가 있으며, 그러한 맥락에서 정부의 새로운 시책이 긴요하게 되었고 또한 행정에 관한 사고 방식과 업무 수행 방식이 변화되어야만 했던 것이다. 다른 말로 표현하면 바로 국민에게 정부에 대한 그리고 행정에 대한 믿음을 심어 줄 수 있어야 했던 것이다.

중국 진(秦)나라 효공(孝公) 시절 상앙(商鞅)이라는 이름난 재상이 있었다. 그는 법치주의를 바탕으로 한 부국강병책을 펴 천하 통일의 기틀을 마련한 인물이다. 재상에 부임한 뒤 상앙은 나라의 기강이 서지 않는 원인이 나라에 대한 백성의 불신이라 보고, 대궐 앞에 나무를 세우고 이 나무를 옮기는 사람에게 만금(萬金)을 하사한다는 방(榜)을 붙였다. 그러나 많은 사람이 이를 믿지 않았다.

그러던 어느 날 지나가던 어떤 사람이 상금을 기대하지 않고 장난삼아 그 나무를 옮겼다고 한다. 재상이 약속한 대로 만금을 하사하자 그 이후로 나라의 정책이 백성의 신뢰를 얻게 되었고, 진나라는 부국강병에 성공했다는 것이다(서교일, 2006; 이병철, 2012: 63). 곰곰이 생각해 볼 좋은 고사라 할 수 있다.

제 2 절 · 국가 권력과 관료제에 대한 불신을 담은 영화들

국가 권력과 관료제에 대한 불신과 실망을 적나라하게 그려 내고 있는 영화로는 『부러진 화살』, 『럭키』, 『부산행』, 『서울역』, 『방황하는 칼날』, 『도가니』, 『돈 크라이 마미』, 『극비수사』, 『추격자』, 『신세계』, 『디파티드』, 『리차드 닉슨의 암살』, 『절대권력』, 『테이큰』, 『서울 무지개』 등이 있다.

1 『부러진 화살』

정지영 감독이 김경호 교수 역의 안성기, 박준 변호사 역의 박원상, 김경호 부인 역의 나영희를 주연으로 해서 2012년 1월 18일 개봉한 영화이다.[2)]

석궁 사건의 실존 인물을 극화한 김경호 교수는 대학 입학시험에 출제된 수학 문제의 오류를 지적한 뒤 부당하게 해고된다. 교수 지위 확인소송에서 패소하고 항소심마저 정당한 사유 없이 기각되자, 담당판사를 찾아가 공정한 재판을 요구하며 석궁으로 위협하기에 이른다. 판사와의 격렬한 몸싸움이 이어지고, 담당판사의 피 묻은 셔츠와 복부 2cm의 자상, 그리고 부러진 화살을 수거했다는 증언이 나온다. 곧이어 사건의 파장은 일파만파 퍼져 나가고, 사법부는 김경호 교수의 행위를 법치주의에 대한 중대한 도전이자 테러로 규정하고, 피의자를 엄중 처벌하겠다는 입장을 발표한다. 그러나 피의자 김경호 교수가 실제로 화살을 쏜 일이 없다며 결백을 주장하면서, 속전속결로 진행될 것 같았던 재판은 난항을 거듭한다. 한 치의 양보도 없는 법정에서는 엇갈리는 진술들이 난무하고 결정적인 증거인 부러진 화살은 행방이 묘연하다.

비타협 원칙을 고수하며 재판장에게도 독설을 서슴지 않고 법정에서 선처를 호소하기는커녕 법대로 판결하지 않는다고 판사를 꾸짖으며 논리적이고 체계적인 변론을 펼쳐 판검사들을 당혹하게 만드는 지나치게 양심적이고 완고한 김경호 교수의 불 같은 성격에 변호사들은 하나둘씩 변론을 포기하지만, 마지막으로 선임된 자

2) http://movie.naver.com/movie/bi/mi/basic.nhn?code=87571

칭 양아치 변호사 박준의 등장으로 재판은 활기를 띠기 시작하면서 상식 없는 세상에 원칙으로 맞서는 한 남자의 이야기가 시작된다.

이 영화는 약자의 시각에 서서, 기득권층을 보호하고 나서는 집단의 폐해를 꼬집으며 사회 비판적 주제 의식을 펼친다. 사법부라는 거대 조직을 상대로 소신 있는 발언과 행동을 서슴지 않는 김경호라는 인물을 통해 우리 사회의 문제를 예리하게 분석하면서 사법 체제의 공정성과 진실의 문제를 묻고 있다.

2 『럭키』

이계벽 감독이 냉철하고 완벽한 킬러 형욱 역의 유해진, 인기 없는 무명 배우 재성 역의 이준, 119 소방서 구조대원 리나 역의 조윤희를 주연으로 해서 2016년 10월 13일 개봉한 영화이다.[3)]

이 영화는 잘나가던 킬러 형욱이 의뢰인이 요구한 사건을 처리한 후 우연히 들른 목욕탕에서 비누를 밟고 미끄러지면서 넘어져 과거의 기억을 잃게 되는 것을 서두로 해서 시작된다. 인기가 죽을 쑤고 있어 더 이상 살고 싶은 마음도 없어 죽기로 결심한 무명배우 재성은 신변 정리를 위해 들른 목욕탕에서 그런 형욱을 보게 된다. 그의 인생이 부러웠던 터라 자신과 그의 목욕탕 키를 바꿔 도망치고, 이로 인해 형욱과 무명배우의 인생이 서로 바뀌면서 영화는 재미롭게 전개된다.

형욱이 정신을 잃고 기억이 상실되기 전에 거주했던 호화로운 펜트하우스에는 비밀 장소와 이 안에 있는 비밀 무기가 화려하게 장식되어 있다. 특히 다양한 살인 무기는 킬러로서 필요한 도구들이고, 위조된 여러 종류의 신분증이나 경찰, 소방관, 특수기관 근무자들의 근무복, 경찰 등의 특수기관에서 사용하는 무전기 등이 즐비한데, 이것은 아마 자신의 신분을 위장하거나 또는 살인 등을 할 때 쓰기 위한 것으로 추정된다. 형욱은 킬러로서 의뢰된 살인의 목적을 달성하기 위해 이러한 특수기관을 증명하거나 또는 출입이 가능토록 하는 정교하게 위조된 신분증이나 이러한 기관들의 근무복, 그리고 도청이나 감청을 할 수 있는 무전기 등을 사용해 이러한 기관을 사칭하거나 또는 자유롭게 출입하기 위해 사용했는데, 이러한 행위가

3) http://movie.naver.com/movie/bi/mi/basic.nhn?code=140695

살인을 하는 킬러로서는 목적을 달성하는 수단이 되었을지 모르지만 이것을 믿은 많은 사람이나 기관 그 자체에 커다란 위해(危害)가 되었을 것이다.

이러한 것들을 통해 이 영화는 경찰, 소방서 또는 특수기관들이 좀 더 신분증이나 근무복 또는 무전기 등을 철저하게 관리하고, 이로 인해 선의의 피해를 보지 않도록 노력을 기울일 필요가 있다는 메시지를 보낸다.

만약 이 영화에 나오는 것처럼 이런 것이 형욱과 같은 범죄자들에 의해 사회적으로 의도적으로 노출된다면 경찰을 비롯한 특수기관에 대한 공신력은 떨어지고, 이러한 기관들을 보는 국민의 눈은 좀 더 차가워질 것이다. 즉, 행정에 대한 신뢰성에 커다란 흠집을 남기게 된다.

3 『부산행』

연상호 감독이 수안의 아버지 석우 역의 공유, 성경 역의 정유미, 아내를 지키기 위해 몸부림치는 상화 역의 마동석을 주연으로 하고, 고등학교 야구부 에이스 영국 역의 최우식, 야구부 응원단장 진희 역의 안소희, 고속버스 회사 상무 용석 역의 김의성을 조연으로 해서 2016년 7월 20일 개봉한 영화이다.[4)]

정체 불명의 바이러스가 서울역을 시작으로 전국으로 확산되고 대한민국은 긴급재난경보령이 선포된 가운데, 서울역을 출발한 부산행 KTX 열차에 몸을 실은 사람들은 단 하나의 안전한 도시 부산까지 살아가기 위한 생존을 건 치열한 사투를 벌이게 된다. 이러한 재난 상황에서 인간이 느낄 수 있는 극한의 감정과 이기심, 사회적 갈등 등이 여과 없이 그대로 적나라하게 표출된다.

이 영화는 전대미문의 재난 상황에 놓인 주인공 일곱 명의 캐릭터를 통해 나름대로 강한 메시지를 전달한다. 자신의 딸 '수안'을 지키기 위해 극한의 사투를 벌이는 '석우', 사랑하는 아내 '성경'을 보호하기 위해 싸우는 '상화', 아수라장이 된 상황 속에도 서로 의지하며 손을 놓지 않는 '영국'과 '진희', 자신만을 보호하기 위해 치열한 사투를 벌이는 '용석'까지, 각 캐릭터에 대한 섬세한 묘사와 각기 다른 사연으로 재난이라는 위기적 상황에서 각 캐릭터들이 어떠한 행태를 보이며, 이들이 보이

4) http://movie.naver.com/movie/bi/mi/basic.nhn?code=130966

는 행태를 통해 어떤 점을 우리 사회는 배워가야 하는가에 초점을 맞춘다.

국가가 국민의 생명과 안전을 지켜 주지 못한다면 국가는 국민으로부터 신뢰를 얻을 수 없다. 이 영화는 일종의 재난 영화이긴 하지만 국가가 과연 국민의 생명과 안전을 제대로 지켜 줄 수 있을 것인가에 대한 질문을 던진다. 이 질문에 대해 그렇지 않다고 말한다면 국가에 대한 신뢰는 철저히 무너지고 만다. 국민들은 이 영화에서 보듯이 자신의 생명을 보존하고 가족의 안전을 지켜내기 위해 각자도생(各自圖生)의 처절한 생존을 위한 몸부림을 칠 것이다. 그러한 상황에서 더 이상의 국가 신뢰는 존재할 수 없다.

이 영화에서 그나마 공직자로서 최선을 다하는 모습을 보여 주는 배역은 부산으로 승객을 어떻게든 이동시키려고 노력하는 기차 운전원이다. 그는 자신의 위험을 무릅쓰면서 끝까지 승객들의 부산행을 돕기 위해 기차를 운행한다. 물론 그도 결국 좀비들의 희생양이 되지만 그래도 수안과 성경을 부산까지 무사히 가게 만드는 데 크게 기여한다. 철도 운송 공직자로서 그나마 자기 소임을 다한 것이다.

이와 가장 대비되는 배역이 바로 자신만을 보호하기 위해 치열한 사투를 벌이는 고속버스 회사 상무 용석이다. 그는 철저하게 국가 재난 상황 속에서 자기만 살려고 발버둥치는 인간으로 묘사된다. 수단과 방법을 가리지 않고 남을 밟고 넘어서라도 자신의 생명과 안위를 최우선으로 한다. 가장 먼저 도망치고 다른 사람의 어려움은 거들떠보지도 않고 대신 자신의 어려움과 아픔은 침소봉대한다. 그리고 괴질의 전염이 두려워 자신과 같이 한 기차를 타고 함께한 사람들의 분투에 나 몰라라 하고, 그들이 좀비들의 공격을 받아 곤경에 처해 자신이 있는 쪽으로 탈출해 오려 하는데 문을 걸어 잠그고 열어 주지 않으려 한다. 자기만 살겠다는 배짱이다. 그리고 마지막으로 살아남아 어렵사리 마련한 마지막 부산행 기차를 타고 가면서 수안과 성경 그리고 석우의 안전보다는 자기 자신의 안전에 몰입한다. 그러나 결국 괴질에 걸려 좀비가 되면서 석우와의 몸싸움 끝에 자신의 삶을 접게 된다.

영화에서는 이런 용석을 통해 돈과 권력을 가진 기득권 세력의 비겁성, 그리고 이기주의적인 탐욕을 비판한다. 일반 시민들은 국가가 지켜 주지 못하는 이 난국을 서로 도우면서 타개해 나가려고 하는 모습으로 투영하는 반면, 용석은 기득권의 상징으로 자기만 살겠다고 몸부림치는 이기적인 존재로 투사하고 있다.

용석으로 표현되는 기득권의 상징은 권력으로 대비될 수 있고, 이렇게 대비된 권력은 공직자로 비쳐지게 되는 것이다. 시민의 안전을 책임지고 이들에게 봉사하며, 나아가 시민을 위해 솔선수범해 몸소 희생을 마다하지 않은 그런 공직자상은 어디로 가고 그와 반대의 모습을 투영시킴으로써 공직자에 대한 신뢰에 의문을 제기하고 국가의 신뢰에 대해서도 회의적 시각을 내비치고 있다.

4 『서울역』

연상호 감독이 석규 역의 류승룡, 혜선 역의 심은경, 기웅 역의 이준을 주연으로 해서 2016년 8월 17일 개봉한 애니메이션 영화이다.[5]

이 영화 역시 치유가 불가능해 보이는 노숙자가 입에서 피를 토하며 비틀거리다 쓰러진다. 그는 지금까지 알지 못했던 이상한 괴질에 걸린 것이다. 다른 한편에서는 집을 나온 소녀 혜선과 남자친구 기웅이 거리를 헤매며 자신들의 삶에 대해 고민한다. 그리고, 혜선의 아버지인 석규는 집을 나간 딸을 찾아 헤맨다. 그러던 중 석규와 기웅은 서로 마주치게 되고 기웅이 혜선과 함께 있었음을 알게 된다. 석규는 자기가 혜선의 아버지라고 하면서 기웅에게 혜선이가 있는 곳에 가자고 한다. 물론 석규는 기웅에게 자신이 혜선의 아버지라고 속인 것이다. 실상은 아버지로 가장해 혜선에게 접근해 혜선이가 갚지 못한 돈을 받아내려고 하는 양아치이다.

이윽고 서울역을 시작으로 서울 전역에 의문의 괴질 바이러스가 퍼지기 시작한다. 괴질에 걸려 쓰러진 노숙자가 바이러스 발원지 역할을 한 것이다. 서울역을 중심으로 해서 서울은 삽시간에 통제 불능 상태에 빠진다. 치안을 유지하기 위해 경찰과 군인이 동원되어 길을 차단하고 차량이나 행인들의 보행을 제한한다. 괴질로부터 벗어나 살겠다고 날뛰는 사람들과 이를 제지하는 군경과 대치가 이뤄지고 심한 충돌까지 일어나는 상황이 발생한다. 그야말로 아수라장이 된 대재난 속에서 오직 생존을 위해 사투를 벌이는 사람들만이 이곳저곳에서 난무할 뿐이다.

이 영화 역시 앞서 살펴본 『부산행』과 마찬가지로 재난으로부터 국가가 국민의 생명과 안전을 지켜 주지 못한다면 국가는 국민으로부터 신뢰를 얻을 수 없을 것이라는 점을 분명한 메시지로 던져 주고 있다.

---

5) http://movie.naver.com/movie/bi/mi/basic.nhn?code=122195

5 『방황하는 칼날』

이정호 감독이 수진 아버지 이상현 역의 정재영, 형사 장억관 역의 이성민을 주연으로 해서 2014년 4월 10일 개봉한 영화이다.[6] 이 영화는 일본 미스터리의 거장 히가시노 게이고(東野圭吾)의 동명 소설[7]을 영화화한 작품이다.

여중생 수진은 버려진 동네 목욕탕에서 싸늘한 시체로 발견된다. 그러한 딸의 주검을 바라보는 아버지 상현은 하나뿐인 딸의 죽음 앞에 무력할 뿐이다. 그러던 어느 날 상현에게 범인의 정보를 담은 익명의 문자 한 통이 도착한다. 그리고 문자 속 주소대로 찾아간 그곳에서, 소년들에게 성폭행을 당하며 죽어가는 딸의 동영상을 보고 낄낄거리고 있는 철용을 발견한다. 상현은 순간적으로 이성을 잃고 우발적으로 철용을 죽인다. 그리고 또 다른 공범이 있다는 사실을 알게 된 후, 무작정 그를 찾아 나선다. 한편, 수진의 살인사건 담당 형사 억관은 철용의 살해 현장을 본 후, 상현이 범인임을 알아차리고 그를 추격하기 시작한다.

이 영화는 딸을 죽인 소년을 살해한 아버지, 다시 말해 '딸을 잃고 살인자가 되어버린 아버지의 살인은 정당한가?'라는 질문을 우리 사회에 던지고 있다. 평범한 아버지로서 딸의 주검을 지켜볼 수밖에 없었던 피해자에서, 이제는 딸을 죽게 만든 자를 살해하게 됨으로써 가해자로 바뀔 수밖에 없었던 주인공 상현의 기구한 운명을 어떻게 받아들여야 할까? 이에 대한 의견은 서로 갈리고 있다. 하나는 딸을 잃은 아버지로서 충분히 할 수 있는 행동이라면서 이러한 아버지의 행동을 심정적으로 이해하는 입장과 아무리 그렇다고 하더라도 살인은 잘못된 행동이라는 입장이 서로 충돌하고 있다.

이 영화는 첫 번째 질문과 연관되기는 하지만 또 다른 질문을 던지고 있다. 과연 피해자에서 가해자로 바뀐 상현을 쫓는 형사 억관의 행동을 어떻게 보아야 하느냐는 것이다. 형사이기 이전에 한 인간으로서 딸을 무척이나 사랑했던 아버지,

---

6) http://movie.naver.com/movie/bi/mi/basic.nhn?code=99797

7) 1985년 『방과 후』라는 작품으로 제31회 에도가와 란포상을 수상하며 화려하게 작가로 데뷔한 히가시노 게이고는 일본을 대표하는 미스터리 소설의 거장으로 불리는 작가이다. 비단 미스터리물뿐만 아니라 다양한 장르의 작품을 발표하며 폭넓은 독자층을 가지고 있는 히가시노 게이고는 사회의 정곡을 찌르는 문제 제기를 통해 독자들이 현재 사회를 점검하게 만들면서 이야기에 대한 몰입도를 높이는 것으로 정평이 나 있다. http://movie.naver.com/movie/bi/mi/basic.nhn?code=99797

그럼에도 불구하고 딸의 죽음 앞에 아무것도 할 수 없었던 무력한 피해자, 그리고 아버지란 이름으로 국가와 사회를 대신해 심판을 내릴 수밖에 없었던 살인자의 모습을 정당하다고 볼 수 있다는 입장이 그 하나이다.

이에 반해 한 인간이기 전에 사법 정의를 실현해야 할 법집행자인 형사로서 살인자인 상현을 어떻게든 잡아 법의 심판대에 올려놓아야 할 책임이 있다고 보는 입장이 다른 하나이다. 이 두 가지 입장은 서로 심하게 대립되고 충돌한다.

피해자에서 가해자인 살인자가 된 아버지를 쫓으며 형사가 가지는 직업적 윤리와 자신도 아버지라는 인간적인 연민 사이에서 갈등하는 형사 억관의 고뇌 어린 내면적 선택을 통해 두 상반된 가치 간의 딜레마를 엿볼 수 있다. 과연 어떤 것이 정의라 말할 수 있는가? 섣부른 결론을 내리기 어려운 화두라고 생각된다.

그러나 분명한 것은 법치국가에서 사형(私刑)은 용납되지 않는다는 사실이다. 정당한 국가 사법 체제를 통해 죄의 대가를 치르도록 해야 한다는 것이 우리 사회에서 통용되는 법정신이기도 하다. 이렇게 법을 만들어놓은 이유 중 하나는 피의 보복의 악순환을 염려하기 때문이다. 따라서 형사 억관은 법이 규정한 사회적 정의를 실현시켜야 할 공인으로서 마땅히 상현을 체포해 그가 저지른 죄의 대가를 정당하게 치르도록 해야 한다.

이와 동시에 국가는 마땅히 국민의 생명과 재산을 보호하고 지켜 줄 법적 책임이 있는 만큼 수진과 같은 죄 없는 희생이 반복되지 않도록 제도적 개선과 혁신적인 방지 대책을 강구해 나가야 한다. 이러한 노력이 제대로 이뤄지지 않으면 국가나 행정은 국민들로부터 신뢰를 얻지 못하고 외면당하게 된다. 바로 이러한 메시지를 이 영화는 간접적으로 우리에게 보여 준다.

6 『도가니』

황동혁 감독이 강인호 역의 공유, 서유진 역의 정유미를 주연으로 해서 2011년 9월 22일 개봉한 영화이다.[8)]

8) 광주 인화학교에서 일어난 사건을 모티브로 2009년 출간한 공지영의 소설 『도가니』를 바탕으로 삼은 영화이다. 이 영화 이후 인권문제가 주요 이슈화되었다. http://movie.naver.com/movie/bi/mi/basic.nhn?code=75413

이 영화는 한 청각장애인학교에서 2000년부터 5년간 청각장애아들을 보호해야 할 주체인 교장과 교사들이 자신들의 본분을 망각하고 청각장애아를 상대로 비인간적인 성폭력과 학대를 저지른 실제 일어난 사건을 바탕으로 해서 제작되었다. 또한 이로 인해 '도가니 법'까지 제정되어 사회적으로 큰 파란과 변화를 몰고 왔다.

한 청각장애인학교에서 교장을 비롯한 교직원들이 청각장애 아동들을 대상으로 지속적인 성폭행을 저질렀고, 학교 사람들은 내부고발 하나 없이 모르는 것처럼 이를 외면했다. 더욱 놀라운 사실은 사건의 가해자와 책임자들이 대부분 법적인 처벌을 받지 않고 지금까지도 교단에 서 있다는 것이다. 법조계의 솜방망이식 처벌과 언론의 무관심[9]으로 인해 사건은 금방 잊혔고 피해자들은 여전히 외로운 투쟁을 계속하고 있다.

이 사건이 차별화되고 더욱 사회적 관심의 대상이 되는 것은 사건의 피해자들이 미성년자인데다가 말을 할 수도, 들을 수도 없는 장애인이라는 점이다.

롤스(John Rawls)는 『정의론』이라는 책에서 정의의 원칙을 제시하고 있다. 하나는 다른 사람의 자유를 침해하지 않는 범위 내에서 자신의 자유를 누릴 수 있어야 한다는 것이다(김항규, 2009: 317; Rawls, 1971).[10] 이는 "인간의 공존에 필요한 정도까지만 개인의 자유를 제한하며, 그 제한은 모든 시민에게 최대한 동등하게 적용되어야 한다."(칼 포퍼 지음, 허형은 옮김, 2006: 32)는 칸트(Immanuel Kant)의 가르침을 따르고 있다.

그리고 다른 하나는 사회적 · 경제적 불평등은 다음의 두 가지 조건을 충족시킬 때에만 비로소 공정하다는 것이다. 어떤 체제 아래에서 잉여가 발생했다면 그 잉여는 가장 수혜를 적게 본 사람을 위해 쓰여야 한다. 이해의 편의를 위해 달리 표현하면 불평등으로 인해 생겨난 이득은 최소 수혜자에게 유리하게 사용되어야 한다는 것이다.

사회에서 가장 약자에 속하는 사람에게 이익이 돌아가는 경우에만 사회적 · 경

9) 소설을 처음 구상하게 된 계기가 신문기사 한 줄이었다고 밝힌 공지영 작가는 "집행유예로 석방되는 그들의 가벼운 형량이 수화로 통역되는 순간 법정은 청각장애인들이 내는 알 수 없는 울부짖음으로 가득 찼다"는 한 줄의 글이 자신을 '점령했다'고 말했다. http://movie.naver.com/movie/bi/mi/basic.nhn?code=75413

10) 롤스는 "모든 사람은 다른 사람의 유사한 자유와 상충되지 않는 한도 내에서 최대한 기본적 자유에 대해 평등한 권리가 인정되어야 한다."고 주장했다.

제적 불평등을 인정한다는 원칙이다. 쉽게 표현하면 어떤 정책을 펼칠 경우 그 정책으로 인해 선의의 피해자가 발생한다. 그럴 경우 선의의 피해자를 위해 정책을 집행한 정부나 그 정책으로 이익을 본 자들이 그 선의의 피해자에게 적절한 보상을 해 주어야 한다는 것이다.

다음으로 롤스가 제시하는 또 하나의 다른 조건은 불평등의 근원이기도 한 사회적 · 경제적 직위와 직무는 모든 사람에게 균등하게 개방되어야 한다는 것이다. 이를 일반적으로 기회 균등이라고도 한다. 예외 없이 모두가 똑같은 출발선에서 시작해야 한다는 것이다. 성패는 자기 능력에 달려 있을 뿐 기회는 모두에게 열려 있어야 한다는 것을 의미한다. 이러한 원칙이 지켜지는 사회가 가장 정의로운 사회라고 롤스는 보았다(Denhardt, 1995: 109-111).[11]

만약 우리 사회가 정의로운 사회라면 국가 권력은 이 체제 아래에서 약자 중 하나인 미성년자, 그러면서 장애인인 이들을 가장 우선적으로 보호해야 할 의무가 있다. 그러나 국가가 이런 약자를 보호해 주지 못한다면 국가나 행정은 국민들로부터 신뢰를 얻지 못하고 외면당하게 될 것이다. 바로 이러한 메시지를 이 영화는 간접적으로 우리에게 보여 주고 있다.

7 『돈 크라이 마미』

김용한 감독이 유림 역의 유선, 은아 역의 남보라, 유오성 등을 주연으로 해서 2012년 11월 22일 개봉한 영화로 실화에 근거를 두고 있다.[12]

남편과 이혼하고 하나뿐인 딸과 함께 앞으로 다가올 행복한 나날들을 꿈꾸며 새로운 인생을 시작한 유림은 막 고등학생이 된 딸 은아가 스스로 목숨을 끊는 사고를 당한다. 같은 학교 동급생 남학생들로부터 말로 형용하기 어려운 끔찍한 못된 짓을 당한 첼리스트를 꿈꾸던 여고생 은아는 법의 정당한 보호를 받지 못한 채 하루하루 불안과 고통 속에서 정신적 충격에 시달리던 나머지 결국 자신의 생일날 스스로 목숨을 끊는다.

11) 롤스는 공정성 혹은 형평성이라는 기본 원리에 대한 동의나 합의를 이끌어 내는 방법에 대해 명쾌한 해답을 던져 주고 있다.

12) http://movie.naver.com/movie/bi/mi/basic.nhn?code=78720

한순간에 딸을 잃은 유림은 딸의 죽음으로 인한 슬픔이 채 가시기도 전에 은아의 죽음 뒤에 숨겨진 충격적인 사건이 있었다는 사실을 알게 된다. 이 모든 것이 딸의 동급생들 때문이며, 설상가상으로 이들이 미성년자란 이유로 처벌을 받지 않게 된다는 사실을 알게 된 것이다. 유림은 두려움과 슬픔으로 고통스러워하다 결국 세상에 대한 불신과 분노를 터뜨리게 된다. 은아를 죽음으로 내몬 가해자들에게 직접 복수를 하기로 결심한 것이다.

유림이 이렇게 법의 처벌을 받지 않은 가해자들에게 법이 아닌 직접 복수의 심판을 내리기로 결심한 데에는 나름대로의 이유가 있다. 사회와 법에 대한 불신이 분노로 변했던 것이다. 가해자들의 부모들은 돈으로 사건을 무마하려 하고, 가해자들은 미성년자라는 이유로 법망을 유유히 빠져 나가지만 성범죄의 희생양이 된 피해자와 가족들은 수치심과 고통 속에 세상의 편견과 맞서 싸워야만 했기 때문이다. 어떻게 보면 가해자보다 더 보호받지 못하고 있는 피해자들의 분노의 표출이라고 이해할 수 있다. 실제로 2004년 밀양의 한 여중생이 무려 44명에게 성폭행을 당한 사건이 있었다. 비슷한 또래였던 미성년 가해자들은 성폭행을 저지르는 데 그치지 않고 여중생의 모습을 휴대전화와 캠코더로 촬영해 협박의 도구로 사용했고, 이러한 범죄는 1년 동안이나 이어졌다.

이처럼 우리나라는 미성년 가해자에 대한 처벌 체계가 제대로 확립되어 있지 않은 상황이다. 여성가족부에서 집계한 통계에 따르면 2010년 기준 아동청소년 대상 성범죄 가해자 중 미성년 비율은 13.9%로 3년 사이 2배 이상 급증했다. 하지만 교육과학기술부가 2008년부터 2010년 7월까지 3년간 집계한 학생 간 성폭력 현황 통계에 의하면 범죄를 저지른 미성년 가해자들에 대한 사후 조치 실태는 사회봉사 및 특별교육 33.7%, 전학 조치 16.1%, 퇴학 및 자퇴 조치 10% 그리고 경찰 조사와 사법기관 위임은 단 22.6%에 불과했다. 2011년 10월 은평구 여중생 집단 성폭행 사건 발생 때에도 미성년 가해자들에게 내려진 처벌은 등교 정지 10일뿐이었다.

이 영화는 해마다 늘고 있는 성범죄 사건, 그중에서도 충격적인 미성년 가해자들을 소재로 한 작품으로, 미성년 가해자에 대한 처벌 체계와 그에 따른 사후 조치가 제대로 확립되어 있지 않은 우리나라의 사법 체계에 대해 과감한 문제 제기를 하고 있다. 그러면서 이러한 미성년자 관련 성범죄에서 사법 체계가 개선되지 않아 국가가 국민의 생명과 안전을 제대로 지켜 주지 못한다면 국가는 국민으로부터 신뢰를 얻을 수 없을 것이라는 점을 분명한 메시지로 던져 주고 있다.

8 『추격자』

나홍진 감독이 전직 형사 엄중호 역의 김윤석, 연쇄살인범 지영민 역의 하정우를 주연으로 2008년 2월 14일 개봉한 영화이다.[13)]

서울에서 출장안마소인 보도방을 운영하는 전직 형사 엄중호는 최근 이상한 일을 당한다. 자신이 데리고 있던 여자들이 잇달아 사라지는 일이 발생한 것이다. 오늘 역시 조금 전 나간 미진마저도 연락이 되지 않고 있다. 그는 나름대로 이상한 느낌을 받으며 미진을 불러낸 손님의 전화번호와 사라진 여자들이 마지막으로 통화한 번호를 서로 맞춰 본다.

그리고 전화번호들이 서로 일치함을 알아 낸다.[14)] 이것이 의미하는 바는 어떤 손님이 자신이 데리고 있던 여자들을 호출했으며 그 뒤로 여자들이 실종되었다는 것이다. 그 어떤 손님이 여자들의 실종과 깊은 관련성이 있다고 엄중호는 생각한다. 그런 후 미진을 찾아 헤매던 중 우연히 지영민과 마주친다. 엄중호는 지영민의 옷에 묻은 피를 보고 지영민이 바로 그 어떤 손님인 것을 직감하고 추격 끝에 그를 붙잡는다.

실종된 여자들을 모두 죽였다는 충격적인 고백을 담담히 털어놓는 지영민에 의해 경찰서는 발칵 뒤집어진다. 우왕좌왕하는 경찰들 앞에서 지영민은 아주 여유로운 표정으로 오늘 없어진 미진은 아직 살아 있을 거라며 태연하게 미소짓는다. 그러나 지영민을 잡아둘 수 있는 증거는 그가 자신이 그 여자들을 살해했다는 고백뿐 아무것도 없다. 그때서야 공 세우기에 혈안이 된 경찰은 미진의 생사보다는 증

---

13) http://movie.naver.com/movie/bi/mi/basic.nhn?code=68695

14) 희대의 살인마 '지영민' 사건 파일을 살펴보면, 서울 마포, 부녀자 연쇄 살인사건 발생, 동일 지역 출장안마사 여성 2명 실종, PM 5 : 00 실종 여성의 재규어 차량 발견, PM 9 : 45 차내 핸드폰 발견. 마지막 통화 기록 '4885' 확인, PM 9 : 50 현재 출장안마사 여성 김미진을 불러낸 손님의 번호 '4885'로 일치, PM 10 : 10 김미진 연락 두절, PM 10 : 50 출장안마소 업주 엄중호, 용의자 지영민 검거, PM 11 : 55 지영민 9명 여성 살해 사실 자백, AM 00 : 24 서울 기동 수사대. 지영민 사건 인계, AM 01 : 45 지영민 살해 대상 9명에서 12명으로 번복, AM 01 : 49 마지막 실종 여성 김미진은 살아 있다고 진술, AM 02 : 00 경찰, 지영민 거주지 및 범행 장소 확보 실패이다. http://movie.naver.com/movie/bi/mi/basic.nhn?code=68695

거를 찾기에만 급급해 한다. 그러자 미진이 살아 있다고 믿는 단 한 사람인 엄중호는 미진을 찾아 나선다.

1970년대 김대두 사건, 1980년대 화성 연쇄살인 사건, 1990년대 지존파 사건, 2000년대 정두영 사건과 유영철 사건 등 한국 사회를 공포로 몰아넣었던 일련의 연쇄살인 사건에 대한 관심은 피해자나 가족들의 눈물이 채 마르기도 전에 일반 시민과 사회에서 바로 망각되는 것이 한국 사회의 현실이다.

개개인의 물질적 이익만을 중히 여기며 주변과 사회에 무관심한 극도의 개인주의 사회에서 피해자들에 대한 관심을 기대한다는 것은 어려운 일이다. 이러한 사회 풍조를 뒤로 하고, 엄중호는 고귀한 생명의 존엄성에 위협받는 한 사람, 미진을 구하기 위해 숨가쁜 추격을 계속한다.

이 영화에서 지영민은 출장 마사지를 통해 생계를 이어갈 수밖에 없는 여성들과 노약자만을 상대로 인간으로서는 할 수 없는 잔혹한 살인을 저지르는 연쇄살인마로 등장한다. 그리고 썩어빠진 부패 경찰로 비리를 저지르고 사직당한 후 생계를 위해 출장안마소를 운영하는 엄중호는 결코 사회 정의의 사도, 혹은 절대 선이라 부를 수 없는 존재로 출연한다.

그러나 국민의 생명과 안전에 대해 주된 책무를 가지는 경찰이나 검찰은 고사하고 어느 누구도 신경이나 관심을 쓰지 않으려는 무관심과 냉대가 판을 치고 있는 냉혹한 사회 분위기 속에서, 썩어빠진 부패 경찰 출신에 생계를 위해 출장안마소를 운영하며 여자 장사를 하는 엄중호가 연쇄살인의 마지막 희생자인 미진을 구하려 하는 유일한 남자가 될 수밖에 없다는 것이 우리 사회의 웃지 못할 아이러니한 자화상으로 비쳐지고 있다.

이 영화는 이런 과정 속에서 중호를 통해 이기적인 무관심으로 무너져 가는 인간의 존엄성에 대해 다시금 생각하게 하고 여자 장사나 하는 비리 경찰 출신보다 못하게, 인간의 고귀한 생명 그리고 존엄성 추구보다 업적이나 공 세우기에 바쁜 경찰의 그릇된 모습을 투영시켜 우리 사회의 버팀목인 공권력에 대한 새로운 평가를 하게 만든다. 이러한 일그러진 경찰상으로는 국민에게 경찰에 대한 굳건한 믿음을 심거나 얻기는 어려울 것이다.

9 『신세계』와 『디파티드(*The Departed*)』

『신세계』는 박훈정 감독이 이자성 역의 이정재, 강 과장 역의 최민식, 정청 역의 황정민을 주연으로 해서 2013년 2월 21일 개봉한 영화이다.[15)]

경찰청 수사기획과 강 과장은 국내 최대 범죄조직인 '골드문'이 기업형 조직으로 그 세력이 점점 확장되자 신입 경찰 이자성에게 "너, 나하고 일 하나 같이 하자"면서 이 조직에 잠입해 수사할 것을 명한다. 그리고 8년이 흐른 후, 이자성은 이 조직 내에서 실력을 인정받아 골드문의 제2인자이자 그룹 실세인 정청의 오른팔이 되기에 이른다.

제1인자였던 골드문 회장이 갑자기 사망하자, 강 과장은 조직 후계자 결정에 직접 개입하는 '신세계' 작전을 설계하고 기획한다. 피도 눈물도 없는 냉철한 후계자 전쟁의 한가운데에 서 있는 정청은 8년 전 고향 여수에서 처음 만나 지금까지 친형제처럼 동고동락의 모든 순간을 함께 해 온 이자성에게 더욱 강한 신뢰를 보낸다.

한편, 냉철하게 오로지 작전의 성공만 생각하는 강 과장은 계속해서 압박을 가해 이자성의 목을 조여만 간다. 시시각각 경찰이라는 신분이 노출될 위기에 처한 이자성은 언제 자신을 배신할지 모르는 경찰과, 형제의 의리로 살갑게 대하는 정청 사이에서 갈등하게 된다.

여기에서도 아이러니한 모습이 펼쳐지는데 선(善)이어야 할 경찰은 악당 같은 음모와 작전을 꾀하고, 악(惡)이어야 마땅한 조직은 피보다 진한 형제애로 다가온다. 정의롭고 신성해야 할 임무의 뒤편에서는 일촉즉발의 배신의 향기가 감도는 반면, 비열해야 할 악당에게선 진한 동지애가 배어 나오는 것이다. 그야말로 선과 악이 뒤바뀐 형국이 된 셈이다.

국가 공권력이라고 해서, 또 경찰 권력이라고 해서 항상 해맑은 미소만 던져지는 것은 아니다. 이 세상의 모든 사물은 양면성을 가진다. 해가 있으면 달이 있고, 낮이 있으면 밤이 있으며, 선이 있으면 악이 있는 것과 같은 이치이다.

국가 공권력 역시 이러한 양면성에서 예외일 수는 없다. 국가 공권력이 본래의

---

15) http://movie.naver.com/movie/bi/mi/basic.nhn?code=91031

취지와 목적에 맞도록 선용된다면 선이 될 수밖에 없다. 그러나 그 반대로 취지와 목적에 맞지 않게 악용된다면 악이 될 수밖에 없다. 자동차나 칼과 마찬가지로 제대로 사용된다면 문명의 이기가 되지만 그 반대일 경우 문명의 흉기로 돌변하고 마는 것이다.

공권력은 정해진 법의 취지나 목적 그리고 절차에 따라서 정당하게 사용되어야 한다. 그럼에도 불구하고 일부 그릇된 생각을 가진 공직자에 의해 악용되거나 또는 사유화된다면 그 공권력은 스스로를 베는 칼이 될 수밖에 없다. 이러한 공권력은 결코 국민으로부터 사랑을 받고 믿음을 받을 수는 없다.

이러한 관점에서 이 영화는 사악한 경찰과 온정적인 범죄조직이라는 일반 상식을 깨는 흔하지 않은 접근을 통해 경찰의 올바른 길이 어떠한 것이며, 어떻게 해야 국민으로부터 믿음을 얻는 경찰이 될 수 있는가를 보여 준다.

이 영화는 2003년 2월 21일 개봉한 『무간도(無間道)』와 내용이 엇비슷하다. 무간도는 인기리에 상영된 관계로 2011년 9월 8일 재개봉되고, 다시 2016년 3월 17일 재개봉되었다.[16] 그만큼 인기가 좋은 영화였다는 뜻도 된다. 맥조휘와 유위강이 감독이 되어 진영인 역의 양조위, 유건명 역의 유덕화, 황 국장 역의 황추생이 주연으로 출연했다.[17]

경찰의 스파이가 된 범죄조직원과 범죄조직의 스파이가 된 경찰 간의 한 번의 선택으로 인생이 바뀌어버린 두 남자의 피할 수 없는 만남을 이 영화는 섬세하게 그리고 있다. 또한 이 영화는 유사한 내용을 담은 미국 영화 『디파티드(*The Departed*)』를 탄생시켰다.

『디파티드』는 마틴 스코세지(Martin C. Scorsese) 감독이 빌리 코스티건 역의 레오나르도 디카프리오, 콜린 설리반 역의 맷 데이먼, 프랭크 코스텔로 역의 잭 니콜슨을 주연으로 2006년 11월 23일 개봉한 영화이다.[18]

매사추세츠(Massachusetts) 주 보스턴(Boston) 경찰청은 프랭크 코스텔로가 이끄는 막강한 세력을 지닌 보스턴 최대 범죄조직망을 일망타진하기 위해 신참 경찰 빌리 코스티건을 해당 범죄조직에 침투시킨다. 빌리가 경찰 배지를 반납하고 보스

16) 2003년 1편 개봉 이후, 총 3부작에 걸쳐 완성된 대표적인 느와르 시리즈물이다.
17) http://movie.naver.com/movie/bi/mi/basic.nhn?code=36565
18) http://movie.naver.com/movie/bi/mi/basic.nhn?code=41672

턴 길거리를 떠돌다 코스텔로의 신임을 얻기 위해 애쓰는 동안 또 다른 신참 콜린 설리반은 경찰청 내에서 승승장구해 특별수사반에 배치된다.

특별수사반의 임무 역시 코스텔로를 제거하는 것이다. 그러나 사실 콜린은 경찰청에 투입된 코스텔로의 첩자였다. 경찰청의 동태를 사전에 코스텔로에게 알리는 게 그의 진짜 임무였다. 결국 갱단과 경찰이 서로 상대방의 정보를 캐내기 위해 상대방 조직에 위장 침투한 것이다. 빌리와 콜린이 서로의 임무를 수행하는 동안 양쪽 조직 모두 첩자의 존재를 눈치챈다. 언제 정체가 탄로날지 모르는 상황 속에서 두 사람은 상대방의 정체를 캐내기 위해 혈안이 된다. 상대보다 한 발 늦으면 자신이 죽는 상황인지라 두 남자는 서로의 운명에 비극의 총구를 겨눈다.

10 『리처드 닉슨의 암살(*The Assassination of Richard Nixon*)』

이 영화는 닐스 뮬러(Niels Mueller) 감독이 새뮤얼 빅크(Samuel Byck) 역의 숀 펜(Sean Penn), 보니 시몬스 역의 돈 치들(Don Cheadle), 마리 앤더슨 빅 역의 나오미 왓츠(Naomi Watts), 마틴 존스 역의 브래드 헨크(Brad Henke), 줄리어스 빅 역의 마이클 윈코트(Michael Wincott) 등을 주연으로 해서 2005년 1월 21일 개봉한 영화이다.19)

이 영화는 1974년에 일어난 실화에 근거해 제작되었다. 다분히 정신병적인 문제를 가지고 있던 새뮤얼 빅크의 이야기를 바탕으로 해서 영화를 만든 것이다.

빅크는 사업이 어렵게 되자 이 난관을 극복하려는 마음으로 정부에 융자 신청을 하지만 거부당하고 급기야는 가족으로부터도 외면받게 되는 처량한 신세로 전락하게 된다.

그는 이렇게 된 결과를 자신의 탓으로 돌리지 않고 오히려 남 탓으로 돌린다. 평소 잘못되었다고 생각하는 자본주의 제도 탓으로 돌린 것이다. 그리고 그는 이러한 제도가 잘못되어도 한참 잘못되었다고 생각하고 이에 대해 극도로 분노한다. 이러한 분노의 불똥은 이러한 제도를 방임하는 정치적 세력, 그중에서도 특히 그 수장인 대통령을 제거해야 한다는 생각으로 비화하게 된다.

---

19) http://movies.yahoo.com/movie/1808572295/info

이 영화의 주된 주제는 잘나가는 소수의 기득권 세력에 대한 일반 다수 시민의 강한 저항감과 실망감 그리고 그들이 누구도 개의치 않고 뻔뻔스러울 정도로 드러내놓고 벌이는 권력 잔치에 대한 분노를 극명하게 보여 주고자 했다는 점이다. 그리고 한 걸음 더 나아가 기득권 세력과 지도급 인사들의 부조리하고 부패한 행태로 촉발되고 오염된 이 사회에 대한 불신의 회한과 환멸을 여과 없이 드러내 보여 주고 있다.

남을 속이지 않으면 성공할 수 없는 사회, 가진 자들만이 더 많은 것을 가질 수 있는 사회, 개천에서는 절대로 용이 날 수 없는 사회, 부를 가진 자이거나 권력을 쥐고 있는 자들은 무슨 짓을 해도 용서받을 수 있는 비틀리고 신뢰할 수 없고 더럽혀진 사회 속에 던져진 주인공이자 사무가구점 세일즈맨인 새뮤얼 빅크, 일명 샘을 통해 이 영화는 이러한 사회의 일그러진 권력과 부조리 그리고 부패를 적나라하게 보여 준다. 또한 이러한 연장선상에서 기득권자들에 대한 믿음이 무너지고 있음을 적나라하게 보여 줌으로써 이들에 대한 불신이라는 메시지를 이 영화는 강하게 강조하고 있다.

이러한 기득권자들에 대한 일반 다수 시민의 불신이 바로 정치 세력으로부터 나온다고 생각한 샘은 그 중심에 있는 정치 세력의 수장을 제거하겠다는 생각을 품게 된다. 이 사회에서 가장 커다란 권력을 쥐고 있는 것이 정치 세력이고 이 중 가장 큰 영향력을 가지고 있는 것이 대통령이라 생각하면서, 이러한 기득권 세력을 이 사회에서 말살하기 위해서는 상징적 의미를 크게 가지고 있는 대통령 암살이 무엇보다 급선무라는 생각에까지 이르게 된다.

국가 권력과 공직사회, 다른 말로 표현하면 정치권과 어우러진 관료제에 대한 믿음의 상실이 낳은 어처구니없는 결론이었던 것이다. 이 영화는 이러한 전개를 통해 국가 권력의 상징으로 표현되는 정치적 수장을 암살하려고 시도함으로써 국가 권력에 대한 불신 메시지를 함축적이면서도 밀도 높게 보여 준다.

11 『절대권력(*Absolute Power*)』

이 영화는 클린트 이스트우드(Clint Eastwood) 감독이 루터 휘트니 역의 클린트

이스트우드, 앨런 리치먼드 역의 진 해크먼(Gene Hackman), 세스 프랭크 역의 에드 해리스(Ed Harris), 빌 버튼 역의 스콧 글렌(Scott Glenn), 글로리아 러셀 역의 주디 데이비스(Judy Davis) 등을 주연과 조연으로 해서 1997년 5월 31일 개봉한 영화이다.[20]

루터 휘트니는 자타가 인정하는 완벽한 직업 도둑으로 명성을 날렸으나 이제 나이가 들게 됨에 따라 마지막 대박을 꿈꾸면서 워싱턴의 거부(巨富)이자 정계 막후 실력자인 월터 설리번의 대저택을 털 계획을 세우고 그의 대저택에 침입하게 되는데, 이 과정에서 본의 아니게 차마 못 볼 광경을 보게 된다.

방 안으로 들어선 두 남녀가 격렬하게 변태적인 성관계를 하다가 서로 싸우는 광경에 이어 성관계를 했던 여자가 갑자기 방 안으로 뛰어들어온 두 남자에게 살해되는 광경을 목격하게 된 것이다. 그가 지켜보는 과정에서 살해된 여자는 설리번의 젊은 아내였고, 그녀를 죽인 사람들은 대통령의 비밀경호요원들이었다. 한 여자가 살해되도록 몰아간 모든 추악한 사건의 발단과 원인 제공자는 놀랍게도 바로 설리번의 아내와 놀아난 미국의 대통령이었다.

살해 현장을 직접 목격하고 또한 관련 증거를 수거한 상태로 현장에서 빠져나온 큰 도둑인 대도 루터는 그가 원하건 원하지 않건 간에 이제부터 대통령 경호실의 제거 1호 대상이 되어버린다. 대통령은 철저하게 위선의 가면을 쓰고 설리번을 위해 기자회견까지 자청하면서 설리번에게 조의를 표하는 철면피적인 거짓을 천연덕스럽게 연기하고 그의 측근들은 이러한 불편한 진실을 철저하게 덮으려 애쓴다.

그러나 천신만고 끝에 루터는 설리번에게 대통령을 비롯한 그의 측근들이 철저하게 덮으려 하는 숨겨진 진실을 이야기하고 그와 관련된 증거물을 제시한다. 움직일 수 없는 정황과 관련 증거를 접한 설리번은 그의 말을 믿게 된다. 설리번은 대통령을 찾아가고 결국 그로 하여금 스스로 자살하게끔 만든다. 위선적이고 가증스러운 대통령은 그렇게 진실 앞에 무릎을 꿇고 만 것이다.

고대 이스라엘의 왕이었던 솔로몬(Solomon)은 "권력을 통해 얻을 수 있는 건 오직 헛된 것뿐이다"라고 말했다 한다(정우일, 2006: 176). 날아가는 새도 잡을 수 있을 만한 무소불위의 권력처럼 느껴지지만 그것이 모래 위에 지어진 신기루임을 알았다면 권력의 뒤에 숨은 대통령이 되지는 않았을 것이고, 또한 이러한 비참한 비극적 말로를 경험하지 않아도 되었을 것이다.

---

20) http://movie.naver.com/movie/bi/mi/basic.nhn?code=18313

‘권력이란 뜬구름과도 같은 것’이라는 옛말이 이 영화를 통해 마음에 와 닿는 것을 알 수 있다. 위선과 거짓으로 가득 찬 국가 권력과 그를 에워싼 관료조직이 죄의 대가에 따르는 처절한 응분의 처벌을 받는 것으로 마무리지음으로써 이 영화는 국가 권력과 관료제의 신뢰받지 못하고 실망을 던져 주는 일면을 정교하게 클로즈업시키고 있다.

12 『테이큰(*Taken*)』

앞서 살펴본 『절대권력』과 비교해 볼 때 스케일 면에서 이보다는 작지만 공권력에 대한 불신을 적나라하게 영화화한 것으로 2008년에 개봉된 『테이큰』이 있다. 이 영화는 파격적인 영상과 액션으로 넘쳐나는 영화인 『13구역』을 통해 널리 알려진 피에르 모렐(Pierre Morel) 감독이 야심찬 기대를 가지고 만든 것으로, 브라이언 역의 리암 니슨(Liam Neeson)과 킴 역의 매기 그레이스(Maggie Grace), 그리고 팜케 얀센(Famke Janssen), 아만다 역의 케이티 캐시디(Katie Cassidy) 등이 주연과 조연으로 나온다.[21)]

한때 잘나가던 전직 비밀특수요원으로 활약한 브라이언은 은퇴 후 사설 경호원으로 활동한다. 그러던 중 자신의 딸 킴이 친구와 함께 프랑스 파리 여행 중 신원을 알 수 없는 일단의 세력에 의해 납치당하자 경험을 통해 체득한 경찰의 속성을 누구보다 잘 알고 있는 그는 경찰이라는 공권력에 의존하지 않고 직접 딸을 찾아 나선다. 자신의 경험으로 보았을 때 경찰이라는 공권력도 일부에서는 부패에 찌들어 뒷골목의 검은 손과 뒷거래하는 것을 잘 알고 있었고, 딸이 연루된 이번 납치건에서도 그러한 냄새를 노련한 경험자로서 맡았기 때문이다.

그는 단신으로 프랑스 파리로 온다. 그런 후 납치될 당시에 긴박하게 이뤄진 딸과의 마지막 통화에서 얻은 실가닥 같은 작은 단서를 바탕으로 딸을 찾아 나선다. 그리고 파리 현지 경찰의 집요한 방해에도 불구하고 납치범들을 찾아 미행과 도청, 잠복, 추격을 불사하며 거침없는 활약을 펼쳐 납치범들을 하나둘 제거하면서 결국 딸을 납치당한 지 96시간 만에 찾아 내고야 만다.

---

21) http://movie.naver.com/movie/bi/mi/basic.nhn?code=47152

전 세계를 넘나들며 비밀특수요원으로 활약했던 그는 자신의 과거의 경험을 바탕으로 해서 딸의 부서진 휴대전화 속 사진들 중에서 낯선 남자의 얼굴을 발견하고 단숨에 그를 찾아 내는가 하면, 유력한 조직원을 찾아 능청스럽게 도청장치를 숨겨 넣기도 한다. 그리고 도청장치 너머 들리는 상대방의 시답잖은 대화에서조차도 결정적인 해결의 실마리가 될 조직의 근거지를 파악해 내고야 만다.

그리고 넓은 파리 한복판에서 수화기 너머로 조소를 날리던 상대를 어김없이 찾아 내고, 또한 수십 대의 자동차가 추격해 오는 위험천만한 상황에서도 유감없이 실력을 발휘하는 것은 물론, 자유자재로 총을 다루며 뒤를 쫓는 자들을 여유롭게 따돌리는 모습 등은 그의 프로로서의 침착함과 냉철함을 읽어 낼 수 있게 한다.

이러한 그의 신출귀몰하는 활약과 대비되게 파리의 경찰은 무능력하고 또 부패와 연루되어 검은 손과 뒷거래를 하는 부류로 영화에서는 그려진다. 그리고 브라이언의 행동에서도 이러한 일면이 여과 없이 그대로 나타난다. 일반 사람 같다면 그는 당연히 경찰서로 갔을 것이고 그들의 도움을 받았을 것이다. 그러나 그는 그렇게 하지 않았다. 이 영화를 통해 느낄 수 있는 것은 경찰로 대변되는 공권력과 관료제에 대한 불신이다. 불신의 골이 너무 깊어 문제 해결에 걸림돌이 될 뿐 도움이 되지 않는다는 생각이 팽배해 있음을 알 수 있다.

13 『서울무지개』

이 영화는 김호선 감독이 유라 역의 강리나, 준 역의 김주승, 표 사장 역의 박영규, 큐 역의 이동준, 나 화백 역의 전무송 등을 주연으로 해서 1989년 3월 25일 개봉한 영화이다.22)

이 영화는 권력과 돈이 난무하는 폭력과 환락과 물욕이 끊임없이 희비를 교차하며 자아내는 어두운 그늘이 드리워진 도시를 배경으로 하고 있다. 사진작가인 준과 유라는 그러한 더럽게 오염된 도시 속에 스며든 가난한 연인으로 묘사된다.

준은 유라와 함께 더럽고 어두운 도시를 떠나 그들의 고향인 하야리로 내려가

22) http://k.daum.net/qna/view.html?category_id=QGA001&qid=0vGWO&q=%BC%AD%BF%EF%B9%AB%C1%F6%B0%B3; http://movie.naver.com/movie/bi/mi/basic.nhn?code=10406

기 원하지만 유라는 불우했던 집안의 내력과 돈과 명성을 동경해서 이를 거절한다. 그리고 오히려 고향에 내려가자는 준을 책망한다. 그러면서 돈과 명성을 거머쥐는 스타 배우가 되기 위해 발버둥친다.

유라가 가진 것이라곤 빼어난 육체뿐이다. 그녀는 이런 육체 하나를 재산으로 톱 모델이 되기 위해 노력하고 그 결과 그녀의 소원이 이뤄져서 정상에 오르게 된다. 유라는 정상에 오르자마자 더 많은 부와 명성을 얻기 위해 몸담고 있던 모델 에이전시를 배신하고 영화에 출연한다. 그럼에도 불구하고 유라가 보복당하지 않고 영화를 완성하기까지에는 유라 자신도 모르는 권력자의 힘이 배후에 존재했고, 이것이 그녀의 든든한 뒷배가 되어 주었기 때문이다.

유라를 탐하는 권력자는 유라를 엄격한 규제 덫에 가둬두고 유라의 숨통을 조인다. 유라는 뒤늦게 이러한 권력으로부터 벗어나려고 발버둥치지만 결국 권력자가 휘두르는 힘의 폭력에 굴복한다. 그 결과 유라는 정신병원에 갇혀 기억 상실의 폐인이 되길 강요당한다. 한 여인의 비뚤어진 부귀영화에 대한 물욕과 탐욕이 빚어내는 비극적 삶을 그려 내고 있긴 하지만, 이 영화에서 던지는 중요한 메시지는 비뚤어진 탐욕으로 가득 찬 여자와 공권력을 마치 사유물로 착각하고 있는 남자인 권력자와의 잘못된 관계를 적나라하게 고발하고 있다는 점이다.

이 영화에 나오는 권력자 역시 그릇되고 올바르지 못한 권력자들이 늘 그러하듯이 자신의 탐욕을 충족시키기 위해 국가와 국민이 자신에게 위탁한 권력을 자신의 사유물로 착각하고 이를 남용하고 있다. 바로 이러한 모습이 권력자들이 스스로 만들어 내는 일그러진 자화상이고, 이를 목격하게 되는 국민들은 이들을 불신할 수밖에 없게 되는 것이다.

잘못된 남녀의 불륜에 국민으로부터 위임받은 국가 공권력이 사유화되고 오용되는, 한마디로 말하자면, 더러움으로 오염된 우리 일부 공직사회의 일그러진 자화상을 접하는 것 같고, 나아가 이러한 모습이 국민의 마음속에 권력자나 공직사회에 대한 믿음을 철회하게 하는 동인이 된다는 점을 생각할 때 마음을 한층 더 무겁게 하는 영화로 이해할 수 있다.

제 4 장 행정부패

제 1 절 국제투명성기구와 정치경제리스크컨설턴시의 국가청렴도 조사

2016년 국제투명성기구(Transparency International: TI)에서 발표한 2015년 자료에 의하면 우리나라는 참여 국가 167개국 중 국가청렴도 순위 37위를 기록했다. 2014년에 43위였던 것을 감안하면 다소 상태가 호전된 것으로 볼 수도 있다. 그러나 올해의 부패지수(Corruption Perceptions Index: CPI) 점수가 작년[1]과 거의 비슷한 56점으로 나타났다는 점과 작년의 참여 국가의 수가 174개국에서 올해는 167개국으로 줄어든 효과도 있는 만큼 작년보다 상태가 호전되었다고 보기에는 다소 무리가 있음을 부인하기 어렵다. 아시아 지역에서는 싱가포르가 국가청렴도 순위에서 8위를 차지해 가장 높았으며, 전체로는 덴마크가 1위를 차지했고, 미국과 일본은 각각 16위와 18위를 차지했다. 중국은 83위를 차지했다.[2] 2017년 발표한 2016년 자료는 매우 충격적이다. 52위로 내려앉았다. 방산 비리, 해외자원 비리, 검사 비리 등 대형부패 및 비리사건이 악영향을 미친 것으로 보인다.[3]

홍콩에 소재한 정치경제리스크컨설턴시(Political and Economic Risk Consultancy,

1) 작년의 부패지수 점수는 55점이었다.
2) http://blog.naver.com/PostView.nhn?blogId=lackysis&logNo=220636537891
3) http://www.hani.co.kr/arti/economy/economy-general/780172.html

Ltd.: PERC)[4]가 2013년에 발간한 조사 보고서에 따르면 미국, 홍콩, 그리고 마카오를 포함해 아시아 17개국을 대상으로 이들 국가가 얼마나 부패한가 하는 데 대한 설문조사 결과 우리나라는 6.98점을 기록했다. 이는 2004년 6.67점까지 올라갔던 부패 점수가 2010년 4.88점까지 떨어지긴 했으나 이후 다시 상승해 이번 조사에서 최고점을 경신했다는 것을 뜻한다.

최고점을 경신했다는 조사 결과는 우리나라가 소위 아시아 선진국 중 부패에서 최악이자 지난 10년 중 최악으로 평가되었다는 것을 의미한다. 외국인들이 바라보는 우리나라의 청렴도는 10여 년 전보다 못하다는 뜻이기도 하다.

정치경제리스크컨설턴시 관계자는 "더욱 심각한 문제는 부패에 둔감한 한국의 도덕관이 '국경을 넘어선 부패'에도 기여하고 있다는 점"이라며, "한국 부패의 뿌리는 정치·경제 피라미드의 최상층부까지 뻗어 있다"고 밝혔다. '국경을 넘어선 부패'란 한국 기업들이 벌이는 해외사업에서의 부패 행태를 의미한다.

반면 싱가포르는 지난 10여 년간 부패 점수 0.37～1.30점으로 부동의 아시아 청렴도 1위를 지켰다. 2013년 평가에서 일본과 호주는 각각 2.35점, 홍콩은 3.77점, 미국은 3.82점, 세계 G2(주요 2개국)로 부상한 중국은 7.79점이었다.[5]

제 2 절 공직부패는 망국의 병

"공직의 부패는 망국의 병"이라는 고래로부터 전해 내려오는 말도 있듯이, 이러한 생각을 가지고 있는 사람들은 공직자가 솔선수범해 부패와의 연결고리를 단절하고 시민들을 위한 청백리로 처신한다면 사회가 정화되어 부패와는 결별한 깨끗한 사회로 거듭날 수 있다고 보는 것이다.

또한 청백리로 거듭나려는 공직자는 먼저 옳고 그름을 분명하게 알아야 하고,

4) 1976년에 설립된 PERC(www.asiarisk.com)는 아시아 각국에 상주 연구원을 두고 각 나라 정치·경제 이슈 분석 및 국가·기업 리스크 관리를 자문하는 업체이다. 이곳은 리스크 자문을 위해 20여 년 전부터 매년 각국에서 활동 중인 외국 기업인 1,000~2,000명이 현지 부패 정도(가장 부패 10점~가장 청렴 0점)를 평가하는 설문조사를 하고 있다. http://news.chosun.com/site/data/html_dir/2013/07/15/2013071500373.html?news_Head1

5) http://news.chosun.com/site/data/html_dir/2013/07/15/2013071500373.html?news_Head1

이에 입각해 자신의 행동으로 먼저 실천해 나가야 한다. 그런 후에 시민들의 바르지 못함을 옳은 쪽으로 이끌고 나갈 수 있어야 한다. 그것이 바로 공자(孔子)의 정치철학인 수기치인(修己治人)으로 귀결되는 것이다(이병철, 2012: 169).[6]

공직자가 부패하기 때문에 이 사회가 부패한 것인지 또는 그 반대로 이 사회가 부패해서 공직자가 부패해지는 것인지 명료한 대답을 하기는 어렵지만 분명한 사실은 이 두 가지가 모두 나름대로의 의미를 가진다는 것이다. 그리고 어느 한쪽만이 맞는 것이 아니라 두 가지 모두 다 공직 부패와 사회 부패에 영향을 주고 있다는 점이다(이병철, 2012: 169).

따라서 공직자는 공인으로서 솔선수범함으로써 부패와의 연결고리를 끊어 사회의 귀감이 되어야 하며, 사회의 구성원인 시민 역시 시민 의식을 높이는 일을 게을리하지 않고 병든 사회를 깨끗이 정화하는 일에 앞장서서 사회가 부패하는 것을 막아야 한다(이병철, 2012: 169－170).

이러한 일들이 제대로 이뤄진다면 두 가지 요인이 상생이 되어 좀 더 큰 긍정적 방향으로의 시너지 효과가 나타나 공직사회는 더욱 깨끗하고 청렴한 방향으로 발전해 나갈 것이다(이병철, 2012: 169－170).

제 3 절 읍참마속(泣斬馬謖)이 주는 교훈

촉한(蜀漢)의 책사인 제갈량(諸葛亮)은 마속(馬謖)이라는 젊은 장군을 매우 아꼈다. 마속은 가정(街亭)의 싸움[7]에서 제갈량의 명령과 지시를 따르지 않고 젊은 혈기에 이끌려 제멋대로 싸우다가 사마의(司馬懿)에게 패했다. 제갈량이 수십만의 장병을 이끄는 공인이 아니었다면 마음속 깊이 아끼는 그를 개인적으로 꾸지람만 주고 용서할 수 있었을 것이다. 그러나 그는 수십만의 장병을 공평하게 다루지 않으면 안 되는 자리에 있었다(이병철, 2012: 164－165).

모든 장병이 군율을 어긴 마속을 제갈량이 어떻게 처단하는가 숨죽이며 지켜보

6) 공자는 이러한 원리의 근본을 인(仁)이라고 했다.
7) 228년 제갈량의 제1차 북벌 중에 일어난 촉한과 위나라의 전투이다.

고 있었다. 만약 제갈량이 마속을 아껴 이번 일을 없던 일로 하자고 하면 장병들이 "거봐 재두 별 수 없어. 지가 아끼는 새끼만 끼고 돌잖아!" 하면서 제갈량의 멸사봉공의 정신을 비웃을 것이고, 이로 인해 빚어질 군통수권의 권위 상실과 군의 사기 저하를 우려하지 않을 수 없는 상황이었다. 군통수권의 권위를 높이고 군령의 엄함을 본보기로 보이고 촉한 군사들의 사기 진작과 결집을 위해서라도 희생양이 필요했다. 이러한 사실을 누구보다도 잘 알고 있었던 제갈량은 눈물을 흘리면서 자기가 아끼고 사랑하던 마속의 목을 베도록 명령을 내렸다. 그래서 읍참마속이라는 고어가 탄생된 것이다(이병철, 2012: 165).

군 조직에서 군율이나 군령의 중요성은 동서고금을 막론하고 아무리 강조해도 지나침이 없다. 이러한 군율이나 군령의 강조는 서양에서도 마찬가지로 군 조직을 제대로 운영하는 데 중요한 것으로 여겼다. 영국의 사학자 기본(Edward Gibbon)이 "훌륭한 군인은 적병보다는 자신의 상관을 더 두려워해야 한다는 것이 로마시대 이래의 금언"(Gibbon, 2001, 이종수, 2012: 12 재인용)이라고 주장한 것도 이와 맥을 같이하는 것이다.

대아(大我)를 위해 소아(小我)를 희생시킬 수밖에 없고, 필요에 따라서는 악행도 마다하지 않을 경우가 비일비재하다. 필요악(necessary evil)이란 이런 것이다(이병철, 2012: 165).

제 4 절 사법적 정의의 실현과 한계

자신에게 이익이 되고 편안함을 주는 것에 안주하고 싶지 않은 사람이 어디 있겠는가. 따라서 인간의 본성상 자기에게 유리한 방향으로 그리고 자기가 보고 싶은 모양새대로 세상을 보려고 하는 것이 인간이다. 그러기에 상대편에 대한 배려나 그 입장에 서보려는 생각을 하지 못하게 되는 경우가 많다. 역지사지(易地思之)가 어려운 까닭도 바로 여기에 있다(이병철, 2012: 170-171).

본질을 보지 않으려고 하는 인간의 한계를 극복하고 올바름이 제대로 행해질 수 있는 사회를 만들기 위해 인간은 매우 현명한 제도를 만들어 냈다. 앞서 말했듯이 그것이 바로 사법제도이다. 이해관계가 없는 검증된 제3자를 내세워 이미 공지된 규칙에 따라 공정하게 일의 시시비비를 가려 판결을 내리고 이를 집행하는 것이다. 이러한 사법제도는 인간사의 많은 갈등을 현명하게 풀고 그로 인한 개개인의 억울함을 풀어 주었던 것이다(이병철, 2012: 171).

그래서 포퍼(Karl Popper)는 『열린 사회와 그 적들(*The Open Society and Its Enemies*)』 초판본에서 "오직 국가가 법적 질서를 세우고 보장하는 상태에서만 자유시장이 존재할 수 있다"(칼 포퍼 지음, 허형은 옮김, 2006: 54)고 주장했다. 사법제도가 제대로 만들어지지 못하고 올바르게 운영되고 집행되지 못한다면 국가의 법적 질서는 제자리 매김을 하지 못할 것이고, 그러한 상태에서 자유라는 것은 존재하기 어려움을 지적한 것이다(이병철, 2012: 171).

그러나 이러한 사법제도에도 문제가 전혀 없는 것은 아니다. 제도적인 한계뿐만 아니라 판단을 내리는 공인의 마음가짐에서 문제점이 나타나기 시작했던 것이다. 공인이 공인으로의 위치를 잃어버리거나 사심이 앞서 공인의 위치를 지키지 못할 경우 많은 그릇된 사법적 판단이 내려졌고, 이로 인한 갈등은 더 많은 개인적·사회적 비용을 강요했던 역사적 사례들이 비일비재했다(이병철, 2012: 171).

엄정하고 공정하게 하늘을 우러러 한 점의 양심에 부끄러움이 없이 판결을 내려야 할 재판관이 그러하지 못할 경우 그리고 여론에 떠밀려 시류에 영합하는 판결을 내릴 경우 이 사법제도는 본래의 의미를 상실하게 되며, 오히려 그릇된 행위나 행위자에게 잘못된 면죄부를 주는 또 다른 죄악을 합법적으로 부여하게 되는 것이다(이병철, 2012: 171). 그러기에 사법권은 어느 누구에게나 공정해야 하고 그러기에 사회 정의를 실현하는 마지막 보루로 생각하는 것이다. 이것이 무너졌을 경우 사법권이 없을 때보다 오히려 더 큰 혼란과 고통을 사회나 구성원들에게 강요하게 된다(이병철, 2012: 171).

영국의 최고 지성 중 한 명으로 손꼽히는 러셀(Bertrand Russell)은 "우리 시대의 문제는 지적 발전이 너무 빠른 속도로 이뤄지는 반면 도덕적 발전은 그 속도를 따라잡지 못하기 때문이다"(칼 포퍼 지음, 허형은 옮김, 2006: 71)라고 시대적 문제를 지적하고 있다. 이러한 시각에서 보면 막중한 책무를 지고 있는 사법부가 급변하는 시대 상황 속에서 도덕적으로 앞서 나가지 못하고 있는 것이 아닌가 하는 의구심을 가지게 되는 경우가 요즈음 들어 늘어나고 있는 것이 아닌가 우려하게 된다(이병철, 2012: 171－172).

여기에 덧붙여 법조계에 부조리로 지적되고 있는 전관예우(前官禮遇) 역시 사법적 정의 실현이라는 관점에서 볼 때 문제의 소지가 크다. 이렇게 법조계의 전관예우 관행이나 문화를 문제삼는 것은 법치주의(法治主義)의 정당성을 확립하려면 사법부와 검찰의 도덕성 확립이 전제되고 선행되어야 하기 때문이다(김인규, 2011; 이병철, 2012: 172).

일부 언론에서 대서특필되기도 했던 모 대법원장이 전관예우 덕에 5년간 60억 원을 벌었다거나, 거의 공공연한 사실로 굳어진 것이지만 “대법관 출신 여부로 담당 변호사를 차별하는 대법원의 내부 진입장벽(barriers to entry) 덕분에 전직 대법관은 변론 없이 상고 이유서에 도장만 찍어줘도 3,000만 원을 받는다”(김인규, 2011)는 것은 결코 사법 정의의 실현을 위해서나 법치주의의 정당성을 확립하는 데 걸림돌이 되었으면 되었지 도움이 되지 않는다. 또한 사법부와 검찰의 도덕성에 대해서도 커다란 의구심만 증폭시킬 뿐이다(이병철, 2012: 172).

그래서 전관예우를 전직과 현직 판・검사들의 합작에 의한 범죄행위로 규정지으려는 시각도 없지 않다(김인규, 2011). 법조계의 지대 추구(rent seeking)[8]와 도둑정치(kleptocracy)[9]가 법치주의의 근간을 심히 흔들고 훼손할 것을 우려하는 사회적 시각도 없지 않다. 이를 막으려면 국민 여론으로 대통령과 입법부를 압박해 그들이 법조계에 포획되지 않게 하는 것도 하나의 방법이 될 수 있다(이병철, 2012: 172).

또한 법조인들 스스로 “만인은 법 앞에 평등”하다는 평범하면서도 심오한 진리를 마음에 새기고 계몽주의 철학자였던 칸트(Immanuel Kant)가 말한 모든 인간 그리고 그 모든 사람의 신념이 존중받아야 한다는 뜻을 담고 있는 ‘인간적 인격체의 가치’(칼 포퍼 지음, 허형은 옮김, 2006: 26)에 대한 자각이 이뤄질 수 있도록 노력을 해 나가야 할 것이다. 이러한 노력은 칸트에 의하면 선의를 가진 모든 인간이 본질적으로 가지는 도덕적 의무이기 때문이다(이병철, 2012: 172－173).

---

8) 정부가 시장에 개입함으로써 초과 이득(이를 지대라고 말할 수 있음)을 얻는 자들은 그 이득을 계속적으로 획득하고 유지하기 위해 정부로 하여금 계속적으로 시장에 개입을 하도록 로비활동을 벌이는 것을 의미한다(김항규, 2009: 132).

9) 좁은 의미로는 가난한 나라에서 통치계층이나 정부에 의해 이뤄지는 부패 체제를 의미하고, 넓은 의미로는 고질적 부정부패와 정경유착을 일컫는 도당정치(盜黨政治)까지 끼워 넣을 수 있는 것으로, 정치 권력자 등이 적당치 못한 방법을 통해 막대한 부를 축적하고 이를 독점하는 정치 체제를 뜻한다. http://terms.naver.com/entry.nhn?cid=485&docId=17216&mobile&categoryId=485

아울러 고위 법조인들이 사회적 정의의 마지막 보루라는 법조인으로서의 책임과 자긍심을 가지고 스스로 노블레스 오블리주를 실천하는 노력이 절실히 필요하다(이병철, 2012: 172–173). 단지 고위 법조인이라는 높은 지위 그 자체가 노블레스를 거저 만들어 주지는 않기 때문이다. 진정한 노블레스가 되기 위해서는 스스로 자신에게 부여된 책임과 의무를 다해야 하고, 그러한 노력을 주변 사람들이 인정하고 존경할 때 생기는 것이다(이병철, 2012: 173).

내가 그러한 위치에 오르고 그에 상응한 대접을 받으려면 나 자신을 낮추고 내 주변의 사람들을 그러한 위치로 올리고 그들을 받들겠다는 생각과 행동이 이뤄질 때 가능하다. 성경에 나오는 "무엇이든지 남에게 대접을 받고자 하는 대로 너희도 남을 대접하라"(마태복음 7장 12절, 누가복음 6장 31절)는 구절이 이를 함축적으로 잘 표현해 준다(이병철, 2012: 173).

제 5 절 행정부패의 개념과 관련 접근 이론

1 행정부패의 개념 정의와 한계

공직에 필요악처럼 따라붙는 부패 현상에 대해 올바른 개념 정의를 내린다는 것은 매우 어려운 일이다. 왜냐하면 행정부패, 일명 공직부패란 속성상 특정한 국가, 사회의 정치제도, 국민의 가치관 내지는 도덕성, 그리고 사회적 경향을 반영하는 것이기 때문이다(Scott, 1972: 3). 그래서 이에 대한 개념 정의가 학자마다 다르며, 이렇게 개념 정의된 개념 자체도 포괄적이거나 제한적인 경우가 많다(Holbrook & Meier, 1993: 30).[10]

그러나 명확한 개념 정의는 연구의 범위에 대해 적절한 한계를 제시해 줄 수 있을 뿐만 아니라 연구의 방향을 제시(Cook, et al., 1979: 1–30; 윤태범, 1992: 15)해

10) 사실 이러한 행동은 윤리적이고 저러한 행동은 비윤리적이라는 데 대한 사회적 합의를 도출하기가 매우 어렵다. 예를 들어 이란–콘트라 사건의 주역 중 하나인 노스(Oliver North) 중령의 행동을 대통령을 지지하는 충성스러운 윤리적인 행동으로 볼 수 있는 반면 다른 쪽에선 이를 국민을 기만하는 행동으로 볼 수 있다.

주고, 경우에 따라 연구의 내용까지 사전적으로 규정해 줄 수 있기 때문에 이에 대한 노력을 게을리할 수 없다(이병철, 2008: 116).

1) 하이덴하이머의 행정부패 개념

이런 맥락에서 우선 하이덴하이머(Arnold J. Heidenheimer)의 관료부패에 대한 개념 정의를 내려 보면 그는 비교 방법을 택해 부패의 개념을 파악하는데, 첫째는 공직과 관련된 개념, 둘째는 시장 중심적 개념, 셋째는 공익과 관련된 개념 등 세 가지 범주로 나눴다(Heidenheimer, 1989: 4－6; 윤태범, 1992: 17).[11]

공직 중심의 개념으로서 공직에서의 일탈, 즉 공직자로서의 본분을 망각하고 공직자의 의무를 위반하는 행위이거나[12] 시장 중심의 개념으로서 시장에서의 경제적 일탈행위, 즉 정부의 행정봉사 업무에 암시장이 형성되는 것[13] 그리고 공익 중심의 개념으로서 공익으로부터의 일탈로 야기되는 행위, 예를 들면 공직자가 법적으로 규정되지 않는 금전이나 보상을 제공한 자에게 혜택을 주는 행위 등을 공무원 부패로 이해하고 있다(Heidenheimer, 1989: 4－6; Heidenheimer, 1990).

여기에서 주의 깊게 생각해 볼 점은 하이덴하이머의 공익과 관련된 개념을 넓게 보면 부패는 비윤리적 행태와 유사하게 되는 반면, 공직 중심의 개념을 좁게 보면 부패는 불법적 행태로 국한시켜 볼 수 있다는 것이다.

2) 맬렉, 나이, 그리고 뮈르달의 행정부패 개념

맬렉(Kathryn L. Malec) 역시 부패를 세 가지 기준에 입각해 개념 정의하고 있다. 첫째는 법적 기준이다. 공직자들이 행한 정치적 행동이 공직자가 준수해야 할 법을 어겼다면 부패라는 것이다. 둘째, 공공 이익적 기준이다. 공익에 반하는 공직자의 행위는 부패라는 것이다. 셋째, 여론에 의한 기준이다. 공직자의 행위에 대해 여론이 옳지 않다고 결정했다면 부패라는 것이다(Malec, 1993: 13; Peters & Welch, 1978).

11) 여기에서 하이덴하이머가 내린 개념 정의는 세 가지 범주 가운데 그 어느 하나도 독자적으로 완전 무결한 정의라고 단언하기 어려우며, 특히 그의 분류는 단일 기준에 의해서 분류되지 못했을 뿐만 아니라 부패의 주체, 결과 그리고 원인 등이 복합적으로 구성되어 있기 때문에 통일성을 찾기 어렵다고 지적하고 있다.

12) 좀 더 쉽게 표현하자면 부패를 개인적 이익 목적을 위해 법적이고 공적인 공무원으로서의 책임 규범으로부터 일탈하는 것을 의미한다.

13) 부패를 공무원의 합리적 효용극대화 행태의 일부분으로 보는 것이다.

나이(Joseph S. Nye)는 "사적 이익을 위해 공직의 규범적 의무에서 일탈된 행위를 하는 것"으로 이해한다. 여기에서 사적인 것은 자기 자신은 물론 가족, 친지, 사적 도당까지 포함되고, 이익에는 금전적 이익은 물론 비금전적인 신분 상승도 포함시키고 있다(Ney, 1979; 백완기, 1998: 417-418).

뮈르달(Gunnar Myrdal)은 "부패란 공공행정에서 차지하는 특수한 지위나 공직과 관계 있는 영향력이나 권력을 이기적으로 부당하게 사용하는 행태나 수뢰(收賂) 행위의 모든 형태"라고 규정하고 있다. 요약하면 "공직과 관련 있는 영향력이나 권력을 부당하게 사용하는 행태"로 보는 것이다(Myrdal, 1969; Myrdal, 1971: ch.14, 200-201).

3) 류이, 홀브루크, 애플비 그리고 로르의 행정부패 개념

류이(A. Y. C. Lui)는 "부패란 공직의 비정상적인 모든 유형의 행태를 망라한다. 뇌물, 관리의 금품 강요, 공금 횡령, 정실주의, 족벌주의, 그리고 파벌주의 등이다"(Lui, 1979).

홀브루크(Thomas M. Holbrook) 등은 부패를 불법적 행동으로 시민과 공무원 간의 계약을 위반한 것으로 개념을 정의하고, 비윤리적 행동과 차별화하고 있으며(Holbrook & Meier, 1993), 애플비(Paul Appleby) 역시 불법적인 것과 비윤리적인 것을 구분하고 있다. 그는 책임지는 것을 기꺼워하지 않거나 사람들을 다루는 문제에 무능력하거나 제도적 자원을 효과적으로 사용하지 못하는 것 그리고 관료적 문제의 해결에 열의를 가지지 못하는 것 등을 불법은 아니지만 비윤리적이라고 개념 정의를 하고 있다(Appleby, 1952; Bailey, 1966).

또한 홀브루크는 비윤리적 행위를 불법적인 부패보다 더 넓은 개념으로 이해하고 있으며, 비윤리적 행위 내에 부패가 포함되는 것으로 설명한다(Holbrook & Meier, 1993: 29).

로르(John Rohr)는 행정윤리적인 것은 다분히 상황적이지만 불법적인 관료행위는 상황과는 무관하게 법적 책임을 지는 것이라고 보고 있으나 이에 대한 비판은 윤리적이라 할 수 있는 것은 상황에 따라 조직에 따라 그러면 달라져도 괜찮다는 이야기냐고 반문한다(Rohr, 1989; Denhardt, 1988).

4) 전수일, 김영종, 그리고 윤태범과 이종수

전수일은 "공직자가 사리사욕을 위해 공직에 부수되는 공권력을 남용하거나 공직에 있음을 기화로 영향력을 직·간접적으로 행사함으로써 법규를 위반하는 경우 및 의무 불이행 또는 부당행위 등으로 규범적 의무를 일탈(逸脫)하는 경우"로 규정하고 있다(정수일, 1984: 145).

김영종은 "발전도상국에서 관료의 행태, 관료 체제의 역기능 그리고 사회, 문화적 환경의 수요와 공급의 3자적 관계의 부산물"로 규정짓고 있다(김영종, 1985: 143; 김영종, 1988: 162).14)

윤태범과 이종수는 공무원 부패란 "공무원이 자신의 직무와 직·간접적으로 관련된 권력을 부당하게 행사해 사익을 추구하거나 혹은 공익을 침해한 행위"라고 비교적 포괄적으로 개념을 정의해 이해하고 있다(윤태범, 1992: 19; 이종수·윤영진 외, 2001: 226).

5) 개념 정의의 종합 그리고 한계

이상의 부패에 대한 개념적 논의를 나름대로 정리해 보면 "부패란 공공생활에서 차지하는 특수한 지위나 공직과 관계 있는 영향력이나 권력을 국민의 공익 추구라는 본분을 망각하고 이기적으로 부당하게 사용해 사회문화적 규범을 위반하거나 일탈하는 현상"으로 볼 수 있다.

이러한 개념 정의를 도덕가적 개념 정의라고 칭할 수 있다. 그러나 이러한 정의는 나름대로 한계를 지니는데 우선 사회적 현상을 개인화하는 경향이 있다는 점과 둘째로 옳고 그름으로 이원화하는 경향이 있고, 셋째로 법체계가 정확히 부패행위를 규명하기 어렵게 만든다는 것이다(Gould, 1991: 468-469). 케이든(Gerald Caiden)은 이러한 정의가 사회적 환경이나 여건에 대한 고려 없이 공식적 규범과 실제적으로 적용되는 비공식 규범 간의 괴리를 실증적으로 검증하지 않는 관계로 개념상

14) 김영종은 부패의 실체에 대한 이해에서 학자들 간에 의견이 분분하며 시각이 단면적이라고 지적하고 각개의 개념을 통합해 정리한 개념이 바람직하다고 보고 다음과 같이 부패를 개념 정의하고 있다. "부패란 관료가 국민의 공익 추구라는 본분을 망각하고 사회문화적 규범을 위반하거나 일탈하는 행정 현상이며 그 주요 변수인 관료의 행태 체제 그리고 사회문화적 환경 간의 상호 적절한 조절의 결함에서 야기된 관료 현상 및 일탈 현상이다."

활용에 한계를 가질 수 있다(Caiden & Caiden, 1977)고 주장하는 것도 이와 맥을 같이한다.

2 공직부패에 대한 접근 이론

개념 정의와 연관지어 논의해야 할 내용으로 공직부패에 대한 접근 시각에는 크게 ‘기능주의적 접근’과 ‘후기 기능주의적 접근’이 있다.

1) 기능주의적 접근이론

이것은 앞의 도덕가적 개념 정의와는 달리 부패가 사회경제적 발전에 작용하는 실제 기능적 관점에서 정의를 내리고 있다. 예를 들어 정치적으로 부패한 것은 정치 발전을 증진시키는데, 그 이유는 이러한 부패가 공공정책에 시민 참여를 촉진시키기 때문이라는 것이다.

또한 기존의 경제 시스템이 비능률적이고 정치 참여가 저조한 체계에서는 부패가 오히려 어떠한 종류의 능률성을 창출해 낼 수도 있다는 것이다. 만약 기존 체제가 나쁘다면 오히려 부패는 이런 체제를 위해서는 좋을 수도 있다는 주장이다(Gould, 1980: 3－4; Klitgaard, 1988: 30, 33). 또한 부패는 관료제의 무기력을 극복하는 데 사용될 수도 있을 뿐만 아니라 변화를 싫어하는 행정관료들로 하여금 변화에 대한 요구에 반응토록 하는 데도 유용하다는 주장도 있다(Nas, Price, & Weber, 1986: 107－119; Werner, 1983: 148; Klitgaard, 1988: 37).

기능주의적 접근은 1960년대까지 주류를 이뤘던 것으로 공직부패를 국가가 성장해 어느 정도 발전 단계에 들어섰을 때는 소멸되는 자기파괴적인 것으로 이해하는 입장이다. 이런 시각에서 볼 때 공직부패란 후진국에서만 일어나는 병리 현상 등으로 이해하며, 발전의 부산물로서 사익을 위해 일시적으로 비도덕적인 공무원에 의해 자행되는 개인적 행동으로 이해하는 것이다(Werner, 1983; Nye, 1967: 424; 김영종, 1988: 봄호).[15)]

---

15) 나이(Joseph S. Nye)는 부패가 자본의 형성에 도움을 주고 번문욕례(red tape) 현상을 제거하며 기업가정신에 유인 요소를 부여하고 경제 발전을 도모한다고까지 보아 부패를 순기능적으로 이해하고 있기도 하다. 그러나 일반적으로 부패는 계층 간의 갈등 유발과 권력 만능 풍조 또는 물

2) 후기 기능주의적 접근 이론

후기 기능주의적 접근은 1970년대 이후부터 나타난 것으로, 부패는 자기파괴적인 것이 아니라 자기영속적인 것으로 국가가 성장, 발전한다고 해서 파괴되는 것이 아니라 오히려 다양한 원인을 먹고사는 하나의 괴물로서 파악하는 것이다(윤태범, 1992: 27). 이는 전자가 공직부패를 논할 때 개인적·윤리적 차원에 초점을 맞추고 있는데서 한 걸음 더 나아가 체제적 혹은 구조적 차원까지 확대해 부패를 이해하려는 것이다.

(1) 굴드가 제시하는 부패의 부정적 효과와 부패 원인

굴드(David J. Gould)는 부패의 부정적 효과로 세 가지를 제시하고 있다(Gould, 1980: 470-471). 우선 정권의 정통성과 정치 안정을 해친다는 것이고, 둘째로는 경제적 생산성을 저하시키고 경제적 합리성도 해친다는 것이며, 셋째로는 형평성과 사회적 정의를 저해하게 된다는 것이다. 또한 부패는 빈부의 격차와 도시와 농촌간의 간격을 더욱 넓혀 놓고 말았다고 주장한다.

그리고 더 나아가 굴드는 부패의 원인을 나름대로 요약 정리하고 있는데, 첫째는 국가의 성격상 과도한 중앙집권정부나 경직된 관료제로 인해 부패가 나타나게 된다는 것이고, 둘째로는 가난과 낮은 공무원의 보수가 원인이 된다는 것이며, 셋째는 문화적 요인이 부패를 조장하거나 확대시킨다는 것이다(Gould, 1980: 471-473). 아프리카 나이지리아 등에서 흔히 볼 수 있는 선물 주고받기 관행이나 한국의 떡값 혹은 촌지문화가 그러한 예에 속한다. 그리고 넷째는 조직적 요인이 부패를 조장한다는 것이다. 그리고 이러한 조직적 요인으로 제일 먼저 의사 결정의 배타성을 들고 있다. 고위공무원이 모든 의사 결정권을 다 쥐고 있는 경우 부패가 발생할 가능성이 높다고 보고 있다. 나아가 정책 과정의 느슨함이나 규제 등을 통해 과정을 의도적으로 지연시키려는 구조 하에서도 부패가 조장된다는 것이다.

또한 통제의 미약과 책임의 실종도 그 한 원인이 된다는 것이다. 그리고 조직 밖의 행위자가 부패를 직접적으로나 간접적으로 조장하는 것도 하나의 부패 발생

질만능주의 사상 팽배를 가져와 건전한 인간의 존엄성과 가치를 소홀히 하게 되고 목적을 위해 수단과 방법을 가리지 않는 비민주적 행동양식이 유행해 민주주의 발전에 저해 요인이 됨을 역기능으로 지적하는 경우가 많다.

원인으로 보고 있다. 예를 들어 외국 기업이 부패의 연결고리를 조직 내부와 연결시키는 경우 등이 이에 해당된다.

(2) 로스 애커맨, 클릿가드, 그리고 윌슨의 공직부패 유발 이유

로스 애커맨(Susan Rose-Ackerman)은 공무원이 부패를 자행하는 이유로 부패를 통해 얻는 잠재적인 편익이 잠재적인 비용을 상회한다고 믿기 때문이라고 주장한다(Rose-Ackerman, 1978).

클릿가드(Robert Klitgaard) 역시 비슷한 주장을 하고 있다. 만약 부패를 저지르다 발각되어 처벌을 받게 될 가능성을 차감한 편익이 부패를 하지 않을 때 얻는 편익보다 더 크다면, 공무원은 부패를 합리적으로 선택하게 된다는 것이다(Klitgaard, 1988: 70).

이러한 심리를 가장 적실성 있게 표현한 것이 윌슨(James Q. Wilson)이다. 그는 "사람은 지켜보는 사람이 없고 아주 가져가기 쉽게 느슨하게 놓인 큰돈이 있을 때 훔치게 된다"고 말한다(Johnston, 1986: 31; Holbrook & Meier, 1993: 39).

제 6 절 고위 공직자에게 요구되는 자성적 노력과 처신

영국의 법철학자이며 정치가인 액튼 경(Lord W. Acton, 1834-1902)이 말했듯이 "절대 권력은 절대적으로 부패할 수밖에 없다"[16]는 것이 동서고금을 통해 경험한 진실이며, 이러한 명제는 현재에도 어김없이 적용되고 있다. 절대 권력을 견제하고 균형을 맞추기 위해 제도적으로 만들어진 권력분립(separation of powers)이나 국민의 권력을 위임받은 선거직 공무원들에 의한 관료제에 대한 견제와 통제는 바로 이러한 사상의 결과물이다(이병철, 2012: 73).

16) 영국의 역사가 엘튼(Geoffrey Elton) 역시 "권력은 부패한다. 절대 권력은 절대 부패한다."라고 말했다. 영국의 철학자였던 로크(John Locke)도 이와 같은 입장을 취하고 있다. 홉스(Thomas Hobbes)가 절대 권력이 인간의 피를 정화시키고 인간성의 비열함을 교정한다고 주장한 것에 대해 로크는 반대 의사를 분명히 했다. 로크는 홉스와 달리 자연 상태에서 사람들은 자연법이 부여한 자유와 평등을 누리는 데 반해 절대 권력이 난무하는 절대군주제 아래서는 이러한 자유와 평등이 박탈된다고 보았다.

그러나 이러한 고전적인 정치철학에 의해 만들어진 발명품들은 격세지감을 나타내는 현재의 정부와 행정 체제의 변화 앞에서는 무기력한 한계를 드러내고 있다. 정치적 스캔들이나 관료제의 폐해는 이미 돌이킬 수 없는 상당한 수준으로까지 치닫고 있어 이에 대한 지혜로운 대응이 실패할 경우 새로운 국가적 위기로 다가올 수 있다는 우려스런 생각을 지우기 어렵다. 이렇게 부정적으로 왜곡된 정부와 행정의 이미지를 새롭게 긍정적으로 재정립하기 위해서는 정부와 국민 간의 상호 신뢰를 바탕으로 상생하는 새로운 정치와 행정 패러다임을 모색해 내야 할 것이다(이병철, 2012: 73-74).

이를 위해서는 정부의 고위직에 몸담고 있는 정치인이나 고급관료들의 뼈를 깎는 자성적 노력과 처신이 요구된다. 예로부터 높은 자리에 있는 공인은 언행을 바르고 조심스럽게 하고, 그가 행하는 일거수일투족(一擧手一投足)이 투명하고 공정해야 했다. 그리고 말과 행동으로 나타나는 처신도 자중자애(自重自愛)[17]하며 경박하지 않고 진중해야 했다. 그리고 항상 남보다 앞서서 솔선수범하며 조금이라도 남의 구설수에 오르거나 의혹의 대상이 되어서는 안 되었다. "까마귀 날자 배 떨어진다"[18]는 식의 '오비이락(烏飛梨落)'이라든가 "오얏나무 아래에서는 갓끈을 고치지 말고 외밭에선 신발 끈을 고치지 말라"는 말은 그만큼 공직에 몸담은 공인으로서의 몸가짐이 조심스럽고 신중해야 함을 대변해 주는 것이다(이병철, 2012: 74).

제 7 절 행정부패와 관련된 영화들

정치 및 관료조직의 부패나 부조리상을 극적으로 잘 시사해 주는 영화로는 『내부자들』, 『더 킹』, 『기술자들』, 『부당 거래』, 『강남 1970』, 『사생결단』, 『범죄와의 전쟁: 나쁜 놈들 전성시대』, 『노리개』, 『돈의 맛』, 『13구역』, 『13구역: 얼티메이텀』, 『브릭 맨션: 통제불능 범죄구역』, 『투캅스』, 『공공의 적』, 『공공의 적 2』, 『주유소 습격사건』, 『가문의 위기』, 『트레이닝 데이』, 『뱅크 잡』, 『나쁜 녀석들』, 『머니트레

17) 말이나 행동 그리고 몸가짐 따위를 삼가 신중하게 하라는 뜻이다.
18) 우연히 동시에 일어난 일로 궁지에 몰리게 되는 것을 뜻한다.

인』, 『LA 컨피덴셜』, 『갱스 오브 뉴욕』, 『피스메이커』, 『네고시에이터』, 『내셔널 시큐리티』, 『1724 기방난동사건』, 『광복절 특사』, 『라이터를 켜라』, 『헬』, 『쇼생크 탈출』, 『스트라이킹 디스턴스』, 『황시』, 『모던 보이』, 『아수라』, 『체인질링』, 『더러운 경찰』, 『불량 경찰: 부정부패 소탕작전』 등이 있다.

1 『내부자들』

2015년 11월 19일 개봉된 영화[19]로, 감독은 우민호이고 이병헌이 정치깡패 안상구 역으로 출연했다. 그리고 조승우는 검사 우장훈 역으로 출연하고, 백윤식은 나라의 여론을 쥐락펴락하는 유명 논설주간 이강희 역으로, 이경영은 유력한 대통령 후보인 정치인 장필우 역으로, 그리고 김홍파는 재벌인 대기업 오현수 회장 역으로 출연한다. 또한 배성우는 정치깡패 안상구의 심복 박종팔 사장 역으로 출연하고, 조재윤은 우장훈 검사를 도와 사건을 파헤치는 서울지검 특수부 수사관 방 계장 역, 김대명은 우장훈에게 먹잇감을 물어다 주는 검찰청 출입 기자 역으로 출연한다.

이 영화는 한국에 뿌리 박혀 있는 부패와 비리, 그런 것들이 생성될 수밖에 없는 고질적인 시스템에 주목하고, 한국 사회의 정치・경제・언론계는 물론 권력의 핵심 요체인 검찰과 경찰조직에 깊숙이 자리 잡은 우리 사회를 움직이는 내부자들을 통해 우리 사회가 지닌 비리와 부패의 근원을 알아보고자 했다.

지금의 자신보다 더 큰 성공을 원한 정치깡패 안상구는 유력한 대통령 후보인 정치인 장필우, 대기업 오 회장, 그리고 유명 논설주간 이강희 등이 얽히고설킨 막대한 이권을 담은 비자금 파일을 손에 넣게 된다. 그는 이 파일을 가지고 이들과 거래를 해 더 큰 대박을 터뜨리려 한다.

그러나 이러한 꿈은 준비하는 과정에서 들통이 나고 이 일로 인해 손목이 잘린 채 버려진다. 결국 안상구는 대기업 회장과 정치인에게 실컷 이용만 당하다 폐인이 된다. 중국 고사에서 말하는 토사구팽(兎死狗烹)[20] 꼴이 되어버린 것이다. 그는 자

19) 2012년 '한겨레 오피니언 매거진 훅'에서 『내부자들』의 연재를 시작했던 윤태호 작가의 미완결 웹툰을 원안으로 다룬 영화이다. http://movie.naver.com/movie/bi/mi/basic.nhn?code=121788
20) 사냥하러 가서 토끼를 잡으면, 사냥하던 개는 쓸모가 없게 되어 삶아 먹는다는 뜻으로 일이 있을

신을 이렇게 폐인으로 만들어 버린 이들에게 복수를 계획하게 된다.

자신의 뒤를 봐주는 뒷배도 없고 이렇다 할 족보도 없어 오직 근성 하나 믿고 조직에서 버텨오지만 늘 승진을 눈앞에 두고 주저앉는 검사 우장훈은 마침내 대선을 앞두고 벌어지는 대대적인 비자금 조사의 저격수가 되는 기회를 잡게 된다.

그러나 비자금 파일과 정치깡패 안상구라는 존재를 이용해 기회를 성공으로 바꾸고 싶었지만 일이 꼬여 그가 예상했던 바대로 일이 진척되지 않았다. 비자금 파일을 가로챈 안상구 때문에 관련 수사는 종결되었고, 우장훈은 이에 대한 책임을 떠안고 좌천되어 버린다. 그는 이 난국을 타개하기 위해 "넌 복수를 원하고, 난 정의를 원한다. 그림 좋잖아?"라는 말과 함께 안상구와 동상이몽(同床異夢)의 손을 잡는다.

비자금 파일에 들어 있는 대통령 후보와 재벌 회장이 연루된 검은 뒷거래의 판을 짠 이는 나라의 여론을 쥐락펴락하는 국내 유력 보수지 정치부 부장을 거친 현역 최고의 논설주간 이강희이다. 그는 유력 정치인들의 실질적인 백 그라운드 역할을 해주면서 그들에게 재벌 또는 정치깡패 등 그들의 더러운 정치활동에 필요한 여러 인물을 연결해 주며 자신의 실익을 위한 정치판을 설계해 나가는 인물로 그려진다. 그는 한마디로 표현하면 특유의 느끼함과 음흉함, 그러면서 여우처럼 교활하고 신속하게 자신의 실익을 챙기는 부패한 언론인으로 묘사된다.

비자금 스캔들이 터지자 이를 반드시 덮어야 하는 유력 대권 후보이자 이강희 논설주간과 긴밀한 관계를 유지하는 정치인 장필우 그리고 미래 자동차의 소유자이자 이강희와 장필우의 든든한 후원자로서 보이지 않는 권력을 행사해 온 오현수 회장, 그리고 이러한 것을 모두 뒤에서 설계한 이강희 등은 서로의 생존과 실익을 위해 음모와 배신 등 말로 형용하기 어려운 추악한 짓들을 서슴지 않는다.

지하주차장에서 한 남자가 장필우 의원 측근에게 뇌물을 은밀하게 건넨다. 뇌물은 엄청난 고가의 명품시계이다. 이 명품시계에는 몰래 카메라가 설치되어 있어 시계를 가진 자의 모든 것을 관찰하고 도청할 수 있게 만든 것이었다. 장 의원 측근은 그런 사실을 모른 채 잘 전해드리겠다고 하면서 함박웃음을 건넨다. 이 명품시계는 이강희 주간에게도 뇌물로 건네진다.

때는 실컷 부려먹다가 일이 끝나면 돌보지 않고 헌신짝처럼 버리는 세정(世情)을 비유해 이르는 말이다. http://hanja.naver.com/word?query=%E5%85%8E%E6%AD%BB%E7%8B%97%E7%83%B9

한편 장필우 의원, 오 회장, 그리고 이강희 주간이 비밀스런 별장 안가에서 주기적으로 펼치는 섹스 파티의 실체를 몰래 카메라로 확인하기 위해 현장으로 들어가려던 계획은 실패로 끝난다. 이강희가 몰래 카메라가 장착된 시계에 술을 쏟았기 때문이다. 그러나 포기하지 않고 다시 기회를 엿보다 재차 시도하나 안상구를 뒤에서 지원하던 박 사장 역시 이강희의 치밀한 뒷조사에 걸려 실패한다.

결국 박 사장은 혹독한 고문에 입을 열게 되고 이 계획의 주역이 안상구라는 것이 밝혀짐에 따라 안상구가 위기에 빠지게 된다. 결국 잡히기 일보직전에 우장훈 검사의 도움으로 기사회생하며 보안을 위해 우장훈 검사는 안상구를 자신의 고향집으로 데리고 가서 파일의 복사본을 끈질기게 요구한다. 결국 안상구는 자기가 차고 있던 목걸이에서 비자금 파일이 든 이동저장장치 USB를 우 검사에게 건넨다.

그런 후 안상구는 기자회견을 자청해 나서서 "300억 원을 장필우 선거자금으로 건넨 증거가 여기 다 있습니다."라고 폭로한다. 그러나 장필우 의원은 이를 전면 부인하고 나선다. 자신이 어떤 돈이나 청탁을 받은 사실이 없다는 점을 강조하며 이를 해명하고 부인하는 기자회견을 연 것이다.

또 다른 당사자인 오 회장 역시 재빠르게 공격의 화살을 피해 가는 조치를 취한다. 뉴스로 "오현수 회장이 지병으로 오늘 저녁 병원에 돌연 입원하였습니다."라는 내용이 방송된다.

상황이 이리 되자 이강희는 얼마 후 반전을 꾀하기 위한 비장의 카드를 꺼낸다. 유력 신문 주간인 이강희는 자신의 주특기인 문필의 힘을 빌려 안상구가 2001년 반대파 폭력 조직원 김 모씨를 청부 살인한 사실이 밝혀져 충격을 주고 있다는 뉴스가 나가게끔 힘을 쓴다.

그의 생각처럼 온 매스컴에 이러한 뉴스가 나오면서 여론은 들썩이고 안상수의 폭로를 희석하려는 물타기가 성공하는 듯하자 그는 회심의 미소를 짓는다. 안상구를 면회한 우 검사는 그 자리에서 진실을 말하는게 중요한 것이 아니라 아무도 너의 말을 믿어 주지 않는다는 게 문제라는 점을 안상구에게 이야기한다. 의기양양해진 이강희는 "어떤 놈이 깡패가 한 말을 믿겠나?" 하며 득의만만해진다.

그러나 그러한 의기양양도 오래 시간을 버티지는 못한다. 이 세상에는 비밀이 없다는 말이 있듯이 결국 문제가 된 비자금 파일은 우 검사에 의해 폭로되고, 이로 인해 대통령 후보로까지 거론되던 장필우의 정치 대망은 막을 내리게 된다. 물론

오 회장과 이강희 역시 낙마하게 된다. 그들의 꿈이 모두 물거품으로 변하고 만 것이다.

이 영화에서는 여러 주제를 메시지로 내보내고 있지만 그중 관심을 가지게 하는 주제는 정경유착으로 인한 권력 세계의 부패가 가져다 주는 폐악을 여과 없이 보여 주었다는 점이다. 벌거벗은 권력이 탐욕에 눈이 멀어 공익을 유린하고 날뛰는 모습을 적나라하게 펼쳐 보여 준다.

특히 정치깡패 안상구를 우 검사와 팀워크를 발휘해서 결과적으로 사회 정의를 실현하는 데 일조하는 인물로 묘사함으로써 부패한 정치인, 기업인 그리고 언론인이 정치깡패인 그보다 못한 공인으로 격하시켜 그들의 부끄러운 민낯을 그대로 드러내놓도록 하고 있는 것이다.

공직자와 이해관계를 가지는 이들 간에 뇌물이 오가고 은밀한 향응과 성접대가 이뤄지고 수단과 방법을 가리지 않고 자신의 탐욕을 채우기 위해 정치깡패 등을 자신의 수하로 부리면서 법을 무시하거나 악용하고 세상을 속이고 오도하는 무리들이 현실의 공직사회에도 존재할 수 있다는 점을 이 영화는 증언하고 있다.

2 『더 킹』

한재림 감독이 박태수 역의 조인성, 한강식 역의 정우성, 양동철 역의 배성우를 주연으로 하고, 상희 역의 김아중, 두일 역의 류준열, 김응수 역의 김의성을 조연으로 해서 2017년 1월 18일 개봉한 영화이다.[21]

우리 사회는 경찰이나 검찰과 같은 권력기관에 대해 부러움과 함께 두려움을 가지고 있다. 권력이 가지는 속성 때문이기도 하고 역사적인 잔재의 영향이기도 한 것 같다. 과거 36년간의 일제 식민지 강점기에 자행된 순사, 지금의 말로 표현하면 경찰과 검찰에 의한 혹독한 탄압이 트라우마가 되어 유전인자 속에 깊게 각인된 탓이 아닌가 싶다. 그래서 이로 인한 영향이 지금도 경찰이나 검찰과 같은 권력기관에 대해 한편으로는 동경을 하면서도 다른 한편으로는 경외심을 갖는 것으로 이해된다.

---

21) http://movie.naver.com/movie/bi/mi/basic.nhn?code=144314

그렇다고 해서 지금의 경찰이나 검찰이 일제 강점기의 그들과 같지는 않다. 엄연히 대한민국은 국가의 기본법인 '헌법'에도 명기되어 있듯이 민주공화국이다. 과거 일제와 같은 전제주의 국가가 아니다. 따라서 경찰과 검찰의 모습은 예전과는 판이하게 다르다. 권력의 꽃이라 부르는 검사의 대부분은 이런저런 일에 치여 사는 샐러리맨이나 다를 바가 없다. 그렇더라도 샐러리맨과 동일시할 수는 없다. 민주주의 시대라고 해도 검찰의 고유 권능이 엄연히 존재하기 때문이다. 따라서 이러한 고유 권능을 합법적인 권력으로 행사하는 검사들이 없는 것은 아니다.

그러나 문제는 일부 검사들이 자신의 권력이 국민으로부터 위임받은 것이라는 점과 따라서 권력은 국민을 위해 이롭게 사용되어야 한다는, 즉 공익을 위해 사용되어야 한다는 것을 망각하고 이를 사유화하는 경우도 없지 않은 현실이다. 이러한 문제점을 이 영화는 날카롭게 해부해서 백일하에 드러내고 있다.

이 영화에서는 무소불위의 권력을 꿈꾸는 남자 박태수가 등장한다. 그리고 그는 그러한 권력을 자기 손아귀에 움켜쥐기 위해 수직적 계층 이동을 가능케 할 눈에 보이지 않는 라인을 잡으려고 혈안이 된다. 그는 이를 위해 한 인간으로서의 양심은 물론이고 검사로서의 소임을 헌신짝처럼 내버린다.

권력에 굶주린 그에게는 "태수야 안 보이니? 내가 역사야! 이 나라고!"라는 말과 "그의 라인을 잡는 것이 권력의 핵심이 되는 길이다."라는 말만 들릴 뿐이다. 그러한 태수에게 그렇게 바라던 권력을 쥐어 줄 구세주가 나타난다. 그가 바로 대한민국을 주름잡는 권력의 설계자인 한강식 부장검사이다. 그는 권력의 실질적인 주도자인 정관계의 인사들을 두루 꿰고 있고, 그들의 힘을 빌려 권력을 공고히 다져 나가는 또 하나의 권력에 굶주린 이리였다. 그는 새로운 세상이 열릴 것이며, 이러한 세상에서 왕이 되고 싶어 하는 추악한 민낯을 가진 자로 등장한다.

주인공 태수는 작은 촌동네를 주먹 하나로 평정한 양아치 고등학생이다. 그는 주먹을 통해 권력이라는 속성을 이해한다. 그는 주먹이라는 벌거벗은 권력(naked power)이 가져다 주는 희열과 쾌감을 일찌감치 터득하고 있었다.

그가 학교를 나와 집에 들어서면서 한 장면을 목격하게 된다. "아이고! 검사님 살려 주시오!" 하면서 새파랗게 젊은 검사의 바짓가랑이를 잡고 울며 애원하는 아버지를 인정사정없이 발로 밀어 차버리는 검사를 보았던 것이다. 그걸 본 순간 벌거벗은 권력의 속성을 누구보다 잘 알고 있었던 태수는 "그래 저게 진짜 힘이다.

사람을 감옥에 넣고 심지어는 사형까지 시킬 수 있는 사람이 검사이다." 그때부터 태수는 검사가 되어야겠다고 결심한다.

그날 이후 권력을 동경하게 되며, 사법시험에 합격하고 드디어 오랫동안 꿈꿔왔던 검사가 되었다. 그러나 태수가 생각했던 기대와는 달리 샐러리맨과 다를 바 없는 현실에 실망감은 커져만 갔다. 이때 그는 자신의 심기를 건드리는 건방진 피의자를 만난다. 피의자 신문을 하던 중 태수는 "이봐! 성백호 씨! 당신은 지금 지민이를 다섯 차례 성추행했고 두 차례 성폭행했죠?" 그러자 피의자는 빈정거리는 웃음을 띤 얼굴로 아주 유들유들하게 "지금 혹시 새로 오셨다고 이러시는 겁니까!" 하고 반문한다. 태수는 아주 아니꼽다는 듯이 "뭐요?" 하고 되묻는다. 이에 뒤질세라 피의자는 "뭐 또 따로 인사 안 드렸다고 이러시는 거 같은데 그런 거면 제가 조만간 자리 한번 만들겠습니다."라고 여유로우면서 예사롭게 대꾸한다. 이 말에 태수는 참았던 화를 내면서 "내가 구속시킬 테니 집어넣으라!"라고 큰소리로 외친다.

검사로서 제대로 본때를 보여 주겠다고 마음먹은 그날 저녁 그의 대학 선배인 양 검사를 만나게 된다. 모든 검사가 부러워하는 서울 중앙지검 전략수사부 소속인 선배 검사는 태수에게 "성백호 그 녀석 몹쓸 인간인 거 아는데 그 녀석 아빠랑 한 부장님이랑 인연이 있어요."라면서 지민이 사건을 이제 덮자고 제의한다. 여기에서 양 검사가 언급한 한 부장검사는 최연소로 사법시험을 합격했고 굵직굵진한 대형 사건을 해결하면서 승승장구한 검사이다.

양 검사로부터 그 말을 들은 태수는 난감한 표정을 지으며 그렇지만 다 이유가 있어서라고 말하면서 간접적으로 거절을 하려 하니 갑자기 양 검사가 "내가 무릎을 꿇을게!" 하며 정말로 무릎을 꿇으려 한다. 그러자 당황한 태수가 말리면서 "선배님 일어나세요!" 한다. 그러자 선배 왈 "자존심은 잠깐이다. 너 이 라인만 잘 타면 고생 끝이야. 사건을 덮으면 한 부장에게 소개시켜 주겠다."는 제안을 한다. 다시 없을 출세의 길에 고민하던 태수는 결국 그렇게 하기로 한다.

태수는 사건이 일단락된 후 양 선배를 만나게 된다. 양 선배는 태수에게 "고생했어! 자기 덕분에 우리 얼굴이 확 살았다고!" 하면서 얼굴에 웃음꽃을 활짝 피운다. 태수는 그렇게 인간으로서의 양심과 검사로서의 소임을 판 대가로 난생 처음 화려한 상류사회에 발을 내딛는다. 양 검사의 안내로 호사스럽고 화려하게 꾸며진 고급 룸살롱에서 한 부장검사와 첫 대면을 하게 된다. 한 부장검사는 겉으로는 스타 검사이지만 실제로는 법이라는 칼자루를 쥐고 정관계 인사들과의 은밀한 검은 거래를 통해 대한민국을 좌지우지하는 숨은 실세이다.

양 선배가 "부장님! 이 친구입니다. 저번에 말씀드렸던." 하면서 태수를 한 부장검사에게 소개한다. 그를 만나면서 지금까지 태수의 억눌렸던 욕망이 꿈틀거릴 그때, 갑자기 성백호가 나타나 "아이고! 검사님 또 뵙네요." 하면서 아는 체를 한다. 마지막으로 남아 있던 검사로서의 자존심이 순간 수치심과 경멸감으로 벅차오르는 것을 느낀 태수는 어찌할 바를 모르고 주춤거린다.

그 순간 술잔이 날아와 태수의 머리통을 때린다. 멈칫한 태수에게 한 부장검사는 "어디서 폼 잡고 있어?" 그런 후 내달려와 태수의 뺨따귀를 세게 내리친다. 그러면서 "사법시험 넘고 검찰 들어오니까 세상 다 네 거 같아? 표정 다 드러내고! 우리 자존심이나 정의, 촌스럽게 그 딴 것 좀 버리자. 애니?" 하고 일갈한다.

어렵게 얻은 이러한 기회를 잃어 버려서는 안 된다는 생각이 머리를 스친 태수는 혼자 탁자에서 양주 한 잔을 들이킨 후, 한 부장검사 앞으로 걸어 나와 "부장님! 러브 샷 한번 하겠습니다."라고 한 후 성백호를 일으켜 세운다. 그런 후 "딱 한 잔 먹고 푸는 거야!" 하면서 그와 함께 러브 샷 한 잔을 쭉 하고 당긴다. 나도 과거의 내가 아니라 당신들과 같은 사람이 되는 거라는 신호를 한 부장검사에게 보낸 것이다.

이를 지켜본 한 부장검사의 마음은 서서히 풀리기 시작한다. 한 부장검사는 회식이 끝나고 양 선배에게 "우리 팀에 넣어!" 한마디를 하고 가버린다. 양 선배는 흡족한 표정으로 태수에게 "잘해라." 하며 웃음을 건넨다. 이제 태수는 자신의 뒤를 든든하게 받쳐 줄 뒷배, 즉 라인을 얻게 된 것이다.

거기에다가 태수는 예상치도 않게 또 다른 후원자를 얻게 된다. 우연히 한 부장검사의 뒤를 봐주고 있던 폭력조직 들개파의 일원이자 막역한 고향 친구인 두일을 만나게 된 것이다. 서로 반갑다고 인사를 나누며 웃음을 건넨다. 그때 두일이라는 친구가 태수에게 "더럽고 추잡한 일 손대야 할 때 내가 할게. 우리 형님이 한 부장한테 하는 것처럼. 내가 너를 받쳐 준다고."

그날 이후 샐러리맨에서 전략수사부 검사로 지위가 달라진 태수는 대한민국을 흔드는 진짜 검사를 맛보게 된다. 태수가 느끼기로는 이게 진짜 검사였다. 그에게 자신들이 기획하고 수사하고 그리고 기소하는 새로운 세상이 열린 것이다.

이 영화에서는 권력자의 시선에서 본 사회적 모순을 제기하고 있다. 양 검사를 따라 비밀 자료실에 들어간 태수에게 양 검사는 "여기 뭐가 있는지 알아? 터지면 이 나라가 들썩들썩할 사건. 사건도 김치처럼 맛있게 묵혔다가 제대로 익었을 때 먹어야 된다."고 친절히 설명해 준다. 정관계의 여러 은밀한 거래 내역이 고스란히 보관된 곳을 통해 그리고 양 검사의 말을 통해 이러한 불법들이 온 세상에 난무하고 있음을 드러내 놓고 있는 것이다.

대선이 가까워지는 시점에 검찰 수뇌부가 화를 내면서 "몇 개월을 이 일에만 매달린 녀석들이 선거가 코앞에 닥쳤는데 오차 범위 내의 누군지 모르겠다고? 지금까지 뭐했냐?" 하면서 마구 검사들의 정강이를 걷어찬다. 그리고 이어서 "이렇게 헤매다 라인 못 타서 작살나면 누가 책임질래? 뭐해 빨리 안 움직여?" 하며 자리에 참석한 검사들을 독려한다. 그런 후 한 부장검사와 단둘이 앉아서 "강식아! 이번엔 감 안 와?" 하며 차기 대통령으로 당선될 자가 누구인지 가르쳐 달라고 호소한다. 강식이는 "나 한번 믿어 볼랍니까?" 하며 자신 있게 그의 말에 대답한다.

그런 후 용한 점쟁이를 찾아가서 돈을 바치는 등 온갖 정성을 다해서 차기 대통령 당선자를 알게 된다. 당선이 유력한 후보자에게 모든 줄을 다 대어 드디어 그들이 후원한 후보가 대통령이 된다. 그러자 검찰 수뇌부는 축제 분위기에 휩싸인다. 오늘 완전히 놀아보자며 태수를 비롯한 검찰 수뇌부 전체가 축하 분위기에 휩싸인다. 비록 정권은 바뀌어도 계속해서 이어지는 그들의 권력에는 변함이 없는 것이다. 그들은 권력에 스스로 도취되어 "대한민국에서 우리보다 센 녀석 있으면 나와 보라고 그래!" 하며 스스로 교만한 행복감에 빠진다.

이러한 달콤함과 짜릿함에 빠진 태수와 그의 친구 두일은 시정잡배들이나 하는 온갖 범법행위를 저지른다. 그러나 어디에나 정의는 존재하는 법. 법의 테두리 밖에서 상부상조하는 삐뚤어진 우정을 주의 깊게 주시하는 눈이 있었다. 이들의 온갖 불법행위를 내사해 온 측은 "강남 실세로 조폭들과 연계한 봐주기 수사나 한 부장검사의 금품 수수 정황이며 언론과의 유착을 볼 때 대한민국 검찰 역사에서 이 정도의 쓰레기들이 있었습니까? 착한 사람들 옷 벗기 전에 이 사람들 먼저 옷 벗기시죠." 하며 건의한다.

이러한 이야기들이 검사장 승진을 눈앞에 둔 한 부장검사의 귀에 들어온다. "요즘 뭐 이런저런 안 좋은 얘기들이 들려." 한 부장검사는 바로 태식을 만나 "두일이라는 개를 잘못 키우면 어떻게 돼? 주인 물어. 개답게 키워. 적당히." 그러자 태수는 "예."라고 대답한다.

그런 후 얼마 지난 후 양 선배가 태수에게 '신문 봤어?' 하며 물어본다. 일을 처리하는 과정에서 경찰 폭행사건에 휘말리게 된 태수의 깡패 친구 두일에 관한 내용이 신문에 대서특필된 것이다. 더 큰 문제는 한 부장검사 이름까지 마구 거론되고 있다는 것이었다. 한 부장검사의 사람됨과 그의 권세를 알고 있던 태수는 좌불안석일 수밖에 없었다. 그는 최고 권력의 문 앞에서 커다란 위기에 봉착하게 된다.

이러한 줄거리로 전개되는 이 영화는 부장검사가 검찰이나 재계 및 정계의 막후 실력자들과 연계해 국가 권력의 핵심으로 발돋움한다는 다소 무리하고 억지스러운 스토리 전개가 가지는 한계가 있지만 다음과 같은 메시지를 우리에게 던진다.

첫째, 세상 위에서 군림하는 권력가들의 민낯을 들춰내며 새로운 시각으로 사회가 가진 부조리함을 담아 냈다는 것이다. 둘째는 진정한 이 나라의 왕은 누구인가 하는 점이다. 이 나라를 다스리는 권력은 국민에게서 나와야 한다. 그럼에도 불구하고 그렇지 않다는 점을 지적하고 있는 것이다. 셋째, 권력 앞에서 순종적인 검사 양동철을 등장시켜 행정관료 조직의 순응성과 침묵을 지적하고 있다. 넷째, 권력기관의 부패와 부조리를 한 부장검사와 박태수 검사를 통해 여과 없이 들춰냈다는 것이다.

3 『기술자들』

김홍선 감독이 뛰어난 두뇌의 금고털이이자 작전의 설계는 물론 모든 위조에 능한 멀티 플레이어 지혁 역의 김우빈, 재계의 검은 손 조사장 역의 김영철, 지혁의 절친한 형이자 인력 조달 전문 바람잡이인 구인 역의 고창석, 지혁 그리고 구인과 함께 어떤 보안 시스템도 순식간에 뚫어버리는 업계 최연소 해커 종배 역의 이현우, 은하 역의 조윤희, 조사장의 오른팔인 이실장 역의 임주환을 주연과 조연으로 해서 2014년 12월 24일 개봉한 영화이다.[22)]

22) http://movie.naver.com/movie/bi/mi/basic.nhn?code=117790

지혁, 구인, 종배 등이 한 팀을 이뤄 기막힌 솜씨로 철통 보안을 자랑하는 보석상을 털어 순식간에 이 업계에 이름을 날린다. 이들을 눈여겨본 조 사장은 자신이 벌일 큰 판에 이 분야의 최고 기술자들인 지혁 일당을 끌어들인다. 조 사장이 직접 설계한 작전은 동북아 최고의 보안 시스템을 자랑하는 1급 보안 구역인 인천 세관에 숨겨진 무게만도 3톤을 웃도는 정부 고위층의 검은 돈 1,500억을 감쪽같이 터는 것이다. 터는 데 주어진 시간은 단 40분뿐이라는 고난이도의 범죄털이 작전이다.

팀의 리더인 지혁은 손만 댔다 하면 못 여는 금고가 없는 금고털이계의 마스터키라고 불릴 만큼 이 분야에서는 알아 주는 기술자이다. 또한 그는 일단 목표가 정해지면 누구도 생각해 내지 못한 독자적이고 창의적인 방법으로 완벽하게 작전을 기획하는 탁월한 두뇌의 소유자이다.

지혁의 완벽한 계획은 업계 최고의 마당발이자 인맥 기술자인 구인이 계획에 맞는 최적의 동업자와 작업장을 구함으로써 비로소 실현 단계로 들어서게 된다. 구인의 손에 이끌려 이들과 한 배를 타게 된 최연소 해킹 기술자 종배는 앳된 외모와 달리 철통 보안을 자랑하는 그 어떤 시스템도 단번에 무력화시킴으로써 이 분야에서 천재성을 자랑한다. 각계의 분야에서 알아 주는 기술자들인 이들이 한 팀이 된 것이다.

이 영화에서 주목할 점은 정부 고위층의 숨겨진 돈 1,500억 원이다. 일반인들로서는 상상하기에도 벅찬 천문학적인 액수의 돈이다. 실제로 거의 대부분의 일반인은 평생 만져보기도 힘든 어마어마한 돈이다. 이런 천문학적인 액수의 돈을 1급 보안구역인 인천세관에 몰래 숨겨놓은 이가 다름 아닌 바로 정부 고위층이라는 것이다.

숨겨놓은 걸로 볼 때 절대 합법적인 돈은 아닌 듯싶다. 무언가 냄새가 진하게 나는 불법적인 돈으로 추정된다. 이 천문학적인 액수의 돈을 고위층은 어떻게 모았을까? 이 질문에 대한 답은 오래 끌 필요도 없이 바로 나온다. 이런 불법적인 천문학적인 액수의 돈은 결국 나라 돈이거나 그렇지 않으면 세상 사람들이 모르는 다른 은밀하면서도 검은 거래를 통해 취득한 돈이라 생각할 수 있다.

영화는 이러한 스토리를 통해 정치나 또는 행정관료제의 상층부에 있는 고위층의 부패와 비리에 의한 부정축재를 간접적으로 투영하고 있다.

4 『부당거래』

류승완 감독에 황정민이 최철기 역으로 출연하고, 류승범이 주양 역, 유해진이 장석구 역, 그리고 천호진이 장 국장 역으로 출연했으며, 2010년 10월 28일 개봉된 영화이다.[23)]

온 나라를 떠들썩하게 만든 연쇄살인 사건이 발생한다. 경찰이나 검찰이 발벗고 나서 진범을 잡으려는 노력을 기울이지만 계속된 검거 실패뿐만 아니라 수사 도중 유력한 용의자까지 사망하는 사고가 발생하자 이들 조직뿐만 아니라 정부에 대한 비판 여론이 커지게 된다.

이렇게 되자 대통령까지 나서서 이 사건에 관심을 표명하며 신속한 진범 체포를 독려한다. 이렇게 사태가 확산되자 사건을 해결해야 할 주체인 경찰과 검찰로서는 물에 빠져 지푸라기라도 잡아야 하는 당혹한 신세가 된다. 할 수 없이 이들은 이 사건을 전담할 특수 팀을 구성하게 된다. 그리고 이번 사건의 특수 팀 담당 팀장으로 최철기를 임명한다.

이번에 담당 팀장으로 지목된 광역수사대 에이스 최철기는 경찰대 출신이 아니라는 이유 때문에 줄도 없고, 뒤를 봐줄 배경도 없는 신세로 제대로 된 능력조차 인정받지 못하던 차였다. 그러던 차에, 승진을 보장해 주겠다는 상부의 조건을 받아들이고 사건에 뛰어들게 된다. 그리고 야비하고 비열한 경찰 최철기는 진범을 잡는 것이 어렵겠다는 판단을 하고 자신의 스폰서인 장석구를 이용해 사건의 가짜 범인으로 내세울 배우를 만들어 오라는 거래를 제안한다. 만약 이 제안이 성공한다면 국민을 상대로 한 거짓 이벤트를 완벽하게 마무리짓게 되는 것이다.

찬밥 신세였던 비주류를 거쳐 마침내 권력을 얻었지만 더 큰 먹이를 손에 넣기 위해 거래를 이용하는 악독한 스폰서 장석구는 최철기와의 더러운 거래를 현실화하기 위해 한 남자를 쓰레기 처리장으로 데려온다. 그런 후 자기가 원하는 배우가 되지 않으면 쓰레기와 함께 사라지게 만들 것이라는 협박과 함께 폭행과 회유를 마다하지 않는다.

부동산 업계의 큰손 태경 김 회장으로부터 스폰을 받는 검사 주양은 최철기가

23) http://movie.naver.com/movie/bi/mi/basic.nhn?code=52747

입찰 비리 건으로 김 회장을 구속시켰다는 사실에 분개해서 최철기를 엮어넣기 위해 그의 뒤를 면밀하게 캐기 시작한다. 때마침 자신에게 배정된 연쇄살인 사건의 범인을 조사하던 주양은 조사 과정에서 최철기와 장석구 사이에 은밀한 거래가 있었음을 알아차리고, 최철기를 노천 카페에서 만나 그에게 또 다른 은밀한 거래를 제안한다.

좋은 조건을 타고나 한 번도 고생을 겪어보지 않았지만 자신의 숨통을 조여 오는 협박에서 벗어나기 위해 또 다른 검은 거래를 제안하는 교활한 검사 주양의 모습에서 타락한 공권력의 어두운 그림자를 보게 된다.

경찰 최철기, 검사 주양, 스폰서 장석구 등은 영화에서 비열하고 교활하며 악독한 인물로 묘사되는데, 이들은 저마다 다른 생각을 가지고 있지만 궁극적으로는 먹고 먹히는 먹이 사슬에서 끝까지 살아남아야 한다는 공통된 일념을 가지고 있다. 이들은 자신이 속해 있는 조직사회에서 살아남기 위해 부당한 거래를 시작하면서 비리를 저지르고 이를 은폐하기 위해 온갖 못된 짓을 서슴지 않는데, 심지어 살인까지 저지르는 등 지독하게 악한 면모를 보여 준다.

이 영화는 한마디로 부정부패가 한 곳에 모인 만물상 같은 분위기를 자아내게 만든다. 대한민국을 떠들썩하게 만들어 온 국민을 경악과 충격으로 몰아넣은 연쇄살인 사건은 한시바삐 진범을 잡아야 한다는 국민의 열망과는 달리 계속된 검거 실패와 수사 도중 유력한 용의자까지 사망하는 사고가 발생하자 대통령이 직접 사건에 개입하고, 막다른 골목에 다다른 경찰 최철기 등은 가짜 범인인 배우를 만들어 사건을 종결지으려는 마지막 카드를 꺼내들게 되고, 결국 이를 통해 범인은 검거되지만 그는 단지 누군가가 세운 배우에 불과하지 진범은 아닌 것이다.

국민을 상대로 한 사건 조작을 위한 이벤트를 꾸미고자 더러운 각본을 쓰는 검사와 이를 연출하는 경찰, 그리고 연기하는 스폰서 등 사회를 대변하는 듯한 권력계층의 더럽게 엮이고 지독하게 꼬인 이들 간의 있을 수 없는 부당한 거래의 실상과 대형 건물 입찰 비리문제 등 정치적·사회적으로 서로 맞물리고 꼬인 여러 이슈를 낱낱이 파헤친 이 영화는 공직사회, 특히 권력기관의 부조리와 부패의 실상을 적나라하게 드러내 보여 주고 있다.

5 『강남 1970』

유하 감독이 김종대 역의 이민호, 백용기 역의 김래원, 강길수 역의 정진영, 복부인 민 마담으로 불린 민성희 역의 김지수를 주연으로 하고, 김 부장 역의 엄효섭, 문 과장 역의 최병모를 조연으로 해서 2015년 1월 21일에 개봉한 영화이다.24)

강남땅의 개발이 막 시작되던 1970년, 호적도 제대로 없는 고아로, 넝마주이 생활을 하며 친형제처럼 살던 종대와 용기는 가난이라는 굴레에 철저히 얽매이게 된다. 겨울철이면 보잘것없은 판잣집인 관계로 혹독하게 추위를 느낄 수밖에 없고, 그렇다고 난방비가 없어 난방을 할 수 있는 처지도 아니어서 이불 속에 백열등을 집어넣고 그 온기로 잠을 청하기도 하는 비참한 생활을 영위했다.

이러한 가난의 굴레 속에서 설상가상으로 유일한 안식처였던 무허가촌의 작은 판잣집마저 조직 폭력조직에 빼앗겨 허물어지게 된다. 이를 본 두 사람은 집을 철거하는 폭력배들에게 대들게 되고, 이 사건으로 인해 이 두 사람의 운명은 완전히 바뀌게 된다.

정치 폭력조직의 보스인 길수에게 자신들도 조직원이 되고 싶다고 말하고, 이 두 사람의 됨됨이를 간파한 길수에 의해 두 사람은 조직원으로 받아들여지게 된다. 정치 폭력조직에서 일당을 받고 두 사람은 건달들이 개입된 전당대회 훼방 작전에 얽히게 되고, 야당 전당대회에 동원된 건달들이 기물을 파손하고 깽판을 치는 그곳에서 서로를 잃어버린다.

헤어진 지 3년 후, 종대는 자신을 가족으로 따스하게 받아 준 조직 두목 출신 길수의 바람을 저버리고, 잘살고 싶다는 꿈 하나로 건달 생활을 하게 된다. 길수는 이런 종대에게 "난 니가 없이 살아도 사람답게 살았으면 좋겠다."는 말을 남긴다. 그러던 중에 정보와 권력의 수뇌부에 닿아 있는 복부인 민 마담과 함께 강남 개발의 이권다툼에 뛰어든 종대는 명동파의 중간 보스가 된 용기와 재회한다. 이미 용기는 예전의 순박했던 모습은 전혀 찾아볼 수 없는 사람이 되어 있었다.

두 사람은 정치권까지 개입된 의리와 음모, 배신의 전쟁터 그 한가운데에 놓이게 된다. 이들은 강남땅을 둘러싼 이권다툼의 최전선에서 정치 권력의 행동대원이

24) http://movie.naver.com/movie/bi/mi/basic.nhn?code=103760

되어 목숨을 걸고 서로 싸운다. 종대는 "내 땅 한번 원 없이 만들어 볼 거야!" 하면서 이 아귀다툼에 적극적으로 개입한다.

이 영화에서 주목할 점은 강남 개발에 정치권의 적극적인 개입을 강하게 암시하고 있다는 것이다. 정부의 실세인 중앙정보부 김 부장과 집권 여당의 돈줄인 재정위원장 박승구 의원이 서로 의기투합되어 앞으로 다가올 대선에 필요한 정치자금을 확보하기 위해 강남 개발을 기획하고 이를 실행한다는 내용을 담고 있다.

김 부장은 대선은 가까워지는데 이를 대비할 정치자금이 부족하다는 말을 듣고 강남을 개발하는 것이 어떠냐는 이야기를 꺼낸다. 그러자 박승구 의원이 어떻게 개발을 해서 돈을 모으자는 이야기냐고 되묻자 아주 직설적으로 "서울을 강남으로 옮기는 것은 어떠냐?"고 대답한다.

서울을 강남으로 옮긴다면 분명 투기 세력들이 준동할 것은 뻔한 일이고, 이렇게 되면 강남의 땅값은 천정부지로 오를 것이기 때문에 사전에 엄청난 양의 땅을 확보하고 있으면 돈을 모으는 것은 땅 집고 헤엄치기라는 생각이 담겨 있는 말이다. 여당의 재정위원장인 박승구가 "서울이 옮겨 간다는데 땅값이라고 가만 있겠어?" 하며 맞장구를 치는 것도 이와 모두 맥을 같이한다.

또한 부동산에 커다란 이권을 가지고 있었던 정치 세력은 이러한 계획을 통해 거금을 손아귀에 쥘 수 있다는 생각에 적극적으로 추진하도록 힘을 실어 주게 된다. 부동산 큰손 서태권 의원은 새로운 남서울의 미래를 위해 이 계획은 추진되어야 한다고 쌍수를 들어 환영하고, 이를 위해 자신이 관리하고 있는 명동 일대를 장악한 정치깡패 양기택 등 조직 폭력조직의 큰손들을 적극적으로 관리한다.

서로 이러한 접근에 의견을 모은 강남 개발 세력들은 서울시 관계자를 불러 강남을 개발하도록 계획을 세울 것과 이를 공표할 것을 지시한다. 실제적으로 불법적인 정치자금을 모으기 위한 정(政)과 관(官)의 합작이 이뤄지는 것이다.

정치자금을 모으기 위해 강남을 개발하는 것 자체가 목표나 취지에서 온당치 못할 뿐만 아니라 정과 관이 야합해서 수단과 방법을 가리지 않고 땅 투기꾼이 되어 불공정 거래와 이를 통한 부당이익을 취한다는 것은 불법적 요인이 다분히 있는 정책이지만 이 당시의 권위적 정부 하에서는 어떠한 반론도 제기할 수 없었다.

무소불위의 권력을 지닌 정부에 의해 강남은 개발되었고, 이로 인해 부당한 정치자금의 확보뿐만 아니라 정치인들을 비롯해 수많은 부동산 투기꾼이 생겨났으며, 이들의 먹이사냥을 위한 혼탁한 불법행위나 비리로 인해 정치적·행정적·사회적 부패와 비리는 만연하게 되었다.

그리고 이와 관련된 이권다툼에 힘 있는 정치인과 이들을 추종하고 호위하는 조직 폭력조직들 간의 야합과 이들의 독식으로 인한 사회경제적 혼란은 국민들을 불안하게 하는 커다란 요인이 되었고, 이러한 강남 개발에 편승한 세력과 그렇지 못한 일반 시민들 간의 괴리감이 증대되었으며, 이것이 화근이 된 경제적 양극화의 문제가 우리 사회를 병들게 만들었다는 것이다.

6 『사생결단』

최호 감독이 마약 중간 판매상 이상도 역의 류승범, 강력계 형사 도 경장으로 나오는 도진광 역의 황정민을 주연으로 하고, 마약계 거물 장철 역의 이도경을 조연으로 해서 2006년 4월 27일 개봉한 영화이다.[25]

이제껏 굳게 닫혀 있던 마약특별구역과 그 안의 인간 군상들에 대해 본격적으로 현미경을 들이댄 첫 영화이다. 3만 명의 고객이 우글거리는 황금구역을 관리하는 마약 중간 판매상 이상도는 최고급 오피스텔에서 살며 폼나게 인생을 즐긴다. 잘 차려입은 겉모습은 벤처사업가 뺨치지만, 장사를 위해서는 가족도 팔아먹을 놈이라는 소리를 듣는 독종 악바리 장사꾼이기도 하다.

그러나 마약계 거물 장철을 잡겠다는 집념에 사로잡힌 미치광이 형사 도 경장에게 약점을 잡히면서 잘나가던 상도의 인생에 브레이크가 걸린다. 결국 도 경장의 협박에 못 이겨 함정 수사에 협조한 상도이지만 도 경장은 함정 수사가 실패로 돌아가자 대신 상도를 감옥에 넣어버린다.

장철의 행방이 손에 잡힐 듯 가까워지자 도 경장은 출소한 상도를 다시 찾는다. 도 경장이 뒤를 봐 줄 테니 다시 한 번 손을 잡자고 청하지만 이미 도 경장 때문에 감옥에서 8개월을 보낸 상도는 호락호락 넘어오지 않는다. 도 경장의 비호 아래 칼부림을 벌여 잃었던 영업구역을 되찾은데 이어 도 경장에게 거액의 사업자금까지 뜯어낸 상도는 결국 장철의 조직에 들어가 자유롭게 장사하는 것을 도 경장이 눈

25) http://movie.naver.com/movie/bi/mi/basic.nhn?code=43537

감아 주는 대가로 정보를 넘겨 주기로 한다. 악어와 악어새의 공생 관계가 이 두 사람에게도 적용된 것이다.

장철에게 최고 형량을 받게 하기 위해 마약 유통의 핵심인 제조 현장을 덮쳐야만 하는 도 경장이지만 장사에 눈이 팔린 상도가 3개월이 지나도록 아무런 정보를 넘겨 주지 않자 그의 분노는 극에 달한다. 상도는 자신을 보호해 주겠다는 도 경장의 각서를 받아낸 후에야 마약을 제조하는 기술자, 이를 흔히 이 세계에서는 교수라고 칭하는데 이 교수의 행방을 알려 준다. 한편 도 경장이 장철과 교수가 만나는 현장을 덮치기 위해 잠복근무에 들어간 사이 상도는 천문학적 액수에 달하는 장철의 마약을 빼돌린다.

그러나 장철과 교수가 만나는 현장을 덮친 도 경장은 뜻밖의 존재와 부딪히고, 장철의 몰락을 틈타 단숨에 전국을 장악하려던 상도의 야망 역시 예상 밖의 장애물을 만나게 된다. 비리 경찰의 끄나풀이면서, 한탕을 꿈꾸는 마약 중간 판매상 상도와 자신의 목표를 위해 그를 악랄하게 이용하는 악질 형사인 도 경사는 동상이몽(同床異夢)의 꿈을 꾸면서 오월동주(吳越同舟)의 행각을 이어간다. 각자의 먹이를 향해 이빨을 드러내고 달려들던 두 남자의 이러한 사생결단은 결국 예상치 못한 최후를 향해 달려가게 된다.

7 『범죄와의 전쟁: 나쁜 놈들 전성시대』

윤종빈 감독이 비리 세무 공무원 최익현 역의 최민식, 부산의 조직폭력배 보스 최형배 역의 하정우, 최현배의 경쟁조직 두목 김판호 역의 조진웅, 최익현이 못마땅한 형배의 오른팔 박창우 역의 김성균, 최익현의 매제 김 서방 역의 마동석을 주연과 조연으로 해서 2012년 2월 2일 개봉한 영화이다.[26)]

1982년 해고될 위기에 처한 비리 세관 공무원 최익현은 순찰 중 적발한 히로뽕을 일본으로 밀수출하기 위해 부산 최대 조직의 젊은 보스 최형배와 마지막으로 한 탕 하기 위해 손을 잡는다.

생존을 위해 화려한 화술과 온갖 권모술수를 바탕으로 실속을 챙기는 로비의

26) http://movie.naver.com/movie/bi/mi/basic.nhn?code=82540

신으로 변신한 최익현은 탁월한 임기응변과 특유의 친화력으로 최형배의 신뢰를 얻는 데 성공한다. 최형배와 최익현은 함께 힘을 합쳐 부산을 접수하기 시작하고, 두 남자 앞에 나쁜 놈들의 전성시대가 펼쳐진다.

하지만 1990년 노태우 정부에 의해 범죄와의 전쟁이 선포되자 조직의 의리는 금이 가고 넘버원이 되고 싶은 나쁜 놈들 사이에 배신이 시작된다. 살아남기 위해 벌이는 치열한 한판 승부, 최후에 웃는 자는 과연 누가 될 것인가?

제목 그대로 노태우 대통령이 '범죄와의 전쟁'을 선포한 1990년 10월, 매스컴의 카메라 플래시 세례 속에 폭력조직 두목으로 체포된 최익현의 모습에서 시작한 영화는 1982년으로 경쾌하게 돌아간다. 일개 세관 공무원이었던 그가 겨우 10년 만에 어떻게 변신했는지, 어떤 일이 벌어졌는지 영화는 그와 최형배를 중심으로 다양한 인물 군상들이 활약하는 부산의 80년대를 파노라마처럼 펼쳐놓는다.

권력과 밀착하고 이권을 따내고 경쟁조직을 제압해 나가며 함께 부산을 접수해 나가는 두 사람의 과정은 때로는 폼도 나고 낭만적으로 비쳐지지만, 다른 한편으로는 때로는 찌질하고 잔인하게 그려진다. 정의와 질서가 아닌 힘의 논리가 지배하고, 돈과 주먹과 권력이 공생했던 80년대의 풍경은 단순한 복고나 향수를 자극하는 소재에 머물지 않고, 21세기 대한민국과 묘하게 겹쳐지면서 극의 재미를 더욱 흥미진진하게 만든다.

피보다 진한 의리로 부산을 접수해 가는 최익현과 최형배, 두 사람의 전성기 뒤편으로 스멀스멀 피어오르는 배신의 징조를 더욱 흥미롭게 만드는 것은 두 사람 사이에 배치된 다양한 인물군단이다.

형배를 향한 콤플렉스가 강한 경쟁 조직 두목 김판호, 형배의 지시로 익현을 형님으로 깍듯이 모시지만 내심 자신을 제치고 형님의 신뢰를 얻은 익현이 못마땅한 형배의 오른팔 박창우, 익현과 마찬가지로 뼛속 깊이 건달일 수는 없는 핸디캡을 가진 익현의 매제 김서방, 그리고 부산 지역에서 범죄와의 전쟁을 진두 지휘하는 악질 검사 조범석 등으로 이 영화는 꾸려진다.

법의 편에 서 있건 그 반대편에 서 있건, 철저하게 자신의 목표를 위해 발버둥치는 이들의 모습은 80년대의 시대적 분위기를 대표하는 밉지 않은 나쁜 놈들로 악당 열전의 진면목을 선보인다.

비리 세관원에서 최익현은 극 중에서 나이트 클럽의 경영권을 두고 여사장과 한판 막싸움을 벌이던 도중 머리끄덩이를 잡히는가 하면, 정부의 범죄와의 전쟁 선포 후 부산 지역 조직범죄 수사 책임자인 조범석 검사는 최익현과 최형배 세력에 강력한 위협을 가하는 존재로 다가가는데, 어떤 연줄이나 돈도 여자도 통하지 않는 통에, 나쁜 놈들 사이에서는 해방 이래 최고 악질 검사로 불리기는 하지만 법대로 하는 원칙과 소신을 가진 조 검사에게는 화장실에서 엉덩이를 발로 차이기도 한다. 그러나 익현에게는 범죄와의 전쟁 일제 검거를 피하기 위해 매달릴 곳은 조 검사뿐이다.

8 『노리개』

최승호 감독이 열혈 기자 이장호 역의 마동석, 여자 검사 김미현 역의 이승연, 여자 배우 정지희 역의 민지현을 주연으로 하고, 판사 역의 서태화, 신문사 대표 현회장 역의 기주봉, 유명 여배우 고다령 역의 이도아를 조연으로 해서 2013년 4월 18일 개봉하고, 2013년 9월 12일 재개봉한 영화이다.[27)]

스타 배우가 되리라는 나름대로의 꿈을 갖고 연예계에 입성하지만 부패한 권력과 비리에 희생당하고 마는 한 여배우의 기구한 죽음 앞에서 물불 안 가리는 한 열혈 기자와 정의를 실현시키고자 하는 여검사가 숨기고픈 불편한 진실을 좇아 거대 권력 집단과 정의의 싸움을 벌인다. 실제 현실 세계에서 이뤄지고 있는 연예계 성상납 문제, 더 나아가 약자를 향한 잔혹한 살인행위 등 실제 연예계에 팽배한 부조리한 일탈 행태를 낱낱이 고발하며 불편한 진실을 적나라하게 파헤친다.

어느 날 신인 여배우인 정지희가 자살을 한 채 발견된다. 가족들은 이 자살이 그녀의 소속사 대표의 부당한 대우에서 비롯되었다고 주장하면서 소속사 대표를 고발한다. 가족들의 주장에 의하면 소속사 대표는 정지희가 자신이 시키는 대로 하면 성공할 수 있다고 현혹한 뒤 정·재계의 고위층들에게 성상납을 하도록 강요하고 협박했다는 것이다. 성상납을 강요하는 대사 중에는 "니가 줄 건 줘야 받을 수 있는 것이다."라는 말도 나온다. 정지희는 위약금으로 자기가 받은 돈의 30배나 물어 주어야 하기 때문에 이러지도 저러지도 못 하는 안타까운 상황에서 그의 강요

27) http://movie.naver.com/movie/bi/mi/basic.nhn?code=97672

를 들어 줄 수밖에 없었다는 것이다.

배우를 꿈꾸던 정지희를 벼랑 끝에 서게 만든 장본인으로 고소당한 피고 현 회장은 신문사 대표라는 지위에 기대 시종일관 위선적인 태도를 고수하는 것은 물론, "그래 봐야 계집 하나 아니요?"라는 막말 대사까지 내뱉는다.

정지희가 생전에 잘나가는 스타 영화배우가 되기 위해 겪었던 일들을 제보받은 모 방송국 해직 기자 출신인 이장호는 이 자살 뒤에 도사리고 있는 불편한 진실을 캐기 위해 동분서주한다.

희생된 여배우 정지희를 둘러싼 사건은 진실을 밝히고자 하는 여검사와 "그까짓 여배우 하나가 뭐 그리 대단해!"라고 내뱉으며 진실을 끝까지 은폐하려는 비리 변호사를 대립의 축으로 재판이 진행된다. 하지만 무엇보다 이 사건이 쉽지 않은 이유는 언론사 사주, 소속사 대표, 드라마 PD 등 기소된 피고인들이 모두 사회적 지위와 권력을 소유한 자들이라는 점이다. 특히 이 사건과 관련된 부끄럽고 부정한 일들을 덮고 은폐하려는 권력층의 더럽고 치졸한 행동 또한 점차 수위를 높여 나간다.

이에 맞서서 반드시 밝혀져야 할 진실을 위해 고군분투하는 여검사 김미현은 열혈 기자 이장호, 인기 여배우 고다령 등 여러 인물을 검찰 측 증인으로 신청하며 거대 권력과 싸워 나간다. 열혈 기자 이장호는 희생된 여배우의 전 매니저, 가족들을 직접 발로 찾아다니며 사라진 여배우의 다이어리를 집요하게 추적한다. 또한 인기 여배우 고다령은 김미현 검사의 끈질긴 설득으로 마지막 공판에서 법정에 출두, 그녀가 목격한 충격적 현장을 증언한다.

9 『돈의 맛』

임상수 감독이 백씨 집안의 은밀한 뒷일을 도맡아 하며 돈맛을 알아가는 비서 주영작 역의 김강우, 돈에 중독되어 살아온 자신의 삶을 모욕적으로 느끼는 윤 회장 역의 백윤식, 돈으로 지배하는 재벌 백씨 집안의 탐욕스러운 안주인 백금옥 역의 윤여정, 주영작에게 묘한 감정을 느끼며 다가가는 윤 회장의 장녀 나미 역의 김효진, 윤 회장이 생의 마지막 사랑으로 택한 하녀 에바 역의 마오이 테일러를 주연과 조연으로 해서 2012년 5월 17일 개봉한 영화이다.[28]

이 영화는 돈의 맛에 푹 빠져 스스로 모욕적인 삶을 살아왔다고 자책하던 윤 회장이 자신의 마지막 사랑으로 외국인 출신 하녀를 택하며, 그녀와의 육체적 관계를 즐긴다. 또한 돈이면 안 되는 것이 없다는 신념을 가지고 재벌가의 표독스런 안주인으로 세상을 쥐락펴락하는 백금옥은 자신의 비서 주영작의 젊은 육체를 탐하며 그를 품는다. 본인이 원하는 건 뭐든 손에 넣고 자라온 재벌 2세 윤나미 역시 그녀의 어머니와 마찬가지로 주영작에게 육체적 갈망을 느끼며 그의 품속을 파고든다.

또한 백씨 집안 사람들은 정치하는 사람, 기업하는 사람들을 대상으로 검은 뒷거래를 해서 부정축재하는 일그러진 모습을 보이면서도 부끄러움을 전혀 모른다. 오히려 그것이 지극히 당연한 것으로 여기기까지 한다. 이와 같이 돈의 맛에 철저하게 지배당한 대한민국 최상류층의 얽히고설킨 권력과 그 속에서 꿈틀거리는 욕정, 그리고 집착의 관계들을 담은 숨겨진 이야기를 공개한다.

10 『13구역(*District 13*)』

피에르 모렐(Pierre Morel) 감독이 경찰 데미안 역의 시릴 라파엘리(Cyril Raffaelli), 레이토 역의 데이비드 벨(David Belle), 타하 역의 비비 나세리(Bibi Naceri), 로라 역의 대니 베리시모(Dany Verissimo) 주연으로 해서 2006년 8월 24일 개봉한 영화이다.[29)]

부패의 도시 13구역은 정부도 손을 쓸 수 없는 공권력의 사각지대이다. 그곳의 독재자 타하와 그로부터 도시를 구하려는 레이토는 서로를 제거하기 위해 호시탐탐 기회를 노리고 있다.

타하가 거래하던 엄청난 양의 마약을 훔쳐 달아난 레이토를 생포하기 위해 타하 일당은 레이토의 여동생인 로라를 납치하지만, 이를 눈치챈 레이토는 본거지에 먼저 잠입해 타하를 인질로 잡고 동생 로라를 구출해 구사일생으로 탈출한다. 레이토는 악명 높은 타하를 13구역 경계 부근에 위치한 경찰서에 넘기려 하지만 안정

28) http://movie.naver.com/movie/bi/mi/basic.nhn?code=84189
29) http://movie.naver.com/movie/bi/mi/basic.nhn?code=39804

된 은퇴를 꿈꾸는 부패한 경찰서장은 도리어 레이토를 감옥에 가두고 마약과 로라를 타하에게 넘겨 준다.

6개월 후, 핵미사일을 호송 중이던 군용 트럭이 13구역 부근에서 탈취당하는 사건이 발생하고, 국방부는 13구역의 타하를 배후 인물로 지목하게 된다. 48시간 안에 핵미사일을 해체하지 않으면 파리 전역이 불바다가 될지도 모르는 초유의 사태에 직면한 국방부는 최정예 특수요원 데미안에게 핵미사일 해체라는 특명을 부여하고 위험지역인 13구역으로의 안전한 잠입을 도와 줄 유일한 인물로 감옥에 수감 중인 레이토를 선택한다.

동생 로라를 타하로부터 구해야 하는 레이토와 미사일 해체 임무를 완수해야 하는 데미안은 서로를 믿지 못하지만 각자의 목적을 위해 둘은 일단 손을 잡기로 하고 타하의 본거지에 함께 침투하게 된다. 한편 13구역을 폭파하려는 정부 음모의 서막이 올라가고 있는 것이다.

11 『13구역: 얼티메이텀(*Banlieue 13: Ultimatum*)』

패트릭 알레산드랭(Patrick Alessandrin) 감독이 경찰 데미안 역의 시릴 라파엘리(Cyril Raffaelli)와 레이토 역의 데이비드 벨(David Belle)을 주연으로 하고, 대통령 역 필립 토레톤(Philippe Torreton), 월터 가스만 역의 대니얼 듀발(Daniel Duval), 그리고 타오 역의 엘로디 영(Elodie Yung)을 조연으로 해서 2009년 4월 16일 개봉한 영화로,[30] 앞서 출시된 『13구역』의 후속작이다.

13구역은 정부의 철저한 격리로 범죄자들과 타락한 경찰의 공간이 되어버린다. 새로운 정부가 들어섰지만 변화는 없었다. 13구역은 여전히 법도, 정의도 없이 이곳을 지배하는 5개의 조직이 각자 자신의 구역을 삶의 터전으로 삼아 위험하고 아슬아슬한 공생 관계를 유지하고 있었다.

어느 날, 13구역에서 경찰이 무참히 살해당하는 사건이 발생하면서 분노한 국민들은 13구역을 완전히 없애버리자는 여론으로 들끓었고 13구역은 폭동에 휩싸였다. 하지만 유일하게 경찰 데미안과 13구역에서 희망을 보며 살아가는 레이토는 본

30) http://movie.naver.com/movie/bi/mi/basic.nhn?code=52307

능적으로 그것이 정부의 은밀한 계획임을 눈치챈다. 곧바로 그들은 자신의 목숨을 노리는 알 수 없는 정부 세력에 의해 쫓기게 된다. 부패할 대로 부패해진 정부와 경찰 그 어느 것도 믿을 수 없는 상황에서 그들은 13구역의 5개 조직과 의기투합해 24시간이라는 한정된 시간 내에 지도상에서 사라질 위기에 빠진 13구역을 구하는 노력을 통해 정부의 음모에 맞서 나간다.

12 『브릭 맨션: 통제불능 범죄구역(*Brick Mansions*)』

카밀 들라마레(Camille Delamarre) 감독이 데미안 콜리어 역의 폴 워커(Paul Walker), 리노 역의 데이비드 벨(David Belle), 그리고 트레민 알렉산더 역의 르자(RZA)를 주연으로 하고, K2 역의 고치 보이(Gouchy Boy)와 롤라 역의 카탈리나 데니스(Catalina Denis)를 조연으로 해서 2014년 8월 27일 개봉한 영화로,[31] 프랑스 영화 『13구역』의 미국판이다.

경찰도, 군대도 접근할 수 없는 범죄구역 '브릭 맨션'이 영화의 배경이다. 범죄구역 '브릭 맨션'은 2018년 미국의 디트로이트 시에서 강력 범죄자들을 관리하기 위해 장벽을 세워 만든 가상의 격리 도시로, 바로 이 도시에 사상 최악의 핵폭탄이 설치된 것이다.

48시간 안에 폭탄을 해체하지 못하면 디트로이트 시 전체가 사라질지도 모르는 일촉즉발의 상황에 정부는 특수요원 데미안에게 '브릭 맨션' 잠입을 지시한다. 그 누구도 성공하지 못했던 잠입 작전을 위해 데미안의 파트너로 선택된 인물은 '브릭 맨션' 출신의 범죄자 리노이다. 리노는 브릭 맨션을 장악하고 있는 트레민 일당에게 반기를 들었다가 누명을 쓴 자로 인질로 잡혀 있는 애인 롤라를 구하기 위해 데미안과 손을 잡는다.

범죄자라면 치를 떠는 데미안과 정부를 믿지 못하는 리노는 사사건건 대립하지만, 도시를 파괴하려는 트레민을 잡겠다는 목적 하나로 의기투합해 결국 브릭 맨션 잠입에 성공한다. 그리고 데미안과 그의 파트너 리노가 폭탄의 위치를 확인하는 순간, 이제 폭발까지 남은 시간은 단 48분이다. 하지만 이것이 끝이 아니다. 브릭 맨

31) http://movie.naver.com/movie/bi/mi/basic.nhn?code=115503

션의 폭탄 해체 임무와 트레민 검거 뒤에는 데미안과 리노가 상상치도 못한 거대 음모가 도사리고 있다.

13 『투캅스』

1993년 12월 28일 개봉된 부패한 경찰상을 잘 보여 주는 영화로 강우석 감독이 제작했으며, 조 형사 역으로 안성기, 강 형사 역으로 박중훈, 수원 역으로 지수원 등이 출연했다.[32] 안성기는 고참 형사로 신참 형사인 박중훈과 파트너가 되어 온갖 사건에 끼어들면서 비리와 부패의 상징적 역할을 수행한다.

파트너인 김 형사와 환락가를 누비고 다니던 조 형사는 불법 영업을 하는 가라오케에 있다가 시경 검찰반의 급습으로 적발당한다. 그러나 징계위원회에서 눈에 띄게 부를 축적해 둔 김 형사는 파면당하지만 서민 아파트에서 가난하게 혼자 살고 있는 조 형사는 경고 처분만 받는다.

이 사건으로 조 형사는 경찰학교를 수석으로 졸업한 신참 형사를 새로운 파트너로 맞게 된다. 그러나 조 형사는 자신의 삶에 예기치 않은 복병을 만나게 된다. 자신의 새로운 파트너가 된 강 형사가 매사에 정석대로 그리고 원칙대로 대쪽 같은 경찰정신을 주장하면서 일을 처리하려고 해서 항상 적당히 그러면서 능청스럽게 세상사를 잘 적응해 가던 조 형사는 곤란을 겪게 된다. 조 형사는 강 형사의 원리원칙에 질려 “대통령은 뭐한다냐! 저런 놈 청와대로 안 보내고!” 하며 어려움을 호소하기까지 한다.

조형사는 하는 일마다 원리원칙을 내세우며 반발하는 강 형사를 자기 편으로 만들어 예전 같은 시절로 돌아갈 궁리를 하던 어느 날 강 형사 앞에 수원이라는 여자가 찾아와 정체 불명의 괴한들에게 협박을 받고 있다면서 도움을 요청한다. 결국 강 형사는 영문도 모르는 채 사건의 실체를 파악하기 위해 수원의 집을 방문하고 협박 전화에 시달리는 그녀의 모습을 확인한다. 두 형사 사이에 갑자기 등장한 미모의 여인 수원으로 인해 사건은 갑자기 엉뚱한 방향으로 전개되기 시작한다.

연쇄살인 사건이 일어나 수원이 살인범의 희생양으로 걸려든다. 이에 강 형사

---

32) http://movie.naver.com/movie/bi/mi/basic.nhn?code=13633

는 범인을 추적하고 수원을 보호하다가 그녀를 사랑하게 된다. 강 형사는 호스티스인 수원을 붙들고자 선배 조 형사와 같이 타락의 길을 걷는다. 조 형사는 "남들 10년 걸려 타락하는 걸 열 달도 안 된 놈이 다 배워 처먹어?"라는 식으로 비아냥거린다.

강 형사가 카지노에서 지원 요청을 안 해도 되냐고 물을 때 조 형사는 "나 혼자 해먹기도 바빠!"라며 너스레를 떤다.

테이프 장사와 만난 조 형사와 강 형사. 조 형사가 테이프 장사에게 "요즈음 집적거리는 놈들 없지?" 하며 테이프 장사를 걱정해 주는 것처럼 묻는다. 앞에 놓인 테이프를 강 형사가 값을 안 치르고 가지고 가자 조 형사가 "얼마요?" 하고 묻는다. 테이프 장사가 "2,500원입니다" 하니까 "뭐 이리 비싸!" 하고 놀라는 표정을 짓는다. 그러자 테이프 장사는 "아니 왜 이러십니까? 제 마음의 표시이니 그냥 가져가세요!"라고 말한다. 그 말을 듣고 조 형사가 그냥 테이프를 가져가니 "아니 저것들이 정말!" 하며 분을 삭인다.

조 형사는 식사를 잘 한 후 "우흠… 음! 강 형사 잘 먹었어…" 하고 강 형사의 눈치를 살핀다. 아니나 다를까 강 형사가 자기 것만 계산하고 나가자 조 형사 바로 "저런 치사한 자식" 하며 비난한다.

이러한 대화 내용에서 조 형사의 세태에 젖은 유들유들하고 능글맞고 파렴치한 행태를 그대로 읽을 수 있다. 이와 같이 서민들의 것까지 갈취하는 조 형사의 행태를 통해 이 영화는 경찰의 비리상을 다각적으로 투영하고, 이러한 비리가 바로 시민 곁에 항상 존재할 수 있음을 주지시키고 있다는 데서 나름대로의 의미를 부여할 수 있다.

이러한 제작 동기가 맞아떨어졌는지 영화 관람객들에게 많은 공감을 얻었고 그 결과 『투캅스 2』, 그리고 1998년에 개봉한 김상진 감독의 『투캅스 3』가 출시되기도 했다.

14 『공공의 적』과 『주유소 습격사건』

강우석 감독이 2002년에 제작 출시한 『공공의 적』은 강철중 역의 설경구, 조규환 역의 이성재 등이 출연한 영화[33]로서, 앞의 『투캅스』와 같이 비리 경찰상을 잘 보여 주고 있다.

범죄꾼들에게서 압수한 마약을 빼돌려 한몫 챙기려 하고 온갖 저질적 행동을 통해 악질 형사로 명성을 날리는 강철중을 통해 이 영화는 경찰이라는 관료조직의 일그러진 어두운 일면을 보여 준다. 또한 강철중보다 악행에서 한 수 더 위인 패륜아 펀드매니저 조규환을 뒤쫓는 강철중의 이전투구(泥田鬪狗)적 사투(死鬪) 과정을 통해 경찰조직의 비합리성과 폭력성을 간접적으로 투영해 내고 있다.

이와 같은 맥락에서 제작된 또 다른 영화로는 『주유소습격사건』을 들 수 있는데, 이것은 김상진 감독에 의해 1999년에 출시된 영화로,[34] 주유소를 거쳐 가는 공짜 좋아하는 일그러진 경찰상을 잘 투영해 주고 있다.

15 『공공의 적 2』

이와 같은 주제를 담고 있는 영화로 2005년에 개봉된 『공공의 적 2』도 빼놓기 어렵다. 이 영화는 강우석 감독이 메가폰을 잡고 강철중 역의 설경구와 한상우 역의 정준호를 주연으로 해서 2005년에 개봉한 영화이다.[35]

상관을 비롯해 남을 의식하지 않으면서 자기 멋대로 행동하면서 어느 정도는 속세에 적당히 물든 다혈질이지만 유능한 민완 강력계 검사 강철중과 겉으로는 사학을 운영하는 명선재단 이사장이라는 허울 좋은 간판을 내걸고 온갖 비행을 서슴지 않는 냉혈한이며 존속살해 패륜아인 한상우와의 맞대결을 통해 과연 돈과 권력을 가진 군상들이 펼치는 일그러진 잘못된 일면을 알기 쉽게 투영해 주고 있다. 좀 더 이해를 돕기 위해 영화의 내용을 살펴보기로 하자.

『공공의 적』에서는 형사로 나왔지만 『공공의 적 2』에서는 검사로 나오는 강철중은 뻔뻔하고 다혈질적인 성격을 그대로 반영이나 하듯이 자기 담당도 아닌 명선재단 이사장 사건을 조사하기 시작한다. 강철중이 이렇게 이 사건에 관심을 가지고

33) http://movie.naver.com/movie/bi/mi/basic.nhn?code=32610

34) 이 영화는 김상진이 감독을 하고 이성재(노마크 역), 유오성(무대포 역), 강성진(딴따라 역), 유지태(페인트공 역), 박영규(사장 역) 등이 출연했다. http://movie.naver.com/movie/bi/mi/basic.nhn?code=25970

35) http://movie.naver.com/movie/bi/mi/basic.nhn?code=39482

덤벼드는 이유는 바로 명선재단에서 운영하는 명선고교가 자신의 모교일 뿐만 아니라 학교 재단이사장의 둘째아들인 한상우 역시 자신과 같은 반에서 수학한 동기 동창이었기 때문이다.

더욱이 재단을 물려받기로 되어 있던 명선재단의 큰아들이 사고로 인해 식물인간 상태로 있고, 그 식물인간 상태로 있게 한 사고에 대한 의문이 제기되고 바로 이 사고의 배후에 이 재단을 큰형이 없으면 물려받기로 되어 있는 한상우가 있었기 때문이다.

한상우의 냉혈한적이고 막돼먹은 사람됨을 나타내기 위해 이 영화에서는 살인을 죄의식이나 양심의 가책 없이 마음대로 식은 죽 먹듯 하는 몇 개의 사례를 보여주고 있다.

첫째 사례로 쓰레기를 길거리에 함부로 왜 버리느냐고 힐난하는 환경미화원을 망설임이나 주저함도 없이 자기의 기분을 상하게 했다는 이유 하나만으로 자기의 차량으로 치어 죽이는 장면이다. 또 다른 사례는 자기 형을 그렇게 했듯이 강철중 검사 아래에서 일하고 있는 검찰 수사관을 살인청부업을 하는 오토바이 폭주족을 시켜 양심의 가책 하나 없이 살해하는 장면이다. 그리고 언제 그런 일이 있었느냐는 식으로 후안무치의 행동을 서슴지 않는 장면이다. 이러한 장면들을 통해 막돼먹은 인물이 바로 한상우라는 점을 이 영화는 분명히 보여 주고 있다.

다시 본론으로 돌아와서 강철중과 한상우는 학교 동창이라는 인연과 검사와 참고인으로서 대면하며 큰형 살해미수사건의 교사범이라는 연결고리를 통해 결국 이 둘을 대결 국면으로 몰아간다. 철저하게 파격적이고 예측 불허이면서 안하무인격인 수사를 통해 강철중은 한상우를 막다른 골목으로 몰아붙이고 한상우는 이에서 벗어나기 위해 정치인을 돈으로 매수하고 자기에게 혐의의 올가미를 씌울 가능성이 있는 모든 걸림돌을 거침없이 제거하는 데 수단과 방법을 가리지 않는다. 그럼에도 불구하고 결국 강철중은 한상우의 폭력과 살인교사 혐의, 사학재단의 돈을 해외로 빼돌리기, 그리고 거액의 로비 및 정치자금 등의 사용을 은폐, 은닉하기 위해 저지른 다른 여죄들을 입증하며 한상우를 법의 심판대에 세우게 된다.

이 영화는 이러한 내용을 통해 많은 선량한 사람들의 희망과 살맛을 앗아가면서까지 수단과 방법을 가리지 않고 얻은 돈이나 권력을 가지고 사회를 자기 마음대로 떡 주무르듯 하는 소위 가진 자들, 이름하여 공공의 적인 상류층의 이중적이고 치졸한 행태를 적나라하게 드러내 보인다.

다른 한편으로는 정의를 앞세우는 공권력의 상징인 검찰의 다른 일면을 "할 말 못 하고 할 도리 못 하면 검사질 안 한다."는 저돌적이고 비타협적인 강철중 검사를 통해 보여 줌은 물론 그의 그러한 행동을 뒤에서 후원하는 제대로 된 검찰상의 본보기인 부장검사를 통해 권력기관에 정의로움이 존재함도 보여 준다.

16 『가문의 위기』

이와 같은 주제를 담고 있는 영화로 2005년에 개봉된 『가문의 위기』 역시 빼놓을 수 없다. 이 영화는 『가문의 영광』 이후 3년 만에 등장하는 속편으로 전편이 서울대 출신의 엘리트 사위를 맞이하면서 벌어지는 이야기인 반면, 속편은 서울지검 강력계 검사 며느리를 맞이하면서 벌어지는 여수 조폭 집안의 좌충우돌 소동을 코믹하게 그렸다. 감독은 정용기가 맡았으며, 여검사 역에 김원희가, 그녀와 사랑에 빠지는 맏형 장현재 역에 신현준이, 그리고 이들 세 형제의 어머니이자 백호파 대모 홍덕자 여사 역에 김수미가 출연했다.[36]

이 영화에서도 서로 잘 조화되기 어려운 범죄조직의 두목인 장현재와 서울지검 강력계 검사 며느리의 만남과 사랑을 통해 일상을 벗어나는 파격에서 오는 또 다른 맛을 시도했다.

이 영화에서 권력기관의 검사가 사랑하는 사람을 자기의 사람으로 만들지 못할 때 생기는 질투심과 배신감이 자신의 판단을 흐리게 해서 결국 자신을 파멸로 몰아넣고 만다는 간단하면서도 명백한 진리를 다시금 보여 주고 있다.

이 영화에서 봉 검사는 범죄조직의 두목이 사랑하는 여인인 같은 동료검사 김원희를 짝사랑하게 된다. 그는 김원희에게 사랑과 결혼을 구애해 보지만 김원희의 관심을 끌지 못한다. 깊은 번뇌와 좌절을 느끼고 있던 봉 검사는 자기가 사랑하는 여인이 범죄조직의 두목을 사랑하고 있다는 사실을 알게 된다. 그는 사랑하는 여인에게서 버림받았다는 아픈 마음에서 범죄조직의 두목인 장현재를 증오하고 질투하게 된다.

36) http://movie.naver.com/movie/bi/mi/basic.nhn?code=41438

결국 그는 가서는 안 되는 길을 가고야 만다. 즉, 장현재가 두목으로 있는 백호파와 대립하고 있던 도끼파의 두목과 해서는 안 되는 뒷거래를 은밀하게 하게 된다. 장현재를 처치해 주면 도끼파에게 그에 상응하는 보답을 하겠다는 것이다. 이 제안을 받아들인 도끼파 두목은 함정을 파놓고 장현재를 끌어들여 결국 경찰에 체포되도록 만든다. 궁지에 몰린 장현재는 자신의 가족과 조직을 보호하기 위해 모든 것이 자신의 책임이라고 말한다. 그러나 봉 검사에 의해 이미 손발을 맞춘 경찰과 검찰의 수사관들은 장현재를 더욱 궁지로 몰아넣고 결국 법정에 세운다.

장현재의 애인이었던 지검 여검사는 사표를 내고 장현재의 변호인으로 스스로 나서면서 장현재를 감싼다. 여검사의 노력으로 봉 검사와 도끼파 두목과의 더러운 거래 내용이 백일하에 드러나게 되고, 결국 장현재는 무죄 석방이 되고 범죄조직과 공인으로서 한 걸음 더 나아가 검사라는 공직을 사유화한 봉 검사는 사법 처리된다.

이 영화는 봉 검사를 통해 권력기관의 공직자가 자신의 개인적인 사심 때문에 자신이 가진 권력을 이용해 사회적으로 해악을 끼칠 수 있다는 메시지를 던져준다.

17 『뱅크 잡(*The Bank Job*)』

로저 도널드슨(Roger Donaldson) 감독이 테리 레더 역의 제이슨 스테이섬(Jason Statham), 마틴 러브 역의 새프론 버로즈(Saffron Burrows), 케빈 스웨인 역의 스티븐 캠벨 무어(Stephen Campbell Moore) 등을 주연으로 해서 1971년 런던 로이드은행에서 발생해 현재까지도 미해결 사건으로 남아 있는 은행 강도사건을 바탕으로 한 실화를 영화화해서 2008년에 개봉한 영화이다.[37)]

영국의 카 딜러 테리 레더는 옛 애인이자 아름다운 모델 출신인 마틴 러브로부터 경보장치가 24시간 동안 해제되는 로이드은행을 털자는 제안을 받는다. 일생일대의 절호의 기회라고 판단한 테리는 포르노 배우 데이브, 사진작가 케빈, 콘크리트 전문가 밤바스, 양복 재단사 가이, 새 신랑 에디를 불러모으고 범행을 모의

37) http://movie.naver.com/movie/bi/mi/basic.nhn?code=69776

한다.

평범하게 살아가던 아마추어 7인은 이러한 범행 모의에 의기투합하게 되고, 이들은 13m의 지하 터널을 뚫고 은행에 도착한다. 그런 후 전문가 못지않은 실력으로 수백 개의 금고에 보관 중이던 돈과 보석을 챙겨 400억 원의 짜릿한 한 탕에 성공한다. 그러나 이들의 뒤를 쫓는 것은 경찰만이 아니라 MI5와 범죄 조직까지 끼어 있다는 것을 알게 된다. 이들은 자신이 훔친 것 중에서 돈 이외에도 무언가 더 있다는 사실을 알게 된다.

MI5가 이들을 잡기 위해 혈안이 된 이유는 왕실의 공주가 외도를 하고 또 영국의 명망 높은 상원의원이 매춘부들과 문란하고 변태적인 성행위를 하는 장면 등이 담긴 사진이 금고에 보관 중이다가 이들에게 털리게 되었기 때문이다. 만약 이것이 외부로 노출되어 대서특필될 경우 영국 왕실의 체통은 하루아침에 쓰레기통에 던져지는 꼴이 될 뿐만 아니라 스캔들로 비화되어 영국 왕실을 두고두고 난처하게 만들 가능성이 있었다. 그리고 지체 높은 상원의원의 변태적이고 문란한 성행위 장면이 담긴 사진의 외부 유출은 정치적 명망과 야심을 가진 상원의원 개인의 체면 상실뿐만 아니라 영국 의회의 권위를 실추시킬 수 있는 사건이 될 수도 있으며, 문제가 된 상원의원 역시 MI5에 압력을 넣어 외부 노출이 되기 전에 스캔들을 덮어버리려는 노력을 기울였기 때문이다.

또한 범죄조직이 혈안이 되어 이들을 찾는 이유는 조직의 보스가 정기적으로 관할 경찰들에게 갖다 바친 뇌물 명세를 적어둔 장부를 금고 속에 보관하다가 이들에게 털리게 되었기 때문이다. 조직의 보스는 보스대로 또 뇌물을 받아먹은 경찰은 경찰대로 이 장부가 외부에 폭로되기 전에 손에 넣어 덮어버릴 심산으로 이들을 잡으려고 했다.

이 영화에서 보여 주려고 한 것은 왕실이나 고위급 정치인들로 표현되는 상류층의 일탈행위와 범죄조직과 경찰과의 더럽고 추한 유착 관계이다. 존엄한 존재로 국민에게 사랑과 신뢰를 듬뿍 받아야 할 왕실이 뒷구멍으로는 이러한 허접스런 일들을 벌이고 있고, 존경받아야 할 고위급 정치인이 매춘부들과 놀아나는 잘못된 일탈적 작태를 꼬집으면서 다른 한편으로는 이러한 일들을 자신의 직위와 권력을 빌려서 은닉하고 엄폐하기 위해 국가정보기관까지 동원하는 그릇된 행위를 고발하고 있다.

또한 흥미로운 점은 당시 수백 개의 은행금고가 털렸지만, 100명 이상의 금고 주인들이 분실품 확인을 거부했다는 사실이다. 떳떳하지 못하게 비정상적으로 긁어모은 돈이나 보석일 수 있기 때문이거나 영국 왕실이나 상원의원의 일그러진 자화상을 이 영화를 통해 실감 있게 볼 수 있었듯이 세상에 드러나면 좋지 않을 자료나 사진 등이 있어서 그렇게 했던 것이 아닌가 추측할 수 있다.

어쨌든 상류층의 비뚤어진 어두운 일면을 이 영화는 실화에 근거해 잘 투영해 주고 있다. 그리고 여기에서 한 걸음 더 나아가 범죄조직과 경찰과의 더럽고 추한 유착 관계와 먹이사슬 관계를 적나라하게 드러내놓고 있는 것도 이 영화가 던지는 또 다른 메시지이다.

범죄조직의 뒷일을 보아 주고 그 대가로 검은 돈을 받아 뇌물 명단에 올라가 있는 부패한 경찰들의 범죄 은닉을 위한 더러운 짓거리 역시 자기 손에 쥐어진 공권력을 자신의 탐욕과 이를 은닉하는 데 그릇되게 사용하는 부패한 관료들의 행태로 가감 없이 이 영화에서 잘 드러내 보여 주고 있다.

18 『트레이닝 데이(*Training Day*)』

미국판 『투캅스』라고 할 수 있는 안톤 후쿠아(Antoine Fuqua) 감독이 2001년 출시한 영화[38)]로, LA 경찰청 13년 근무 경력의 베테랑 마약 수사관 알론조 해리스(Alonzo Harris) 경관 역의 덴젤 워싱턴(Denzel Washington)과 제이크 호이트 역의 이단 호크(Ethan Hawke)를 주연으로 해서 자신에게 주어진 권력을 이용, 오히려 불법을 자행하면서 필요악이라는 명분으로 모든 걸 합리화하는 부패한 경찰상을 잘 묘사해 내고 있다.

또한 이러한 조직적 그리고 인간적 연계를 통해 부패한 경찰문화에 찌들고 물들어 가는 알론조 밑에 하룻동안 현장 수사에 대한 트레이닝을 받기 위해 새로 들어온 젊고 혈기왕성한 신참 제이크 호이트의 내면적 갈등 과정과 이를 통해 결국 파국의 상황으로 치닫는 결과를 통해 그릇된 거대 관료조직 문화와 행태의 무거운

38) http://movie.naver.com/movie/bi/mi/basic.nhn?code=32240; http://movies.yahoo.com/movie/1807432836/info

압력을 느끼게 해 준다.

19 『나쁜 녀석들(*Bad Boys*)』

이와 비슷한 주제로 구성된 영화로 『나쁜 녀석들』을 꼽을 수 있는데, 이 영화는 마이클 베이(Michael Bay) 감독에 의해 1995년에 제작 출시되었으며, 마이크 로리(Mike Lowrey) 형사 역의 윌 스미스(Will Smith)와 마커스 버넷(Marcus Burnett) 형사 역의 마틴 로렌스(Martin Lawrence)가 형사로 출연해 주연을 맡고, 있고 줄리(Julie Mott) 역의 티 레오니(Tea Leoni), 에디 도밍게즈(Eddie Dominguez) 역의 엠마뉴엘 주에렙, 프랜신(Francine) 역의 안나 레빈, 푸쉐(Fouchet) 역의 체키 카요(Tcheky Karyo) 등이 조연을 맡고 있다.39)

경찰의 증거 보관 창고에서 1억 원 상당의 헤로인이 사라지는 사건이 벌어지자 치민 반장은 미국 연방수사국(FBI)으로 넘어가기 전까지 72시간 내에 자체적으로 물건을 찾아 갖다놓을 생각으로 로리와 버넷 두 형사에게 사건을 맡기게 된다.

단서를 찾아 수사를 하던 도중에 버넷 형사는 콜걸인 줄리가 자신의 동료인 맥스와 함께 범인 일당에게 일하러 갔다가 맥스가 일당에게 살해되어 그 자신도 쫓기고 있다는 내용의 전화를 받게 된다. 이를 계기로 수사는 급진전되고 맥스와 함께 살해된 남자가 전직 경찰 도밍게즈이며 그의 애인이었던 마약계 여직원 프랜신이 애인의 협박으로 정보를 빼내 주었고, 그가 전문 마약 거래상인 푸쉐 일당과 함께 경찰 보관창고의 마약을 훔쳐냈다는 사실이 밝혀지면서 사건의 실마리가 서서히 풀린다.

여기에서 우리가 주목해 보아야 할 점은 전직 경찰이 자신의 본분을 망각하고 마약 범죄조직과 거래를 위해 마약을 훔쳐내려고 했다는 점과 이를 위해 자신의 애인이었던 마약계 여직원을 협박해 마약에 관한 정보를 빼내어 마약 범죄조직과 작당해 경찰이 보관하고 있던 마약을 훔쳐냈다는 사실이다.

전직 경찰 도밍게즈는 공직자로서 생각해서도 안 되고 더더욱 행동해서도 안 되는 자신의 탐욕을 채우기 위한 비행을 저지른 것이다. 자신의 탐욕스러운 목적을

39) http://movie.naver.com/movie/bi/mi/basic.nhn?code=17163

달성하기 위해 애인이었던 동료 경찰을 협박했을 뿐만 아니라 빼낸 정보를 가지고 범죄조직과 작당해서 경찰이 보관 중인 마약을 훔쳐낸 일은 어떠한 이유와 명분으로도 용납될 수 없는 부패행위이며 범죄행위이기 때문이다.

또한 애인의 협박에 굴복하고 자신의 직무상 정보를 제공한 마약계 여직원의 처신도 공직자로서는 바람직하지 못한 복무 태도라고 평가할 수 있다. 이러한 비행이나 비리가 공직자 사회에서 이뤄지게 된다면 마치 생선가게를 고양이한테 맡긴 것이나 별반 다를 바가 없는 형상이 되고 마는 것이다.

이 영화는 이러한 공직사회의 비리와 부패를 권력조직의 한 일각을 이루고 있는 경찰조직을 통해 날카롭게 조명하고 이를 만천하에 공개함으로써 우리에게 경종을 울려 주고 있다.

이 영화는 이러한 내용 외에 두 형사가 범죄조직을 일망타진하고 정의를 실현한다는 것을 주된 메시지로 보여 주기는 하지만 다른 한편으로는 이들이 사건을 수사하고 해결하는 과정에서 저지르는 그릇된 경찰상 역시 우리에게 경종을 던져 줄 만한 것이다.

2003년에 개봉된 『나쁜 녀석들 2(*Bad Boys II*)』[40] 역시 전편과 마찬가지의 거친 흑인 두 형사의 활약상을 보여 준다. 이것 역시 경찰의 어두운 일면을 간접적으로 투영해 주고 있다.

20 『머니 트레인(*Money Train*)』

조셉 루벤(Joseph P. Ruben)이 감독으로 1996년에 제작 출시한 『머니 트레인』도 우리에게 시사하는 바가 크다. 존(John) 역의 웨슬리 스나입스(Wesley Snipes), 찰리(Charlies) 역의 우디 해럴슨(Woody Harrelson), 미모의 여자 경찰 그레이스(Grace Santiago) 역을 맡은 제니퍼 로페즈(Jennifer Lopez)가 출연하는 이 영화는 경찰이 관련 업무에 언제든 부정과 비리를 저지를 수 있음을 보여 준다.[41]

즉, 도박 빚에 몰린 찰리가 지하철 경비를 맡고 있는 직분을 망각하고 지하철을

40) 1편과 마찬가지로 마이클 베이가 감독을 맡았고, 마틴 로렌스(마커스 버넷 형사 역), 윌 스미스(마이크 로리 형사 역) 등이 출연했다. http://movie.naver.com/movie/bi/mi/basic.nhn?code=34486

41) http://movie.naver.com/movie/bi/mi/basic.nhn?code=17178

통해 매일 수백만 달러의 교통 요금을 운송하는 머니 트레인 안에 든 현금을 탈취하려는 행동 등이 바로 그러하다. 이는 찰리의 도박중독증과 머니 트레인의 현금 탈취를 통해 경찰도 시민의 지팡이이기 이전에 범죄조직과의 야합이나 개인적 사리사욕을 취할 수도 있는 나약하고 추한 얼굴을 한 인간이라는 점을 시사해 줌으로써 경찰이 가질 수 있는 또 다른 얼굴, 즉 경찰의 어두운 일면을 잘 묘사해 준다. 또한 치안을 담당하고 있는 경찰이 잘못된 생각을 통해 그릇된 짓을 실제로 행할 경우 엄청난 피해를 시민들은 감수할 수밖에 없다는 점을 이 영화는 잘 전달하고 있다.

또한 이 영화는 전통적인 조직의 상하계층 간의 갈등 상황을 잘 재현하고 있다. 즉, 담당 상관 도널드 패터슨과 그의 부하인 존과 찰리와의 조직적 갈등이 바로 그러하다. 도널드 패터슨의 머니 트레인 안의 현금 안전에 대한 지나친 집착과 그에 상응한 부하들의 노고에 대한 무관심 등은 전형적인 권위적이고 자기중심적인 지도자상을 잘 보여 준다.

21 『L.A. 컨피덴셜(*L.A. Confidential*)』

커티스 핸슨(Curtis Hanson) 감독에 의해 1997년에 제작 출시된 『L.A. 컨피덴셜』 역시 이 점에서 우리에게 시사하는 바가 크다.42) 정의파 형사 버드(Bud White) 역의 러셀 크로(Russell Crowe), 신참 형사 에드(Ed Exley) 역의 가이 피어스(Guy Edward Pearce), 노련한 형사 잭(Jack Vincennes) 역의 케빈 스페이시(Kevin Spacey Fowler), 킴 베신저(Kim Basinger), 그리고 수사반장 더들리 스미스(Dudley Smith) 역의 제임스 크롬웰(James Cromwell), 수전(Susan Lefferts) 역의 엠버 스미스(Amber Smith), 버즈 믹스(Buz Meeks) 역의 대리얼 샌딘(Darrel Sandeen) 등이 출연하는 이 영화43)는 1950년대 로스앤젤레스(LA)를 무대로 돈과 마약 그리고 매춘을 매개로 형성되는 경찰과 언론, 언론과 마피아, 마피아와 경찰의 부패 고리의 진면목을 잘 표현해 내고 있다.

---

42) 제임스 엘로이(James Ellroy)의 『LA 범죄 소설 3부작』을 시나리오 작가 브라이언 헬겔란드와 커티스 핸슨 감독이 공동으로 각색해 아카데미 각색상을 수상했다. 『컨피덴셜』은 50년대를 풍미한 대중 통속 잡지의 이름이다.

43) http://movie.naver.com/movie/bi/mi/basic.nhn?code=18875

출세를 위해서는 비열한 짓도 서슴지 않는 신참 형사 에드, 옳은 일이라면 물불을 안 가리는 정의파 형사 버드, 그리고 처세에 능한 노련한 형사 잭 등 LA 시경 소속의 세 사람이 거대한 경찰, 언론 등 관료조직과 범죄조직에 맞서 벌이는 승부수는 살인, 음모, 배신, 로맨스가 거미줄처럼 얽히면서 우리 사회에서 벌어질 수 있는 모든 추악한 일면을 들춰내고 있다.

'할리우드 잭'이란 별명을 가진 형사 잭은 자신의 출세와 이익을 위해서는 무슨 일이든 마다하지 않는 매우 타락한 경찰로 묘사된다. 그는 타블로이드 잡지 편집장인 시드와 함께 특종감을 노리고 주(州) 검사에게 남창을 소개시키기까지 한다. 물론 이렇게 한 후 잭은 시드와 짜고 의도적으로 사건 현장을 덮쳐 특종 기사를 얻어내고 그에 따른 이익을 얻어내는 비열한 일면을 지닌 인물로 묘사된다. 공권력을 대변하는 경찰의 일그러진 모습이다.

또한 카페살인사건과 관련되어 체포된 세 명의 흑인 용의자는 이 사건과는 관련 없는 진범이 아니라는 사실을 알게 된 에드가 진실을 밝혀야 할지 고민하는 대목에서 희생양을 정해놓고 그들을 함정으로 몰아넣은 경찰이라는 거대 관료조직의 짜맞추기식 수사와 그 이면에 숨겨져 있는 음모의 일면을 보는 것 같아 마음이 씁쓸해지기도 한다. 또한 출세를 위해 동료까지 팔아먹는 에드를 보면서 타락한 인간상을 느낄 수 있다.

무엇보다 이 영화의 극적 전환은 수사를 총지휘했던 더들리 수사반장이 사건 배후의 몸통이었다는 사실이 밝혀지는 대목이다. 세 형사를 지휘하며 사건의 수사를 책임졌던 수사반장이 바로 최종적인 범인이었다는 사실이 오히려 믿기지 않는 것도 이 영화의 180도 극적인 구성의 백미를 더하게 한다.

더들리 수사반장의 실체는 버드에 의해 밝혀지게 된다. 수전의 집에서 버즈 믹스의 시체를 발견한 버드는 스탠스가 수전의 애인이었으며 과거에 믹스의 파트너였다는 사실을 알게 된다. 에드와 파트너가 된 잭도 믹스의 과거 사건 기록을 통해 스탠스의 파트너가 믹스였다는 사실을 알게 되고, 당시 사건 책임자이자 자신들의 상관인 더들리에게 이 사실을 통보하러 그를 찾아갔던 잭은 그에게 죽음을 당한다.

사건의 열쇠를 쥐고 있는 백만장자 피어스조차 살해되어 사건은 미궁 속에 빠져들지만 진실의 실마리는 더들리 반장의 입에서 나오게 된다. 그가 '롤로 토마시'라는 사람이 누구냐는 질문을 하게 되는데, 이 이름은 법망을 피해 범법을 저지르는 범인에 대해 에드가 지은 가명(假名)이었는데 이것은 잭만이 알고 있었다. 이를 통해 에드는 음모의 배후에 더들리 반장이 있음을 직감하게 되고 결국 진실의 실체는 밝혀지고 만다.

이 영화는 부패할 대로 부패한 경찰 내부의 어지러운 인간관계와 출세, 명예, 치부 등을 위한 타락한 인간 군상들의 추잡한 행태들을 적나라하게 묘사하고 있으며, 나아가 거대 경찰 관료조직의 어두운 일면을 잘 묘사해 내고 있다.

22 『갱스 오브 뉴욕(*Gangs of New York*)』

『갱스 오브 뉴욕』[44]은 마틴 스코세지(Martin Scorsese) 감독이 암스테르담 발론(Amsterdam Vallon) 역의 레오나르도 디카프리오(Leonardo DiCaprio), 제니 에버딘(Jenny Everdeane) 역의 카메론 디아즈(Cameron Diaz), 빌 더 부처(William Cutting: "Bill the Butcher") 역의 대니얼 데이 루이스(Daniel Day-Lewis), 프리스트 발론(Priest Vallon) 역의 리암 니슨(Liam Neeson), 해피 잭 역의 존 라일리(John C. Reilly) 등을 주연으로 해서 2002년 12월 20일에 개봉한 영화이다.[45]

1840년대 초 뉴욕의 월 스트리트의 비즈니스 지구와 뉴욕 항구, 그리고 브로드웨이 사이에 위치한 파이브 포인츠(the Five Points)는 뉴욕에서 가장 가난한 지역이며, 도박·살인·매춘 등의 범죄가 만연하는 위험한 곳이다. 또한 이곳은 항구를 통해 아메리칸 드림을 꿈꾸는 아일랜드 이주민들이 매일 수천 명씩 쏟아져 들어오는 꿈의 도시이기도 하다.

그러나 파이브 포인츠에 사는 정통 뉴요커들은 아일랜드 이주민을 침입자라 여기며 멸시한다. 결국 두 집단 간의 갈등은 전쟁을 불러일으키게 되고, 아일랜드 이주민의 존경을 받던 '데드 레빗 파(the Dead Rabbits gang)'의 우두머리 프리스트 발론은 '원주민 파' 빌 더 부처에게 죽음을 맞는다. 그리고 바로 눈앞에서 이 광경을 지켜본 그의 어린 아들 암스테르담 발론은 아버지의 복수를 다짐한다.

16년 후, 성인이 된 암스테르담은 복수를 위해 빌 더 부처의 조직 내부로 들어

44) 1928년 출간된 허버트 애즈버리(Herbert Asbury)의 동명 실화 역사책을 원작으로 했다.
45) 한국에서는 2003년 2월 28일 개봉되었다. http://movie.naver.com/movie/bi/mi/basic.nhn?code=32680

간다. 뉴욕을 무자비한 폭력과 협박으로 지배하며 파이브 포인츠 최고의 권력자로 성장한 빌 더 부처는 자신을 향한 음모를 까맣게 모른 채 암스테르담을 양자로 삼게 된다. 암살계획이 진행되고 있을 무렵, 암스테르담은 빌 더 부처의 정부(情婦)이자 소매치기인 제니 에버딘을 만나 한눈에 반하게 되고 처절한 복수와 이뤄질 수 없는 사랑의 소용돌이에 빠져들게 된다.

여기에서 빌 더 부처의 하수인 노릇을 하는 경찰관 해피 잭의 파렴치한 범죄행각은 이 당시의 경찰도 부패와 연관되어 있음을 알 수 있게 한다. 이 경찰관은 한때는 프리스트 발론의 부하였다가 그의 사후 빌 더 부처에게 몸을 의탁한 변절자로서 그의 이러한 인품은 빌 더 부처의 후광으로 경찰관이 된 이후 공직자의 부패의 표상인 듯 온갖 악행을 저지른다. 협박 공갈을 통해 힘없는 이민자들의 재물을 갈취하고 빌 더 부처의 수족이 되어 그의 모든 범죄적 악행을 앞서서 저지르고 다닌다.

이 영화는 부패한 정치가들의 추잡한 행태에 덧붙여 이렇듯 타락한 경찰상을 통해 그 당시 경찰이나 합법적 권력을 쥐고 있는 자들의 악행을 우리에게 보여 주고 있다.

23 『피스메이커(*The Peacemaker*)』

미미 레더(Mimi Leder) 감독이 토머스 드보(Thomas Devoe) 대령 역의 조지 클루니(George Clooney), 줄리아 켈리(Julia Kelly) 박사 역의 니콜 키드먼(Nicole Kidman)을 주연으로 하고, 두산 가브리치 역의 마르첼 유레스(Marcel Iures), 드미트리 베르티코프 역의 아민 뮬러 스탈(Armin Mueller-Stahl) 등을 조연으로 해서 1997년 11월 8일 개봉한 영화이다.46)

러시아의 외진 탄광촌에서 불가사의한 거대한 폭발이 일어난다. 핵폭탄을 폐기하기 위해 폐기장까지 러시아 부대가 기차로 운반하던 핵무기가 갑자기 반대편에서 달려오던 기차와 정면 충돌해 폭발한 것이었다. 이 핵폭발 사건은 국제적인 사건으로 번져 전 세계가 긴장하는 가운데 상호 충돌해 폭발한 기차를 둘러싼 조사

46) http://movie.naver.com/movie/bi/mi/basic.nhn?code=18586

결과 기차에 실려 있던 핵무기가 어느 조직에 의해 계획적으로 탈취되었다는 내용이 밝혀진다.

백악관 자문위원인 핵물리학자 줄리아 켈리는 졸지에 백악관의 핵무기 단속반의 총책임자로 파견되고, 즉시 그녀를 돕기 위해 미 육군 특수정보국 소속의 토머스 드보 대령이 파견된다. 원리원칙을 추구하는 켈리 박사와 현실적인 드보 대령은 한 팀이 되어 핵무기 회수를 위해 동유럽 테러단체들을 하나씩 찾아낸다.

그러나 동부 유럽에서 이란으로 넘어가기 전 이란 국경 앞에서 탄두는 실체를 감춘다. 곧 추종자들에 의해 탄두를 손에 넣은 외교관 두산 가브리치는 미국 뉴욕에 잠입, 자유의 도시 뉴욕을 파괴시킬 목적으로 핵폭탄을 배낭에 짊어진 채 유엔본부를 향해 달린다. 켈리 박사와 드보 대령은 그를 멈추기 위해 교통지옥 속의 뉴욕을 샅샅이 뒤지며 긴박한 추격전을 펼친 끝에 마침내 핵폭발을 막는다.

『피스메이커』 역시 군으로 대변되는 관료조직의 부패상을 동부 유럽의 테러리스트 조직에게 핵탄두를 팔아먹으려는 타락한 소련의 군 장성을 통해 잘 표현해 내고 있다. 결국 타락하고 부패한 군 장성의 행동으로 인해 테러단체에 팔아넘긴 핵탄두는 유엔본부를 비롯한 뉴욕 전체를 위협하게 된다. 권력을 쥔 자들의 타락과 부패가 얼마나 커다란 재앙을 초래할 수 있는지 이 영화는 생생히 보여 준다.

24 『네고시에이터(*The Negotiator*)』

게리 그레이(F. Gary Gray) 감독이 대니 로먼(Danny Roman) 역의 새뮤얼 잭슨(Samuel L. Jackson), 크리스 새비언(Chris Sabian) 역의 케빈 스테이시(Kevin Spacey)를 주연으로 하고, 애덤 벡 역의 데이비드 모스(David Morse), 시 경장 프로스트(Commander Grant Frost) 역의 론 리프킨(Ron Rifkin), 엘 트라비스 역의 존 스펜서(John Spencer), 내부수사과장 나이밤(Terence Niebaum) 역의 월쉬(J. T. Walsh), 루디(Rudy) 역의 폴 지아마티(Paul Giamatti) 등을 조연으로 해서 1998년 10월 24일에 개봉한 영화이다.47)

47) http://movie.naver.com/movie/bi/mi/basic.nhn?code=19469

이 영화에서 시카고 경찰청의 인질 협상 전문가 대니는 동료 경찰인 네이트로부터 은밀하게 이뤄지고 있는 경찰 내부의 비리, 즉 부서 연금과 관련된 정보를 듣기 위해 만나기로 약속한다. 그러나 약속 장소에서 네이트는 시체로 발견되고 곧바로 경찰들이 들이닥치면서 대니는 살인범으로 몰린다.

네이트가 대니에게 사실을 말했다는 것을 알아챈 상관과 자신의 동료들에 의해 오히려 역습을 받아 죄를 뒤집어쓸 위기에 처하게 되었다는 점과 이를 위해 자신을 향한 음모가 진행되고 있음을 감지한다.

대니는 자신의 결백과 사랑하는 아내를 지키기 위해 시카고 경찰서의 내부수사과장 나이밤과 그의 여비서 그리고 시 경장 프로스트 등 직원들과 사기범으로 심문받던 루디 등을 볼모로 삼아 인질극을 벌인다. 졸지에 인질범이 된 대니는 자신과 협상을 벌일 공정한 인질 협상가로 다른 구역을 관할하고 있는 인질 협상자인 크리스 세바티어를 데려오라고 말한다.

이 영화는 대니의 상관인 프로스트 반장과 나이밤이라는 내부수사과장 그리고 자신의 동료들의 부패와 이를 은닉하고 이 죄를 자신에게 뒤집어씌우려는 그들의 야비한 행태와 맞서 싸우는 한 경찰관의 외로운 싸움을 통해 거대 관료제의 부패와 얽혀 있는 일그러지고 어두운 일면을 잘 그려내고 있다.

25 『내셔널 시큐리티(*National Security*)』

데니스 듀간(Dennis Dugan) 감독이 얼 몽고메리 역의 마틴 로렌스(Martin Lawrence), 행크 래퍼티 역의 스티브 잔(Steve Zahn) 등을 주연으로 하고, 프랭크 맥더프 형사 역의 콤 포어(Colm Feore), 내쉬 역의 에릭 로버츠(Eric Roberts), 찰리 리드 역의 티모시 버스필드(Timothy Busfield) 등을 조연으로 해서 2003년 5월 16일에 개봉한 영화이다.48)

충직하고 고지식한 미국 로스앤젤레스 경찰 행크는 범죄조직에 의해 동료 경찰을 잃고, 범죄조직에 몸담고 있는 살인범을 찾기 위해 혈안이 되어 있으며, 평생

48) http://movie.naver.com/movie/bi/mi/basic.nhn?code=36626; http://movies.yahoo.com/movie/1808474115/details

소원이 경찰인 흑인 경비원 얼은 과격한 행동으로 경찰학교에서 쫓겨난다.

사설 경호회사 내셔널 시큐리티에서 일하던 두 사람은 국가 안보를 위협하는 대규모 밀수 음모에 말려들어 생각지도 못한 파트너가 되어 사사건건 충돌하고, 범죄조직과 경찰은 이 둘을 없애려고 혈안이다. 그리고 맥더프라는 경찰이 이들이 좇는 범죄조직과 내통하고 있다는 사실을 감지하게 된다. 이들은 이러한 사실을 자신들의 상관인 워싱턴에게 보고를 하지만 워싱턴은 이를 비중 있게 받아들이지는 않는다.

이들은 고육지책으로 맥더프를 유인해 체포하려고 하지만 영악한 맥더프와 그 일행은 이미 경찰 내부에도 손을 써놓아 오히려 얼과 행크가 위기에 빠지게 된다. 그들의 상관인 워싱턴도 맥더프 일행의 인질이 되어 나타난다. 절체절명의 위기 상황에서 얼과 행크는 기지를 발휘해 이들과 총격전을 벌이고 드디어 얼은 행크의 도움을 받아 맥더프를 제거하게 된다.

결국 국가 안보를 위태롭게 했던 밀수조직뿐만 아니라 부패한 경찰 맥더프까지 일망타진한 공으로 행크는 복직하고 얼은 그토록 원하던 경찰이 된다.

이 영화는 이러한 내용을 통해 범죄조직을 일망타진하고 국민이나 시민의 생명과 재산을 지켜야 하는 경찰이라는 조직 내에서조차 범죄조직과 내통을 통해 자신의 이익을 극대화하려는 부패한 경찰 공직자들이 존재함을 고발한다.

부패 등 사회악을 근절시키려는 목적을 가지고 설립되고 존재하는 조직이 오히려 자신의 존재 목적을 망각하고 범죄의 늪에 빠져들 수 있다는 것을 이 영화는 코믹한 소재를 곁들여 우리에게 잘 보여 주고 있다.

26 『1724 기방난동사건』

여균동 감독이 의협 청년인 천둥 역의 이정재, 모략꾼인 만득 역의 김석훈, 명월향 제일의 기생인 설지 역의 김옥빈을 주연으로 해서 2008년 12월에 개봉한 영화이다.[49)]

1724년의 조선은 영조가 즉위한 해로 끊임없는 당파싸움이 절정을 이루는 아주

49) http://movie.naver.com/movie/mzine/read.nhn?office_id=140&article_id=0000011326

어지러운 시국이었다. 이러한 틈을 타고 조정의 일부 그릇된 대신들과 전국 조직폭력배 간의 그렇고 그런 결탁 및 유착 관계를 설정해 이야기를 전개시켜 나간 것이 바로 이 영화이다.

주연으로 나오는 천둥은 조선 제일의 주먹이 되겠다는 순진한 쾌남으로서 나름대로의 소신과 정의감을 가지고 자신의 조직폭력집단인 양주골의 '짝귀파'를 이끌고 나가려 한다. 그리고 이를 견제하고 제거하려고 하는 라이벌로 조선 최고의 기방인 '명월향'의 주인 만득이 등장하는데 그는 주먹세계를 평정하는 것은 물론 돈과 권력을 모두 갖겠다는 음험한 야심가로 묘사된다.

만득은 이러한 야심을 이루기 위해 조정의 대신인 송 대감과 결탁해서 그의 뒷배를 믿고 악행을 밥먹듯 저지른다. 조정의 고위관료가 조직폭력 조직과 유착 관계를 가지고 먹이사슬로 연결되어 국정을 그르치는 것은 관료부패의 전형적인 사례로 볼 수 있다. 조선시대의 또 다른 형태의 부패상을 이 영화는 이런 식으로 잘 보여 주고 있다.

27 『광복절 특사』

김상진 감독이 재필 역의 설경구, 무석 역의 차승원, 경순 역의 송윤아, 보안과장 역의 강신일, 소장 역의 이희도 등을 주연과 조연으로 해서 2002년 11월 21일에 개봉한 영화이다.50)

이 영화에서는 죄수들에 의한 폭동이 일어나고 결국 교도소는 폭동을 일으킨 죄수들에 의해 장악된다. 그리고 공교롭게도 폭동이 일어나는 시점에 교도소 시찰을 온 국회의원을 비롯한 정치인들과 교도소장, 보안과장 등이 모두 폭동을 일으킨 죄수들의 인질이 된다.

이들은 교도관들에게서 탈취한 총 등으로 무장한 살기 등등한 죄수들에게서 한가닥 목숨을 보존받기 위해 지금까지의 위엄 있고 당당했던 공인으로서의 자세를 헌신짝 버리듯 모두 버리고 죄수들이 하라는 대로 하고 또 자신들의 비리를 모두 불라는 그들의 엄포에 굴복해 지위가 높은 순서대로 비굴하게 그리고 앞을 다투면

50) http://movie.naver.com/movie/bi/mi/basic.nhn?code=35099

서 자신의 비리를 울면서 고백하고 목숨을 구걸한다.

소위 국민의 선량이라는 공직자가 죄수들 앞에서 자신의 지난 죄과를 고백하는데 정말 장난 아니다. "나도 전과자란 말이야. 나도 자네들처럼 콩밥 먹었던 적이 있었고, 사람들은 내가 민주화운동을 하다가 투옥되어가지고 고생 무지하게 한 놈으로 알고 있는데 이거 다 조작된 거야, 이거! ~ 나! 사기죄로 징역 6개월 먹었어."

이렇게 읍소를 하며 호소하지만 죄수는 "이빨 까지 마! 전과자가 어떻게 국회의원이 될 수 있느냐."며 심드렁하게 대꾸한다. 자신의 읍소가 안 먹히자 그는 더 열성적으로 자신의 입장을 호소한다. "그건 자네가 몰라서 그래! 우리 현 국회의원 중에 전과자들 굉장히 많아!" 그러면서 국회의원 배지를 떼내어 뒤로 집어던진다. 그런 후 "이거 다 아무것도 아니야. 나는! ~ 나는 전과자야!"

이를 보고 있던 다른 선량이 나서며 자신의 지은 죄를 술술 풀어 놓는다. "진짜라니까! 내가 실형을 안 살았어도 지은 죄를 따지면 웬만한 전과자 안 부러워요. 20억! 이거 어디 애 이름이야. 그거 나 혼자 다 먹었다니까!"

또 다른 공직자들도 이들에 뒤질세라 음주 운전, 뺑소니, 원조교제, 공금 횡령 등을 스스로 자백한다. 이를 지켜보던 교도소장도 스스로 죄수들 앞으로 걸어와 무릎을 꿇고 자신이 저지른 죄를 실토한다. "뇌물 공여, 간통." 그런 후 자신도 놀란다. 보안과장도 직무 유기를 저질렀다고 자신의 지난 죄를 풀어놓기에 이른다. 내용을 보니 한마디로 비리 및 부패의 종합 백화점이라고나 할까.

그들이 고백한 비리의 치졸성과 추잡성은 뒤로 젖혀놓는다 치더라도, 위기 상황 하에서 비굴한 공인들의 행태를 좀 더 적절하고 노골적으로 드러냄으로써 평상시의 신뢰받는 공인들의 위엄과 존엄 그리고 진실성이 모두 가식적이고 위선적이었음을 잘 보여 준다.

이 영화는 이것을 통해 죄수들에 못지않은 정치인이나 고위 공직자의 위선적 행태와 그들의 비양심 그리고 철저하게 썩어버린 공직 부패에 대한 도덕적 불감증을 적나라하게 고발하고 있는 것이다.

28 『라이터를 켜라』

감독 장항준이 한심한 노총각 백수 허봉구 역의 김승우, 건달 보스 양철곤 역의 차승원, 위선적인 정치인 박용갑 역의 박영규 등을 주연과 조연으로 해서 2002년 7월 17일 개봉한 영화이다.[51)]

이 영화에서는 위선적인 정치인이자 국회의원인 박용갑의 구역질나는 위선과 불법을 잘 드러내 보여 주고 있다. 이 정치인은 말끝마다 자칭 그 혹독한 고문에도 굴하지 않은 민주투사 운운하며 위선적인 언행을 끊임없이 내뱉고 행동하는 인물이다.

박용갑의 선거를 도와 멋지고 폼나게 살고 싶었던 건달 보스 양철곤은 그를 국회의원으로 만들기 위해 수단과 방법을 가리지 않고 노력한다. 어쨌든 박용갑은 국회의원에 당선되지만 양철곤의 노력에 대한 대가를 지불하지 않은 채 차일피일 미루며 피하기만 한다. 이에 화가 난 양철곤은 자신을 피하던 박 의원을 쫓아 부하들을 이끌고 박 의원이 타고 있는 부산행 기차에 올라탄다.

그들은 박 의원을 기관실에 포박해 묶은 다음 자리에 앉혀놓은 상태에서 종점을 향해 내달리며 자살을 결심하자 박 의원은 종전까지의 태도를 바꿔 지금까지의 위선의 탈을 벗고 자기를 살려 주면 돈을 2배, 3배 더 내주겠다고 애걸하며 더 살고 싶다고 몸부림치면서 목숨을 구걸한다.

그러다가 박 의원으로서는 다행스럽게도 예비군 훈련을 마치고 정처없이 기차에 오른 한심한 노총각 백수 허봉구의 뜻하지 않은 활약으로 상황이 종결되고, 목숨을 부지한 채 기차에서 내린 박 의원은 조금 전까지의 추태와 비굴함은 온데간데없고 바로 기자들과 즉석 인터뷰를 하면서 자기가 범인을 잡은 것처럼 너스레를 떨고 으레 입버릇처럼 나오는 혹독한 고문 속에서도 굴하지 않은 민주투사라는 이야기를 자랑스럽게 떠벌린다. 이 영화는 박 의원을 통해 정치가들이 얼마나 이중적이고 위선적이고 가식적이며 탐욕적이면서 비겁한가를 잘 보여 주고 있다.

---

51) http://movie.naver.com/movie/bi/mi/basic.nhn?code=33836

29 『헬(*In Hell, The Savage*)』

임영동 감독이 카일 역의 장 클로드 반담(Jean-Claude Van Damme)을 주연으로 하고, 그레이 역의 마니 앨튼(Marnie Alton), 말라카이 역의 말라카이 데이비슨(Malakai Davidson), 쿨핸드 역의 빌리 리엑(Billy Rieck), 마이클 베일리 스미스(Michael Bailey Smith), 밀로스 밀리세빅(Milos Milicevic), 로렌스 테일러(Lawrence Taylor) 등을 조연으로 해서 2003년 11월 21일 개봉한 영화이다.[52]

이 영화에서 러시아로 출장을 와 철강업체에서 근무하는 카일은 오랜만에 자신의 아내 그레이와 함께 휴가를 떠나기로 약속한다. 그러나 바로 그 날 아내는 누군가에게 잔인하게 살해당하고, 현장에서 카일은 범인의 뒷모습을 목격하고 그를 뒤쫓는다.

그러나 추격 중이던 카일은 경찰로부터 범인으로 오해받아 체포되어 진범과 함께 경찰서로 연행되지만 부유층 집안의 아들인 범인은 뇌물을 써서 무죄로 석방된다. 이에 분노한 카일은 법정에서 총으로 범인을 살해하고, 그 자리에서 체포되어 종신형을 선고받고 악명 높은 크라바비 교도소(Kravavi Prison)로 이송된다. 이 대목에서 뇌물 등이 판치는 부패한 사회나 사법기관의 '유전무죄 무전유죄'라는 냉소적인 현실을 절감할 수 있다.

또한 죄수들의 기본적인 인권마저 무시하는 교도관과 각종 흉악범으로 가득한 지옥과 다름없는 크라바비 교도소를 통해 인권의 사각지대이고 공권력 기관으로서는 있을 수 없는 인권 유린의 현장을 느낄 수 있다.

그리고 이곳에서는 부패한 교도관에 의해 대외적으로 비밀스럽게 운영되는 맨주먹으로 상대방이 쓰러질 때까지 싸워야 하는 '스파르카'라는 잔인한 경기가 벌어지고 있음을 통해 그리고 이러한 불법적인 비인간적 게임에 돈을 거는 교도소 소장을 비롯한 공직자들에게서 공인으로서의 책임감 상실과 관료조직의 부패상을 엿볼 수 있다. 이 영화는 실화에 근거하고 있으며, 실제로 그간의 비리와 비행이 폭로되자 크라바비 교도소는 3개월 후 폐쇄되었다고 한다.

---

52) http://movie.naver.com/movie/bi/mi/basic.nhn?code=37755

30 『쇼생크 탈출(*The Shawshank Redemption*)』

프랭크 다라본트(Frank Darabont) 감독이 앤디 듀프레인(Andy Dufresne) 역의 팀 로빈스(Tim Robbins)와 엘리스 보이드 레드 레딩(Ellis Boyd "Red" Redding) 역의 모건 프리먼(Morgan Freeman)을 주연으로 하고, 워든 노튼 역의 밥 건톤(Bob Gunton), 헤이우드 역의 윌리엄 새들러(William Sadler), 캡틴 해들리 역의 클랜시 브라운(Clancy Brown), 토미(Tommy) 역의 길 벨로우스(Gil Bellows) 등을 조연으로 해서 1995년 1월 28일에 개봉한 영화이다.[53)]

이 영화는 인기 작가 스티븐 킹(Stephen Edwin King)의 베스트셀러 『사계』에 수록된 중편소설 「리타 헤이워드와 쇼생크 탈출(Rita Hayworth And The Shawshank Redemption)」을 원작으로 하고 있다.

장래가 촉망되는 메인 은행 간부 앤디 듀프레인은 아내와 그녀와 놀아난 정부를 살해했다는 누명을 쓴다. 주변의 증인과 살해 현장의 그럴 듯한 증거들로 인해 종신형을 선고받고 악질범들만 수용한다는 지옥 같은 쇼생크 교도소에 1947년부터 19년 동안 갇힌다.

인간이기를 포기한 짐승 같은 존재들만 모인 그곳에서 그는 이루 말할 수 없는 억압과 짐승보다 못한 취급을 당한다. 무식한 교도관 눈에 잘못 보였다가는 개죽음 당하기 십상이고 악질 동료 죄수들에게는 인간으로서는 말로 형용하기 어려운 강간까지 당한다.

그러던 어느 날 앤디는 교도관의 세금을 면제받게 해준 덕에 일약 교도소의 비공식 회계사로 일하게 된다. 돈에 눈이 어두워진 교도소 소장은 죄수들을 이리저리 부리면서 검은 돈을 긁어모으는 데 혈안이 되고, 앤디는 이렇게 모은 더럽고 추한 그의 돈을 관리하게 된다.

그러던 와중에 앤디와 레드가 있는 곳에서 토미는 진짜 살인범에 대해 증언하고, 앤디는 이 이야기를 소장에게 하면서 자신의 결백을 주장하지만 소장은 이를 철저하게 묵살해 버린다. 그리고 한 술 더 떠서 앤디의 결백이 알려지면 자신의 처지가 곤란해질 것을 우려한 소장은 토미를 무참히 살해해 버린다.

---

53) http://movie.naver.com/movie/bi/mi/basic.nhn?code=17421

독방에서 토미의 죽음을 전해 들은 앤디는 절망에 몸부림치고 결국 20여 년간 차근차근 준비해 온 탈옥을 감행한다. 앤디는 천신만고 끝에 탈출에 성공하게 된다. 그런 후 그는 소장의 검은 돈을 관리하면서 만든 가명계좌에서 부정으로 축재된 모든 돈을 찾고, 교도소의 비리를 낱낱이 폭로한 서류를 신문사에 보낸다. 살인 교도관이 구속되고, 교도소장의 자살로 이어진다. 이 영화를 통해 부패한 교도소장을 비롯한 교도관들의 일그러지고 비뚤어진 행태를 잘 보여 주고 있다.

31 『스트라이킹 디스턴스(*Striking Distance*)』

로우디 헤링턴(Rowdy Herrington) 감독이 톰 하디(Tom Hardy) 역의 브루스 윌리스(Bruce Willis)를 주연으로 하고, 조(Jo Christman) 역의 사라 제시카 파커(Sarah Jessica Parker), 사촌 지미(Jimmy Detillo) 역의 로버트 패스토렐리(Robert Pastorelli)와 대니(Danny Detilo) 역의 톰 시어즈(Tom Seavs), 삼촌 닉(Nick Detillo) 역의 데니스 파리나(Dennis Farina), 빈스(Vince Hardy) 역의 존 마호니(John Mahoney) 등을 조연으로 해서 1993년 12월 24일 개봉한 영화이다.54)

강력계 형사인 톰은 사촌인 지미와 파트너가 되어 활동하던 중 지미가 용의자에게 폭력을 가한 것을 증언해 지미가 유죄 판결을 받게 만든다. 이로 인해 톰은 동료들로부터 배신자 취급을 받는다. 여기에서 교훈으로 배울 수 있는 것은 경찰 내부의 결속력이 이해관계에 따라 매우 강하게 작용하고 있다는 것과 그렇기 때문에 웬만한 용기를 가지지 않고서는 내부고발이 너무나 어렵다는 점이다.

한편 여자들만 납치해 교살하는 사건이 잇따라 발생하는데 톰은 이 사건의 핵심적 실마리가 경찰 내부에 있다고 생각한다. 어느 날 경찰국장인 아버지 빈스와 함께 용의자를 추적하던 중 사고가 일어나 톰은 부상을 입고 아버지는 죽게 된다. 지미의 선고 공판이 있던 날 지미는 투신 자살을 하고 경찰은 톰의 아버지를 살인범으로 몰지만 톰은 진범이 따로 있다고 생각한다.

세월이 지나 강력계를 떠난 톰은 수상경찰 구조반에서 일을 하는데 또다시 여인들의 시체가 강에서 발견된다. 희생자는 모두 톰과 관계를 가진 여인들이었다.

---

54) http://movie.naver.com/movie/bi/mi/basic.nhn?code=16203

톰은 2년 전의 사건과 지금의 사건이 동일범이라 생각하고 여자 경찰인 조와 함께 수사에 착수한다. 조는 톰을 이해하게 되고 톰을 궁지에 몰아세우려는 청문회에서 그를 옹호하는 발언을 한다.

이 영화에서는 경찰조직의 일그러진 자화상을 비쳐 주고 있기도 하지만 청문회라는 공식적 제도가 가지고 있는 허점 역시 잘 투영해 준다. 청문회를 자신에게 유리하도록 악용하는 힘 있는 자의 잘못된 행동이나, 음모에 가담한 조직의 조직적 노력으로 인해 청문회 제도가 왜곡되고 악용되는 내용을 이 영화는 잘 담고 있다.

32 『황시(*The Children of Huangshi*)』

1937년 전쟁의 한가운데 놓인 '황시'에서 만난 아이들을 위해 모든 것을 바친 영국 종군기자 조지 호그(George Hogg, 1914~1945)의 작은 기적을 영화화한 것이다.[55]

이 영화의 감독은 로저 스포티스우드(Roger Spottiswoode)이고, 조지 호그 역의 조너선 리스 마이어스(Jonathan Rhys Meyers)가 주연으로, 리 피어슨 역의 라다 미첼(Radha Mitchell), 첸 한셍 역의 주윤발, 그리고 마담 왕 역의 양자경이 조연을 맡아 열연을 했으며 2008년 9월 18일 개봉되었다.

1937년 중국이 무대가 된다. 몰래 잠입해 들어간 난징(南京)에서 일본군의 무자비한 학살 현장을 취재하던 영국인 종군기자 조지 호그는 일본군에 붙잡힌다. 그는 이 위기를 자력으로 벗어나 보려고 애쓰지만 결국 그가 찍은 일본군의 중국인에 대한 무자비한 학살 장면이 담긴 사진기로 인해 죽음의 문턱까지 다다르게 된다.

일본군 장교의 군도(軍刀)가 목에 떨어지려는 찰나에 중국 게릴라 부대의 리더 잭의 도움으로 목숨을 구한다. 그는 잭과 함께 게릴라부대를 따라가 일본군의 배후를 공격하고 폭파하는 일을 목격한다. 그러다가 자신과 같이 난징으로 잠입한 두 기자가 일본군에 의해 살해되는 장면을 보고 충격에 소리를 지르게 되고, 이로 인해 결국 일본군에 쫓기는 신세가 된다. 결국 바다로 뛰어들고 뒤따라 온 일본군은 무차별적으로 총을 이들을 향해 난사한다.

55) http://movie.naver.com/movie/bi/mi/basic.nhn?code=65836

정신을 잃었다가 깬 호그는 자신이 중국 측 야전병원에 누워 있음을 알게 되고 잭의 도움을 받게 된다. 그러다가 잭의 권유로 그는 '황시'를 찾아간다. '황시'는 전쟁으로 가족과 집 모두를 잃고 이제 더 이상 잃을 것 없는 60명의 아이들이 있는 곳이다. 말도 통하지 않는 그들과 지내면서 어려운 일도 많이 겪지만 호그는 또 다른 희망을 발견한다.

그러나 안타깝게도 전쟁의 참혹함은 '황시'까지 드리우게 된다. 일본군에게 계속 밀려 내려온 중국군이 이제 성년의 티가 나는 아이들에게 눈독을 들이고 또한 황시의 고아원을 야전본부로 쓰기 위해 탐을 낸다. 고아원에서 쫓겨난 아이들은 이제 전쟁터로 끌려 나가게 될 위기에 처하게 되는 것이다. 그는 이러한 중국군의 요구에 홀연히 맞서 싸우지만 그를 공산주의로 몰아붙여 협박하고 투옥하는 그들의 압박에 크게 마음이 흔들리기도 한다.

그러나 호그는 이에 굴하지 않고 60명의 아이들과 함께 '황시'를 떠나 새로운 희망을 찾기로 결심한다. 우여곡절 끝에 그는 드디어 1,000여 킬로미터가 넘는 악지형과 악기후를 이겨내고 아이들을 동반하고 목적지에 근접한 큰 도시에 도달한다. 이 도시의 행정장관도 이 소식을 듣고 호그에게 호의를 베풀어 트럭 4대를 내주며 목적지까지 도달하는 데 사용하라고 한다.

힘을 얻은 호그는 아이들을 데리고 고비사막을 지나 목적지에 도달하지만 중간에 다친 상처로 인해 파상풍에 걸리고 그로 인해 결국 죽음에 이르게 된다. 비록 그의 아까운 젊음은 이렇게 산화했지만 그가 남긴 황시의 사랑은 지금까지 중국의 사랑으로 남아 있다.

이런 줄거리를 가진 이 영화는 우리에게 몇 가지 공직자의 부패를 고발하고 있다. 그중 가장 대표적인 것은 황시의 고아원을 야전본부로 사용하려고 하는 중국군 간부에 맞서 이를 거부한 호그를 공산주의자로 몰아 투옥하며 협박을 하던 중국군 간부가 호그를 풀어 주는 장면이다. 물론 황시의 대부호인 마담 왕이 손을 쓴 결과였다.

마담 왕은 호그에 대해 커다란 호의를 가지고 있었다. 벽안의 청년이 버려진 중국 아이들을 아무런 조건 없이 돌보는 그 희생과 사랑의 정신이 아마 그녀의 마음을 사로잡은 듯싶다. 중국군 간부는 마담 왕에게 호그를 풀어 주었으니 약속을 지키라고 하면서 딴소리 하지 말라고 다짐을 놓는 장면도 나온다. 호그가 무사히 풀려나와 60명의 아이들과 함께 황시를 떠나는 것을 보며 작별을 한 마담 왕은 바로 침실로 들어와 바로 그 중국군 간부에게 몸을 바친다.

그녀는 호그가 감옥에서 풀려나와 황시를 떠나기 전 대면하는 자리에서 호그가 "나를 풀어 주기 위해 많은 노력을 했을 것"이라고 말하자, 그녀는 "당신의 몸값이 그렇게 비쌀 줄은 몰랐다."고 이야기하는 장면이 나온다. 중국군 간부는 많은 돈과 그녀의 육체를 거래 대가로 요구했던 것이다.

결국 부패한 중국군 간부는 자신의 권력과 공직을 이용해 돈과 여인의 육체를 가졌고, 마담 왕은 이를 이용해 호그를 자유의 몸으로 만들어 주었다. 한마디로 합법을 빙자한 검은 뒷거래가 이뤄진 것이다.

33 『모던 보이』

이 영화는 1937년 일제 강점기를 배경으로 하고 있다. 정지우 감독이 이해명 역의 박해일, 조난실 역의 김혜수, 신스케 역의 김남길 등을 주연으로 해서 사랑을 위해 시대와 맞선 모던 보이(modern boy)를 그려내고 있다.[56)]

조선총독부 1급 서기관 이해명은 현역 일본인 검사인 단짝 친구 신스케와 함께 은밀하게 놀러간 비밀구락부에서 댄서로 등장한 여인 조난실에게 첫눈에 매혹되어 버린다. 거의 이성을 잃다시피 된 이해명은 비밀구락부 마담에게 조난실과의 만남을 주선해 줄 것을 부탁하지만 마담은 당신은 그 아이의 상대가 되지 않는다는 말과 함께 그의 애절한 부탁을 거절한다.

이해명은 온갖 수단과 방법을 동원해 조난실과의 만남을 이뤄보려 하지만 난관에 봉착한다. 할 수 없이 이해명은 그의 절친한 친구인 신스케에게 부탁한다. 신스케는 이해명이 조난실에게 푹 빠져 있는 것을 알고 그의 부탁을 들어 주게 된다. 잘나가는 제국의 검사가 가지고 있는 권력을 남용해 그를 돕게 되는 것이다.

우선 조난실의 매니저 역할을 하는 그녀의 오빠를 형사를 시켜 불법적으로 연행하고 이를 구실로 삼아 조난실이 검사실로 조사를 받으러 오게 만든다. 그런 다음 미리 검사실에서 대기시켜 놓았던 이해명으로 하여금 검사를 사칭케 하고 조사

56) http://movie.naver.com/movie/bi/mi/basic.nhn?code=65808

하는 과정을 통해 자연스럽게 그녀와의 만남을 이뤄 주게 한다. 조난실과의 사랑에 모든 것을 건 이해명은 이러한 신스케의 만남 주선을 공모하고 결국 조사를 받으러 온 조난실과 만나 굴곡이 많은 꿈 같은 관계를 이뤄 나가게 된다.

이러한 영화의 내용을 통해 우리는 신성한 공적 권력의 그릇된 남용을 보게 된다. 결코 공적 권력이 사적으로 쓰여서는 안 된다는 것이 일반적인 상식이고 통념인데 신스케와 이해명은 자신들의 욕심과 얄팍한 우정을 채우기 위해 넘어서는 안 될 잘못된 권력 놀이를 한 것이다.

불법적으로 조난실의 오빠를 연행해서 고문을 가하고 검사가 아닌 이해명을 검사로 사칭케 한 것 등은 책임 있는 공인의 자세는 결코 아니다. 우리는 이 영화를 통해 합법의 울타리 안에서 비행과 불법을 저지르는 관료제의 이중성을 잘 읽어낼 수 있다.

34 『아수라(阿修羅)』

김성수 감독이 한도경 역의 정우성, 박성배 역의 황정민, 문선모 역의 주지훈, 김차인 역의 곽도원을 주연으로 해서 2016년 9월 28일 개봉한 영화이다.[57)]

강력계 형사 한도경은 이권과 성공을 위해 각종 범죄를 저지르는 악덕 시장 박성배의 뒷일을 처리해 주는 대가로 돈을 받는 부패한 경찰이다. 돈이 되는 일이면 어디건 끼어들며 온갖 못된 짓을 마다하지 않고 심지어 말기 암 환자인 아내의 병원비를 핑계로 해서 돈 되는 건 뭐든 하는 막다른 골목에까지 다다른 타락할 때로 타락한 경찰이다.

그가 악인의 길을 걷는 관계로 그에겐 많은 약점이 있었다. 독종 검사 김차인과 검찰수사관 도창학이 이를 모를 리가 없다. 한도경의 약점을 쥔 이들은 그를 협박하고 이용해 악덕 시장 박성배의 비리와 범죄 혐의를 캐려 한다. 한쪽에서는 자신의 이익과 목적을 이루기 위해 박성배가 자신의 비리를 모두 알고 있는 한도경을 경계하고 위협하며, 또 다른 편에서도 역시 자신의 이익과 목적 달성을 위해 한도경의 약점을 이용해 박성배를 치려는 검찰의 압박이 한도경의 목을 짓누르고 있

57) http://movie.naver.com/movie/bi/mi/basic.nhn?code=44913

었다.

이러는 사이 한도경을 둘러싼 관계는 태풍전야와 같은 위험성을 내포하고 있었으며 한도경은 자신을 친형처럼 따르는 후배 형사 문선모를 박성배의 수하로 들여보내 자신의 살 길을 모색한다. 문선모는 서서히 악의 구렁텅이로 빠져 들어가면서 악이 주는 단맛에 익숙해지고 이에 도취되어 버린다. 이제 그에게는 선(善)이나 정의는 존재하지 않는 것으로 탈바꿈되어 버린 것이다. 그야말로 나쁜 놈들끼리 물고 물리는 이전투구, 즉 진흙탕 싸움이 벌어지는 것이다.

이 영화는 돈과 권력을 거머쥔 제도권 내의 권력인 경찰과 검찰 그리고 지방자치단체장이 더욱 탐욕스럽게 수단과 방법을 가리지 않고 서로 물리고 물리면서 자신들의 이익과 목적을 위해 이전투구를 벌이는 공권력의 부패상을 적나라하게 보여 주고 있다. 국민을 섬겨야 하는 공직자로서 국민을 위해 공익과 공공의 선을 위해 일로 매진해야 할 이들이 자행하는 악의 세계는 공인으로서의 자세는 온데간데없고 오로지 자신의 이익만을 위해 자신의 먹잇감으로 타인을 가차없이 짓밟고 넘는 정글 속 맹수들의 세계를 연상시킨다.

35 『체인질링(*Changeling*)』과 『더러운 경찰(*Dirty*)』, 그리고 『불량 경찰: 부정부패 소탕작전(*Torrent, The Stupid Arm of the Law*)』

이 밖에도 경찰 부패와 관련된 영화로는 『체인질링』이 있는데, 클린트 이스트우드(Clint Eastwood) 감독이 크리스틴 콜린스 역의 안젤리나 졸리(Angelina Jolie)와 구스타브 브리그랩 역의 존 말코비치(John Malkovich)를 주연으로 하고, 월터 콜린스 역의 게틀린 그리피스(Gattlin Griffith)를 조연으로 해서 2009년 1월 22일에 개봉한 영화이다.[58)]

이 영화의 배경은 1928년의 로스앤젤레스를 배경으로 하고 있다. 간단한 줄거리는 홀로 월터 콜린스라는 아들을 키우는 크리스틴 콜린스가 주인공으로 나와 아들을 잃어버리고 경찰에 도움을 요청한다. 그러나 무능하지만 세간의 관심을 받는 이 사건을 빨리 종결시키고 싶었던 경찰은 집 없는 소년을 크리스틴의 아들로 둔

---

58) http://movie.naver.com/movie/bi/mi/basic.nhn?code=63156

갑시킨다. 경찰이 찾아준 아들이 자신의 아들이 아님을 안 크리스틴은 아연실색할 수밖에 없었다. 그렇게 사건을 무마시키고 행방불명된 진짜 아들 찾기를 경찰들이 그만두자 크리스틴은 이러한 사실을 언론에 밝히려 하지만 담당 형사는 자신의 무능함이 밝혀지고 쏟아질 질책을 피하기 위해 크리스틴 콜린스를 정신병원에 강제로 감금시키는 내용을 담은 영화로서 경찰 부패의 단면을 보여 주고 있다.

『더러운 경찰』 역시 경찰의 부패상을 적나라하게 보여 준다. 크리스 피셔(Chris Fisher) 감독이 샐림 오델 역의 쿠바 구딩 주니어(Cuba Gooding Jr.)와 아맨도 산초 역의 클리프톤 콜린스 주니어(Clifton Collins Jr.)를 주연으로 해서 2005년에 개봉한 영화이다.59)

『불량 경찰: 부정부패 소탕작전』 역시 경찰의 부패상을 적나라하게 보여 준다. 산티아고 세구라(Santiago Segura) 감독이 토랑트(Torrent) 역의 산티아고 세구라, 라피 역의 하비에르 카마라(Javier Camara), 그리고 앙파리토 역의 뉘스 아센시(Neus Asensi) 등을 주연으로 해서 2013년 8월 29일에 개봉한 영화이다.60)

---

59) http://movie.naver.com/movie/bi/mi/basic.nhn?code=57505

60) http://movie.naver.com/movie/bi/mi/basic.nhn?code=24587

제 5 장 내부고발과 증인 보호

제 1 절 관련 이론 및 사례의 개관

1 내부고발

내부고발제도는 미국 등 선진국에서 공직자뿐만 아니라 기업을 비롯한 일반 사회조직에서도 중요한 부패통제기구 관련 장치로 널리 활용되고 있다.

영어 원어명을 그대로 사용해 '휘슬 블로잉(whistle-blowing)'이라고 불리기도 하는 내부고발은 원래 기업이나 정부 등 공공기관 내에 근무하는 내부자가 기업이나 공공기관 내부에서 은밀하게 이뤄지는 불법이나 부정 거래에 관한 정보를 신고하는 행위를 말한다. 일반적으로 내부고발이라는 말보다는 양심 선언이라는 말이 더 많이 쓰이고 익숙해져 있다.

그리고 이와 같은 행위를 하는 사람을 내부고발자 혹은 '휘슬 블로어(whistle-blower)'라 부른다.[1] 영어 단어의 뜻으로도 알 수 있듯이 호루라기를 분다는 의미인데, 이러한 표현은 영국에서 경찰이 법률 위반 행위를 제지할 때 호루라기를 분다

1) http://www.naeway.co.kr/SITE/data/html_dir/2002/02/06

는 데서 유래되었다는 설도 있다(이병철, 2008: 155).

좀 더 부연해 내부고발의 개념적 정의를 내리면 조직의 전직 혹은 현직 구성원이 조직 내부의 불법하고 부당하고 비윤리적인 비리의 실제를 접하고 이를 밖에 알리는 행위이다. 내부자가 하는 조직 내의 반공익적 사실의 공개이며 이것을 바로잡고자 밖에 알린다는 점에서 사회적 고발의 의미도 갖는다. 권력을 쥐고 있는 집단이나 조직이 국민 일반에게 피해를 주는 불법적이고 비도덕적인 음모를 꾸밀 때 그 속의 누군가 이것을 아는 사람이 스스로 나서서 호루라기를 불어 국민에게 그 위험을 미리 알려 경계할 수 있도록 해준다는 뜻이다.[2)]

1) 내부고발에 관한 개념적 정의

미국 카터(Jimmy Carter) 행정부 당시 인사관리청(Office of Personnel Management: OPM)의 책임자였던 캠벨(Alan Campbell)은 "내부고발이란 정부 내에서의 사기, 협잡과 같은 부정행위, 예산의 낭비 혹은 직권 남용 등과 관련된 정보를 폭로하는 것이다. 또한 이러한 범주에는 정부의 다른 공직자나 혹은 일반 시민의 안전과 자유를 침해하거나 위험스럽게 하는 행동들도 포함된다"(Bowman, 1983: 91; Bowman, 1987: 271-276; Denhardt, 1995: 126)라고 내부고발에 대한 개념 정의를 쉽고 간결하게 규정하고 있다.

미셸리(M. P. Miceli)와 니어(J. P. Near)도 "내부고발은 불법, 비도덕, 그리고 불합리성을 주장하는 개인이나 혹은 집단에 의해 그러한 것들이 폭로되는 것"을 의미한다고 주장한다(Miceli & Near, 1985: 525-544).

2) 내부고발이 다른 조직 분쟁과 다른 차별적인 특징

페리(James L. Perry)는 내부고발이 여타의 다른 조직 분쟁과 다른 세 가지 차별적인 특징을 제시하고 있다(Perry, 1993: 79-80). 우선 내부고발은 분쟁의 촉발자가 분명히 애타적인 언동을 하며, 내부고발자와 내부고발을 당하는 조직 간에 권력의 분배 면에서 불균형이 존재할 뿐만 아니라, 정교하게 개발되고 중립적인 분쟁 해결 메커니즘이 부재하다는 점을 차별적 특징으로 제시하고 있다. 이를 좀 더 부연해서 설명하면 다음과 같다.

2) 한국행정학회, 『온라인 행정학 전자사전』. http://www.epadic.com/

첫째, 내부고발은 분쟁의 촉발자가 분명히 애타적인 언동을 한다는 것이다. 대체적으로 내부고발자가 내부고발을 하는 내용은 개인적인 동기와는 무관하게 외향적으로는 애타적인 것으로 나타난다는 점이다. 그리고 그러한 느낌을 다른 사람에게나 사회에 던졌을 때 내부고발에 대한 수용력이 더 커진다고 볼 수 있다. 자기 자신을 위한다기보다는 다른 사람, 조직, 그리고 더 나아가 사회나 국가를 위한다고 여겨질 때 내부고발의 명분도 서고 내부고발로서의 힘이나 영향력도 더 커지고 강해질 수 있다.

둘째, 내부고발자와 내부고발을 당하는 조직 간에 권력의 분배 면에서 불균형이 존재한다는 것이다. 내부고발자는 상대적으로 조직 내에서 권위도 약하고 조직 자원을 사용할 수 없어서 개인적 자원에 의존해야만 되는 반면, 내부고발을 무시하거나 내부고발자와 분쟁을 벌이는 조직은 상대적으로 권위도 강하고, 필요하다면 조직 성원들까지 동원할 수 있으며, 분쟁과 관련된 법적 서비스의 지원도 받을 수 있을 뿐만 아니라 외부 지원까지 가능하다는 것이다. 한마디로 서로가 가지고 있는 권력이 비대칭적이고 균형적이지 않다는 것이다.

웨인슈타인(Deena Weinstein)은 그래서 "내부고발은 권위를 가지고 있지 않은 조직 내부에서 일하는 자에 의해 관료제가 변화를 꾀하는 것"이라고 주장하기도 한다(Weinstein, 1979: 2).[3] 이러한 시각에서 이 용어는 관료제의 정책을 변화시킬 권한을 갖지 못한 자들에 의해 행해지는 폭로를 일컬으며, 이러한 맥락에서 이것을 관료제의 반항(bureaucratic opposition)의 한 형태로 이해하기도 한다(Weinstein, 1979; 전종섭, 1989: 470).

셋째, 정교하게 개발되고 중립적인 분쟁 해결 메커니즘이 부재하다는 점이다. 대부분의 분쟁 해결 메커니즘이나 그 절차가 대부분 내부고발자를 보호하거나 내부 비행을 폭로하는 것을 제도적으로 지원해 주는 데 부족함이 큰 경우가 많다는 것이다(Devine & Aplin, 1986; Perry, 1993: 80). 조직 내에 분쟁 해결 메커니즘이 존재한다 하더라도 민감한 사안인 만큼 이를 정교하게 조정할 필요가 있는데, 그러하지 못하다는 점과 중립적이지 못하고 조직 내에서 힘이나 영향력을 가진 어느 일방으로 쏠리는 경향성이 있다는 점을 지적하는 내용으로 이해할 수 있다.

3) 웨인슈타인과 같은 생각을 가지고 같은 내용으로 개념을 정의하는 학자로 잘드와 베르거(Zald & Berger, 1978: 823-861)를 들 수 있다.

페리의 앞선 주장은 내부고발이 무엇이고 그리고 어떠한 특성을 지니는지를 이해하는 데 도움이 된다.

3) 내부고발이 가지는 성격과 정당화 요건

일반적으로 내부고발은 크게 두 가지 성격을 가진다. 하나는 자기가 몸담고 있는 조직의 잘못된 일을 폭로해야겠다는 개인적 정의감 또는 사명감 등에서 비롯되는 동기 유인에 의해 긍정적이고 선의적으로 이뤄지는 경우이다.

또 다른 하나는 해고를 당하거나 승진에서 탈락되었거나 혹은 승급 등에 관한 불만, 그리고 낮은 임금에 대한 불만 등으로 상관이나 또는 조직에 대해 불만이나 앙심을 품고 이를 해소하기 위해 악의적으로 이뤄지는 경우이다(Fesler & Kettl, 1996: 375).

내부고발자의 개인적인 동기야 어쨌건 내부고발이라는 행동이 정당화되기 위해서는 우선 이러한 내부고발 행위가 적절한 도덕적 동기를 가지고 이뤄졌는지, 폭로를 할 더 이상의 내부조직 의사소통 통로가 모두 소진되었는지, 내부고발의 내용이 합리적인 사람들을 설득할 수 있는 증거에 입각하고 있는지, 문제에 대한 분석이 신중하고 명확하게 이뤄졌으며 성공할 기회를 가지고 있는지 등의 조건을 충족시켜야 한다(Bowman, 1983: 91; Denhardt, 1995: 126-127). 이를 좀 더 구체적으로 설명하면 다음과 같다.

첫째, 이러한 내부고발 행위가 적절한 도덕적 동기를 가지고 이뤄졌는지 하는 점이다. 만약 적절한 도덕적 동기를 충족시키지 못한다면 정당한 내부고발 행위로 받아들이는 데 무리가 있을 수 있기 때문이다.

앞에서 언급했듯이 해고나 승진 탈락, 승급 불만, 그리고 낮은 임금에 대한 불만 등으로 쌓인 앙심을 가지고 이를 해소하기 위해 일부러 내부고발의 빌미를 잡거나 또는 음모를 모색해 덫을 놓거나 일부러 지어내어 상관이나 조직에 대해 악의적인 내부고발을 한다면 이 내부고발이 가지는 도덕성에 대한 동기는 심대한 훼손을 가져오게 될 것이다.

법도 보호할 가치가 있는 행위에 대해 보호하는 것이지 그렇지 못할 경우까지 보호해야 할 의무는 없다. 따라서 내부고발이 이런 저의나 악의를 가지고 이뤄졌다면 그것은 비윤리적인 것으로 간주할 수 있어서 정당한 내부고발로 보기 어렵다.

둘째, 폭로를 할 더 이상의 내부조직 의사소통 통로가 모두 소진되었는지 하는 점이다. 폭로를 할 수 있는 내부조직의 의사소통 통로가 존재하고, 이러한 통로를 통해 충분히 자신의 뜻을 전달하거나 또는 호소할 수 있다면 내부고발은 부적절한 것으로 볼 수 있다.

자신의 상관한테 조직 내의 비리를 전달하고 이를 시정해 줄 것을 요청하거나 또는 조직의 상층부에 이러한 사항을 전달해 줄 것을 요구할 수 있다면, 그리고 상관이 이를 받아들여 자기 위치에서 해결을 모색하거나 또는 상층부에 보고해서 문제를 시정할 수 있다면 내부고발의 필요성은 훨씬 저감될 것이다.

조직 내에서 의사소통 통로의 부재나 또는 상관 그리고 상층부 등에서의 무시나 묵살과 같은 반응이 나와서 이러한 자신의 뜻을 도저히 전달할 수 없고, 이로 인해 문제의 해결이 요원할 것 같다는 막다른 골목에 도달한 심정이 되었을 때 내부고발은 나름대로의 정당성이 인정될 수 있다.

셋째, 내부고발의 내용이 합리적인 사람들을 설득할 수 있는 증거에 입각하고 있는지 하는 점이다. 내용이 사람들을 설득할 수 없다면 내부고발로서의 의미는 저감될 수밖에 없고, 특히 자신의 주장을 관철시킬 수 있는 중요한 힘인 증거가 없다면 내부고발을 입증하는 데 매우 어려움을 가질 뿐만 아니라 권위나 자원 면에서 내부고발자보다 더 우위에 있는 조직으로부터 역공을 당할 수도 있다.

이런 면에서 볼 때 가장 중요한 것은 격한 나머지 감정적으로 접근하는 것보다는 이성적이고 냉정하게 접근하는 것이 매우 중요하며, 나아가 법적 증거 자료가 될 수 있는 것이 무엇이든 이를 체계적으로 수집, 정리하고 이를 분석해 내부고발의 신빙성을 확신시킬 수 있는 법적 근거를 확보하는 것이 무엇보다 중요하다.

넷째, 문제에 대한 분석이 신중하고 명확하게 이뤄졌으며 성공할 기회를 가지고 있는지 등의 조건을 충족시켜야 한다(Bowman, 1983: 91; Denhardt, 1995: 126－127). 앞의 내용과 중복되는 면이 없지 않지만 여기에서는 문제에 대한 분석을 감정이 격한 나머지 자기 입장에서만 생각하지 말고 상대방 또는 다른 일반적 입장과 견줘가며 신중하고 명확하게 접근할 필요가 있다는 점과 실제적으로 내부고발을 했을 경우 과연 내가 행한 행위에 대해 스스로 책임을 질 수 있고 또 상대방의 비리나 부정을 제대로 집어내 이슈화하는 데 어느 정도 성공할 가능성이 높다고 판단될 때 내부고발이 이뤄지도록 해야 한다는 점이다.

내부고발에 관한 연구들이 최근에 많이 이뤄지고 있는데, 대부분이 내부고발자의 개인적 성향, 즉 내부고발의 동기나 감정적 의사 결정 과정 등에 초점을 맞춘 것이다(Perry, 1993: 80).

4) 내부고발의 발생과 관련된 이론

박홍식은 내부고발의 발생을 자질이론(traits theory), 역할이론(role theory), 기대이론(expectancy theory), 그리고 과정이론(process theory) 등 다양한 이론을 가지고 설명하고 있다.[4]

첫째, 자질이론을 가지고 설명하는 것이다. 이는 내부고발의 발생을 개인이 가지고 있는 특별한 기질, 예를 든다면 극도의 원칙주의자라든가, 비타협적인 성격의 소유자라든가, 결벽증을 가지고 있는 인간이라든가 하는 식의 개인적 자질에서 찾는다.

예를 들어 일반적으로 원칙주의자나 비타협적 성격의 소유자 또는 결벽증을 가지고 있는 사람들이 비교적 내부고발을 많이 할 것이라는 이론이다. 자기의 원칙을 고수하기 위해 다른 사람과 추호도 타협할 의사가 없는 순수 결벽주의자라면 내부고발의 동기를 더욱 쉽게 그리고 강하게 가지게 될 것이라는 점을 지적한다. 내부고발의 동인을 내부고발자의 타고난 기질에서 발견하고자 하는 접근이론이라 하겠다.

둘째, 역할이론을 가지고 설명하는 것이다. 이는 조직의 각 구성원이 가지고 있는 역할 간의 갈등이 내부고발의 형태로 나타나게 된다고 보는 입장이다. 조직에서는 각 구성원이 각자 자기가 맡은 역할에 따라 각기 다른 일을 한다. 물론 역할 간의 갈등이나 충돌 등을 미연에 방지하기 위해 업무 규정이나 편람 등이 있어서 이러한 업무의 성격과 각자가 해야 할 업무량, 그리고 업무의 범위 등을 정해놓고 있지만 업무 내용을 세부적으로 다 정해놓을 수는 없다.

따라서 조직 구성원이 해야 할 업무 내용 간의 중첩에 따른 불만, 업무량의 과다에 따른 불만, 관할권에 대한 시시비비에 따른 불만, 역할에 대한 이해 부족에서 발생하는 불만 등으로 인해 갈등이 초래될 수 있다. 물론 이러한 갈등을 충돌이나 대립으로 까지 나아가지 않게 하기 위해 조정(coordination)이라는 기능과 과정이 있

4) 한국행정학회, 『온라인 행정학 전자사전』. http://www.epadic.com/

기는 하지만 실제적으로 이것이 제대로 잘 작동되기에는 어려운 면이 없지 않다. 따라서 각자가 조직에서 맡은 역할을 제대로 잘 이행할 수 있도록 하는 각자의 노력이 무엇보다 필요하다. 그런데 이것이 생각한 것만큼 잘 이뤄지지 않을 때 누군가는 이러한 역할 수행이나 또는 역할 분담 등에서 비롯되는 불만을 품을 수 있고, 이에 대한 고충이나 불만을 해소하기 위해 내부고발 등을 할 수 있다는 이론이다.

셋째, 기대이론을 가지고 설명하는 것이다. 이는 구성원이 그러한 행위를 할 경우 어떠한 일이 일어나고 또 자신은 무엇을 얻으며 그때 얻는 것의 가치는 어떻게 평가하는가에 대한 판단의 산물로 이해하는 입장이다. 간단히 말해, 이 이론은 내부고발을 통해 내가 얼마만큼의 기대 이득을 챙길 수 있을 것인가 하는 기대감이 내부고발을 부추길 수 있다는 것이다.

어떻게 보면 인간은 참으로 합리적인 존재라고 볼 수 있다. 또한 경제적 동물이라고도 볼 수 있다. 우리가 살아가면서 행하는 모든 선택과 결정에는 항상 내가 치러야 할 비용과 내가 얻게 될 편익이라는 경제적 합리성에 입각한 판단 기준이 있다. 우리는 의식적이건 또는 무의식적이건 선택과 결정의 순간 이러한 판단 기준을 가지고 저울질을 하게 된다.

우리에게 전래되어 오는 말 중에 "우는 아이 젖 한 번 더 물린다."는 이야기가 있다. 그리고 "목소리 큰 사람이 싸움에 이긴다."는 말도 있다. 내부고발은 이 말을 견줘 설명한다면 우는 아이나 목소리 큰 사람이 되는 것이다. 호루라기를 크게 불어 사방이 막혀 발산할 수 없는 자신의 뜻을 세상에 널리 전하는 수단이라고 내부고발을 본다면, 젖을 더 먹기 위해 크게 운다든가 또는 싸움에 이기기 위해 큰 목소리를 내는 것과 별반 크게 다를 바가 없다.

따라서 내부고발이 가져올 기대 효용이 크다면, 즉 내가 지불해야 할 비용보다 내가 얻을 편익이 더 크다면 얼마든지 내부고발이라는 수단이 목적 성취를 위한 좋은 수단이 될 수 있다는 것이다. 이러한 기대심리가 내부고발의 동기를 촉발시킬 수 있다는 이론이다.

넷째, 과정이론을 가지고 설명하는 것이다. 이는 단일 사건이나 행위, 판단의 결과가 아닌 다양한 행위자와 사건 간의 복합적인 일련의 작용과 반작용이 일정한 시간을 거쳐 누적된 결과로 해석하는 입장이다.[5] 사람은 이성적이기도 하지만 감

5) 한국행정학회, 『온라인 행정학 전자사전』. http://www.epadic.com/

정적인 면을 무시할 수는 없다. 아무리 문명화된 사회에서 양질의 교육을 받은 지성인이라고 해도 자기 자신의 감정을 제대로 추스르고 자기관리를 해 나갈 수 있다는 것은 극히 어려운 일 중에 하나이다.

조직에서 어떤 일을 하건 스트레스는 쌓이게 마련이고 또 다른 부서와의 협력이나 조정이 필요한 일을 할 경우에도 스트레스는 쌓일 수밖에 없다. 말이 협력이나 조정이지 이것 역시 그리 쉬운 일은 아니다. 일정량의 내 희생과 양보가 전제되는 것이고, 설사 그렇게 했다고 해도 일의 결과가 나에게 만족스럽지 않을 수도 있고 내가 바란 만큼 되지 않을 수도 있다. 왜냐하면 협력이나 조정은 서로 줄을 밀고 또 당기는 일을 적절하게 반복하는 것이므로 상대방이 있기 때문에 내가 원하는 대로 게임을 해나가기는 어렵기 때문이다.

이와 같이 조직은 다양한 행위자와 여러 사건 간의 복합적인 일련의 작용과 반작용이 일정한 시간을 거쳐 이뤄지가 마련이며, 이렇게 해서 누적된 결과는 엄청난 파괴력을 지니게 된다. 인내의 임계점에 도달하게 되면 바로 폭발하기 때문이다. 따라서 조직 내의 다양한 활동이 여러 사람 간에 서로 얽혀져 이뤄지는 과정에서 나타나는 갈등이 점차적으로 누적됨으로써 폭발해 나타나는 것이 내부고발이라고 보는 이론이다.

5) 내부고발의 유형

박홍식은 내부고발의 유형을 분류 기준에 따라 재직형과 이직형, 내부형과 외부형, 익명형과 공개형, 적극형과 소극형, 그리고 완전형과 불완전형으로 범주화해서 설명하고 있다.[6]

첫째, 고발의 시기를 기준으로 해서 재직형과 이직형으로 나눠 설명한다. 재직형은 말 그대로 내부고발이 내부고발자의 재직 중 이뤄지는 것이고, 이직형은 내부고발자가 이직한 다음 이뤄지는 것을 의미한다.

둘째, 대상이나 경로에 따른 구분을 기준으로 해서 내부형과 외부형으로 나눠 설명하고 있다. 내부형은 내부고발자가 몸담고 있는 조직 내부의 채널을 통해 문제를 해결하고 싶어서, 문제 해결의 권한을 가지고 있는 부서나 상급 책임자에게 부조리나 비위 사실을 보고하는 것이다. 이에 반해 외부형은 내부고발자가 조직 밖의

6) 한국행정학회, 『온라인 행정학 전자사전』. http://www.epadic.com/

의회나 매스미디어(Denhardt, 1995: 126),[7] 검찰이나 경찰, 정부 감독기관이나 규제기관, 시민단체, 혹은 일반 시민들에게 직접 폭로하는 것이다.

실제적으로 내부고발의 효과라고 하는 관점에서 보면 외부형이 좀 더 강력하다고 볼 수 있다. 일부는 내부적으로 문제를 제기해 수습하려고 하지만 다른 일부는 일부러 이러한 점을 이용하기 위해 내부적으로 문제 제기를 하지 않고 바로 외부형의 내부고발로 나아가는 경우도 많다. 사실 내부형의 경우 조직 내부에서 잘 수습된다면 적당히 덮을 수 있는 문제임에도 불구하고 이것이 외부로 확산될 경우 사태가 어떻게 번질지 아무도 모르기 때문이다. 그야말로 럭비공이 되는 것이다. 이런 효과를 기대하며 내부고발의 형태를 외부형으로 선택하는 경우도 있다.

셋째, 내부고발 방법에 따라 익명형과 공개형으로 나눠 설명하고 있다. 익명형은 내부고발자가 자신의 신분이나 신원을 드러내지 않은 채 문제가 된 비리나 부조리를 공개하거나 폭로하는 것이다. 이에 반해 공개형은 기자회견이나 청문회 등을 통해 떳떳하게 자신의 신분과 신원을 드러낸 채 문제가 된 비리나 부조리를 공개하거나 폭로하는 것이다. 일반적으로 익명형이 더 많다고 볼 수 있다.

최근에 시행되고 있는 일명 '김영란법'이라 불리는 '부정청탁금지법'에서도 신고자에 대한 신원을 철저하게 보호하도록 규정하고 있다. 익명형의 내부고발 형태를 취하는 것으로 이해할 수 있다. 사실 내부고발은 조직 내에서 같이 함께 일했던 상관이나 동료 또는 부하들을 대상으로 그들의 비리나 부정 또는 부패를 고발하는 것이므로 신원이 노출된다면 소원해질 인간관계, 또는 협박, 보복 등 여러 가지 면에서 어려움이 나타날 수 있다.

그러나 내부고발에 대한 자기 확신이 분명하거나 자신이 사회적 정의를 실현한다고 자기 스스로 믿는 자, 또는 자신이 폭로하는 내부고발의 신빙성을 높이기 위해 자신의 이름과 신원을 직접 밝히는 경우도 적지 않다. 아무래도 내부고발에 관한 용기가 더 필요한 경우라 할 수 있다.

넷째, 내부고발자의 내부고발에 대한 의지의 정도에 따라 나눠 설명하고 있다. 적극형은 내부고발자가 조직의 법령 위반이나 공익 침해 사실을 공개적으로 반대

---

7) 언론매체는 내부고발자의 고발 내용을 전파 확산시키는데도 중요한 역할을 수행하지만 그에 못지않게 언론매체 자신이 독자적으로 정부의 비행을 폭로하는 데도 중요한 역할을 수행하기도 한다.

하거나 항의 등을 통해 적극적으로 밖으로 표명하는 것이다. 이에 반해 소극형은 법정이나 경찰의 진술 과정에서 사실을 증언하는 것으로 표명하는 것이다.

일반적으로는 적극형의 내부고발을 우리가 알고 있는 내부고발로 보는 경우가 많다. 적극적으로 나서서 익명이건 또는 공개이건 자신의 뜻을 외부로 표출하기 위한 형태의 내부고발이기 때문이다. 소극적인 내부고발은 법정이나 경찰 진술 과정에서 사실을 증언하는 형태이므로 내부고발이라고 보기보다는 목격자 또는 증인으로서 수사나 법절차에 따라 의견을 개진하는 것으로 볼 수 있다.

다섯째, 내부고발의 대외적 표출 성취 여부에 따라 완전형과 불완전형으로 나눠 설명하고 있다. 완전형이란 내부고발자가 폭로나 또는 공개를 완전히 마친 형태를 의미한다. 이에 반해 불완전형은 불법이나 비리 또는 부조리의 고발을 위해 사실 여부나 진위 여부를 확인하는 준비 과정에서 역으로 보복을 받게 되어 내부고발의 성사가 불투명하게 되는 형태이다.[8]

6) 내부고발의 단계

내부고발의 단계는 일반적으로 다음과 같다. 공공기관의 예를 든다면 먼저 내부고발자가 되는 공무원이 조직의 비리나 비행이 비윤리적이거나 일반 시민의 안전에 위협이 된다고 인식하는 단계이다. 그런 다음 공무원은 이러한 인식의 기반 위에서 계층제상의 상관에게 이를 보고하고 관심을 촉구하는 단계이다. 이것이 묵살되거나 또는 그 결과가 불만족스러울 경우 밖으로의 이슈화가 시도되는데, 즉 언론매체나 시민단체 또는 압력단체 등에게 이러한 조직 내부의 비리나 비행 사실을 알리거나 또는 흘리는 것이다(이병철, 2008: 160). 이를 좀 더 단계별로 구체적으로 살펴보면 다음과 같다.

첫 단계로서, 내부고발자가 되는 공무원이 자신이 몸담고 있는 조직에서 발생한 비리나 비행(非行)이 비윤리적이거나 일반 시민의 안전에 위협이 된다고 인식하는 것이다. 조직 내의 상관이거나 동료 또는 부하에 관계없이 또 개별적이거나 또는 집단적이거나 관계없이 이러한 조직 내의 비리나 비행이 비윤리적이거나 일반 시민의 안전에 위협이 된다고 인식하는 단계이다. 물론 내부고발자는 이러한 인식뿐만 아니라 한 걸음 더 나아가 이러한 사실을 올바르게 시정해야 된다고 하는 생

8) 한국행정학회, 『온라인 행정학 전자사전』. http://www.epadic.com/

각까지 가지게 되는 단계로 이해할 수 있다.

두 번째 단계로서, 공무원은 이러한 인식의 기반 위에서 조직 내적으로 문제를 해결하기 위해 계층제상의 상관에게 이를 보고하고 관심을 촉구하거나 또는 시정을 건의 내지는 요구하는 단계이다. 여기에서 중요한 것은 이러한 보고, 촉구, 건의 그리고 요구 등의 행위가 상관을 통해 제대로 수렴되어 수용되고 시정된다면 이 단계에서 공무원이 제기한 문제는 종결될 수 있다.

세 번째 단계로서, 이러한 공무원의 보고, 촉구, 건의 그리고 요구 등의 행위가 상관에 의해 묵살되거나 또는 그 결과가 불만족스럽거나 또는 이러한 비행과 비리를 덮으려고 하는 음모 등이 진행되거나 이러한 문제를 제기한 공무원을 한직 등으로 전보 발령을 내는 등 조직적 차원에서의 역공이 이뤄질 경우 밖으로의 이슈화가 시도된다. 공무원은 언론매체나 시민단체 또는 압력단체 등에게 이러한 조직 내부의 비리나 비행 사실을 알리거나 또는 흘리는 것이다.

7) 내부고발을 꺼리는 조직문화와 정서

조직 자체가 극히 폐쇄적이고 엄격하고 강도 높은 통제를 가하는 기관일수록 그 기관의 문제를 알아내기 위해서는 내부고발에 의지하는 경우가 많다(Fesler & Kettl, 1996: 374).

사실 정부조직의 장이나 기업주 역시 인간인지라 자신들이 하는 일이 무엇이 잘못되었고 방법상에 어떤 문제가 있고 현재의 방식으로는 성과가 제대로 안 나타날 것이라는 식의 말을 듣기 좋아하지 않는다. 특히 그것이 공익에 해가 되는 것이어서는 안 된다는 주장에 대해서는 더욱 그렇다(이병철, 2008: 161).

좋은 약이 입에 쓴 법이고 자신의 행동에 도움이 되는 말이 귀에 거스를 수 있는 법이다. 그러나 많은 조직의 장들이 이러한 생각을 가지고 조직을 관리하려고 애를 쓰지만 인간으로서의 한계는 존재하기 마련이다. 눈에 보기 좋고 귀에 달콤한 말에 끌리게 되는 것은 인지상정(人之常情)인지도 모르겠다.

또한 일반적인 관리자나 조직의 장들은 가능하면 자기가 재직하고 있는 동안에는 큰 과오가 없이 일이 순탄하게 진행되고 마무리되는 것을 선호하며 기대한다. 그리고 일이 잘못되어 뒤틀리는 경우에도 자신의 경력은 물론 조직의 명예 또는 앞으로의 출세 등을 고려해 가능한 그러한 일이 공개되어 문제를 야기시키는 것을 원치 않기 때문에 그냥 덮어 버리려고 하는 것이 정부조직의 장이나 기업주의 일반적인 심리적 행태이다(이병철, 2008: 161).

이러한 의식구조를 가지고 있고 또한 그러한 행태에 익숙해져 있기 때문에 덮으려고 하는 일을 구태여 조직 내부에서 문제시하고 이를 드러내려고 하는 행동에 대해서는 그것이 옳고 그름을 따지기 이전에 일단 부정적으로 접근하게 된다. 이러한 행태는 정부조직의 장이나 상관들에게만 국한된 것이 아니고 조직 내부에서 그릇된 일에 대해 문제를 제기하려는 내부고발자의 동료나 그의 부하들에게도 일반화되어 있다.

동료나 부하들 역시 어떻게 보면 그러한 문제에 대한 인식을 하고 있는 사람들이고, 경우에 따라서는 그러한 문제에 직접적으로나 간접적으로 연루되어 있을 수도 있다. 따라서 동료나 부하들도 외부에서는 모르는 그러한 문제가 자신을 포함한 내부에서 제기되는 것을 원치 않을 수 있으며, 오히려 이러한 문제 제기가 평지풍파(平地風波)를 일으키는 쓸데없는 일로 치부하는 경우도 없지 않다(이병철, 2008: 161).

구태여 조직의 비리나 비행을 외부로 들춰내려고 하는 내부고발자에 반해 그의 동료나 부하들 간에는 일치하는 집단가치(group value)가 형성된다. 그리고 이에 동감하려는 집단 내면적 압력이 일종의 집단 결속력(group cohesiveness)으로 작용해서 내부고발과 관련된 사건의 은폐나 은닉을 낳게 된다(Ash, 1987).

실제 이와 관련된 사례를 몇 가지 살펴보면 이러한 현상을 쉽게 이해할 수 있다.

우선 제2차 세계대전 이후 전범(戰犯) 처리를 위해 독일의 뉘른베르크(Nürnberg)에서 전범 재판이 이뤄졌는데 이 과정에서의 나치 전범들의 행동을 유심히 관찰해 볼 필요가 있다. 그들은 마치 서로 말을 짜맞추기라도 한 듯이 이구동성(異口同聲)으로 "상관의 명령에 복종했을 따름"이라는 말을 반복해서 되뇌임으로써 자기 방어를 했다(Gortner, 1991: 105).

물론 이것은 비윤리적 행위에 대한 개인적 책임을 받아들이려는 생각은 없이 명령 계통이라는 집단적 권위의 뒤에 숨어 자신의 행위를 합리화하고 변명하려는 비열하고 뻔뻔스러운 행위였다.

이러한 현상은 닉슨(Richard Nixon) 대통령 시절 미국에서 일어났던 워터게이트 사건(Watergate scandal)의 당사자들 중 정치적으로 임명된 자들의 말과 행동에서도 그대로 나타났다. 그들은 한결같이 "팀워크를 깨뜨리지 않고 훌륭한 팀원이 되길 원해 은폐에 함께 참여했다."고 말했다(Colson, 1977; Weisband & Franck, 1975). 서로 동감하고 공유하는 집단가치를 깨뜨리는 것보다는 범법행위를 하는 것이 더 낫다는 생각이 그들의 뇌리 속에 분명히 자리 잡고 있었던 것이다.

또한 레이건(Ronald Reagan) 대통령 당시 미국에서 일어났던 이란 콘트라 사건(Iran–Contra affair)의 장본인인 노스(Oliver North)와 홀(Fawn Hall)도 "우리는 팀의 멤버들이다. 그들에게 반대하는 것이 바로 우리들이 할 일이다."라는 표현으로 팀워크를 과시했다(Gortner, 1991: 105). 이것 역시 동감하고 공유하는 집단가치를 위해 그 가치를 배반한 자에 대해서는 반대나, 한 걸음 더 나아가 보복해야 한다는 생각이 이러한 말의 이면에 짙게 깔려 있다.

바로 이러한 사례에서 볼 수 있듯이 집단가치를 공유한 조직환경과 이러한 환경 속의 집단이 개인에게 가하는 압력에 굴복해 비윤리적인 결정을 내리거나 잘못된 충성, 옳고 그름에 대한 뒤틀린 인식 등을 하게 된다.

그리고 최근에 이뤄지고 있는 공무원 부조리나 부패의 성격이 과거의 생계형 부조리나 부패에서 축재형으로 바뀌고 있고, 이에 따라 개인적 차원의 부조리나 부패에서 조직적 차원의 부조리나 부패로 전환되고 있다는 점을 감안할 때, 동료나 부하들도 이러한 문제에서 결코 자유롭지 못할 수 있다는 점을 염두에 둔다면 내부고발자에 의한 외부로의 문제 제기와 이로 인한 평지풍파를 이들이 결코 고운 눈으로 볼 수만은 없다는 점을 쉽게 이해할 수 있다(이병철, 2008: 163).

따라서 내부고발자들은 직장의 상관이나 동료 또는 부하들로부터 유·무형의 제재 수단들을 통해 자주 괴롭힘을 당하고(Truelson, 1986: 9; Bowman, 1983: 272), 조직 안에서 '왕따' 신세가 되어 외톨이가 되거나 배척당하며, 급기야는 쫓겨나기까 한다.[9] 이러한 수난들을 잘 이겨내고 버텨서 그 자리에 설령 남아 있다고 하더라도

9) 이러한 최악의 상황에 내몰리지 않기 위한 내부고발자 생존 전략이라는 것이 있다. 우선 공개적 폭로 결심에 우선해 가족들과 의논해야 한다는 것이다. 내부고발이 이뤄질 경우 가장 혹독한 고통을 받게 될 당사자는 바로 가족이기 때문이다. 둘째, 가능한 내부고발 외의 차선의 방안을 검토해 보라는 것이다. 익명의 투서 같은 것도 한번쯤 고려해 볼 수 있다. 셋째, 동일한 문제에 대해 분개하는 동료를 색출해 대화를 나눠 보라는 것이다. 넷째, 동료나 인근 부서 직원과의 관계를 돈독히 하라는 것이다. 특히 내부고발 후 자신의 지지 세력이 될 수 있고 내부고발 전이라도 내부저항의 증거를 마련하는 데 큰 도움을 줄 수 있기 때문이다. 다섯째, 기록의 중요성을 인지하고

결국 별 볼 일 없는 한직으로 밀려나기도 하는 것이다(Bowman, 1987: 271-276; 박흥식).[10)]

따라서 이러한 행태가 일반화되어 있는 조직문화 속에서의 내부고발은 아무리 그것이 공익적이고 양심적이며 또 바른 일이라고 하더라도 사전에 면밀히 계획하고 준비하지 않으면, 내부고발자는 자신의 뜻을 제대로 밝히거나 펼쳐 보지도 못한 채 오히려 뭘 모르고 나섰다거나 정신이 좀 이상한 사람이라는 대우를 받기 십상이다.[11)]

실제로 조사된 미국 자료에 의하면 상당수의 공직자가 낭비적이고 비윤리적인 행위가 자신이 근무하는 조직 내에서 자행되고 있음을 목격하지만 조직에 대한 충성심과 이러한 일을 폭로했을 경우 자신에게 닥칠 보복 등이 두려워 내부고발을 선불리 하지 못하고 있음을 알 수 있다(Zimmerman, 1994: 225).

또한 그러한 공직자들이 몸담고 있는 조직의 문화나 일반적인 사회적 분위기나 규범이 공직자가 비리나 비행을 목격했을 때 이를 기꺼이 폭로하려는 마음의 동기를 북돋워 주지 못하고 이를 오히려 억제하고 있기 때문에, 폭로할 경우 자기에게 닥칠 해임, 좌천, 한직으로의 전보, 낮은 근무고과 성적, 왕따, 그리고 조직으로부터의 영원한 추방 등과 같은 위험이 클 경우 다른 공직자의 비위나 비윤리적인 행위를 폭로하지 못하고 스스로 눈을 감게 된다는 것이다.[12)]

조직의 비리나 부정 그리고 자기에 대한 부당한 대우 등에 대한 기록을 유지하라는 것이다. 이러한 준비는 조사 과정이나 법정에서 큰 효용성을 발휘한다는 점에서 매우 중요하다. 여섯째, 입증능력을 갖춘 기록과 자료를 수집하라는 것이다. 일곱째, 정치인, 언론사, 관련 시민단체를 잘 활용하라는 것이다. 여덟째, 변호사, 시민단체, 혹은 경험자의 법률적 자문이나 상담, 체험담을 잘 활용하라는 것이다. 아홉째, 자신의 도덕적이거나 법적인 흠결에 대한 대비를 단단히 해야 한다는 것이다.

10) 내부고발은 부정이나 비리를 통제하는 데 파괴적인 효과를 가지고 있을 뿐만 아니라 국민의 알 권리를 보호해 주고 개인 차원의 표현과 양심의 자유를 진작시켜 줄 수 있다는 측면에서 매우 높은 공익적 효과를 가지고 있음에도 불구하고 힘없는 조직구성원이 거대한 조직의 부정과 비리에 맞서는 것이어서 정말 하늘이 무너져 내리는 듯한 공포와 고통, 그리고 계란으로 바위를 치는 격의 무모하리만큼 힘든 어려움을 감당해 내야 한다.

11) http://post.cau.ac.kr/~parkh/w4.htm

12) 페리(Perry, 1993: 94)는 여러 실증적인 조사의 자료 고려해 볼 때 조직 변화를 위한 메커니즘으로서 내부고발의 한계에 대한 생각이 강화되고 있다고 주장한다. 즉, 내부고발은 실제적으로 조직 변화를 위해 매우 제한적인 역할만을 수행한다는 것이다.

8) 내부고발자의 보호

앞서 언급한 조직문화와 정서가 갖는 문제점을 해소하기 위해 법적으로 내부고발자를 이러한 위험과 보복으로부터 보호해 주는 것이 무엇보다 필요하다. 또한 정부는 공직자들이 이러한 다른 공직자의 비위나 부조리 또는 비윤리적 행위를 목격했을 때 이를 지체없이 보고해야 할 의무를 가지고 있다는 점을 여러 가지 경로나 교육 및 훈련 과정 등을 통해 강조할 필요가 있다.

그러나 내부고발은 앞에서 언급했듯이 매우 어려운 문제점을 갖는 만큼 이에 대한 대응에는 신중을 기해야 한다. 내부고발은 사회 정의 실천과 건전한 기업 경영을 위해 예방과 응징의 효과가 있다는 점을 부인하기는 어렵지만 신고자의 보호라는 매우 어려운 책임문제가 따르고, 보상금을 노린 내부고발과 관련된 과잉 행위 역시 우려되기 때문이다(이병철, 2008: 165).

특히 유념해야 할 점은 보상금을 노린 내부고발이나 악의적 성격을 지니는 내부고발까지 보호해야 하는가 하는 문제이다. 일반적으로 볼 때 폐쇄적이고 엄격한 통제가 가해지는 조직의 비윤리적 행위나 부조리 그리고 부패 등을 들춰내 이를 해결하기 위해서는 내부고발이 가지는 효과를 무시할 수는 없다.

또한 보상금을 노린 것이건 악의적 의도를 가지고 한 것이건 간에 내부고발로 인해 조직의 문제를 들춰낼 수 있고, 이를 통해 조직이 가지고 있는 근본적인 문제를 해결할 수 있는 실마리를 찾을 수 있다는 점에서 이것 역시 보호해야 한다고 주장하는 사람들도 있다. 이들의 주장 역시 충분히 일리가 있다.

그런데 문제는 이러한 내부고발이 보상금 수령을 위해 함정이나 덫을 쳐놓은 상태에서 유발시키도록 유도한 경우라든가 또는 상습적이라든가 또는 불편한 관계를 가지고 있는 상관이나 동료 또는 부하를 조직에서 밀어내거나 찍어내기 위한 악의적 동기를 가지고 이뤄지는 것이라면 옥석을 구별해 가려내듯이 이를 면밀히 검토해 보호할 수 있는 사안에 대해서만 보호해야 한다는 주장도 나름대로 의미를 가진다.

미국의 경우 1989년에 '내부고발자보호법(Whistleblower Protection Act)'을 제정해 내부고발자에 대한 보호를 제도적으로 실시하고 있다. 이 법은 정부나 대기업의 비밀을 폭로한 사람들을 보복, 강등, 그리고 해고의 위협으로부터 방어해 주기 위한 법률로서, 핵물질이나 유독 화학물질 저장소의 폐기물 무단 및 비밀 방류나 중요 이권이 걸린 정책 결정에 정치적 외압이나 이해관계가 맞물린 조직의 개입에 의한 불법 로비 그리고 국방부의 무기 예산의 과다 지출 등 업무의 성격상 내부고발이 없이는 그 실체를 정확히 적출해 내기 어려운 비리에 대해 적용된다.

그러나 이 법이 모든 정부기관에서 효과를 얻고 있는 것은 아니라는 점에 유념할 필요가 있다. 그 이유 중의 하나는 이러한 정부기관이 내부고발을 했을 경우 자신들이 받게 될 보호와 관련된 권리 조항과 그 내용을 공직자들에게 명료하게 전달하지 못한 점과 실제로 보호해야 할 경우 보호를 실행하는 데 필요한 세부적인 운영 절차를 개발해 내지 않았기 때문이다(Zimmerman, 1994: 226).

따라서 내부고발을 장려하기 위해서는 비윤리적 행위를 한 공직자를 유죄로 입증하는 데 필요한 정보를 제공한 내부고발자에 대해서는 그에 대한 보호와 보상을 가능케 하는 정교한 법적 장치를 강구해야 하며, 일반 공직자에게 이러한 내용을 정확히 주지시켜야 할 것이다(이병철, 2008: 165).

영국의 경우 '공공이익 공시에 관한 법'을 제정해 내부고발자를 공공의 이익을 위한 증인으로 취급하고 신고에 핫라인을 이용하도록 하고 있으나 나름대로 문제점을 가지고 있으며, 우리나라의 경우도 '부패방지법'이나 금융감독위원회 규정에 신고자의 보호 규정이 있긴 하지만 나름대로의 문제점이 없지 않으므로 이 제도가 과열되지 않고 건전하게 운용될 수 있도록 계속적인 연구가 필요하다.[13)]

그리고 내부고발의 취지를 좀 더 확실히 하기 위해서는 내부고발자의 보호에 대한 영역을 민간 부문까지 확대할 필요가 있다. 정부와 계약 등 여러 가지 관계성을 통해 실제적으로 정부의 업무를 수행하는 민간기업에 대해서는 그러한 기업에 종사하는 자들이거나 또는 기업과 관련된 공직자가 잘못된 일을 저질렀을 경우 이를 내부고발하는 민간기업 조직 성원에 대해서도 보호하도록 하는 것을 의미한다(이병철, 2008: 166).

실제로 근자에 들어와서 이러한 유형의 민간기업과 정부공직자 간의 적절치 못한 유착이나 비행이 증대되고 있음(Zimmerman, 1994: 226)을 감안할 때 이러한 민간기업의 내부고발자의 보호 조치는 존재의 정당성을 충분히 인정받을 수 있다.

이와 연관해 내부고발자가 비행 관련 기관이나 윤리위원회에 비윤리적 행위에

13) http://www.naeway.co.kr/SITE/data/html_dir/2002/02/06

대해 폭로했음에도 불구하고 이를 적절하고 시의성 있게 처리하지 못해 내부고발자가 비윤리적 행위를 언론에 공개했을 경우 이에 대한 법적 보호의 문제도 충분히 강구되어야 한다(이병철, 2008: 166).

미국의 내부고발제도는 그간의 여러 경험을 통해 문제점을 하나둘 시정해 나가고 해결해 나감으로써 점차 성공적인 제도로 자리 매김을 해 나가고 있다. 실제로 미국의 경우 9·11테러 이후 신고가 더 활발해졌으며, 미국 정부가 부정행위로부터 정부 예산을 회수하는 금액이 연간 수십억 달러에 달하는데 이들 대부분이 내부고발자의 신고 덕택이다. 이 점에서는 유럽도 예외가 아니어서 많은 가격 담합 카르텔, 예를 들어 비타민 업계의 가격 담합 카르텔이 적발된 것도 이들의 신고에 의해서였다(이병철, 2008: 166-167).

우리나라에서도 뒤늦은 감이 없지는 않지만 2015년 3월 27일 일명 '김영란법'이라 일컬어지는 '부정청탁 및 금품 등 수수의 금지에 관한 법률'이 제정되었고, 1년 6개월의 유예 기간을 거쳐 2016년 9월 28일부터 시행되어 공직사회에서 이뤄지는 부정한 청탁이나 부정 금품 수수 등에 대해 신고하도록 하고, 이러한 신고를 한 제3자의 신분을 철저하게 비밀로 하고 이들을 보호하기 위한 여러 법적 제도를 마련한 것은 이 분야에서 진일보한 입법 조치라고 평가할 수 있다.

9) 외국의 내부고발 사례

대표적인 내부고발 사례로 꼽을 수 있는 것은 1967년 C-5A 화물 수송기와 3단식 고체연료를 사용하는 미국 공군의 대륙간 탄도탄(ICBM)인 '미니트맨 미사일 계획(Minuteman Missile Program)'에 심각한 과다 지출이 있음을 발견한 국방부의 민간인 직원 피츠제럴드(A. Ernest Fitzerald)의 경우이다(Nader, 1972: 39-42).

그는 1968년 11월에 20억 달러에 달하는 초과 지출을 처음 발견하고 우선 내부적으로 문제를 제기하고 경고했으나 상관에 의해 묵살당했다. 그러자 그는 프록시마이어(William Proxmire) 상원의원이 의장으로 있는 상원 '국방·경제소위원회(Armed Services Joint Economic Subcommittee)'에 입증서를 제출하고 증언했다.

이 소위원회에서 증언하기 위해 출석한 이후 그는 담당하고 있던 모든 주요 사업에서 손을 뗄 수밖에 없었고 결과적으로 실직하고 말았다. 그는 다시 복직하기 위해 인사위원회에 수년간에 걸친 소청을 제기했으며, 결국 연방법원의 결정으로 무죄가 입증되었다. 그리고 그의 행동이 공익에 따른 것임이 판명되어 닉슨 행정부 때 해임된 이후 거의 10년의 투쟁 끝에 레이건 행정부 때 결국 복직했다(전종섭, 1989: 471-472; Fesler & Kettl, 1996: 374; Allison, 1986: 184-200).

다른 사례로는 호주의 콜 마이어(Coles Myer)라는 소매유통업체의 회계책임자인 바우먼(Philip Bowman)이 회사 부회장이 회사 자금을 유용해 자신 소유의 회사 주식을 취득했다고 폭로한 사건이다. 바우먼은 폭로 직후 해고되었고 2년여에 걸친 어려운 법정 투쟁 끝에 승소해 그에 상응하는 보상을 받았다. 그러나 그는 승소해 나름대로의 보상을 받기는 했으나 호주에서 재취업할 수 없어 영국으로 이주해야 하는 아픔을 겪어야 했다.

그러나 이러한 것은 내부고발과 관련된 몇 안 되는 성공 사례일 뿐이다. 실제로는 신고자 대부분이 조직과 사회에서 경원시되어 격리되고 직업과 건강, 그리고 가정까지 동시에 잃는 경우가 많은 것이 현실이다.

실제로 미국에서 빙햄(James Bingham)은 제록스(Xerox) 사의 재무차장으로서 부당한 회계 처리에 항의했다가 해고당한 뒤 투쟁하느라 가산까지 탕진한 사례를 남기기도 했다.

2 증인 보호

증인 보호 프로그램(Witness Security Protection Program)도 앞서 고찰한 내부고발과 같은 선상에서 살펴볼 수 있다.

권력의 핵심이나 그의 측근들이 공권력을 왜곡하거나 남용해 진실을 가리고 자신들의 사적 이익만을 좇다가 언론이나 사법당국에 의해 전모가 발각되어 사법 처리 과정에 들어갔을 때 이들이 저지른 혐의를 구체적으로 입증할 수 있는 물적 증거가 없을 경우 이러한 과정에 개입했거나 이를 직접 혹은 간접적으로 목격한 증인의 증언은 권력의 핵심이나 그 측근들의 범죄를 밝히는 매우 중요한 입증 자료가 될 수 있다(이병철, 2004: 167).

그러나 이러한 경우 대부분의 증인 적격자들이 그들의 동료이거나 부하 또는 상관일 경우가 많고 또는 그들과 직접적으로 혹은 간접적으로 관계를 지니고 있는 친지나 관계인일 경우가 많아 이들로부터 실제 법적 효력이 있는 증언을 확보하기는 사실상 어렵다(이병철, 2004: 67).

또한 권력의 속성상 그러한 권력자의 주변에서 이해를 같이하는 부류가 많아 그들이 증인 적격자들에 대해 유·무형의 압력을 행사할 수도 있다. 이 밖에도 증인들이 원했건 또는 원치 않았건 간에 실제적으로 이들과 공모해 범죄 과정 등에 개입했거나 또는 범죄와 직·간접적으로 연관되는 혐의를 가지고 있을 경우 이들이 자기에게 닥쳐올 법률적 책임이나 사법적 심판에 부담을 느껴 침묵할 경우도 상정해 볼 수 있다(이병철, 2004: 167).

이와 같이 법적 입증에 없어서는 안 되는 결정적 증인들의 증언 기피 이유를 배제하고 권력의 핵심이나 그 측근 또는 그들과 이해를 같이하는 범죄자들을 척결하기 위해 사용되는 제도가 바로 증인 보호 프로그램이다. 이 제도는 미국의 증인 보호 프로그램에서 보여 주는 것처럼 신고한 피해자나 혐의자에 대해 경제적 지원은 물론 신변 보호를 비롯해 법률적 책임도 면제해 주는 것을 골자로 하고 있다(이병철, 2004: 167-168).

앞에서 살펴보았듯이 국가 권력의 왜곡이나 남용 그리고 공적 조직의 부패와 부조리를 척결하는 데 내부고발과 증인 보호 프로그램은 매우 유용하다. 따라서 많은 국가에서 권력의 왜곡과 남용, 그리고 공공조직의 부패와 부조리를 척결하기 위해 제도적으로 내부고발을 격려하고 보호하고 있으며, 중요한 핵심 증인들을 보호하려는 방향으로 나아가고 있다(이병철, 2004: 168).

제 2 절 내부고발과 증인 보호 프로그램과 관련된 영화들

내부고발과 관련된 내용을 잘 보여 주는 영화로는 『제보자』, 『인사이더』, 『그녀는 날 싫어해』, 『시티즌포』, 『내부고발자』, 『모비딕』, 그리고 『차이나 신드롬』이 있다. 그리고 증인 보호 프로그램과 관련된 내용을 극적으로 잘 시사해 주는 영화로는 『의뢰인』, 『이레이저』, 『트래픽』 등이 있다.

1 내부고발과 관련된 영화

1)『제보자』

임순례 감독이 어떤 외압에도 굴하거나 물러서지 않고 오로지 진실만을 밝혀내려는 집념 강한 시사 프로그램의 연출자(PD) 윤민철 역으로 박해일과 차마 양심을 저버릴 수 없어 논문 조작과 비윤리적인 연구 과정에 대해 충격적인 제보를 하게 되는 연구팀장 심민호 역의 유연석, 그리고 전 세계를 주목하게 만든 줄기세포 조작 스캔들의 중심에 서 있는 이장환 박사 역의 이경영을 주연으로 해서 2014년 10월 2일 개봉한 영화이다.14)

이 영화는 대한민국을 뜨겁게 뒤흔들었던 줄기세포 조작 스캔들을 모티브로 차용해서, 이것에 영화적 상상력을 덧입혀 탄생시킨 작품이다. 세계적인 거대 담배회사의 비리를 내부고발을 통해 세상에 폭로한 실화를 모티브로 삼아 만들어진 미국영화『인사이더』의 스토리 내용과 매우 유사하다.

이장환 박사는 세계 최초로 인간 배아 줄기세포 추출에 성공했다고 하면서 "제가 줄기세포를 연구하는 이유는 난치병 환자들에게 희망이 되기 위해서입니다."라는 휴머니즘이 가득 찬 코멘트를 날린다. 이러한 이장환 박사의 연구 결과가 나오자 국민들은 열광한다.

세계 최초로 생명과학 분야에서 새로운 이정표를 세운 이가 바로 한국인이라는데 대한 민족적 자긍심의 발로이며, 이러한 성공이 미래의 우리 먹거리가 될 것이라는 희망 섞인 장밋빛 꿈이 열광의 커다란 동기가 되지 않았나 싶다. 이렇게 이장환 박사와 그의 성공이 국민적인 관심사로 떠오르고 있는 가운데 시사 프로그램인 PD 추적의 윤민철 연출자(PD)는 알 수 없는 익명의 제보자로부터 한 통의 전화를 받게 된다.

이 한 통의 전화가 전 국민의 열광에 찬물을 끼얹고 국민들을 경악케 하는 스캔들의 불씨가 된다. "전 아무런 증거도 없습니다. 그래도 제 말을 믿으시겠습니까?"라는 말로 시작하는 제보자는 얼마 전까지만 해도 이장환 박사와 호흡을 맞추며 함께 연구팀을 꾸려 줄기세포 연구를 해오던 연구원 심민호 팀장이었다. 그는

14) http://movie.naver.com/movie/bi/mi/basic.nhn?code=128235

제보 전화를 통해 윤민철 연출자에게 거짓으로 꾸며진 줄기세포에 대한 불편한 진실을 용기 있게 제보한다. 논문이 조작되었다는 사실과 함께 줄기세포 실험 과정에서 벌어진 비윤리적인 행위에 대해 스스로 양심 선언, 즉 내부고발을 한 것이다.

윤민철 연출자는 전화를 통해 전해지는 이러한 제보에서 무언가 은폐된 불편한 진실이 있음을 직감한다. 그는 직업 의식의 발로인지는 모르겠지만 깊숙이 은폐된 불편한 진실을 백일하에 반드시 드러내놓고 싶다는 충동을 느꼈다. 그는 확신을 다지기 위해 자신에게 다시 한 번 "이 방송 꼭 내보낼 겁니다."라고 제보자에게 힘을 실어 주는 목소리로 말했다.

그러나 말은 쉽지만 아주 깊숙하게 숨어버린 불편한 진실을 찾아낸다는 것이 여간 어려운 일이 아님을 새삼 피부로 느끼게 된다. 아무런 증거도 없이 오직 제보자의 증언 하나만을 믿고 불편한 진실을 찾아내기 위해 사건에 뛰어든 윤민철 연출자는 생각 밖의 거센 외풍에 부닥치게 된다.

세계 최초로 인간 배아 줄기세포 추출에 성공해 국위를 선양하고 또 미래 첨단 산업으로 일컬어지는 생명과학 분야에서 앞장서게 만든 국민적 영웅 이장환 박사를 비판하는 것은 국익에 반하는 것이라는 국민적 여론과 이에 편승한 언론의 거센 항의, 그리고 보이지 않는 정치적 외압 그리고 목적을 위해 이 불편한 진실을 감추려 하는 이장환 박사에 의해 윤민철 연출자의 고군분투는 커다란 한계를 느끼게 되고, 결국 방송이 나가지 못하게 되는 위기에 처하게 된다.

이러한 스토리를 가지고 진행되는 이 영화는 줄기세포 조작 스캔들이라는 소재를 통해 우리 사회 이면의 보이지 않았던 어두운 그림자를 고스란히 보여 주고 있다. 줄기세포 연구실 홍보팀이 전해 주는 자료와 로비에 휘둘려 실체적 진실인 사실보다는 오히려 한쪽으로 치우친 기사와 방송만 내보내며 공정성을 잃어버린 언론과 행여 파헤쳐지는 사실이 진실일까 두려워 감추고 은폐하려는 국가 권력, 그리고 눈앞에 보이는 것만 믿으며 진실을 좇는 자들을 마녀 사냥으로 매도하는 시민들의 모습이 바로 그것이다.

이 영화를 통해 여론과 언론, 그리고 권력에 의해 진실은 얼마든지 쉽게 묻힐 수 있고, 또한 모두가 원치 않는 불편한 진실을 파헤치는 것이 얼마나 힘든 싸움인지를 잘 보여 준다. 그리고 어떤 외압이나 역경에도 결국 드러나고야 마는 진실이 가진 힘과 가치에 대해 의미 있는 메시지를 전한다.

더불어 “국익이 먼저인가? 진실이 먼저인가?”라는 영화 속 대사가 말해 주듯 ‘믿고 싶은 거짓’과 ‘감추고 싶은 진실’ 사이에서 무엇이 더 가치 있는 것인가를 고민하게 만든다. 이 영화는 눈앞의 이득 때문에 진실을 쉽게 외면하는 우리 사회의 아직은 시정되지 못한 어두운 그림자에 던지는 통렬한 외침을 담고 있다.

이 영화에서 또 다른 간과해서는 안 될 핵심적 메시지는 내부고발의 중요성을 간접적으로 보여 주고 있다는 것이다. 만약 제보자가 자신이 몸담고 있는 조직에서 은밀하게 이뤄진 비리나 또는 비윤리적인 행위에 대해 스스로 양심의 가책을 받고 이에 대해 번민하다가 내부고발을 하지 않는 쪽으로 마음을 정리했다면 인간 배아 줄기세포 추출 건이, 전 국민적인 스캔들로 비화되지 않았을지도 모른다는 점이다. 진실의 입장에서 볼 때 최악의 경우는 이 스캔들이 그냥 묻혀 버렸을지도 모른다는 사실이다. 왜냐하면 어느 누구든 밝혀지기를 원치 않는 불편한 진실이었기 때문이다.

내부고발자인 제보자와 이를 도와 제보된 내용을 세상에 드러낸 사람은 거센 여론의 비난과 언론의 항의 그리고 보이지 않는 정치적 외압까지 감수해야 했다. 그리고 이런 거칠고 거센 외풍은 제보자의 폭로 내용을 세상에 밝히지 못할 지경에까지 이르게 만들었다. 이러한 현상을 보게 된다면 누가 용기를 내어 자기희생을 감수하면서까지 내부고발을 통한 진실 규명에 동참하겠는가? 이 점을 영화에서는 우리들과 우리 사회에 질문으로 던지고 있다.

다음에 살펴볼 미국 영화인 『인사이더』에서도 거대 글로벌 담배 회사의 불편한 진실을 폭로한 연구개발 담당 부사장이었던 와이갠드가 이와 비슷한 곤경에 처하게 된다. 심지어 그는 회사에서 해임된 뒤 생계를 위해 고등학교의 과학교사로 일해야 했으며, 더욱이 담배 회사에 취업 시 작성한 회사 비밀 준수가 담긴 계약서에 의거해 법적으로도 어려운 처지에 놓여야만 되었다. 그리고 그를 도와 이 사건을 폭로하는 데 도움을 준 연출자 버그만 역시 방송국 내의 법무고문단이나 집행부의 중역 등의 거센 외압에 부딪쳐 많은 어려움을 겪어야 했다. 그 내용을 좀 더 깊게 살펴보기로 하자.

2) 『인사이더(*The Insider*)』

마이클 맨(Michael Mann)이 감독을 맡고 내부고발자인 닥터 제프리 와이갠드

(Jeffrey Wigand) 역으로는 러셀 크로(Russell Crowe)가 그리고 그를 돕기 위해 불철주야 발 벗고 나서는 방송국 연출자 로웰 버그만 역은 알 파치노(Al Pacino)가 맡아 주연으로 등장했다. 그리고 마이크 월러스 역의 크리스토퍼 플러머(Christopher Plummer), 돈 휴윗 역의 필립 베이커 홀(Philip Baker Hall), 샤론 틸러 역의 린제이 크루즈(Lindsay Crouse), 리안느 와이갠드 역의 다이안 베노라(Diane Venora), 데비 드루카 역의 데비 마자르(Debi Mazar) 등을 조연으로 등장시켰다.

1999년에 제작 출시된 이 영화는 부패한 조직에 맞서 싸우는 내부고발자 문제를 실화에 근거해 진솔하면서도 깊이 있게 다루고 있다.[15]

담배회사의 비리[16]를 폭로하는 와이갠드[17]는 연봉 400,000달러를 받는 '브라운 앤드 윌리엄슨 사'[18] 연구개발 담당 부사장으로 있다가 내부고발 사건으로 해임되고 생활을 위해 연봉 30,400달러를 받는 루이빌(Louisville) 소재의 고등학교[19] 과학교사로 자리를 옮기게 된다. 이 여파로 인해 아내한테 이혼까지 당할 뿐만 아니라 설상가상으로 자신에 의해 피소된 담배 회사로부터 고소까지 당하는 위기에 처하게 된다. 그럼에도 불구하고 그는 이러한 위기를 스스로 감내하면서 용기 있게 자신의 뜻을 관철시켜 나가기 위해 온갖 노력을 펼쳐 나간다. 이 영화는 내부고발자 와이갠드라는 실존 인물을 내세워 그와 담배 회사 간의 갈등과 마찰을 박진감과 현실감 있게 잘 그려내고 있다.

특히 담배 회사에서 채용 시 계약 조건으로 서명한 '회사 내에서 지득한 사실을 대외적으로 공표하지 않는다.'는 내용을 들어 이를 위반할 경우 사법 처리하겠다고 내부고발자에게 야비한 압박을 가하는 장면은 갑의 위치에 있는 거대한 관료조직

---

15) http://movie.naver.com/movie/bi/mi/basic.nhn?code=25633

16) 니코틴을 인체 내에서 더욱 활성화시키기 위해 담배 제조 과정에 유해 화학물질을 첨가시키고 이 화학물질로 인해 사람들은 더욱 담배 중독에 빠지는 일면 화학물질로 인해 뇌와 중추신경계가 영향을 받게 된다는 사실을 은닉하는 비리를 말한다. 또한 이것이 문제화되어 담배 회사 사장이 청문회에 나가지만 그는 이런 사실을 극구 부인함으로써 기업인의 윤리 의식의 문제점도 고발하는 내용이다.

17) 와이갠드 박사의 역으로 러셀 크로가 출연한다. 와이갠드 박사는 미시시피 주와 기타 49개 주 정부가 담배를 생산하는 재벌 기업 '브라운 앤드 윌리엄슨 사'를 상대로 한 사상 초유의 2,500억 달러짜리 소송의 주요 증인으로서 자신이 피소된 담배 회사의 연구개발 담당 부사장(vice president for research and development)으로 일하면서 지득한 사실, 즉 담배 회사가 10여 년 간 담배가 중독성이 있음을 알고 있었다는 사실을 증언해 기업을 궁지로 몰아넣었다.

18) 실명은 '브라운 앤드 윌리엄슨 사(Brown & Williamson Tobacco Corp.)'이다.

19) 실명은 'duPont Manual High School'이다.

과 그에 맞서는 왜소한 한 인간의 대결이 얼마나 힘겨운 것인가를 사실적으로 잘 묘사해 내고 있다.

그리고 언론매체[20]에서는 이런 내부고발 사실을 특종감으로 기사화하려고 하나 법률고문단의 반대[21]에 직면한 언론매체의 중역들은 언론기관의 생존과 이익 그리고 자신들의 부와 명예를 위해 법률고문단의 의견을 추호의 망설임도 없이 받아들이려 한다. 그러나 이에 대해 홀로 맞서 싸우는 '추적60분(60 Minutes)' 담당 연출자(PD) 로웰 버그만(Lowell Bergman)[22]의 행위는 오늘의 거대한 관료사회를 살아가는 많은 사람에게 공감을 낳게 한다.

결론적으로 이 영화는 한편으로는 부도덕한 기업과 언론기관으로서의 사명에 앞서 자신이 몸담은 조직의 이익과 개인의 영달을 위해 언론의 책무를 저버리고자 하는 얄팍한 상혼에 빠진 언론기관에 대한 경종의 메시지를 담고 있을 뿐만 아니라, 다른 한편으로는 내부고발자의 어려움과 고뇌 그리고 거대한 관료조직의 이익 앞에 굴하지 않고 버티는 한 양심 언론인의 투혼을 통해 과연 정의의 실현이 실제 현실 사회에서 얼마나 얻어내기 어려운 것인가를 메시지로 잘 전달하고 있다.

또한 이에 덧붙여 거대한 관료조직이 그들의 이익을 위해 얼마나 비굴하고 부패해질 수 있는가 하는 점과 거미줄처럼 얽힌 이익과 인간관계의 실타래 속에서 한 인간의 올바름으로 나아가려는 분투가 얼마나 힘겨운가 하는 점 역시 잘 보여주고 있다.

행정조직 내의 문제를 외부로 고발한 공직자의 경우는 이보다 더한 수난을 당할 수도 있을 것이다. 그만큼 공직자가 가지는 공직의 엄격성과 신뢰성 그리고 책임성이라는 가치의 비중이 일반 사기업의 경우보다는 더 중하므로, 국민의 공복이라는 공익성의 측면에서도 더욱 엄한 책임을 물어야 할 것이기 때문이다. 또한 민간 기업과는 비교가 되지 않는 공직사회가 가지고 있는 폐쇄성과 동질성으로 인해 경직화되고 화석화된 관료제(ossified bureaucracy) 내의 내부고발은 더 어려운 가시밭길이 될 공산이 크다.

---

20) 실명은 CBS이다.
21) 만약 담배 회사에서 이에 관해 소송을 제기할 경우 엄청난 소송비용이 들 뿐만 아니라 패소할 경우 손해 배상 등 이에 따르는 역기능이 엄청날 것이라는 판단에 근거해 반대한다.
22) 알파치노(Al Pacino)가 배역을 맡아 출연했다.

3) 『그녀는 날 싫어해(*She Hate Me*)』

스파이크 리(Spike Lee) 감독이 앤서니 마키(Anthony Mackie), 케리 워싱턴(Kerry Washington), 엘렌 바킨(Ellen Barkin), 모니카 벨루치(Monica Bellucci), 짐 브라운(Jim Brown), 브라이언 데니히(Brian Dennehy), 우디 해럴슨(Woody Harrelson), 바이 링(Bai Ling), 큐 텁, 다니아 라미레즈(Dania Ramirez), 존 터투로(John M. Turturro)를 주연과 조연으로 해서 2004년 7월 30일 개봉한 영화이다.[23)]

하버드대학교 경영학 석사(MBA) 출신으로 제약회사 중역인 존 해리는 잘 나가던 인생이 갑자기 나타난 복병에 의해 커다란 변곡점을 맞게 된다. 회사 내에서 자신의 상사가 저지른 부적절한 비리를 폭로했다가 해고를 당할 뿐만 아니라 자신의 자산까지 모두 동결당한 것이다. 설상가상으로 회사 내에서 밀고자로 낙인 찍혀 더 이상 일자리를 구할 수도 없게 된 그는 이제 생계를 꾸려나가는 것조차 어려운 상황에 처하게 된다.

이때, 전 애인 파티마와 그녀의 여자 친구가 함께 찾아와 돈을 지불할 테니 임신을 시켜달라고 제안한다. 파티마를 비롯한 18명의 레즈비언들은 미모와 재력을 겸비한 성공한 비즈니스 우먼들로서 이들에겐 이제 돈보다는 좀 더 완벽한 가정을 꾸리는 것이 꿈이었기 때문이다.

처음에는 이 제안에 응하지 않았지만 이들이 계속 설득하자 돈이 궁했던 존은 끝내 이들의 제안을 받아들이기로 한다. 예로부터 이르기를 “발 없는 말이 천리를 간다.”고 이러한 소문은 삽시간에 퍼지고 아기를 원하는 여자들이 줄줄이 그를 찾아와 그와 하룻밤을 보낸다.

이 영화는 미국이 안고 있는 여러 문제를 제기하고 있는데 그중 하나가 비윤리적인 기업문화와 관련된 미국의 위선에 대한 것이다. 특히 돈만을 중시하는 현재 미국의 윤리와 도덕의 쇠퇴에 대해 문제를 제기한다. 미국 자본주의를 창조해 낸 근검과 절약 그리고 절제의 청교도 윤리(protestant ethic)[24)]가 실종된 세태에 대한

---

23) http://movie.naver.com/movie/bi/mi/basic.nhn?code=39352

24) 독일의 경제학자이자 사회학자인 베버(Max Weber)가 주장한 내용이다. 베버는 『청교도 윤리와 자본주의 정신』(독일어로는 *Die Protestantische Ethik und der Geist des Kapitalismus*, 영어로는 *The Protestant Ethic and the Spirit of Capitalism*)이라는 저작을 통해 이러한 주장을 펼쳤다. 1904년에서 1905년에 걸쳐 이 내용이 논문으로 실렸으나 1920년에 책으로 간행되었다. 영역본은 1930년에 파슨스(Talcott Parsons)에 의해 번역되었고, 그 후 수많은 판본이 나왔다. https://ko.wikipedia.

예리한 비판이라고 볼 수 있다.

어떻게 보면 속물스럽기까지 한 이러한 기업문화 속에서는 어느 사람이고 돈을 싫어할 것 같지는 않으며 또 어느 누구라도 돈을 위해서라면 무슨 짓이라도 할 것이다. 존과 같이 이러한 문화 속에 살고 있는 모든 인간은 선택해야 하며, 그 선택은 그들이 가지고 있는 윤리와 도덕에 의존할 것이다. 그리고 그들은 좋건 싫건 자신이 선택한 결과를 받아들여야 한다. 이것이 이 영화에서 던지는 메시지가 아닌가 싶다.

이러한 연장선상에서 생각해 보아야 할 문제는 존이 상사가 저지른 부적절한 비리가 옳지 않다고 판단했고 그래서 이러한 사실을 폭로했다는 점이다. 그리고 그러한 선택은 그에게 혹독한 결과를 가져왔다. 회사에서 해고를 당하고 자산까지 동결을 당하며, 심지어 밀고자로 낙인 찍혀 더 이상 일자리도 구하지 못하게 되었던 것이다.

정의를 실현시키겠다는 의지 하나로 내부고발이 이뤄졌지만 도덕적으로 윤리적으로 더 이상 침몰할 것이 없는 듯한 속물적인 기업문화 속에서 존은 철저히 매장되었다. 이것이 바로 오늘의 현실이며 또한 문제라는 점을 이 영화는 분명히 하고 있다. 그리고 바로 이러한 현실이 분식 회계, 내부자 거래, 공모, 사기 등 이루 헤아리기 어려운 최고 경영진들의 기업적 비윤리 행위를 낳게 만들고, 이것이 결국 발각되어 몰락의 길을 걷게 만들었다는 것이다.

실제로 그 잘나가던 기업이 수백억 달러의 빚을 안고 파산해서 세계를 경악케 했던 엔론 사(Enron Corporation) 사태와 엔론 사의 회계감사를 담당했던 미국의 거대 회계법인 아서 앤더슨(Arthur Andersen)이 해체되었고, 월드콤(Worldcom) 등 거대 기업과 그 외 수많은 중소기업의 파산을 가져온 것도 바로 이러한 현실이 만든 당연한 귀결이라는 점을 이 영화에서는 경종의 메시지로 우리에게 던져 준다.

또한 이러한 사태를 사전에 막지 못해 미국 시민들이 힘들게 저축한 통장의 돈과 수만 명의 엔론 사 직원과 미국 시민들이 은퇴 연금으로 투자했던 엔론 주식을 하루아침에 휴지조각으로 날려 버리게 만들고, 이에 대한 충격이 전 사회적으로 파장이 일게 만든 정부의 책임 또한 면하기는 어려울 것이란 점 역시 이 영화가 던지

---

org/wiki/%EA%B0%9C%EC%8B%A0%EA%B5%90_%EC%9C%A4%EB%A6%AC%EC%99%80_%EC%9E%90%EB%B3%B8%EC%A3%BC%EC%9D%98_%EC%A0%95%EC%8B%A0

는 메시지이다.

내부고발을 소재로 해서 미국 사회가 가지고 있는 속물적 기업문화와 위선 그리고 돈과 연계된 정치를 적나라하게 표출했다는 것이 이 영화가 가지는 사회적 의미라 할 수 있다.

4) 『시티즌포(*Citizenfour*)』

로라 포이트라스(Laura Poitras) 감독이 본인 역의 에드워드 스노든(Edward Snowden)과 본인 역의 글렌 그린월드(Glenn Greenwald)를 주연으로 해서 2015년 11월 19일 개봉한 영화이다.[25] 미국 정부의 불법 감시를 폭로한 내부고발자 에드워드 스노든을 다룬 다큐멘터리 영화이다.

스노든이 2013년 1월 "시티즌포"라는 ID로 접촉해 왔을 당시 포이트라스 감독은 2년 동안 정부 감시에 대한 영화를 작업 중이었다. 스노든은 포이트라스가 오랫동안 정부 감시 리스트에 올라 공항을 이용할 때마다 심문을 당했지만 이에 굴하지 않았다는 사실을 알았기 때문에 마음을 열고 경계를 풀며 포이트라스에게 접근했던 것이다.

스노든은 자신이 미국 국가안보국(NSA)이라는 정보기관에 소속된 수석 정보분석가이며, 국가안보국이 은밀히 진행하고 있는 미국인들과 전 세계 시민들의 정보를 무차별적으로 수집해 이를 바탕으로 감시하고 있는 실태를 폭로하겠다는 뜻을 포이트라스에게 밝히자 포이트라스는 그를 격려하고 설득해 촬영을 하기로 결정한다.

포이트라스와 그린월드, 그리고 스노든은 쏟아지는 언론의 관심을 피해 가며 호텔방에 모여 자신과 주변 사람들의 인생에 커다란 영향을 줄 결정을 내린다. 이 영화는 단순히 정부 감시의 위험성만을 보여 주는 것이 아니라 그 위험성을 실감하게 만든다. 스노든은 2013년 미국 정부가 전 세계 시민을 상대로 무차별 정보 수집을 하고 있다는 사실을 폭로했으며, 이후 미국 정부는 스노든을 반역죄와 간첩죄 등으로 지명 수배했다.

이 영화는 또한 외부와는 완전히 격리된 비밀스럽고 폐쇄적인 국가기관의 개혁을 위해서는 무엇보다 내부고발이 중요하다는 점을 시사한다. 스노든의 이러한 용

25) http://movie.naver.com/movie/bi/mi/basic.nhn?code=129069

기 있는 내부고발로 인해 세계 각지에서 이러한 비밀 사찰에 대한 비판과 대안 마련 요구가 쇄도하자 미국 정부는 법으로 정보기관의 무차별적인 도청, 감청을 금지하도록 했다. 이러한 내부고발이 시민의 기본권과 인권을 지키는 데 크게 기여한 셈이다.

5) 『내부고발자(*The Whistleblower*)』

라리사 콘드랙키(Larysa Kondracki) 감독이 캐서린 볼코박 역의 레이첼 와이즈(Rachel Weisz)와 마들레인 리스 역의 바네사 레드그레이브(Vanessa Redgrave)를 주연으로 하고, 로라 레비아니 역의 모니카 벨루치(Monica Bellucci), 닉 카우프먼 역의 베네딕트 컴버배치(Benedict Cumberbatch), 피터 워드 역의 데이비드 스트라탄(David Strathairn), 프레드 머레이 역의 데이빗 휴렛(David Hewlett)를 조연으로 해서 2013년 10월 24일 개봉한 영화이다.[26] 이 영화는 보스니아 지역에서 자행된 인신 매매에 외교관, UN, 부패 경찰들이 모두 관련된 사실을 근거로 한 실화를 바탕으로 만들어졌다.

미국 네브래스카(Nebraska) 주의 경찰인 캐서린 볼코박은 재혼만 두 번 한 이혼녀로서 아이들과 함께 살기를 원하지만 금전적으로 어려움이 많았다. 그래서 그녀에게는 개인적으로 돈이 필요했다. 그러던 차에 정부에서 파견하는 평화유지군 임무에 지원하게 되면 큰돈을 만질 수 있다는 제안을 받게 되고 이 일을 받아들이게 된다.

캐서린은 보스니아에 파견된 후 얼마 지나지 않아 숲에서 상처투성이로 발견된 한 여자아이를 조사하게 된다. 그리고 이 아이가 보스니아 인신 매매의 피해자라는 것을 알게 된다. 이러한 여성들이 모두 노예와 같은 취급을 받고 그러한 처지에 놓여 있는 것을 본 캐서린은 이런 광경을 보고 참을 수 없다고 느껴 이 사회를 바로 잡겠다고 결심하고 이를 실행에 옮긴다.

캐서린은 어렵사리 이러한 참상에 대해 내부고발을 한다. 하지만 사건의 진실을 파헤치는 과정에서, 인신 매매에 가담한 사람이 포주 한 명에 불과한 게 아니라는 것을 알게 된다. 또한 주변인들의 계속된 배신도 이어진다. 같은 경찰 동료까지 인신 매매에 연루되어 있었던 것이다.

---

26) http://movie.naver.com/movie/bi/mi/basic.nhn?code=74528

그녀는 결국 지옥과 같은 그곳을 떠난다. 그리고 그녀의 어려운 내부고발 역시 별 효력이 없음이 증명된다. 캐시가 떠난 후 민간 계약업체를 포함한 많은 평화유지군이 본국으로 송환되었다. 그리고 송환된 본국에서 어느 누구도 형사 처벌을 받지 않았다. 또한 캐시를 해고한 민간 계약업체는 이라크와 아프가니스탄에서 수십억 달러의 계약을 포함해 계속해서 미국 정부와 거래를 하고 있다.

이 영화는 어렵사리 이뤄진 내부고발이 효력을 발휘하는 것이 얼마나 어려운가 하는 것을 잘 보여 주고 있다. 캐시는 말한다. "최소한 제 역할은 사실을 알리는 것이었죠."

6) 『모비딕』

박인제 감독이 이방우 역의 황정민, 윤혁 역의 진구, 성효관 역의 김민희, 그리고 손진기 역의 김상호를 주연으로 하고, 장 선생 역의 이경영과 조 부장 역의 김보연을 조연으로 해서 2011년 6월 9일 개봉한 영화이다.[27]

1994년 11월 20일 서울 근교 발암교에서 의문의 폭발 사건이 일어난다. 사건을 추적하던 열혈 사회부 기자 이방우 앞에 어느 날 오랫동안 연락이 끊겼던 고향 후배 윤혁이 나타난다. 그는 일련의 자료들을 건네며 발암교 폭발 사건이 겉으로 보이는 것과는 달리 조작된 것임을 암시한다.

윤혁의 내부고발로 촉발된 발암교 사건의 불편한 진실을 파헤치기 위한 조치로 이방우는 동료 기자 손진기, 성효관과 함께 특별 취재팀을 꾸린다. 하지만 이들의 취재를 방해하는 의문의 일당들로 인해 그들은 위험에 처하게 된다. 시간이 지나면서 정부 위의 정부, 그리고 검은 그림자 조직이 서서히 정체를 드러낸다.

이 영화는 서울 근교에서 발생한 교량 폭파사건의 불편한 진실을 둘러싸고 일어나는 내부고발과 관련된 영화이다. 내부고발을 계기로 불편한 진실을 파헤치기 위한 열혈 기자들의 분투와 이를 파헤치지 못하도록 방해하면서 막는 세력 간의 대립과 충돌을 잘 보여 주고 있다. 그리고 이러한 검은 세력들이 공권력을 사유화하는 일그러진 행태에 대해서도 사회적 경종을 울리는 메시지를 던져 준다.

---

27) http://movie.naver.com/movie/bi/mi/basic.nhn?code=74528

7) 『차이나 신드롬(*China Syndrome*)』

제임스 브리지스(James Bridges) 감독이 킴벌리 웰스(Kimberly Wells) 역의 제인 폰다(Jane Fonda), 잭 가델(Jack Godell) 역의 잭 레몬(Jack Lemmon), 리처드 애덤스(Richard Adams) 역의 마이클 더글러스(Michael Douglas)를 주연으로 하고, 스콧 브래디(Scott Brady)와 제임스 햄튼(James Hampton) 등을 조연으로 해서 1979년 미국에서 최초 개봉한 영화이다.28)

킴벌리 웰스는 사소한 이야기에서 심각한 뉴스까지 모든 걸 다 접해 보려는 의욕이 넘치는 텔레비전(TV) 방송 리포터이다. 킴벌리가 원자력발전소에 대한 특집 기사를 취재하려 할 때 그녀는 자유분방하게 프리랜서로 일하는 리처드 애덤스를 카메라맨으로 고용한다. 사회적으로 핵에 대한 위험의 목소리가 높아지고 있을 때 그들은 취재차 원자력발전소를 방문하게 된다. 그리고 그곳에서 사고를 당하게 되지만 엔지니어 잭 가델의 도움으로 간신히 위기를 모면하게 된다.

리처드는 원자력발전소 방문 기간 중 모든 내용을 자신의 카메라에 담았고 그것을 방송국에 가서 방송을 요청하지만 거절당한다. 웬만하면 포기도 할 법한데 리처드는 그렇게 하지 않고 몰래 작품을 빼내 원자력 관련 전문가들에게 보여 주기로 한다.

한편 잭은 원자력발전소에서 발생한 사고에 대해 수습은 하려 하지 않고 오히려 감추고 덮으려고만 하는 당국에 불만을 품게 된다. 그리고 그는 사고를 은폐하려고 하는 와중에서 이뤄지고 있는 음모와 비리를 밝혀내려고 노력하면서 킴벌리와 리처드에게 연락을 한다.

그 후 잭은 자신이 위험에 빠져 있다는 걸 알게 되고 그는 권총을 가지고 방송 조정실로 간다. 그리고 그가 유일하게 믿는 방송 관계자인 킴벌리에게 자신을 인터뷰할 것을 요구한다. 한편 잭의 상관들은 한 정신 나간 놈이 원자력발전소를 장악했다는 소문을 퍼뜨리고 이에 잭은 심적인 압력을 받게 된다.

이러한 줄거리로 전개되는 이 영화에서 원자력발전소 엔지니어인 잭 가델은 관리자인 상관과 자신의 동료들에 대한 맹목적인 충성을 거부하고 텔레비전 방송 기자인 킴벌리와 촬영기사 리처드의 협조 하에 내부고발자로서 비리의 실체를 파헤

28) http://movie.naver.com/movie/bi/mi/basic.nhn?code=10694

치는 데 커다란 기여를 한다(전종섭, 1989: 471). 나름대로 조직 속에서 갈등하는 자연인으로서 한 인간의 윤리적 딜레마의 단면을 예리하게 묘사해 내고 있다.

2 증인 보호 프로그램과 관련된 영화

내부고발자 문제와 연관지어 생각해 볼 수 있는 제도가 '증인 보호 프로그램'인데, 이것은 형사재판의 유력한 증인이 증언을 한 후 보복할 위험을 피해 신분을 숨기고 안전한 곳에 가서 살 수 있도록 지원해 주는 제도이다.

이러한 제도를 영화화한 것으로는 척 러셀 감독이 1996년 제작 출시한 아놀드 슈워제네거 주연의 『이레이저』, 그리고 스티븐 소더버그 감독이 2000년 제작 출시한 로버트 허드슨 역의 마이클 더글러스, 헬레나 아얄라 역의 캐서린 제타 존스, 그리고 하비에르 역의 베니치오 델 토로 등을 주연으로 한 『트래픽』이라는 영화, 그리고 조엘 슈마허 감독이 1994년 제작 출시한 존 그리섬(John Grisham)의 베스트셀러 소설을 극화한 『의뢰인』이라는 영화 등이 있다.

1) 『이레이저(*Eraser*)』

『이레이저』는 척 러셀(Chuck Russell) 감독이 존 크루거 역으로 출연하는 아놀드 슈워제네거(Arnold Schwarzenegger), 리 컬른 역으로 출연하는 바네사 윌리엄스(Vanessa L. Williams), 로버트 역으로 출연하는 제임스 칸(James Caan) 등을 주연으로 해서 1996년 6월 29일 개봉한 영화이다.[29)]

미국 연방수사국(FBI) 소속 존 크루거는 연방경찰 증인 보호 프로그램(Witness Security Protection Program)의 전문가이다. 국가 기밀과 관련, 결정적인 증거를 쥔 증인이 피살될 위험에 처하면 그가 출동해 증인의 목숨을 구해냄과 동시에 증인의 모든 과거 기록을 흔적도 없이 지워버린다. 그래서 그의 코드명이 지우개라는 뜻을 가진 이레이저[30)]이다. 부득이한 사정상, 극비리에 그리고 철저하게 익명으로 임무를 수행한다.

29) http://movie.naver.com/movie/bi/mi/basic.nhn?code=17543
30) 원제 '이레이저'는 미국 연방 정부의 '증인 보호 프로그램'에서 보호인의 신원을 지우는 임무를 하는 주인공의 직업 이름이다.

무기 제조 방위산업체 사이렉스의 중역 리 컬른이 이레이저인 존 크루거의 증인 보호 대상자가 된다. 그녀는 5년 가까이 FBI를 위해 일해 왔다. 그녀가 맡은 임무는 결코 보아서도 또 알아서도 안 될 민감하고 위험한 비밀을 취급하는 것으로 전 세계에서 가장 위협적인 세력들이 그녀를 제거하기 위해 움직인다.

그녀가 미국 연방수사국으로부터 받은 임무는 사이렉스가 제조한 최첨단 초강력 중화기 EM건, 일명 레일건(Rail Gun)의 정보 파일을 디스켓에 복사하는 것이다. 그러나 이 임무를 수행하는 리 컬른은 자신이 수행하는 정보 반출 음모에 국방차관을 비롯해 정부와 방위산업체의 최고위급 인사가 개입되어 있다는 사실을 알지 못한다. 설상가상으로 디스켓의 정보를 알고 있는 그녀를 온전히 살려두지 않으려는 검은 세력의 표적까지 된다.

결국 정부의 고위 인사가 개입된 검은 세력으로부터 살아남기 위해서는 자신의 존재를 지워버려야 하는데, 이때 그녀의 보호자이자 증인 보호 프로그램 전문가인 이레이저 존 쿠르거가 출현해 온갖 위험을 감내하며 그녀를 보호해 나간다.

이 영화는 증인을 보호하기 위해 증인 보호를 책임 맡은 전문가가 어떻게 증인을 보호해 나가는가를 실제적으로 잘 묘사해 주고 있다. 증인 보호의 내용과 과정 등을 비교적 상세하게 보여 줌으로써 이를 이해하는 데 많은 도움을 주는 영화로 평가할 수 있다.

2)『트래픽(*Traffic*)』

마약 거래를 뜻하는『트래픽』은 스티븐 소더버그(Steven Soderbergh) 감독이 로버트 허드슨 역으로 출연하는 마이클 더글러스(Michael Douglas), 헬레나 아얄라 역으로 출연하는 캐서린 제타 존스(Catherine Zeta Jones), 하비에르 역으로 출연하는 베니치오 델 토로(Benicio Del Toro)를 주연으로 그리고 카를로스 아이알라 역으로 출연하는 스티븐 바우어(Steven Bauer), 몬텔 고든 역으로 출연하는 돈 치들(Don Cheadle), 레이 카스트로 역으로 출연하는 루이스 구즈만(Luis Guzman) 등을 조연으로 해서 2000년 3월 10일에 개봉한 영화이다.[31] 제목 '트래픽'이 마약 거래 또는 운반을 뜻하듯이 한 마약 운반 업자를 통해 미국의 마약 밀매 실상을 그린 영화이다.

---

31) http://movie.naver.com/movie/bi/mi/basic.nhn?code=31345

이 영화는 크게 멕시코 국경과 오하이오 주, 캘리포니아 주 샌디에이고(San Diego)의 서로 다른 장소에서 펼쳐지는 서로 다른 세 가지의 이야기로 꾸며져 있는데 모두 마약으로 병 들어가는 위험스러운 세계를 차갑고 냉정하면서도 힘있게 그려냈다. 증인 보호 프로그램과 관련된 소재를 다룬 것은 세 번째 샌디에이고 이야기에서 나타난다.

풍요와 평화의 이면에서 성행하는 마약 밀거래의 도시로 유명한 샌디에이고에서 헬레나는 지역 유지로 활동하는 사업가 남편 카를로스 아이알라와 아들, 그리고 곧 태어날 뱃속의 아이와 함께 풍요롭고 행복한 생활을 누리고 있다.

어느 날 갑자기 집에 전문 마약수사 전담가인 몬텔 고든과 레이 카스트로 등으로 구성된 법무부 마약단속국(Drug Enforcement Administration: DEA) 요원들이 들이닥치고 카를로스 아이알라는 마약운반업자라는 범죄 혐의를 받고 구속된다. 카를로스는 다름 아닌 국제 마약 밀거래 조직의 일원으로 멕시코와 미국의 국경을 넘나드는 마약 운반상이었다.

마약단속국은 카를로스의 범죄에 대해 결정적인 증언을 할 증인을 이미 확보한 상태에서 재판 시기만을 기다리며 증인 보호에 각별한 신경을 쓴다. 한편 헬레나는 남편이 마약상이었다는 사실에 충격을 받지만, 변호사의 도움을 받은 그녀는 자신과 가정을 지키기 위해 남편에게 불리한 반대 증언을 할 증인을 살해하기 위해 암살자를 고용하고, 남편을 대신해 멕시코의 마약 딜러와 직접 거래를 시도한다.

3) 『의뢰인(*The Client*)』

조엘 슈마허(Joel Schumacher) 감독이 레지 러브 역으로 출연하는 수전 서랜던(Susan Sarandon), 로이 폴트리그 역으로 출연하는 토미 리 존스(Tommy Lee Jones)를 주연으로 하고, 마크 스웨이 역으로 출연하는 브래드 렌프로(Brad Renpro), 다이안 스웨이 역의 메리 루이스 파커(Mary-Louise Parker) 등을 조연으로 해서 1994년 9월 3일에 개봉한 영화이다.[32]

1993년에 출시된 『야망의 함정(*The Firm*)』과 1994년에 출시된 『펠리칸 브리프(*The Pelican Brief*)』에 이은 변호사 출신 작가 존 그리셤(John Grisham)의 베스트셀러물을 세 번째로 영화화한 작품이다. 이 영화는 형제 간인 마크와 리키가 마피아와

32) http://movie.naver.com/movie/bi/mi/basic.nhn?code=17018

연루된 자살사건을 목격한 이후 협박을 받는 등 신변에 위협을 느끼고 증인 보호 프로그램을 신청하는 것을 골자로 하고 있다. 증인 보호 프로그램의 내용과 성격 등을 이 영화를 통해 잘 알 수 있게 해준다.

제 6 장 행정갈등

제 1 절 관련 이론 및 사례의 개관*

1 갈등의 개념

갈등을 어떻게 보느냐 하는 데는 보는 사람의 시각에 따라 또는 그들이 지니고 있는 가치관이나 성향에 따라 다종다양하다. 기존의 이 분야에 관련된 서적들도 이러한 이유에 기인된 탓으로 여러 가지의 다양한 개념 정의를 시도하고 있으나 모든 경우와 상황에 다 부합되는 것은 없는 것 같다. 더욱이 학문적인 차이나 문화적·인식적 차이는 더욱 이러한 현상을 심화시키고 있다.

따라서 여기에서는 대표되는 몇몇 학자들의 개념 정의를 살펴보고, 그것에서 도출될 수 있는 공통 인자를 찾아내려고 한다. 여기에서의 주제가 행정윤리와 관련되는 갈등 상황을 살펴보는 것이므로, 이러한 공통 인자적인 개념적 속성은 이를 위한 준거를 제시하는 데 바탕이 되어 줄 것이다.

우선 사이먼(Herbert A. Simon)에 의하면 "갈등이란 의사 결정의 표준 메커니즘

* 이 부분은 저자가 2008년도에 출간한 『영화를 통해서 본 행정학』(2008: 195–206)을 수정 보완한 것이다.

(standard mechanism)에 고장(breakdown)이 생겨 행동대안을 선택할 때 개인이나 집단이 곤란을 겪는 상황"(March & Simon, 1938: 112)이라고 정의하고 있으며, 볼딩(Kenneth E. Boulding)은 "갈등은 둘 이상의 행동 주체 사이에서 일어나는 현상으로 심리적 적대감과 대립적 행동을 내포하는 동태적인 과정"(Boulding, 1964: 138)이라고 보고 있다.

톰슨(James D. Thompson)은 "갈등이란 한 조직 성원에 의한 행동이 다른 성원에 반대되는 방향으로 신장되는 것"(Thompson, 1960: 389)을 의미한다고 보았고, 과정적인 측면을 중시한 토머스(Kenneth W. Thomas)는 "갈등은 한 당사자가 다른 당사자의 좌절을 느끼거나 느낄 것이라고 인지할 때 시작되는 과정"(Thomas, 1976: 889)이라고 이해하고 있다.

도이취(Morton Deutsch)는 "갈등이란 상호 양립될 수 없는 활동이 일어날 때마다 발생하는 것"(Deutsch, 1973: 10)이라고 광의적인 입장을 취하고 있으나 갈등이 구체적으로 어떤 것인가에 대해서는 언급을 분명히 하고 있지 않으며, 로빈스(Stephen D. Robbins)는 "갈등은 A가 자신의 목적을 성취시키거나 이익을 증대시키려고 B를 좌절케 하려는 여러 가지 장애 유형을 통해 B의 A에 반한 노력을 의도적으로 상쇄시키려는 노력의 과정"(Robbins, 1983)이라고 보았다.

홀(Richard H. Hall)은 "갈등을 권력의 여러 결과 중의 한 결과"(Hall, 1982: 129−130)로 보고 있으며, 후스(Edgar F. Huse)와 보드치(James L. Bowditch)는 조직적 관점에서 정의를 내리고 있는데 "갈등은 두 명 이상의 당사자가 다른 사람이나 집단과의 교호활동으로부터 상대적인 박탈감을 느낀 결과 야기되는 반대나 투쟁이 있을 때에 나타나는 행태 양식"(Huse & Bowditch, 1977: 203)이라고 보았다.

이상 몇몇 학자의 갈등에 대한 정의를 고찰해 보았는데 여기서 이에 대한 공통적인 속성을 감안해 재정의를 내려 본다면 "갈등이란 권력작용의 한 결과로서, 상호 대척되는 입장에 서 있는 당사자들 간의 상호 활동을 통해 나타나는 좌절 의식, 공허감, 모순성으로 서로 간의 이익 추구나 목적 성취 과정에서 나타나는 가치 정향 간의 마찰"이라고 할 수 있다.

이러한 개념 정의에 부가해 갈등의 정의를 명료화하기 위해 하나 전제할 것은 짐멜(Georg Simmel)도 지적했듯이 경쟁과 구별해서 보아야 한다는 것이다(Robbins, 1983: 25−27). 그는 공통적인 규범의 존재 여부에 따라 구별하고 있는데, 갈등은 공통적인 규범을 지니지 않고 경쟁은 공통적인 규범을 지니는 것으로 이해하며, 갈등은 비목적 지향성 및 대인 지향성을 띠고 경쟁은 대인 지향보다는 목적 지향을 띤다고 양자를 구별한다. 그러나 여기서 짚고 넘어가야 할 것은 갈등과 경쟁이 바로 이러한 일원론적 구별 기준에 따라 명료하게 구별하기 어렵다는 점이다. 갈등이라고 해서 반드시 대인 지향적이고 목적 지향성을 띠지 않는 것은 아니므로 서로 간의 정도의 차이가 있을 수 있기 때문이다.

2 갈등사상의 변천

이렇게 정의되는 갈등이 어느 시대나 모두 일률적으로 받아들여지고 인정된 것은 아니다. 갈등에 대한 관점이 설정되기 위해서는 그 시대의 상황적 배경의 이해가 선행되지 않으면 안 되는데, 그 이유는 갈등을 보는 시각도 바로 그 시대적 산물이기 때문이다.

크게 갈등사상의 변천은 세 가지 관점에서 이해할 수 있다. 첫째는 갈등에 대해 반감을 품는 시기이고, 둘째는 갈등에 대한 반감의 단계에서 벗어나 이를 좀 더 긍정적으로 수용하려는 시기이며, 셋째는 갈등을 오히려 조직효과성을 고려해 적극적으로 유발하고 촉진시키려는 단계이다.

이를 좀 더 세분해서 고찰하면(Robbins, 1983: 25-27)[1] 첫째, 전통적 견해 시기[2]로 이 시기는 흔히 일원적 견해 시기로도 불리고 있는데, 이 입장에서 갈등이란 조직 내의 역기능을 가져오므로 회피되어야만 한다는 관점이 지배적이던 시기였다(Burrell & Morgan, 1979: 208, 388). 따라서 갈등이 일어나면 이를 죄악시하고 갈등의

1) 로빈스는 갈등관리에 관한 접근 방법을 세 가지로 나눴다. 갈등은 나쁜 것이므로 제거해야 한다고 주장하는 입장을 전통적 접근(traditionalist approach), 갈등을 용인하고 옹호하려는 입장은 행태적 접근(behavioralist approach), 갈등이 필요한 경우에는 그것을 적극적으로 조장해야 한다고 보는 입장은 상호교호 접근(interactionist approach)이라고 불렀다.

2) 이와 같은 입장에 있는 대표적인 이론으로는 메이요(Elton Mayo)의 인간관계론을 들 수 있는데, 그는 갈등을 일종의 악(evil) 또는 사회적 기교의 부족증(a symptom of the lack of social skills)으로 취급했기 때문에 갈등이 없는 상태가 가장 이상적인 상태라고 생각했으며 갈등은 제거되어야 한다는 매우 단순한 처방을 제시했다. 그리고 갈등의 제거는 가능한 일이라고 생각했다. 즉, 직무의 명확한 규정, 직위 간 관계의 구체적 규정, 직위에 적합한 사람의 선발 및 훈련 등을 통해 갈등은 제거될 수 있다고 믿었다(유종해, 1988: 416).

회피를 최선의 방안으로 여기는 것이다.

둘째, 행태적 견해 시기로 흔히 다원적 견해 시기로 불리는데, 이 시기에 갈등이란 어떤 조직이나 자연스럽게 피할 수는 없는 불가피한 것으로 보고 죄악시하기보다는 오히려 조직의 효과성을 제고하는 데 긍정적인 힘으로서 잠재력을 지니는 것으로 이해하고 갈등을 수용하려는 입장을 취하는 것이다.

셋째, 상호교호적 접근 시기로 최근에 제기된 입장으로서, 흔히 진보적 견해 시기라고도 불리며, 이 시기에 갈등이란 조직에서 긍정적인 힘일 뿐 아니라 조직이 효과적으로 목적을 이뤄 나가는 데 절대적으로 필요한 것으로 보고 갈등을 회피하기보다는 오히려 격려하고 촉진시키는 입장이다.[3] 특히 이 입장에서 갈등이란 새로운 아이디어를 자극하고 집단 간 결속력을 개선시키고 증대시킬 뿐만 아니라 다양한 의견을 투입해 더 나은 결정을 내리게 하는 데 커다란 역할을 수행하는 것으로 보는 것이다.

바로 이 점이 앞에서 언급한 행태적 견해와 다른 점인데, 좀 더 구체적으로 차별적인 점을 말하자면 첫째, 갈등이 절대적으로 필요하다는 점을 인정한다는 것, 둘째, 기능적 반대와 격려를 고무하고, 셋째, 갈등관리는 해결 방안으로서만이 아니라 격려되고 장려될 사항으로까지 정의하고 있으며, 넷째, 모든 관리자의 주요한 책무로서 갈등관리를 보는 것 등이다. 따라서 이러한 입장에서는 조직 목적을 지지하고 실적을 제고하는 갈등이면 기능적으로 인정하고, 그렇지 않을 때만 역기능적으로 인정하며 관리자의 역할을 갈등이 건전한 방향으로 나아갈 수 있도록 환경조성을 해 나가는 데 주안점을 두고 다만 병리적인 방향으로 나가는 것만을 제지하도록 하는 것이다(Robbins, 1974: 291).

그러나 아직도 우리 사회에는 이러한 견해나 변화되는 시각에도 불구하고 갈등적 가치가 팽배해 있는데, 이러한 이유는 전통적 접근이 대부분의 관리자가 가지고 있는 갈등에 대한 인식에 대종을 이루고 있음을 의미한다.

3) 갈등관리에 관한 새로운 접근 방법으로 갈등을 용인하고 옹호하려는 데 그치는 것이 아니라, 좀 더 적극적으로 필요한 갈등을 조성하려는 입장이다. 갈등이란 조직에 본래적으로 내재(ingerent)하는 현상이므로 이것을 용인할 수밖에 없으며 갈등을 조직에 유용한 것으로 승화시키기 위해서는 갈등을 해소하는 것만으론 갈등관리의 궁극적 목적을 이룰 수 없다는 입장이다. 따라서 이러한 시각은 갈등을 조직의 생존에 불가결한 적응과 변화의 원동력으로 보는 것이다(Bennis, Benne, & Chinc(eds.), 1969: 152). 따라서 갈등관리에는 갈등을 해소시키는 일뿐만 아니라 갈등을 조장하는 일도 포함되어야 한다고 주장한다(Robbins, 1974: 13－14).

좀 더 구체적으로 살펴보면 관리자들이 이와 같이 갈등에 대해 불편함을 느끼는 이유로는 여러 가지가 있으나 대표적인 것은 갈등에 대한 인내의 어려움에 있다. 또 가정이나 학교, 교회 등에서 아동기에 다른 사람과의 동의나 협력만을 강요당하고 갈등은 회피하도록 교육되고 학습된 결과이기도 하다(Boulding, 1964: 147-148). 사실 가정에서는 아버지의 권위에 대한 복종, 학교에서는 교사들에 대한 복종, 교회에서는 교회 교리에 대한 동의를 일반화된 가치 체계로 수용하도록 아동들에게 교육되고 있는 것은 부인할 수 없는 사실이다.

따라서 이런 관점에서 볼 때 갈등은 죄악시될 수밖에 없고 회피의 대상이 되는 것이다(Bergen & Harvey, 1966). 머슬로(Abraham H. Maslow)가 현대 사회는 갈등, 불일치, 적대감, 반감에의 두려움이 만연되어 있다고 지적하고 있는 것(Maslow, 1965: 185)도 이와 궤를 같이하는 시각이며, 기존의 관리자들이 갈등을 감소시키는 것을 자신들의 역할로 여기는 것도 이와 같은 의미이다.

그러나 효과적이고 능률적인 목적 성취로 대변되는 관리의 목적이 반드시 조화나 협력에 있는 것만은 아니며, 사실상 갈등의 배제는 현대와 같이 복잡하고 다기한 조직에서는 불가능하거나 비현실적일 뿐만 아니라 경우에 따라서는 오히려 바람직스럽지 못한 경우가 비일비재하다. 갈등을 회피하고 조화나 행복만을 추구하고 변론하는 것은 무사안일하게 현상 유지에 안주하거나 기득권만을 보호하려는 소극적인 처사로 이해된다.

따라서 조직갈등을 긍정적이고 나아가 적극적인 입장에서 수용하고 이를 해결하기 위한 노력을 경주하는 것이 바람직하며, 이를 위해서는 갈등의 원인을 규명하는 것이 선결 과제이다.

3 조직갈등의 근원

여러 가지 시각에서 조직갈등의 근원을 추론해 낼 수 있다. 여기에서는 논의의 편의를 위해 연구의 목적과 부합되는 시각을 취사선택해 정리해 보고자 한다.

우선 사이먼(Herbert A. Simon)과 마치(James G. March)에 의하면, 개인 갈등의 원인은 수락 불가성(unacceptability)과 비교 불가성(incomparability), 그리고 불확실성

(uncertainty)의 세 가지 중 어느 하나가 있을 때에 발생한다고 한다. 여기에서 수락 불가성은 결정자가 각 대안의 결과를 알고 있고, 그뿐만 아니라 더 나은 대안도 쉽게 알 수 있으나, 이 대안이 자기가 만족할 만한 정도가 되지 못해 고민하는 것을 말한다. 비교 불가성으로 인해 발생하는 갈등은 결정자가 각 대안의 결과를 알고 있기는 하지만, 어떤 대안이 더 우수한 대안인지를 알지 못할 때에 발생한다. 불확실성으로 인해 빚어지는 갈등은 결정자가 각 대안이 초래할 결과를 모르는 때에 발생한다(March & Simon, 1938: 112–121).

다음 사이먼과 마치는 복수 의사 주체 간의 갈등으로 개인 간(inter–personal), 집단 간(inter–group), 그리고 조직 간(inter–organization)의 갈등을 행동 주체를 기준으로 들고 있으며, 갈등의 원인으로는 첫째, 목표와 이해관계의 차이, 둘째, 인지와 태도의 차이, 셋째, 의사소통의 장애, 넷째, 공동 결정의 필요성(the need for joint decision making)을 들고 있다.[4)]

이것을 좀 더 구체적으로 설명하면, 첫째, 목표와 이해관계의 차이에서 기인되는 갈등은 조직이나 집단 간에서뿐만 아니라 동일 조직 내에서도 각 부서 간의 목표와 이해관계가 다를 때 상호 갈등을 일으키게 된다는 것이다.

둘째, 인지와 태도의 차이는 의사 결정 과정에서 결정자들끼리 또는 각 조직 간의 문제점에 대한 인지 및 태도의 차이는 개인뿐 아니라 집단 간 갈등의 원인이 된다고 보았다.

셋째, 의사소통의 장애에서 기인되는 갈등 원인은 결정 과정에서 정보의 교환이 충분히 이뤄지지 못할 경우에도 갈등이 발생한다는 것이다.

넷째, 공동 결정의 필요성에서 기인되는 갈등 원인은 어떤 조직이나 집단이든 한정된 자원을 공동으로 분배, 사용하고 시간계획을 작성하기 위해서는 공동 의사 결정이 필요하게 되는데, 이럴 경우에 발생하는 것을 의미한다고 한다.

어쨌든 사이먼과 마치의 갈등 근원의 규명은 조직에서 발생하는 갈등의 원인이 무엇인가를 이해하는 데 커다란 이정표를 제시해 준다.

---

4) 이에 관해서는 다음의 문헌을 참고할 수 있다. John Mcleish, *Theory of Social change*(London: Routedge and Kegan, 1968), pp.77–79; Victor A. Thompson, *Modern Organization*(New York: Knopf, 1961), pp.90–100; Thomas A. Kochan et al., “Determinant of Intra–organizational Conflict in Collective Bargaining in the Public Sector,” *Administrative Science Quarterly*, Vol.20, No.1 (March 1975), p.10.

이러한 사이먼과 마치의 견해를 중심으로 조직갈등의 근원을 종합적으로 체계화해 파악하는 방법으로 갈등의 구조적인 면을 중심으로 한 접근(Walton & Dutton, 1969: 73-84)을 살펴보도록 한다.

이러한 입장에서 조직갈등 근원을 살펴보면 첫째, 상호 과업의 종속성인데 이는 두 조직 부서 이상이 어떤 과업을 효과적으로 수행하기 위해 지원, 정보 교환, 동의, 복종, 기타 조정적 활동들이 상호 의존적일 때 조직갈등이 나타날 수 있다는 것이다.

둘째, 일방통행적인 과업종속성인데 이것은 한 부서가 다른 부서에 대해 일방통행적으로 종속되었을 때 세력 균형이 변동되는 것을 의미하며, 지배 부서가 종속부서와 협력할 의사가 거의 없을 때 조직갈등이 유발된다는 것이다. 예로는 대규모 자동차 제조공장에서의 일관 자동작업 조립대(assembly line) 상에서 야기되는 갈등을 들 수 있다(Aldrich, 1979: 94).

셋째, 수평적 분화가 심할 때인데 이것은 각 부서 간의 내적 차이가 심화되어 있을 때 발생하는 조직갈등으로, 심화의 폭이 커지면 커질수록 서로 다른 목적, 관리철학 등을 자기 부서 나름대로 가지게 되어 갈등 상황이 극에까지 도달하게 되는 것이다(Lawrence & Lorsch, 1969).

넷째, 공식화·정형화의 미비인데 이것은 규칙이나 규범이 미비되거나 역할 규정이 미비되어 있어서 직무 수행상 이러한 상황과 조우 시 갈등이 유발될 수 있다는 것이다.

다섯째, 공통으로 필요로 되는 희소자원에 대한 종속성인데, 이것은 승·패 경기 상황으로 일명 영화 게임(zero sum game)이라 하며, 목적 성취를 위한 수단, 즉 희소자원을 둘러싼 갈등을 의미한다. 자원이 희소하기 때문에 구할 수가 없거나 구하기가 어려우며 따라서 한정된 자원을 가지고 공통적으로 사용해야 하는데, 이러한 것이 상호 협의되어 조정된다면 문제가 없겠지만 그렇지 못할 경우 이를 둘러싼 갈등은 필연적이다. 또한 이러한 갈등 과정을 통해 자원이 배분되거나 분배되는데, 이러한 과정에서 자원을 획득한 측은 승자가 되지만 그렇지 못한 측은 패자가 되어 자원에 대한 접근이 허락되지 않는다. 이러한 경우 갈등의 해소를 위한 사후적 노력을 할 때에도 상당한 어려움이 수반되는 경우가 있을 수 있다.

여섯째, 평가 기준과 보상 체계의 차별화에 기인되는 것으로 각 조직구성원이나 집단 간의 근무평가 기준이나 보상 체계가 차별화되어 있을 때 나타나는 조직 갈등이다. 이것은 특히 일선조직에서 일하는 자와 참모조직에서 일하는 자 간에 심각하게 대두되는 갈등 상황이다.

참모조직의 경우 조직의 장과 가까운 관계를 유지할 수 있고 참모들이 거둔 성과가 쉽게 조직의 장에게 보일 수 있는 반면 일선조직의 경우 조직의 장에 미치는 접근성이 상대적으로 참모보다 좋지 않고 또한 어려운 대민 관계 등의 업무를 다뤄야 하는 관계로 평가나 보상에서 상대적으로 참모조직에서 일하는 사람보다 불리한 경우가 발생할 수 있다. 이러한 차별성이 결국 일선조직과 참모조직 간의 갈등으로 비화되어 나타나게 된다.

일곱째, 참여적 의사 결정은 반드시 갈등을 유발시킨다는 것이다. 왜냐하면 참여자의 가치관의 차이로 인해 이견과 부동의, 그리고 논쟁을 유발시킬 기회를 제공하기 때문이다(Zald, 1962: 22-49).

여덟째, 구성원 간의 배경, 가치, 교육 정도, 연령, 사회 유형(social pattern)에 따라 이질성이 개재되므로 이에 기인되어 대인 간의 우호적 분위기의 가능성이 저하되어 갈등이 유발될 수 있다는 것이다(Strauss & Rosenstein, 1970: 197-214).

아홉째, 사회적 계층의 일종인 사회적 신분의 서열(social status hierarchy)의 차이로 인해 갈등이 유발될 수 있다는 것으로, 그 조직에서의 봉사 기간의 장단, 연령, 교육 정도, 보수 등에 따라 갈등이 유발될 수 있다(Whyte, 1948).

대부분의 조직에서 연공서열은 아직도 무시할 수 없는 조직문화로 존재한다. 그 조직에 들어온 기간이나 연령 등이 눈에 보이지 않는 서열을 강요하게 된다. 선임이나 연장자를 우선시하는 조직문화가 팽배한 곳에서는 이러한 요인으로 인해 갈등이 유발될 수 있다. 이러한 갈등 유형은 따라서 계급이나 서열이 분명한 조직에서 더욱 강하게 나타나는 경향이 있다. 예를 들면 군대나 경찰 또는 검찰조직 같은 곳에서 이러한 성향이 강하다.

이 밖에도 역할 불만에서 오는 기대 불충족, 좌절에서 기인되는 갈등, 의사소통의 왜곡에서 기인되는 갈등 등을 들 수 있다.

이상에서 논의한 바와 같이 갈등의 원인이 되는 상황은 무수히 많으며, 이런 갈등의 원천을 잘 파악하고 이해함으로써 갈등을 순기능적인 방향으로 전환시키는 노력이 무엇보다 중요하다. 이런 의미에서 갈등 해소 전략의 강구에도 갈등의 근원에 대한 근본적인 이해는 필수적이다.

4 갈등 해소 방안

여러 가지 방안이 고려될 수 있는데, 여기서는 대표적인 몇 개를 제시해 보고자 한다.5)

첫째, 최상위 목적(super ordinate goal)의 설정인데, 이것은 단일 부서만의 자원으로 목적을 이룰 수 없고 두 개 이상의 부서에 의해 이뤄질 수 있는 공통 목적이나 공유하는 목적(shared goal)을 의미하는 것으로, 이러한 목적이 설정되면 각 부서의 생존을 위해서라도 서로 협력하지 않으면 안 되며, 이러한 상황에서 갈등의 감소는 불가피하다(Sherif, 1964: 410).

둘째, 부서 간의 상호의존성에서 야기되는 갈등을 완화 내지는 해소시키기 위해 완충지역 부서 또는 완충 역할을 하는 사람이 필요하며, 필요에 따라서는 의존

5) 조직이나 집단 간에 발생하는 갈등의 감소 내지는 해결 방안에 대해서는 여러 학자들이 의견을 제시하고 있다. 예컨대 리터러(Joseph A. Litterer)는 갈등 해결 전략으로서 갈등 당사자 간에 완충지대(buffer zone)를 설치하는 방법, 감수성훈련(sensitivity training) 등을 통한 통찰력의 양성 및 갈등 감소를 위해 조직을 재설계하는 방법을 제시하고 있다. Joseph A. Litterer, "Management Conflict in Organizations," *Proceedings of the 8th Annual Midwest Management Conference* (Southern Illinois University Business Research Bureau, 1965), Reprinted in Max S. Wortman & Fred Luthans, *Emerging Concepts in Management*(New York: The Macmillan Co., 1969), p.195. 또한 월튼(R. E. Walton)과 매커시(R. B. Mckersie)는 갈등 해결을 의사 결정과 관련시켜 다양한 협상과 교환의 과정들로 나눠 설명하고 있다. R. E. Walton & R. B. Mckersie, *A Behavioral Theory of Labor Negotiation*(New York: McGraw-Hill, 1965), p.4. 사이먼과 마치는 갈등 해결 방안으로 문제 해결(problem solving), 설득(persuasion), 협상(bargaining), 정략(politics)을 내놓고 있다. March & Simon, *op. cit.*, pp.129-131. 그러나 볼딩은 협상과 정략을 굳이 구별하지 않는다. Kenneth E. Boulding, *Conflict and Defense: A General Theory*(New York: Harper and Row, 1962), p.314. 블레이크(R. R. Blake)는 갈등 해소 방안으로 후퇴(withdrawl), 완화(smoothing), 타협(compromise), 강압(forcing), 문제 해결(problem solving)을 들고 있다. R. R. Blake, H. A. Shepard & J. Mouton, *Managing Intergroup Conflict in Industry*(Houston: Gulf Pub. Co., 1984); H. A. Shepard, "Responses to Situations of Competition and Conflict," in Kahn & Boulding(eds.), *op. cit.*, pp.127-135. 이외에 이 분야를 더욱 연구하고 싶으면 다음을 참고할 수 있다. J. D. Thompson & Arthur Luden, "Strategies, Structures and Processes of Organizational Decision," in J. D. Thompson, et al. (eds.), *Comparative Studies in Administration*(Pittsburgh: University of Pittsburgh Press, 1959).

부서 간의 이견을 조정할 수 있는 조정 부서를 설치할 필요도 생긴다(Blake, Shepard, & Mouton, 1964: 99-100).

셋째, 한정된 자원을 권력 투쟁이나 게임의 규칙에 의해서만 배분하려는 방법을 지양하고 한계효용을 고려해 이를 극대화시키는 단위에 중점적으로 배분할 수 있는 체계를 확립함으로써 자원의 내적인 확장을 기할 수 있으며, 더 나아가 기술개발, 혁신, 관리혁명 등을 통해 한정된 자원의 확장을 꾀할 수 있다.

최근에 들어서는 자원의 제한성으로 인해 이를 타개하고자 하는 기술 개발과 혁신 그리고 관리혁명 등이 강조되고 있다. 이러한 혁신적 조치들을 통해 기존의 파이보다 더 큰 파이를 만들어 내는 것이다. 이렇게 될 경우 자신에게 돌아가는 파이의 양이 분명 이전보다 더 늘 것이기 때문에 갈등의 수위는 내려갈 수밖에 없다. 예를 들어 획기적인 유전공학의 발전으로 인한 종자 개량, 첨단 친환경 비료의 발명, 혁신적인 영농기술의 발전 등 녹색혁명 등을 통해 식량을 좀 더 증산하게 된다면 분명 자신에게 돌아오는 파이의 양이 늘 것이기 때문에 기존의 경우와는 달리 식량을 둘러싼 갈등은 수그러들 공산이 커질 수밖에 없다.

넷째, 상호 문제 해결로서 갈등문제가 각각의 개별적인 문제가 아니라는 전제하에 서로의 공동 관심사로 인지하고 문제 해결을 공동적으로 처리해 나가는 방안으로서 문제의 복잡성에 대처하는 좋은 전략으로 평가할 수 있다.

다섯째, 청원제도(appeals system)로서 갈등의 근원이 되는 불평불만을 공식적인 채널을 통해 해소시킬 수 있는 제도적 장치를 만드는 것으로 고충처리의 한 방안으로서 많이 활용될 수 있다. 여기에는 면담이나 상담 등도 병행해서 사용하면 갈등 해소나 완화에 도움을 줄 수 있다.

압력밥솥에 압력이 높아진 공기압을 조절하기 위해 압력 조절판을 달아 이를 조절하듯이 제도적 장치를 통해 조직 내에 쌓여가는 불평불만의 압력이 임계점에 도달해 폭발하는 것을 사전에 막고자 하는 것이다. 제도적 장치가 제대로 작동될 수 있다면 조직 내의 불평불만이라는 압력은 사전에 조절이 가능하기 때문에 불평불만이 갈등으로 비화되어 폭발하는 것을 막을 수 있게 된다.

여섯째, 상호작용의 증대로서 협력을 꾀할 수 있는 공동 이해와 유대를 발견하고 다져 나가는 가운데 서로 간의 입장을 이해 가능케 함으로써 갈등을 해소 내지 완화해 나가는 것이다.

일곱째, 갈등당사자에 대해 공식적 권위를 행사함으로써 갈등을 해소하는 방안이다. 이것은 별로 바람직한 해소 방안이라 볼 수 없으나 상황이 극한을 치달을 때 최후의 수단으로 고려해 볼 수 있는 처방이다.

이 밖에 영화 게임 상황을 배제 내지는 완화시키기 위해 평가 기준과 보상 체계의 포괄적 조직화를 꾀하거나 이러한 것이 제대로 기능을 수행치 못할 때는 최후의 방법으로 갈등이 일고 있는 부서들을 합병 내지는 폐쇄시켜 버리는 것이다.

지금까지 살펴본 것은 다분히 소극적인 입장에서 갈등이 불가항력적으로 발생했을 때 이를 완화 내지는 해소하는 방법을 강구해 본 것이나 여기에서는 적극적인 입장에서 갈등을 문제 해결이나 목적 성취를 위해 유도하고 촉진하며 자극시키는 방법에 대해 살펴보기로 한다. 이것은 기존의 상식과는 반대로 갈등이 없어도 또는 적어도 역기능적이란 사고에 기인하는 것이다.

이미 갈등 유도 및 촉진 기법들이 조직관리 분야에서 발전되어 사용되고 있으며, 대표적인 몇 가지를 살펴보면 첫째, 의사소통상에서 모호하고 위협적인 메시지 혹은 소문 등을 전달해 갈등을 유발시키는 방법이 있다. 특히 이런 기법은 잠정적으로 이질적 단위를 창출함으로써 기존의 쌍무적 갈등 관계를 다각화시켜 갈등의 첨예화를 기할 수 있다는 장점을 지닌다.

둘째, 위의 논리와 연계되는 것으로 부서 간의 선의의 경쟁을 유발시키는 것이다. 특히 세력 균형을 위해 수평적인 부서 간의 차등도를 증대시키는 등의 구조 변화를 통해 갈등을 유발 내지는 심화시키는 것이다(Gibson, Ivancevich, & Donnelly, 1979: 177).

제 2 절 행정갈등과 관련된 영화들

행정갈등을 극적으로 잘 시사해 주는 영화로는 『베를린』, 『룰스 오브 인게이지먼트』, 『어 퓨 굿맨』, 『아웃브레이크』, 『더 록』, 『데이브』, 『긴급명령』, 『리플레이스먼트』, 『트리플X2』, 『야망의 함정』, 『월 스트리트』, 『마이너리티 리포트』, 『미션 임파서블 1』, 『미션 임파서블 2』, 『미션 임파서블 3』, 『그때 그 사람들』, 『왕의 남자』,

『왝 더 독』, 『J.F.K.』, 『컨스피러시』 등이 있다.

1 『베를린』

류승완 감독이 일명 '고스트'라 불리는 북한 비밀요원 표종성 역의 하정우, 한국 국정원 요원 정진수 역의 한석규, 표종성을 국제적인 음모 한가운데로 밀어넣는 북한 권력자의 아들인 냉혈한 포커페이스 동명수 역의 류승범, 이중 스파이로 몰리는 통역관 연정희 역의 전지현, 리학수 역의 이경영을 주연으로 해서 2013년 1월 30일 개봉한 영화이다.[6]

과거 동서 냉전의 상징이었던 베를린을 배경으로 남북 분단이라는 특수한 역사를 바탕으로 한 남북한 간의 첨예한 첩보전을 예리하면서도 명석하게 묘사한 액션 영화로, 베를린의 음울하면서도 서늘하고 날 선 분위기 속에서 서로가 서로의 표적이 된 최고 첩보 비밀요원들의 이야기를 담아냈다.

거대한 국제적 음모가 숨겨지고 이러한 음모를 기획하고 집행하려는 세력 간의 갈등으로 점철된 운명의 도시 베를린에 상주하는 한국 국정원 요원 정진수는 독일 주재 북한 대사관의 불법무기 거래 장소를 감찰하던 중 국적 불명이면서 생체정보 중 하나인 지문마저 감지되지 않는 일명 고스트라 불리는 북한 측 비밀요원 표종성의 존재를 알게 된다. 그의 정체와 베를린에서 일어나고 있는 북한 첩보부의 은밀한 음모를 밝혀내기 위해 그를 추적하던 정진수는 표종성 배후에 숨겨진 엄청난 국제적 음모를 알게 되면서 걷잡을 수 없는 위기에 빠진다.

한편 표종성을 제거하고 베를린을 장악하기 위해 파견된 동명수는 표종성을 찾아와 베를린 팀 안에 반역자가 있다고 하면서 그의 아내 연정희를 반역자로 암시하며 그를 몰아간다. 동명수는 이를 빌미로 표종성의 숨통을 조이면서 표종성의 모든 것에 위협을 가한다. 표종성은 동명수의 협박 속에서 연정희의 무죄를 증명하기 위해 그녀를 미행하게 되고, 자신의 아내가 미국 대사관이 있는 역에서 내리자 그의 의심은 더욱 굳어진다.

한편 국정원 비밀요원인 정진수와 그의 팀은 망명 신청을 한 북한 요원이 있다

6) http://movie.naver.com/movie/bi/mi/basic.nhn?code=89218

고 해서 긴밀히 움직이게 되는데 바로 그 장본인이 북한 대사인 리학수임을 알고 일순 긴장한다. 그러나 리학수의 신변을 확보하는 일에는 실패하고 리학수는 표종성에게 잡히게 된다.

잡힌 리학수는 표종성에게 북한 고위 간부들의 비밀 계좌를 지키기 위해 현재의 베를린 팀을 해체하려 하는 것이라고 말하고, 그러한 음모에 희생양이 되어서는 안 된다고 설득한다. 그러나 표종성은 이를 믿지 않고, 그의 신변을 동명수에게 넘긴다. 동명수는 리학수를 처참하게 살해한다.

나름대로 이러한 사실과 무언가 잘못된 방향으로 일이 흐르고 있다는 느낌을 감지한 표종성은 정진수에게 잡힌 후 지금까지 녹음된 파일 등을 듣고 동명수 등이 자신의 아내를 반역자로 몰고 자신을 압박했다는 사실을 알게 된다. 그리고 독일 주재 북한 대사인 리학수 등 자신의 주변 사람들을 제거하는 모든 일이 동명수, 그리고 북한의 고위 간부인 그의 아버지 동중호와 최고지도부의 최고위원 등이 불법무기 거래를 일부러 실패로 끝나게 만들어 이를 추진한 베를린 팀에게 그 책임을 물어 이들을 희생시킴으로써 베를린을 장악하려고 했던 사전에 파놓은 함정이며, 잘 계획된 음모라는 사실을 알고 당황하면서 분노하게 된다.

진실의 실체를 접한 표종성은 정진수에게 전향을 약속하고 정진수와 함께 연정희를 구출하려는 작전을 펼친다. 그러나 구출 과정에서 연정희는 총에 맞아 죽고 동명수 역시 표종성에 의해 죽음을 맞이한다. 정진수는 표종성을 자유롭게 살라며 풀어 주고 표종성은 동명수의 아버지 동중호에게 전화를 한다. 그리고 동중호에게 그를 찾아가겠다고 하고 전화를 끊는다. 표종성은 자신과 아내의 복수를 위해 블라디보스토크행 편도 비행기표를 끊는다.

이 영화는 남북 간 첨예하게 벌어지고 있는 첩보전을 통해 빚어지는 갈등을 실제적으로 잘 묘사하고 있다. 남북한 간 첩보전의 주도권을 장악하기 위한 정진수와 표종성 간의 갈등, 그리고 동명수가 북한에서 새로이 베를린으로 파견 와서 기존의 조직을 와해하고 자신이 주도권을 틀어쥐기 위해 표종성을 찍어내려 함으로써 발생되는 표종성과 동명수 간의 갈등이 주를 이룬다.

여기에 동명수가 표종성을 찍어내기 위한 명분으로 그의 아내인 연정희의 북한 정권에 대한 배신이라는 누명을 뒤집어씌우려는 데 대한 연정희의 반발로 야기되는 표종성의 아내인 연정희와 동명수 간의 갈등, 그리고 자신의 아내가 북한을 배반하려는 것이 아닌가 하는 의심을 품음으로써 발생하는 표종성과 연정희 간의 갈등, 여기에 한 걸음 더 나아가 이러한 일련의 갈등 구조 속에서 비롯되는 표종성의 복잡한 내면적 갈등 등이 적나라하게 표출된다.

서로를 믿지 못하는 관계 속에서 만들어진 갈등을 관리해 나가면서 이 들 각자는 자신의 표적을 쓰러뜨리려 하지만 서로 맞물린 구조 속에서 표적 맞추기는 그리 쉬운 일이 아니다.

바로 이러한 영화 내용은 공적 조직에서도 쉽게 찾아볼 수 있다. 관할권(jurisdiction)이 서로 다를 뿐만 아니라 피라미드 구조를 하고 있는 조직 내에서 서로 갈등 관계를 형성하고, 이들의 갈등 관계는 복잡하게 얽혀 있는 관계로 이러한 갈등을 쉽게 쾌도난마(快刀亂麻) 식으로 풀어 헤쳐 나갈 수는 없다. 내 친구의 적은 나의 적이기도 하지만 나의 적의 친구는 나에게는 친구가 될 수도 있기에 그만큼 복잡한 고등 방정식의 해법을 찾아내야 한다.

남과 북이 분단된 상태에서 서로의 강점과 약점을 파헤치고 이를 통해 상대의 허를 찌르는 첩보전에서 이러한 갈등 구조는 역설적이긴 하지만 오히려 자연스러운 것이고, 첩보원으로서 그리고 한 국가의 안보를 책임지고 있는 공직자로서 갈등을 적절하고 지혜롭게 관리해 나가면서 자신이 속한 국가의 국익을 극대화하려는 노력이 이뤄져 나가야 한다는 것을 이들 각자는 이러한 갈등 과정 속에서 하나씩 배우게 된다.

2 『룰스 오브 인게이지먼트(*Rules of Engagement*)』

윌리엄 프리드킨(William Friedkin) 감독이 1999년에 제작해 2000년 4월에 출시한 이 영화는 헤이스 하지(Hays Hodges) 대령 역의 토미 리 존스(Tommy Lee Jones), 테리 차일더스(Terry Childers) 대령 역의 새뮤얼 잭슨(Samuel L. Jackson) 등이 출연하고 있다.7)

중동 예멘의 미국 대사관이 시위대의 공격을 받게 되고 미국 해병대 투입으로 대사와 대사관 가족을 구출하는 데는 성공하지만, 그 와중에 시위대 수십 명이 사

7) http://movie.naver.com/movie/bi/mi/basic.nhn?code=29103

살당한다. 이 당시 해병대를 지휘한 차일더스 대령은 월남전, 베이루트(Beirut)전, 그리고 걸프전(Desert Storm)에 참전한 바 있는 군 경력이 30년이나 되는 애국적인 베테랑 해병 장교였다.

그러나 차일더스는 무장하지 않은 민간인을 사살할 수 없다는 교전 원칙(rule of engagement)을 어겼다는 이유로 재판에 회부되고, 미국 정부는 외교 분쟁을 피하기 위해 대령을 희생시키기로 작정한다. 이에 앞장서는 자가 국가안보담당 국장직(national security advisor)에 있는 소콜(William Sokal)과 무레인(Mourain) 주 예멘대사이다. 이들은 진실을 조직적으로 은폐하기 위해 주(駐) 예멘 미국 대사관 옥상에서 촬영된 사건 현장의 비디오테이프를 인멸해 버린다.

그러나 차일더스는 그냥 물러서지 않고 같은 해병대 소속으로 베트남전 이후 오랜 친구인 헤이스 하지 대령에게 도움을 청한다. 그 후 같이 힘을 합쳐 법정에서의 투쟁을 통해 결국 차일더스를 희생양으로 삼으려고 음모를 꾸미던 그들의 은폐와 범죄를 백일하에 드러내게 된다. 결국 소콜은 증거인멸죄로 유죄를 선고받고 무레인 역시 대사직을 박탈당하고 위증죄로 기소된다. 차일더스 대령은 명예제대를 하게 된다. 이러한 내용을 통해 이 영화는 정부와 군대라는 조직에서 얼마든지 일어날 수 있는 조직적 범죄 및 음모와 이로 인해 빚어지는 갈등 유형을 극화해 잘 나타내 주고 있다.

실제 관료제 내에 조직적 범죄를 은폐시키기 위해 조직원들을 희생양으로 삼는 경우가 비일비재하며, 특히 부정이나 부패 또는 부조리와 같은 범죄가 관료제의 상위직 또는 중, 하위직에서 조직적으로 이뤄질 경우 범죄의 꼬리를 자르기 위해 이러한 유형의 조직적 범죄가 얼마든지 발생할 수 있다. 그리고 이러한 과정에서 범죄의 몸통과 희생양으로 전락할 위기에 처해지는 깃털 간의 갈등과 대립은 필연적으로 나타나게 마련이다. 이 영화는 이러한 맥락에서 갈등으로 빚어지는 관료제의 병리적 일면을 잘 극화해 현실감 있게 투영해 주고 있다.

3 『어 퓨 굿맨(*A Few Goodman*)』

로브 라이너(Rob Reiner) 감독이 1992년에 제작 출시한 대니얼 중위(Daniel

Alistair Kaffee) 역의 톰 크루즈(Tom Cruise), 제셉 대령(Nathan R. Jessep) 역의 잭 니콜슨(Jack Nicholson), 조안 소령(JoAnne Galloway) 역의 데미 무어(Demi Moore), 잭 로스(Jack Ross) 대위 역의 케빈 베이컨(Kevin Bacon), 마틴슨 중령(Matthew Andrew Martinson) 역의 월쉬(J. T. Walsh) 그리고 키퍼 서덜랜드(Kiefer Sutherland) 등이 출연하는 이 영화[8]는 군으로 대변되는 관료조직에서 일어나는 음모와 갈등 등으로 빚어지는 관료제의 병리적 현상을 예리하게 잘 해부해 내고 있다.[9]

이 영화의 배경은 쿠바의 관타나모(Guantanamo Bay) 해군기지이다. 이곳에서 산티아고 사병이 두 명의 해병에게 거친 폭행 끝에 죽는 사건이 발생하고, 조안 소령과 군 검찰관 대니얼 중위가 이 사건을 맡게 된다. 수사 초기에 서로의 의견 충돌로 티격태격하던 그들은 시간이 흐를수록 폭행 치사사건의 이면에 뭔가 갈등이 있었음을 알게 된다.

하지만 유일한 증인이었던 관타나모 해군기지 부사령관인 마틴슨 중령의 예기치 않은 권총 자살로 인해 사건이 미궁 속에 빠지지만 나름대로 추진력을 받은 조안과 대니얼은 진실을 밝혀내기 위해 백방으로 노력한 끝에 이 살해사건이 심하다 싶을 정도의 엄정한 군기(軍紀) 때문에 일어난 일이라는 사실에 접근하게 된다. 그리고 결국 재판대에 올라야 할 대상은 군부 자체가 아닌 쿠바 미군기지 사령관인 제셉 대령 개인이라는 것을 알게 된다.

제셉 대령은 출세 가도를 달리는 유망한 장교로서 부하들에게 엄격하고 권위적이면서 매우 냉정하고 보수적인 인물이다. 그는 완벽주의자로 조그마한 허점도 용납할 수 없는 치밀한 성격의 소유자이며, 자신의 부대에 그러한 과오가 발생했다는 것을 결코 인정할 수 없는 인물이다. 그래서 그는 기지 부사령관이면서 자신과 군 동기인 마틴슨을 혐오하고 경멸하면서 자신의 부대를 강력히 자기 손아귀에 쥐고 불미스럽게 발생한 살해사건을 덮어버리기 위한 노력을 백방으로 기울인다. 그러나 대니얼과 제셉 대령 간의 진실 게임에서 비롯된 팽팽했던 심리적인 갈등 상황은 그리 오래가지 못한다. 결국 대니얼에 의해 재판정에 서게 되고 군법회의 재판과정에서 이러한 그의 심리를 역이용한 대니얼에 의해 자신의 죄상을 흥분된 상태

8) 이 영화의 원작은 브로드웨이에서 2년 이상 공연된 연극으로, 어느 해군부대에서 발생한 살인사건의 재판 과정에서 이를 수사해 나가는 군 검찰관이 사건 뒤에 숨은 진상을 파헤치는 과정을 담고 있다.

9) http://movie.naver.com/movie/bi/mi/basic.nhn?code=12324

에서 스스로 자백하는 결과를 가져오게 한다.

출세와 승진, 군의 명예 그리고 조직의 폐쇄성 등과 관련된 군 조직의 경직성과 병리 그리고 보수적이고 권위적인 군 문화의 타성을 잘 파헤치고, 조직의 장이 포함되는 조직적 범죄와 이를 은닉하려는 음모와 이를 알아내고자 하는 세력 간의 갈등을 면밀히 드러내어 사회적으로 고발하려 했다는 데서 이 영화가 갖는 의미를 찾을 수 있다.

4 『아웃브레이크(*Outbreak*)』

볼프강 페터슨(Wolfgang Petersen) 감독이 1995년에 제작 출시한, 샘 대니얼스(Sam Daniels) 역의 더스틴 호프먼(Dustin Hoffman)과 로비(Robby Keough) 역의 르네 루소(Rene Russo)가 주연으로 출연하고, 빌리 포드(Billy Ford) 역의 모건 프리먼(Morgan Freeman)과 도널드 맥클린탁(Donald McClintock) 역의 도널드 서덜랜드(Donald Sutherland) 등이 조연으로 출연한 영화로서, 관료조직의 음모와 갈등적 상황을 잘 재현해 내고 있다.[10)]

미국 육군 전염병 예방 및 통제센터(CDC)의 대령 샘은 자신의 친구이자 직속 지휘관인 빌리 포드 준장으로부터 정체 불명의 치명적 전염병이 돌고 있는 아프리카 자이레(Zaire) 우림 지대의 오지(奧地)로 들어가 의학적으로 아직 밝혀진 바 없는 치명적인 바이러스 모타바(Motaba)[11)]를 조사하라는 명령을 받는다.

에볼라 바이러스보다도 더 빠른 잠복기로 치사율 100%의 무시무시한 바이러스가 휩쓸어버린 결과 대다수의 주민이 죽어버린 마을을 발견한 샘은 이 위험한 바이러스가 다른 지역까지 침투하지 않도록 비상 조치를 취할 것을 군 당국의 상관과 관계 기관에 요구한다. 그리고 같은 전염병 예방 및 통제센터에 근무하는 전 아내 닥터 로비에게 자신이 최근 발견한 바이러스와 관련된 사실을 알려 주면서

10) http://movie.naver.com/movie/bi/mi/basic.nhn?code=17040

11) 1967년 아프리카 자이레의 모타바 계곡에 자리 잡은 용병 캠프에서 의문의 출혈열이 발생해 많은 군인이 죽어가자 용병 캠프에선 미군에 긴급 의료 지원 요청을 하지만 상황의 심각성을 알아챈 미군은 질병에 걸린 군인들의 혈액만 채취한 뒤 일방적으로 용병 캠프에 폭탄을 투하해 모두 몰살시켜 버린 일이 있는데, 이때 발생한 질병의 바이러스를 모타바 바이러스로 명명하게 된 것이다.

1967년도에 아프리카에서 창궐했던 모타바 바이러스와 동일한 이 바이러스가 저지되긴 했어도 미국 전역에 퍼질 수 있다는 위험성을 경고한다. 하지만, 그의 경고는 수포로 돌아가게 된다. 그의 상관인 포드 준장과 포드 장군의 상관인 도널드 맥클린탁 소장은 군과 관련된 생물학적 무기의 보안문제 때문이라는 이유를 들어 조사와 실험에서 샘을 제외시켜 버린다.

한편 화물 선박을 통해 자이레에서 검역 없이 미국으로 들어오게 된 모타바 바이러스에 감염된 원숭이 한 마리 때문에 캘리포니아 시더 크릭(Cedar Creek)은 위기에 직면한다. 이곳에서 감염된 원숭이 한 마리로 인해 모타바 바이러스가 여러 사람에게 전염되었을 뿐만 아니라 새롭게 진화된 변종 모타바 바이러스까지 판을 치게 된다.

샘은 군부가 30년 전 모타바 바이러스를 추출해 생물학적 무기로 개발했을 뿐만 아니라 이를 치료할 수 있는 약제까지 보유하고 있음에도 불구하고 생물학 무기의 보안이 외부로 폭로될 것이 두려워 치료제를 사용하지 않고 숨겨온 사실을 알고 분노한다.

샘은 궁여지책으로 헬리콥터를 타고 군에 의해 봉쇄된 시더 크릭으로 날아가 숙주를 찾아 그 면역체로 치료제를 만들어 감염된 환자들을 치료하려 하지만 이마저도 벽에 부닥치게 된다. 맥클린탁 장군이 자신들이 은밀하게 개발해 온 모타바 바이러스로 만든 생물학 무기의 보안이 외부로 노출될 것을 우려해 시더 크릭 지역을 대통령의 동의를 얻어 비핵무기 중 가장 화력이 센 무기로 초토화시켜 시더 크릭의 시민과 전염되고 있는 모타바 바이러스를 완전히 증발시키려 했기 때문이다.

이러한 맥클린탁 장군을 비롯한 군부의 음모에 샘은 정면으로 맞선다. 그에게는 군의 보안보다도 더 중요한 것이 바로 시더 크릭에 거주하는 시민들의 생명이며, 나아가 음모가 진실을 뒤덮을지 모른다는 정의에 대한 위협감이 그에게 거대한 군부에 맞서는 힘을 불어넣어 준 것이다. 그는 거대 권력에 맞서 자신의 진실을 보이려는 노력을 기울이고 팽팽한 갈등의 줄다리기는 지속된다. 이러한 갈등 과정 끝에 드디어 샘은 포드 준장으로 하여금 숨겨진 진실을 알게 만든다. 진실을 알게 된 포드 준장과 폭격기 조종사의 도움을 얻어 시더 크릭 시민을 증발시킬 가공할 폭탄을 바다에 떨어뜨리게 하고, 변종 바이러스로 오염된 시더 크릭의 초토화를 저지할 뿐만 아니라 치료제로 그 지역의 시민들을 살려낸다. 그리고 포드 준장은 맥클린탁 소장을 중요 정보를 은닉한 혐의로 직위를 박탈하고 체포한다.

이 영화는 민감한 군의 생물학적 무기의 보안문제와 무엇보다도 사람의 생명이 우선이라는 인권 존중의 민주적 가치와의 갈등과 충돌, 다시 말해 국가 안보가 우선이냐, 민주적 가치가 우선되어야 하느냐 간의 갈등을 맥클린탁 장군과 샘을 등장시켜 군의 관료조직을 통해 극화시킴으로써 관료조직 내의 갈등문제를 적나라하게 현시화시키고 있다. 또한 이러한 갈등을 가속시키기 위한 조직적 음모의 일면도 제시함으로써 관료조직의 어두운 일면을 현실감 있게 클로즈업시키고 있다.

5 『더 록(*The Rock*)』

마이클 베이(Michael Bay) 감독이 1996년에 제작 출시한 존 메이슨(John Patrick Mason) 역의 숀 코네리(Sean Connery)와 스탠리 굿스피드(Stanley Goodspeed) 역의 니콜라스 케이지(Nicolas Cage)를 주연으로 하고, 프란시스 허멜 장군(Francis X. Hurmel) 역의 에드 해리스(Ed Harris)와 마이클 빈(Michael Biehn) 등을 조연으로 출연시킨 영화로서,[12] 관료조직 내의 갈등상을 잘 반영하고 있다.

균형감을 이루지 못하고 한쪽으로 치우친 애국심의 소유자인 허멜 장군과 그가 이끄는 특수 부대원들 간의 갈등을 정교하면서도 섬세하게 잘 극화시킨 작품으로 이 영화에서 한쪽으로 편향된 애국심의 상징으로 표현되는 미국 해병 여단장 허멜 장군은 자신이 지휘하는 미군 특수 부대원들이 은밀하게 진행된 극비의 군사작전을 수행하던 중 미국을 위해 희생되는 것을 직접 목격하게 된다. 그는 이러한 희생자들에게 그에 합당한 국가적 조치가 이뤄져야 한다고 생각한다. 그러나 현실은 그의 생각과 다르게 진행되는 것이 아닌가. 실제로 국가를 위한 희생임에도 불구하고 그 가족들에게 제대로 된 보상도 없고, 사망자에게 그에 합당한 명예도 주어지지 않는 불합리성을 목격하게 된다.

그는 이에 강력 반발해, 미국 정부에 이러한 희생의 대가로 충분한 보상금을 달라고 위협하면서 자기를 따르는 휘하의 특수 부대원들을 이끌고 특수무기인 VX라는 치명적인 살상용 화학가스가 장착된 15기의 미사일을 탈취한다. 그런 후 캘리포

12) http://movie.naver.com/movie/bi/mi/basic.nhn?code=17135

니아 주 샌프란시스코 만에 위치한 알카트라즈 섬(Alcatraz Island)을 점령하고 이곳에서 관광객들을 인질로 잡고 정부와 대치하게 된다.

이들은 정부가 희생에 상응한 충분한 보상금을 지급할 것과 만약 이에 불응한다면 탈취한 미사일로 샌프란시스코를 날려버리겠다고 협박한다. 이에 정부는 미국 연방수사국과 이 문제에 대한 대책을 논의하게 된다. 연방수사국은 전문가들로 구성된 특수부대를 만들고 이들을 테러분자가 점거한 알카트라즈에 은밀히 침투시켜 VX라는 특수무기를 분해하기로 결정하고, 생화학 무기 전문가인 스탠리 굿스피드를 부른다.

그런데, 문제를 해결하기 위한 침투에 커다란 걸림돌이 발생한다. 익히 잘 알고 있는 것처럼 알카트라즈는 악명 높았던 감옥으로 탈출이 힘든 곳인 만큼 몰래 침투하는 게 애들 장난이 아니라는 사실이었다.[13)]

이에 연방수사국은 역사상 유일한 알카트라즈 감옥의 탈출 성공자인 연방 일급죄수 존 메이슨에게 협조를 부탁한다. 그는 과거 영국 정보부 SAS의 정보장교 출신이며 '더 록'이란 별칭을 가지고 있는 알카트라즈를 탈옥한 유일한 생존자이자 33년째 극비리에 복역 중인 죄수이다.

메이슨은 이러한 요청에 일단 협조하기로 한다. 그런 후 주위의 감시의 눈을 느슨하게 한 후 그 자신만이 가지고 있는 특유의 장기를 이용해 탈출에 성공한다. 그런 다음 얼굴도 모르는 헤어진 딸을 찾아간다. 곧이어 끈질긴 굿스피드의 추적에 붙잡히지만 딸 앞에서 자신의 명예를 세워 주는 굿스피드의 태도에 감복해 진심으로 이들을 도와 주기로 마음먹는다.

정부 측은 협상을 지연시켜 시간을 벌면서 존 메이슨의 활약을 통해 해군 특수부대인 네이비 실(Navy SEAL)을 무사히 알카트라즈 감옥 침투에 성공시킨다. 그러나 이런 은밀한 침투도 오래가지 못한다. 얼마 가지 않아 허멜 장군 휘하의 특수부대원들에게 들키고 이들과 교전하면서 대치 국면에 처하게 된다.

허멜 장군의 생각은 한쪽으로 기운 애국심에 근거하고 있지만 그는 이 갈등과 대치의 상황이 파국으로 치닫는 것을 원한 것이 아니라 쌍방이 상생할 수 있는 합

---

13) 실제로 탈출을 시도한 죄수들은 상당수가 있었지만 탈출에 성공한 죄수는 거의 없다고 한다. 그 이유로는 탈옥을 해도 교도소가 섬에 위치한 관계로 육상으로 나가기 위해서는 수영 등을 해서 나가야 하는데 해류가 너무나 세고 강해 탈출을 불가능하게 만든다는 것이다.

리적인 방법으로 문제를 풀어 나가는 것이었다. 그가 지금 벌이고 있는 정부와의 극단적 대치 국면도 결국 이러한 대치를 통해 정부를 압박해 희생된 군 요원들의 명예를 되찾아 주고자 하는 것이지 돈이 목적이 아니라는 생각에서 가능하면 유혈극을 피하고 싶어한다. 극단적인 갈등 상황으로 파국에 이르는 길은 잘못된 선택이라는 점을 분명히 인지하고 있는 것이다.

하지만 그의 부하들의 생각은 허멜과는 달랐다. 허멜 장군과 같이 희생당한 자들의 명예를 되찾고 희생의 대가를 정당하게 받고자 하는 것이 아니라 그들의 진정한 목적은 이 기회를 통해 크게 한탕해서 팔자를 고쳐보자는 심산이었다. 따라서 이들은 허멜의 명령에 불복하고 돈을 목적으로 하는 숨겨온 저의를 여과 없이 드러낸다. 결국 서로의 생각이 다른 허멜 장군과 그의 부하들은 서로 반목하게 되고, 이러한 갈등 과정에서 허멜 장군과 그의 일당은 결국 무너지고 만다.

허멜의 상황에 따른 심리적 변화가 섬세하면서도 유연하게 드러나고, 부하와의 갈등을 통한 사태 진전이 정교하게 연출된다. 결국 이 영화는 조직 내의 갈등이 서로가 생각하는 개인적 목적과 이해관계에 의해 얼마나 쉽게 만들어질 수 있는가 하는 점을 시사하고, 이러한 갈등 상황이 재현될 경우 조직 목적은 달성될 수 없음을 보여 주고 있다.

6 『리플레이스먼트(*The Alternate*)』

샘 퍼스텐버그(Sam Firstenberg) 감독이 리플레이스먼트 역의 에릭 로버츠(Eric Roberts), 리더 역의 브라이언 기네스(Bryan Genesse), 윌리엄스 요원 역의 아이스 티(Ice-T), 폴브루크(Fallbrook) 대통령 역의 존 벡(John Beck), 해리스 요원 역의 래리 마네티(Larry Manetti), 브릭스 요원 역의 마이클 매디슨(Michael Madsen) 등을 주연과 조연으로 해서 2000년에 개봉한 영화이다.[14)]

폴브루크 대통령은 선거날이 다가오는데 지지도 조사에서는 나날이 인기가 하락 중이다. 그래서 대통령 참모인 경호원 리즈는 추락하는 대통령의 인기를 회복하기 위해 가짜 납치극을 계획하고 실행하기로 한다.

14) http://movie.naver.com/movie/bi/mi/basic.nhn?code=31545

이윽고 납치극을 벌이기로 한 날, 정부 인사들이 계획한 장소에 모여 대통령 내외가 초대되는 공식 기자회견 만찬이 진행될 예정이다. 수십 명의 경호원이 만찬 석상을 살벌하게 둘러싼 가운데 치밀한 검문이 이뤄지고 가짜 납치극을 진행하기로 되어 있는 리즈는 비밀리에 이곳에 미국 중앙정보부(CIA) 요원들을 투입시킨다.

리즈와 중앙정보부 요원들은 시나리오대로 일을 착수하고 순식간에 호텔은 아수라장으로 변한다. 그러나 심각한 문제가 리즈에게 발생한다. 동참하기로 했던 중앙정보부 국장이 약속을 어기고 진짜 납치범으로 변신하면서 대통령이 이들의 인질이 되어 생명이 위태롭게 됨으로써 시나리오는 마구 헝클어지게 된다.

이 영화는 권력의 핵심 집단인 이너 서클(inner circle) 안에 있는 대통령의 지지자들이 대통령의 재선을 위해 대통령 암살 음모를 모의하고 이를 실행하는 과정에서 암살자들 간의 돈을 둘러싼 갈등으로 인해 사태가 꼬이고 결국 대통령을 인질로 삼아 돈을 얻어 내려는 암살자와 이를 막으려는 암살자 간의 갈등과 마찰을 극적으로 보여 준다. 결과는 보충병(replacement)이라고 자칭하는 암살자에 의해 대통령의 납치 및 인질 그리고 암살 위기가 모면된다는 것이다.

이 영화에서 보여 주고자 하는 것은 우선 대통령을 보필하는 측근 참모들의 권력 야욕이 더러운 정치와 연결되면서 국민을 기만하는 정치로 비화될 수 있다는 점과 중앙정보부 등의 정보기관 간의 내부 암투와 갈등 그리고 내부의 적이 대통령을 노릴 경우 얼마나 권력 핵심이 위해나 암살의 위기에 쉽게 노출될 수 있는가 하는 점 등이다.

이것 역시 정치적 부패와 부도덕성 그리고 이익에 눈이 먼 조직이기주의 그리고 이로 인해 발생하는 조직 간의 갈등뿐만 아니라, 거대 관료조직의 경직성과 비효율화, 추악한 음모 등을 잘 드러내 보여 주고 있다.

7 『트리플X2: 넥스트 레벨(*xXx 2: The Next Level*)』

리 타마호리(Lee Tamahori) 감독이 다리우스 스톤(Darius Stone) 역의 아이스 큐브(Ice Cube), 오거스터스 기본스(Augustus Gibbons) 역의 새뮤얼 잭슨(Samuel L. Jackson), 조지 데커트(George Deckert) 역의 윌리엄 데포(Willem Dafoe), 국가안보국(NSA) 스

틸 요원 역의 스코트 스피드맨(Scott Speedman), 샌퍼드 대통령 역의 피터 스트라우스(Peter Strauss) 등을 주연으로, 그리고 토비(Tobey) 역의 마이클 루프(Michael Roof) 등을 조연으로 해서 2002년 첫 개봉한 1편에 이어 2005년에 개봉한 영화이다.15)

버지니아(Virginia) 주의 한적한 교외 농장 지하에 비밀리에 설치되어 있는 국가안보국(National Security Agency: NSA)의 비밀 작전기지가 정체를 알 수 없는 무장 세력에 의한 공격을 받고 16명의 요원이 사살되는 참사가 발생한다.

국가안보국 내 무기 개발을 담당하는 토비 요원과 함께 가까스로 탈출에 성공한 국가안보국 국장 오거스터스 기본스는 이 같은 테러 뒤에 부패한 정치권 내 급진 세력에 의한 대규모 반란 음모가 있음을 직감하고 최근 사망한 원조 트리플 엑스였던 젠더 케이지의 뒤를 이어 내부의 음모를 파헤치기 위해 예전보다 훨씬 강하고 새로운 트리플X 후보를 찾기 시작한다.

이제 전직 최고의 네이비 실(Navy SEAL)이었지만 명령 불복종 혐의로 9년째 군교도소에서 특별관리 중인 위험한 인물 다리우스 스톤이 새로운 트리플X 후보로 지명된다.16) 기본스의 조치로 탈출에 성공한 다리우스는 자신이 원하는 방식으로 임무를 수행한다는 조건을 걸고 새로운 트리플X 요원이 된다.

그는 배후조직 색출을 위해 정부 고위층 만찬에 참석한 스톤을 통해 대통령 고문관의 딸 찰리에게서 국방장관 조지 데커트 장군이 전군을 동원한 사상 초유의 쿠데타를 도모하고 있다는 사실을 알아내지만, 정교하게 세팅된 음모로 오히려 대통령 암살 주범으로 몰리는 위기를 맞는다.

한편, 국가안보국 습격사건의 배후 조종자이며 대통령 암살을 포함한 사상 초유의 쿠데타를 계획하고 있는 국방장관 데커트는 비밀리에 기본스를 사고사로 가장해 납치하고 스톤마저 군 수뇌부의 핵심을 이루는 페티본 장군의 살해범으로 몰아간다. 페티본 장군은 원래 데커트와 오랜 동안 군 생활을 같이했던 전우였지만 데커트 자신의 야망을 위해 걸림돌이 된다고 생각하자 가차없이 그를 죽이고 그런 후 스톤과 다리우스를 엮어넣기 위한 미끼로 이용하는 냉혈적인 영악함과 사악함을 드러내기도 한다.

15) http://movie.naver.com/movie/bi/mi/basic.nhn?code=35973
16) http://www.youngmedia.org.au/mediachildren/07_04/07_04_163_XXX-2.htm

마침내 데커트는 쿠테타 음모를 실행에 옮기는데 페티본 장군의 장례식을 빌미 삼아 페티본 장군의 휘하 병력을 대통령이 있는 수도로 진주시킨다. 이 군 병력은 페티본의 지휘 하에 있긴 했지만 이전에는 데커트 자신의 휘하 병력이었다. 그는 이 군 병력을 이용해 국회 의사당을 습격해 점거한 후 샌퍼드 대통령과 부통령 그리고 국무장관 등을 살해하려는 음모를 실행에 옮기기 시작한다. 이제 미국의 미래는 풍전등화의 위기 상황으로 내몰리게 된다.

한편 다리우스는 친구인 토비와 롤라의 도움을 받아 이러한 위기를 잠재우려 한다. 그는 우선 자신에게 우호적인 범죄조직을 찾아가 그들의 조건을 들어 주는 조건으로 협조를 약속받는다. 그리고 데커트의 군대에 맞설 수 있는 화력과 무기를 확보하기 위해 국방부로 들어가는 치즈 운반 차량을 탈취한다. 실제로 이 차량은 위장용으로 치즈를 운반하는 것처럼 꾸미고 있지만 실제로는 최신 무기를 운반하는 차량이었다.

그들은 데커트의 음모를 저지하기 위한 인적 자원과 무기를 확보한 후 바로 실행에 들어간다. 그들은 군과 교전하면서 군이 쳐놓은 저지망을 통과하고 국회의사당으로 접근한다.

한편 데커트는 음모를 자신이 짜놓은 시나리오대로 실행해 나간다. 대통령의 국회 연설 도중 조명등이 나가고 대통령은 경호 절차에 따라 신속하게 피신을 하게 된다. 시나리오대로 데커트는 피신을 하는 대통령과 경호팀에 대해 무차별 사격을 가해 경호원을 모두 제거하고 대통령을 인질로 삼는다. 대통령은 그제서야 데커트의 음모를 알아채고 반발을 하지만 데커트는 오히려 자신의 행위는 국가를 위한 것이라고 하면서 궤변을 늘어놓는다.

다리우스 일행은 의사당에 침투해서 기본스를 연행해 가는 무장 세력을 제압하고 기본스를 구한다. 그리고 데커트를 추격한다. 데커트는 음모가 실패로 끝날 것을 두려워하면서 대통령을 전용열차에 태워 탈출을 시도한다. 그러나 다리우스는 이를 방관하거나 포기하지 않고 스포츠카를 타고 추격해 결국 전용열차 안으로 잠입하는 데 성공한다.

대통령은 데커트에게 음모를 거둘 것을 요구하지만 오히려 데커트는 대통령을 죽이겠다고 위협한다. 그러면서 자신은 대통령을 구하려고 했지만 실패한 사람으로 기록될 것이라고 말한다. 그러나 그의 행운도 여기에서 멈추게 된다.

위기에 몰린 대통령을 다리우스는 천신만고 끝에 데커트의 손아귀에서 구출하게 되는 것이다. 그리고 데커트는 기본스가 헬기에서 쏜 미사일을 맞고 죽는다. 데커트의 허황되긴 하지만 하마터면 성취될 뻔했던 음모는 이렇게 막을 내리게 된다.

그 다음날 대통령이 어제의 의사당 총격전에서 무사하다는 방송 멘트와 함께 데커트 국방장관이 대통령을 구하려다가 장렬하게 죽었으며, 성대하게 데커트 장례식이 치러졌다는 멘트도 흘러나온다.

이 영화에서는 몇 가지 메시지를 던져 주고 있다.

첫째, 적은 조직 외부에만 있는 것이 아니라 내부에도 있다는 점이다. 이 영화는 갈등이라는 관점에서 보았을 때 조직 외부와의 갈등보다 조직 내부의 갈등이 더 위험할 수 있다는 점을 잘 보여 준다. 핵심 내부 세력(inner circle) 중에 대통령을 제거하고 자신이 권력을 찬탈하려고 하는 자가 있다는 것을 보여 준다. 국방장관 데커트가 바로 그런 인물이다.

둘째, 음모의 시나리오가 얼마든지 완벽하게 구사될 수 있다는 것이다. 이 영화는 이 음모가 다리우스 등 이 시대의 영웅들 때문에 좌절되어 해피엔딩으로 끝날 수 있었지만 그렇지 않았다면 성공할 수도 있었다는 점을 역으로 보여 준다. 첨예하게 대립각을 세우고 갈등하고 있는 정치 세력들 간의 역학 관계와 이로 인해 발생할 수 있는 심각한 갈등이 이러한 결과를 얼마든지 낳을 수 있다는 점을 잘 보여 주고 있다.

셋째, 정치는 진실만을 이야기할 수는 없다는 것이다. 공자(孔子)는 "정치라는 것은 바른 것(政者正也)"이어야 한다고 말했지만 필요에 따라서는 거짓말도 해야 한다. 정치에 존재할 수밖에 없는 아이러니를 이 영화는 이렇게 보여 주고 있다.

데커트가 대통령을 시해하고 권력을 쥐려고 한 음모자이지만 그는 국민에게 대통령을 목숨을 걸고 지켜내려다가 죽음을 맞은 영웅으로 각인되게 조작되고 있는 것이 이 점을 잘 보여 주며, 이 영화는 이를 통해 정치의 이중성을 리얼하게 보여 준다. 정치의 힘은 상징 조작과 정치적 동원 능력에 있다는 말이 새삼 마음에 와 닿는다.

8 『야망의 함정(*The Firm*)』

시드니 폴락(Sydney Pollack) 감독이 미치 맥디어(Mitch McDeere) 역의 톰 크루즈(Tom Cruise), 애비(Abby McDeere) 역의 진 트리플혼(Jeanne Tripplehorn), 애버리(Avery Tolar) 역의 진 해크먼(Gene Hackman), 웨인 역의 에드 해리스(Ed Harris), 테미 헴필 역의 홀리 헌터(Holly Hunter) 등을 주연과 조연으로 해서 1993년에 개봉한 영화이다.[17] 다음에 설명되는 1987년에 제작된 마이클 더글러스(Michael Douglas) 주연의 『월스트리트(*Wall Street*)』와 비슷한 소재를 가진 영화이다.

가난한 남부 출신의 미치 맥디어는 모든 어려움을 극복하고 하버드 법대를 우수한 성적으로 졸업한다. 미치의 재능을 높이 평가한 뉴욕과 시카고의 법률회사들은 그를 스카우트하기 위해 좋은 조건을 제시한다. 그러던 중 미치는 멤피스 법률회사에서 파격적인 조건을 제시하자 그곳에 입사한다.

미치의 아내인 애비는 그 회사에서 가정의 안정을 중요시한 나머지 아이 갖기를 종용한다는 말을 듣자 왠지 시큰둥해 있지만 미치가 바빠지자 모든 걸 잊게 된다. 그러던 어느 날 미치는 연방수사국(FBI) 요원에게서 보트 폭발 사고로 이미 숨진 것으로 알려진 카진스키와 하지스 변호사가 사고사로 죽은 것이 아니라 누군가에 의해 살해됐다는 얘기를 듣는다. 직속 상관인 애버리와도 고객과 상담 도중 시카고 친구들 얘기를 듣고 회사의 업무에 의심을 품게 된다.

미치는 멤피스 법률회사에서 마피아의 돈을 은밀하게 세탁한다는 사실을 알아낸다. 미치는 자신을 이용해 회사를 덮치려는 연방수사국 요원들에게 어쩔 수 없이 협조해야 함을 인식하지만, 그렇게 할 경우 회사와 회사의 고객으로 있는 마피아까지 자신의 적으로 만들게 됨을 깨달을 뿐만 아니라, 자신의 변호사 자격까지 영원히 잃게 될 것을 걱정해 그 모든 곤경에서 빠져나갈 궁리를 하면서 심한 내면적 갈등을 겪게 된다.

결국 미치는 이러한 내면적 갈등 끝에 나름대로의 최선의 결단을 내린다. 그가 내린 신의 한 수는 감옥에 들어간 형을 빼내고 마피아에게는 회사의 부당함을 알림과 동시에 그들이 연루된 관련 서류를 손에 넣어 자신이나 가족에게 더러운 손

17) http://movie.naver.com/movie/bi/mi/basic.nhn?code=13386

을 못 대도록 처리한 후 연방수사국에는 자기 회사를 법적으로 기소할 수 있는 정보를 제공하게 된다.

결과적으로 볼 때 일거양득 정도가 아니라 그보다 더한 묘수를 처방한 것이다. 미치는 이와 같은 현명한 방법으로 자신을 구하고 나아가 자신의 미래의 삶과 형의 삶까지도 되찾는다.

마피아의 뒤를 봐주고 돈 세탁 등 더러운 뒤치다꺼리를 해주는 법률회사에 취직된 신출내기 변호사가 마피아와 연루된 자신이 근무하는 법률회사의 음모와 이를 조사하는 연방수사국 사이의 복잡하게 얽힌 위기 상황을 변호사라는 자신의 위치를 치밀하게 이용해 내면적 갈등을 극복하고 위기를 모면하는 내용을 담은 스릴러물이다. 전형적인 미국식 법과 정의에 관한 음모론과 심리적인 내면적 갈등 상황을 잘 보여 주고 있다.

9 『월 스트리트(*Wall Street*)』

올리버 스톤(Oliver Stone) 감독이 버드 폭스(Bud Fox) 역의 찰리 쉰(Charlie Sheen), 고든 게코(Gordon Gekko) 역의 마이클 더글러스(Michael Douglas), 다리엔 테일러 역의 데릴 한나(Daryl Hannah), 칼 역의 마틴 쉰(Martin Sheen), 케이트 게코 역의 숀 영(Sean Young) 등을 주연과 조연으로 해서 1988년 4월 29일에 개봉한 영화이다.18)

야망에 불타는 버드 폭스는 몇 해나 월 스트리트 증권거래소 주변에서 꿈을 키웠으나 일생을 증권 중개인으로 일한 사람도 특별한 사람들 몇몇을 제외하고는 별로 재산을 모으지 못한다는 사실을 알자, 남들보다 빨리 성공할 수 있는 지름길을 택하기로 결심한다. 그는 월 스트리트에서 기상천외한 비상한 수단으로 주가를 조작해 거액의 부(富)를 축적한 악명 높은 금융 브로커 고든 게코를 찾아간다. 그리고 그와 손잡은 버드는 델타 제지를 주가 조작을 통해 처분해 금세 부자가 된다.

버드는 아버지 칼이 근무하는 회사 블루스타를 구해 보려는 의도를 게코에게 의논하지만 게코는 속으로는 이 회사를 은밀히 해체해 막대한 돈을 챙길 음모를

18) http://movie.naver.com/movie/bi/mi/basic.nhn?code=10718

꾸민다. 게코의 배신을 알아낸 버드는 게코와 적대적 갈등 관계에 있는 와일드와 타협한다. 그리고 함께 주가를 조작해 게코에게 어마어마한 손해를 입히고 블루스타를 구한다. 그러나 다음날 버드는 주식거래법 위반으로 체포된다. 버드는 혼자 당하지는 않는다. 그는 지옥에의 길동무로 게코를 끌어들여 함께 교도소로 들어간다.

이 영화는 비정하고 냉혹한 전쟁터 월 스트리트의 증권가에서 벌어지는 갈등, 야망, 사랑, 배신, 무자비하고 잔혹한 돈싸움, 그리고 증권가의 음모와 내면적 갈등 등을 적나라하게 파헤쳤다.

10 『마이너리티 리포트(*Minority Report*)』

스티븐 스필버그(Steven Spielberg) 감독이 존 앤더튼 역의 톰 크루즈(Tom Cruise), 데니 위트워 역의 콜린 파렐(Colin Farrell), 라라 앤더슨 역의 캐스린 모리스(Kathryn Morris), 전 프리 크라임 감독 라마 버제스 역의 막스 폰 시도우(Max Von Sydow), 아가사 역의 사만다 모튼(Samantha Morton) 등을 주연과 조연으로 해서 2002년 7월 26일에 개봉한 권력기관(관료제) 내부의 갈등과 음모 등을 그린 영화이다.[19)]

영화의 시점은 2054년이고 장소는 워싱턴(Washington D. C.)에서 시작된다. 범죄가 일어나기 전 범죄를 예측해 범죄자를 단죄함으로써 범죄를 미연에 방지토록 하는 최첨단 치안 시스템 '프리 크라임(pre-crime)'이 범죄로부터 워싱턴 시민들을 보호한다. 프리 크라임 시스템은 아가사를 포함한 세 명의 예지자에 의해 범죄가 일어날 시간과 장소, 범행을 저지를 사람까지 미리 예측해 내고, 이를 바탕으로 프리 크라임 특수경찰이 미래의 범죄자들을 범죄 실행 전에 체포한다.

이런 범죄 예방 시스템인 프리 크라임을 이끌고 있는 팀장은 존 앤더튼으로 천부적인 감각과 자신만의 노하우를 통해 미래의 범죄자를 추적해 내는 능력을 인정받은 유능한 인재로 평가받고 있다. 그가 프리 크라임에 최대한의 열정을 기울이는 이유는 6년 전 범죄로 인해 자신의 아들을 잃은 아픈 기억을 다른 사람에게만은 되풀이하고 싶지 않기 때문이다.

---

19) 『블레이드 러너』의 SF 작가 필립 딕(Philip K. Dick)의 1956년도 단편 소설을 기본 원작으로 한 SF 액션 영화이다. http://movie.naver.com/movie/bi/mi/basic.nhn?code=31788

어느 날 프리 크라임 감사를 위해 연방정보국에서 대니 워트워가 파견되고 존 앤더튼과 사사건건 첨예하게 대립해 갈등 관계를 형성한다. 그러던 중 프리 크라임 시스템은 믿을 수 없는 살인 장면을 예견하게 된다. 즉, 앤더튼이 누군가를 살해하는 장면이 예견된 것이다.

이제 예견된 앤더튼의 살인을 막기 위해 프리 크라임의 모든 시스템이 그를 추격한다. 앤더튼은 이러한 상황이 자신을 파국으로 몰아넣기 위해 겨냥된 음모라는 것을 간파해 낸다. 그는 자신의 생존뿐만 아니라 자신의 미래를 위해 이러한 음모를 파헤치는 데 전력을 집중한다. 그는 우선 자신의 미래를 바꾸기 위해 직접 자신이 해치게 되어 있는 미래의 피살자를 찾아 나선다. 자신이 미래에 저지를 범죄 현장에 한 발짝씩 다가갈수록 그의 앞에는 도저히 믿을 수 없는 사실들이 하나둘씩 드러나기 시작한다. 그리고 앤더튼의 의지와 노력과는 상관없이 예견된 희생자가 나온다.

이렇게 앤더튼이 궁지에 몰리게 되는 데에는 다 나름대로의 이유가 있었다. 살인 예방 시스템 프리 크라임의 최고책임자인 라마르 버제스(Lamar Burgess) 국장의 음모가 뒤에 도사리고 있었던 것이다. 그는 앤더튼을 찍어낼 수 있는 범죄를 미리 계획하고 주도면밀하게 실행시킴으로써 그를 철저하게 몰락시키려고 한다. 그가 미리 계획한 범죄 시나리오의 핵심은 앤더튼이 아들의 사진을 보고 순간적인 충동으로 돈을 받고 유괴범을 자칭하는 사람을 죽이기 일보 직전까지 가게 되는데, 이때 예지자들이 이를 계획적 살인으로 판단케 만든 것이다.

여기에서 프리 크라임 시스템의 운영 방식을 이해해야 한다. 영화 제목이 『단독 리포트』라고 번역된 것도 이와 연관이 있다. 프리 크라임 시스템은 세 명의 예지자가 범죄를 예견하는데, 이때 리포트라고 해서 범죄 대상과 범죄자의 이름이 새겨진 둥근 공이 경찰에 제출하도록 되어 있다. 일상의 경우에는 보통 세 명의 예견이 일치되어 나오지만, 가끔 쌍둥이인 두 명보다 예지력이 높은 다른 한 명의 결과가 다르게 나올 수 있어 이를 두고 단독 리포트라고 칭하는 데서 비롯된 것이다.

영화에서 바로 존 앤더튼의 경우가 여기에 해당이 되었다. 다른 두 명의 쌍둥이와 달리 아가사라는 좀 더 예지력이 높은 예지자가 두 명과는 다른 예견 결과, 즉 단독 리포트를 내놓은 것이다. 비록 범죄가 일어나기 전이지만 존이 자신의 무죄를 증명하기 위해서는 지금까지 틀린 적이 한 번도 없었던 범죄 사전 예방 시스템에 침입해 시스템에 오류가 있음을 증명해야 하는데, 그가 이 오류를 증명하기 위해서는 마이너리티 리포트, 즉 단독 리포트가 필수적이므로 이것을 찾아내야 하는 것이다.

우여곡절 끝에 결국 앤더튼은 단독 리포트를 찾아내고 자신의 결백을 밝혀낸다. 앤더튼과 끝까지 갈등 관계를 유지했던 국장은 자신의 목숨을 스스로 끊는 방법을 통해 음모였음을 입증하게 되고 이와 관련된 음모의 실체가 백일하에 드러난다. 국장이 그렇게도 목숨을 다해 지켜내려고 했던 프리 크라임 시스템은 오류가 발견된 이상 더 이상 지속되지 못하고 폐쇄되고 만다. 그리고 이 시스템의 핵심 요소였던 아가사를 포함한 프리 크라임 시스템의 세 명의 예지자는 모두 익명의 땅에서 행복한 여생을 보내게 된다.

존 앤더튼의 결백을 밝히는 데 결정적 증거가 된 이들의 어머니 앤 라이블리의 죽음도 국장의 음모와 살인에 의해 이뤄졌음도 밝혀지게 된다.

조직 내부적 갈등 관계를 신뢰를 바탕으로 해서 조화롭게 풀어내지 못하고 간악한 음모를 통해 해결하려고 하는 고위 공직자들에겐 좋은 경종이 될 수 있는 영화이다.

11 『미션 임파서블(*Mission: Impossible*)』 시리즈[20)]

이 시리즈도 비밀정보조직의 내부 갈등과 음모를 잘 나타내 주고 있는 영화로 평가할 수 있다.

1) 『미션 임파서블 1(*Mission: Impossible I*)』

브라이언 드 팔마(Brian De Palma)와 에릭 쉬바브(Eric Schwab) 감독이 이단 헌트(Ethan Hunt) 역의 톰 크루즈(Tom Cruise), 짐 펠프스(Jim Pellps) 역의 존 보이트(Jon Voight), 클레어 펠프스(Claire Pellps) 역의 엠마누엘 베아르(Emmanuelle Beart), 키트리지(Kittridge) 역의 헨리 체르니(Henry Czerny), 크리거(Krigger) 역의 진 르노(Jean Reno), 루터(Luther) 역의 빙 래미스(Ving Rhames) 등을 주연과 조연으로 해서 1996

20) 이 영화는 미국의 유명 TV 시리즈 『제5전선(*Mission Impossible*)』을 원작으로 하고 있다.

년 6월 15일에 개봉한 영화이다.[21)]

짐 펠프스가 이끄는 미국 중앙정보부(CIA)의 유럽 정예 첩보 팀은 팀장인 이단 헌터, 경보 해제 전문가 잭, 여성 요원인 사라와 한나, 그리고 짐의 아내인 클레어로 구성했다. 이들은 동유럽에 근무하는 비밀요원의 명단이 든 파일을 대사관에서 훔쳐 맥스 일당에게 팔아넘기려는 반역자의 음모가 진행되고 있다는 정보를 듣게 된다. 이 팀의 책임자인 짐 펠프스는 이단 헌트를 팀장으로 반역자의 음모를 막고 그가 비밀정보를 빼내는 현장을 촬영해 증거로 만든 후 그를 잡기 위한 작전을 진행시킨다.

그러나 모든 것이 순조롭게 진행되던 작전은 갑자기 혼돈 속으로 빠져들고 잠깐의 사이에 주인공 이단 헌트만을 남기고 요원들이 모두 살해당하는 최악의 사태가 발생한다. 목숨을 건진 이단 헌트는 간신히 작전 현장에서 빠져나와 본부와 긴급 연락을 취한다. 그리고 임파서블 미션팀(Impossible Mission Force: IMF)의 책임자인 키트리지를 포함한 비밀요원들과 접촉한다.

그러는 와중에 헌트는 자신이 참여한 이 작전 자체가 또 다른 반역자, 즉 팀 내의 누군가를 색출하려는 이중 작전이었고, 그 결과 자신이 반역자로 몰리게 되었다는 것을 뒤늦게 알게 된다.

이중간첩을 은밀히 찾아내기 위한 이번 작전에서 혼자 살아남았다는 사실과 수상쩍은 12만 달러의 거금이 그의 계좌에 입금되어 있었기 때문에 억울한 누명을 쓰게 된 것이다. 순간의 기지로 위기의 자리를 다시 빠져나온 헌트는 이제 누구의 도움도 받을 수 없는 고립무원의 처지에 놓이게 된다.

그러나 죽으라는 법은 없는 것인지 죽은 줄로만 알았던 같은 팀 동료 클레어를 만나게 되고, 그녀와 함께 크리거와 북대서양조약기구(NATO) 컴퓨터를 해킹했다는 컴퓨터 천재 루터 등을 동료로 모아 자신의 결백을 증명하기 위한 불가능해 보이는 작전을 시작한다.

헌트는 팀 동료들을 죽인 문제의 범인이 인터넷에서 '욥'이라는 이름을 사용해 무기 밀매상인 맥스와 접선했던 것을 알아내고는 이 방식을 역이용해 맥스와 접촉한다. 그는 중앙정보부의 진짜 비밀요원의 명단이 든 파일 리스트를 넘겨 주는 조

---

21) http://movie.naver.com/movie/bi/mi/basic.nhn?code=17626; 미국에서는 1996년 5월 22일 개봉되었다.

건으로 이중간첩을 소개받기로 한다.

그리고 호랑이를 잡으려면 호랑이 굴로 들어가야 하는 것처럼 대담하게 중앙정보부 본부에 침투해 천정으로부터 밧줄을 타고 내려와 비밀요원의 명단이 든 파일 리스트를 빼내는 데 성공한다.

이에 분노한 키트리지가 헌트의 부모를 마약 밀매 혐의로 체포해 협박하려 하고 그 앞에 놀랍게도 살아 있는 짐이 나타난다. 그는 키트리지가 범인이라며 헌터를 설득하지만 그를 의심하게 된 헌트는 자신과 함께 행동을 해온 짐의 아내인 클레어가 짐과 한통속이었다는 것을 알아내게 된다. 냉전시대가 이미 끝나버린 지금 짐에게 가장 중요한 것은 동료애보다 돈이었다.

비밀요원의 명단이 든 파일 리스트와 돈을 교환하려는 파리행 고속기차(TGV)에서 부하들을 배신하고 무정하게 아내까지 쏴버린 짐은 헬기로 탈출하려 하지만 헌트에 의해 저지당하고 만다. 모든 음모와 팀원 간의 갈등은 그야말로 산산이 깨져버리고 마는 것이다.

2) 『미션 임파서블 2(*Mission: Impossible II*)』

오우삼(John Woo), 빌 버튼(Bill Burton), 그리고 플레밍 올슨(Flemming Olsen) 감독이 이단 헌트(Ethan Hunt) 역의 톰 크루즈(Tom Cruise), 니아 홀(Nyah Hall) 역의 탠디 뉴튼(Thandie Newton), 숀 앰브로즈(Sean Ambrose) 역의 더그레이 스코트(Dougray Scott), 빙 래임스(Ving Rhames), 리처드 록스버그(Richard Roxburgh) 등을 주연으로 그리고 네코비치 박사(Dr. Nekhorvich) 역의 레이드 세르베드지야(Rade Serbedzija) 등을 조연으로 해서 2000년 6월 17일에 개봉한 영화이다.[22]

러시아의 생물공학자인 네코비치 박사는 어느 날 임파서블 미션팀(IMF)의 요원인 이단 헌트에게 도움을 청한다. 그는 고대 그리스 신화에서 이름을 인용한 '키메라' 바이러스를 만들었으며, 이를 억제할 해독 백신 '벨레로폰' 역시 만들었음을 밝힌다.

그러나 호주 시드니에서 질병센터가 소재한 미국 애틀랜타로 가는 비행기에 탑승한 것은 헌트로 변장한 테러리스트 숀 앰브로즈였다. 앰브로즈는 박사에게서 벨

22) http://movie.naver.com/movie/bi/mi/basic.nhn?code=28903. 미국에서는 2000년 5월 24일 개봉했다.

레로폰을 탈취한 후 비행기 추락 사고를 가장해 그를 살해한다. 그러나 앰브로즈는 정작 필요한 악성 바이러스인 키메라를 손에 쥐지 못한 관계로 그의 작전은 반쪽 성공으로 끝났다.

이 사건으로 임파서블 미션팀에서는 앰브로즈가 가진 것이 무엇인지를 알아내려고 헌트를 불렀고, 그는 키메라라는 것이 인플루엔자, 즉 유행성 감기를 치유하기 위한 완벽한 치료제인 벨레로폰을 유전학적으로 조합하다가 부수적으로 만들어진 끔찍한 악성 바이러스라는 사실을 알아낸다. 그리고 이에 그치지 않고 헌트는 과거 앰브로즈의 애인이었던 니아 홀을 포섭해 대원으로 만든다. 그런 후에 그녀를 앰브로즈에게 보내 정보를 얻으려는 대담한 작전을 기획하고 실행한다.

이러한 작전의 와중에 헌트는 그녀와 깊은 사랑에 빠진다. 상황이 이렇게 반전되자 헌트는 그녀의 안전을 우선적으로 고려하면서 앰브로즈의 음모를 캐내려고 노력한다. 이러한 노력이 결실을 맺어 앰브로즈가 꾸며낸 모든 음모를 알아낸 헌트는 바이오사이트 제약회사에 보관되어 있는 마지막 남은 키메라 바이러스를 파괴하기 위해 제약회사 건물에 침투한다.

그러나 헌트와 애인인 니아와의 관계를 알아챈 앰브로즈는 헌트의 침투작전을 역이용해 키메라를 손에 넣고 만다. 키메라를 다시 빼앗으려는 헌트와 앰브로즈와의 결투 과정에서 헌트를 살리기 위해 스스로 키메라 바이러스를 몸에 주입한 니아는 자신이 죽으면 바이러스가 파괴된 것으로 믿고 스스로 자살할 결심을 한다. 이 영화 역시 조직 내 인간 간의 갈등과 음모를 적나라하게 표현해 내고 있다.

3) 『미션 임파서블 3(*Mission: Impossible III*)』

에이브럼스(Jeffrey J. Abrams) 감독이 이단 헌트(Ethan Hunt) 역의 톰 크루즈(Tom Cruise), 오웬 데비언 역의 필립 세이모어 호프만(Philip Seymour Hoffman), 루더 스티켈 역의 빙 래임스(Ving Rhames) 등을 주연으로 하고, 로렌스 피시번(Laurence Fishburne), 빌리 크루덥(Billy Crudup), 줄리아 역의 미셸 모나한(Michelle Monaghan), 조너선 리스 마이어스(Jonathan Rhys Meyers), 케리 러셀(Keri Russell), 매기 큐(Maggie Q) 등을 조연으로 해서 2006년 5월 3일에 개봉한 영화이다.[23]

임파서블 미션팀의 특수 비밀요원 이단 헌트는 최고의 베테랑 특수요원으로서

23) http://movie.naver.com/movie/bi/mi/basic.nhn?code=43153

항상 긴장감 속에 경계를 늦추지 않았지만 이제 현장에서 한 발 물러나 특수요원들의 교육과 훈련에 전념하며 삶의 여유를 찾고 사랑하는 여인 줄리아와 행복한 결혼을 꿈꾼다.

하지만 그녀와의 약혼식 날, 급작스런 본부의 호출을 받은 이단 헌트에게 세계적으로 악명 높은 국제 암거래상이며 비상한 두뇌와 미스터리한 카리스마를 지닌 오웬 데비언에게 인질로 잡혀 있는 임파서블 미션팀의 여성 요원을 구출하라는 명령이 떨어진다.

사랑하는 약혼녀에게 이러한 사실을 알리지 못한 채, 최고의 임파서블 미션팀을 이끌고 작전에 임하는 이단 헌트는 요원을 구출하는 데에 극적으로 성공하지만 그녀는 결국 목숨을 잃는다. 임파서블 미션팀 본부의 국장인 로렌스 피시번은 작전에 실패한 이단 헌트를 심하게 문책하고, 그는 자신과 상관의 명예를 회복하기 위해 다시 오웬을 추적한다.

이번에 그에게 주어진 미션은 철통 같은 보안으로 결코 침투 불가능한 바티칸의 심장부를 뚫는 일이었다. 최첨단 장비로 무장한 최고의 임파서블 미션팀을 이끌고 교황의 연설장에 잠입한 이단 헌트는 환상적인 팀워크와 스릴 넘치는 작전으로 오웬을 납치하고 극비정보를 입수하는 데 성공한다.

오웬을 생포해 임파서블 미션팀 본부로 오던 중 이단 헌트의 임파서블 미션팀은 정체 모를 집단에 의해 비행기에서 쏟아지는 무차별적인 미사일 공격을 받고 오웬은 다시 그의 손을 빠져나간다.

극악무도한 오웬은 빼앗긴 극비정보를 되찾기 위해 이단 헌트의 약혼녀인 줄리아를 납치하고, 자신이 요구하는 극비정보를 임파서블 미션팀 본부에서 48시간 안에 다시 빼내오지 않으면 이단의 눈앞에서 사랑하는 약혼녀를 처참하게 죽여버리겠다고 위협한다. 이단은 양자택일의 어려운 결단을 요구받은 것이다. 무엇보다도 『미션 임파서블 3』가 이전의 두 영화와 다른 점은 임파서블 미션팀 내의 인간적인 갈등을 보여 주고 있다는 것이다.

미션 임파서블 시리즈는 옳지 못한 사람들에 의해 자행되는 음모, 살인, 폭력 등에 맞서 정의를 실현시키는 내용을 모두 담고 있다. 특히 은밀히 진행되는 조직 안과 밖의 가공스러운 음모에 맞서 이를 분쇄하려는 거의 불가능에 가까운 임무를 수행하는 주인공의 용기와 지혜가 돋보인다. 그리고 은밀성을 가장 중요한 요소로 여기고 있는 정보 및 첩보기관에서 벌어지는 음모와 암투 그리고 조직 내의 인간들 간의 갈등을 이 영화는 잘 그려내고 있다.

12 『그때 그 사람들』[24)]

임상수 감독이 중앙정보부 주 과장 역의 한석규, 중앙정보부 김 부장 역의 백윤식 등을 주연으로 하고, 대통령 역의 송재호, 김 부장의 수행비서 겸 민 대령 역의 김응수, 청와대 경호실의 차 실장 역의 정원중, 여대생 조씨 역의 조은지 등을 조연으로 해서 2005년에 개봉한 영화이다.[25)]

1979년 10월 26일 궁정동 만찬장에서 청와대 경호실장이 중앙정보부 주 과장을 불러 세우더니 "왜 오늘 애는 저렇게 못생겼느냐?"고 하면서 주먹으로 때린다. 맞은 주 과장은 "내가 이 나이에 언제까지 이 짓을 당해야 하는지 모르겠다."고 푸념을 내뱉는 장면이 나오며, 뒤이어 궁정동 안가 화장실 내에서 김 부장과 주 과장이 하는 말 중에 주 과장이 경호실장한테 맞은 턱과 입술 언저리를 아픈 듯 만지면서 "언제까지 우리가 계속 재들한테 밀려야 하는지 모르겠다."고 불만을 토로하자 김 부장이 냉소적으로 차갑게 웃으면서 "그리 오래 가지 않는다. 오늘이다. 내가 해치운다."는 이야기를 나누는 장면이 나온다.

그리고 사사건건 청와대 경호실 요원과 중앙정보부 요원들 간의 매끄럽지 못한 관계와 거친 갈등 등이 표출되는 장면이 많이 나온다. 또 "왜 우리 김 부장이 경호실장한테 밀리는지 모르겠어?" 하는 중앙정보부 요원의 볼멘소리나 헬기에 자리가 없다고 대통령과의 행사에 함께 가지 못하는 모양을 목격하고 "이번 행사시 대통령 수행에서 경호실장 때문에 김 부장이 밀려나 참석도 못 했다."는 불만 섞인 중앙정보부 요원들의 이야기는 대통령 경호실과 중앙정보부 간의 눈에 보이지 않는 갈등, 부서 간 세력 다툼과 역학 관계를 엿볼 수 있는 대목이기도 하다. 또한 대통령의 사랑을 독차지하려는 마음에서 부서 간 경쟁을 벌이고 대통령에 대해 과잉 충성을 하려는 부서이기주의의 전형을 보는 듯하다.

---

24) 영화 제목은 10・26 사태 당시 연회장에서 불렀던 심수봉의 히트곡 「그때 그 사람」에서 따왔다.
25) http://movie.naver.com/movie/bi/mi/basic.nhn?code=39801

중앙정보부 안가에서 대통령을 시해하고 경호실장을 비롯한 일단의 경호실 요원들을 사살한 후 다시 확인 사살을 할 때 이를 맡은 중앙정보부 요원이 죽지 않은 식당 요리사인 중앙정보부 요원에게 "괜찮으냐?"고 묻고 그 요리사는 "우리 애들은 괜찮으냐?"고 묻는 것 역시 한솥밥을 먹고 있다는 동료 의식과 나름대로의 부서이기주의의 편린을 엿보는 듯하다.

이 영화는 이러한 장면들을 연출하면서 결국 대통령의 시해는 경호실장과 중앙정보부장 간의 세력 다툼과 이로 인한 갈등 그리고 대통령에 대한 충성 획득 경쟁에서 중앙정보부장이 밀린 데서 비롯되었다는 메시지를 던져 준다. 또한 이러한 갈등과 경쟁을 부추기는 데 한몫을 한 것은 부서이기주의라는 점도 분명히 하고 있다.

13 『왕의 남자』[26)]

이준익 감독이 장생 역의 감우성, 연산군 역의 정진영, 장녹수 역의 강성연, 공길 역의 이준기 등을 주연으로 해서 2005년 12월 29일에 개봉한 영화이다.[27)]

이 영화는 조선시대 10대 왕 연산조를 시대적 배경으로 했다.

남사당패의 광대 장생은 힘있는 양반들에게 멸시당하고 농락당하던 생활을 청산하고, 자신의 하나뿐인 친구이자 최고의 동료인 공길[28)]과 함께 좀 더 큰 놀이판

26) 이 영화는 김태웅 연극 원작 「이(爾)」를 영화화한 시대극이다. 연극 「이」는 왕으로부터 '이'라고 불리며 사랑을 받았던 광대 공길이 권력의 맛에 취해 자신의 본질을 잊긴 하지만, 결국 광대 본연의 풍자정신을 되찾아가는 과정을 그리고 있다.

27) 기존의 사관을 나름대로 뒤집어 보는 영화이다. 연산과 녹수 이들을 그동안 정형화됐던 폭군, 요부로 그리지 않고 숨겨진 내면의 고독함과 아픔을 간직한 인물로 재탄생시켰다. 희대의 폭군으로 알려진 연산은 자기 손으로 성종의 후궁을 죽이고, 조모 인수대비를 구타하는 등 패악적인 행동으로 역사의 지탄을 받아왔다. 하지만, 영화에서는 실록으로 전해지는 위에서 열거한 연산의 행동을 자신의 생모를 죽음으로 몰아넣은 아버지에 대한 원망과 그의 후궁들에 대한 분노의 결과로 그리고 있다. 연산은 왕으로 즉위한 후 폐위된 생모의 신원을 모색하고자 하지만 중신들의 반대에 부딪히고, 자신의 분노를 광대들을 이용해 표출한다. 그리고 왕을 내세워 권력을 휘둘렀던 요부로 알려진 연산의 애첩 녹수는 왕의 남자에서 신분의 벽을 넘지 못하고 조정에서 갖은 멸시를 받았지만 왕에게 사랑받기를 원했던 비운의 '여자'로 그려진다. http://movie.naver.com/movie/bi/mi/basic.nhn?code=39894

28) 광대 공길은 『연산군일기』에 의하면 "공길이라는 광대가 왕에게 "임금은 임금다워야 하고, 신하는 신하다워야 하며, 아비는 아비다워야 하고, 자식은 자식다워야 한다. 임금이 임금답지 않고, 신하가 신하답지 않으니 비록 곡식이 있은들 먹을 수가 있으랴"(60권 22장)는 말을 했다가 참형

을 찾아 한양으로 올라온다. 타고난 재주와 카리스마로 놀이패 무리를 이끌게 된 장생은 공길과 함께 연산군과 그의 애첩인 녹수를 풍자하는 놀이판을 벌여 한양의 명물이 된다.

공연은 대성공을 이루지만, 그들은 왕을 희롱한 죄로 의금부로 끌려간다. 의금부에서 문초에 시달리던 장생은 특유의 당당함을 발휘해 왕을 웃겨 보이겠다고 호언장담하지만 막상 왕 앞에서 공연을 시작하자 모든 광대가 얼어붙는다. 장생 역시 극도의 긴장감 속에서 왕을 웃기기 위해 갖은 노력을 하지만 왕은 꿈쩍도 하지 않는다. 바로 그때 얌전하기만 한 공길이 기지를 발휘해 특유의 앙칼진 연기를 선보이자 왕은 못 참겠다는 듯이 크게 웃어버린다. 이들의 공연에 흡족한 왕은 궁내에 광대들의 거처인 희락원(喜樂園)을 마련해 준다.

궁에 들어온 광대들은 신바람이 나서 탐관오리의 비리나 부패를 풍자하는 공연을 선보이고 이를 본 왕은 즐거워한다. 하지만 중신들의 분위기가 싸늘함을 감지한 왕은 기분이 상함을 느낀다. 왕은 중신 중 한 명을 웃지 않는다는 이유로 탐관오리라는 누명을 씌워서 형벌을 내리자 연회장에는 긴장감이 감돈다.

연이은 연회에서 광대들은 여인들의 암투와 갈등으로 인해 왕[29]이 후궁[30]에게 사약을 내리는 경극을 연기한다. 연산은 왕에게 사약을 받았던 생모 폐비 윤씨를 상기하며 분기탱천해 그 자리에서 선왕의 여자들을 칼로 베어 죽인다.

이렇게 광대들이 공연을 할 때마다 궁이 피바다로 변하자 흥을 잃은 장생은 궁을 떠나겠다는 결심을 하게 된다. 이를 공길에게 이야기하지만 공길은 알 수 없는 이유로 궁에 남겠다고 한다. 그 사이 왕에 반발한 중신들은 광대를 쫓기 위한 음모를 꾸미고 다른 한편 왕의 관심을 광대에게 빼앗겼다는 질투심에 휩싸인 녹수 역시 은밀한 계략을 꾸민다.

왕은 광대들을 이용해 자신을 옥죄던 신하들과 선왕 때 자신의 생모를 죽게 만든 신하들을 숙청하려는 음모를 가지고 있었다. 광대들의 입장에서 보면 이러한 왕의 음모는 그들로서는 피할 수 없는 슬픈 운명이었다.

이 영화는 궁에 기거하면서 왕이 아꼈던 조선 최초 궁중 광대를 주인공으로 중

을 당했다"는 한 줄 기록이 남아 있다.

29) 실제로는 연산군의 아버지인 성종이다.

30) 실제로 사약을 받고 죽은 이는 연산군의 생모인 폐비 윤씨이다,

신들의 비리, 조정과 왕의 갈등 그리고 힘겨루기 등 화려한 궁궐 이면에 감춰진 권력의 양면성을 담아내고 있다. 이 영화가 보여 주는 연회에서도 왕과 중신들은 서로를 견제하고 갈등하며, 중신들 사이에서도 갈등이 난무하고 권력의 암투가 끊이지 않는다. 그리고 자신의 탐욕을 위한 온갖 음모와 암투 그리고 갈등이 영화 전편에 흐르고 있다.

14 『왝 더 독(*Wag the Dog*)』[31]

배리 레빈슨(Barry Levinson)이 감독을 맡고, 콘래드 브린 역의 로버트 드 니로(Robert De Niro), 스탠리 모스 역의 더스틴 호프먼(Dustin Hoffman), 위니프리드 에이미스 역의 앤 헤시(Anne Heche), 패드 킹 역의 데니스 리어리(Denis Leary), 슈만 역의 우디 해럴슨(Woody Harrelson), 트레이시 라임 역의 커스틴 던스트(Kirsten Dunst), 자니 딘 역의 윌리 넬슨(Willie Nelson) 등이 출연했으며, 1998년 9월 12일에 개봉된 영화이다.[32]

이 영화는 미디어를 통해 전쟁을 조작하는 미 정부의 음모를 풍자를 섞어 밝혀내는 내용이다.

대통령 선거가 12일 전으로 임박한 날, 백악관을 초긴장 상태로 몰아넣는 사건이 발생한다. 대통령이 백악관에 견학 온 걸 스카우트 여학생을 성추행한 것이다. 현직 대통령의 재선이 어렵게 되자, 백악관 참모진은 정치 해결사 콘래드 브린을 백악관 밀실로 불러들인다. 브린은 현 사태에 대한 대처 방안으로 미국 국민들에게 생소한 알바니아를 적대국으로 포장하고 반(反)알바니아 감정을 고취시키는 비상책을 강구하도록 참모진에게 지시한다. 브린의 이러한 계획이 적중되어, 언론에서는 B-3 폭격기의 전진 배치와 군 장성들의 주둔지 이동에 관한 뉴스가 연일 속보로 보도되고 전쟁 발발 가능성은 갈수록 고조된다.

한편, 급박하고 생생한 전쟁 상황 연출과 영상 자료를 확보하기 위해 브린은 할

---

31) 래리 베인하트(Larry Beinhart)의 원작 『미국 영웅(*American Hero*)』을 영화화한 정치 풍자 코미디이다. 원제인 '꼬리가 개를 흔든다'는 뜻은 본말전도(本末顚倒: 시선을 다른 곳으로 돌리기 위해 연막을 친다)를 의미하는 정치 속어이다.
32) http://movie.naver.com/movie/bi/mi/basic.nhn?code=19378

리우드의 유명한 제작자 스탠리 모스의 도움을 요청하기에 이른다. 모스는 할리우드의 최첨단 컴퓨터 그래픽 기술을 총동원해 있지도 않은 전쟁을 있는 것처럼 꾸민다. 그는 긴박한 전쟁 현장을 그럴 듯하게 재현하고 이 모든 가상 시나리오는 TV를 통해 방송된다. 뉴스가 보도된 후, 백악관의 예상대로 성희롱 사건은 무마되고 국민들의 관심은 전쟁으로 쏠린다. 그러나 반대 후보 진영에서 이를 알아차리게 되고 대통령의 성추행 사건이 다시 재이슈화된다. 그러자 브린은 두 번째 가상 시나리오를 기획하게 된다. 그는 전쟁 후 알바니아에 억류된 가상의 군인 슈만을 전쟁 영웅으로 만들어 다시 여론의 관심을 끌어모은다. 브린은 특수 감옥에 수감되어 있던 사이코 범죄자인 슈만에게 '헌 신발'이란 별명을 붙여 주고 슈만과 관련된 각종 보도성 행사를 마련해 국민들의 동정 여론을 들끓게 하는 데 성공한다. 자연히 성추행사건은 잠잠해지고 대통령의 지지도는 급상승한다.

슈만을 구출하라는 국민들의 여론이 확산되자 브린은 슈만의 미국 송환 계획을 실행하기에 이른다. 하지만 소환 도중, 예기치 않은 사고로 슈만이 죽자 브린은 또 한 번 슈만의 죽음을 국가적 영웅의 죽음으로 위장한다. 이후 대통령 선거에서 현직 대통령은 89%라는 압도적인 지지율로 재선되고 희대의 사기극 '대통령 만들기' 작전은 종결된다.

결국 수단과 방법을 가리지 않고 대통령을 만들기 위한 백악관의 음모에 의해 모스는 철저하게 이용당하고 슈만은 이용을 당할 뿐만 아니라 뜻하지 않게 죽기까지 한다. 또한 국민은 철저하게 이들의 노리개가 되어 그들의 뜻에 부합되는 결정을 내리게 된다. 핵심 권력을 쥐고 있는 집단의 이러한 음모와 갈등이 얼마나 많은 국가적 손실을 초래하고 민주주의를 위태롭게 할 수 있는가 하는 것을 이 영화는 풍자적으로 잘 보여 준다.

15 『*J. F. K.*』

올리버 스톤(Oliver Stone)이 감독을 맡고, 짐 개리슨(Jim Garrison) 역의 케빈 코스트너(Kevin Costner), 클레이 쇼(Clay Shaw) 역의 토미 리 존스(Tommy Lee Jones), 윌리 오키프 역의 케빈 베이컨(Kevin Bacon), 하비 오스왈드(Lee Harvey Oswald) 역

의 게리 올드만(Gary Oldman), 빌 브로사드 역의 마이클 루커(Michael Rooker), 케네디(John F. Kennedy) 역의 스티브 리드, 데이비드 캐리 역의 조 페시(Joe Pesci), 잭 루비(Jack Ruby) 역의 브라이언 도일-머레이(Brian Doyle-Murray), X 역의 도널드 서덜랜드(Donald Sutherland) 등이 출연한 1992년 5월에 개봉된 영화이다.[33)]

이 영화는 미국의 제35대 대통령 존 F. 케네디 암살 사건이 음모이며 조작이라는 것을 골자로 한다. 이를 위해 주인공인 변호사를 통해 음모를 밝혀내는 과정을 그려내고 있다. 이 과정에서 뭔가 소름이 돋을 정도로 음모의 무서움과 진실의 중요성을 일깨워 주기도 한다.

1963년 12월 22일 오후 12시 30분, 텍사스 주 댈러스(Dallas)의 눈부신 햇살을 받으며 달리던 컨버터블 리무진을 향해 세 발의 총탄이 날아간다. 그리고 이 세 발의 총탄은 역사를 바꾸게 된다. 케네디 대통령이 이 총탄에 맞아 서거하게 되는 것이다. 그리고 총격이 있은 지 2시간도 채 지나지 않아 24세의 백인 남자가 체포되었는데 해병대 출신의 하비 오스왈드가 바로 그였다.

오스왈드는 한때 소련에 망명한 적이 있으며, 그해 여름에는 뉴올리언스에서 카스트로 지지운동을 했었다. 그러나 23시간 동안 계속된 수사에서, 유력한 대통령 암살 용의자 오스왈드는 계속 "아무도 쏜 적이 없다."고 일관되게 주장했다. 그로부터 2일 뒤, 경찰서로 호송되던 오스왈드는 텔레비전으로 생중계되는 앞에서 총에 맞아 사망한다. 만약 이것이 대통령 암살과 관련된 일련의 음모였다면 그리고 그 음모에 따른 가상 시나리오였다면 너무나 극적인 장면이 연출된 것이다.

그를 쏜 것은 잭 루비라는 자로 스트립쇼를 하는 술집 주인이었으며 그도 우연치고는 너무나 이상스럽게 곧 감옥에서 사망했다. 뒤를 이어 대통령이 된 존슨(Lyndon B. Johnson)은 국내 여론과 외국의 의심을 무마하기 위해, 급히 이 사건을 수사하기 위한 진상조사위원회를 열었다. 대법원의 얼 워렌(Earl Warren) 판사를 위원장으로 하는 이 위원회에서는 목격자들의 증언을 포함한 여러 자료를 토대로 「워렌 보고서」를 작성했다. 이 보고서는 이 사건이 오스왈드의 단독 범행이라고 결론지었고, 이 사건은 공식적으로 종결되었다.

그러나 그 뒤로 수많은 학자와 수사관들은 이 위원회의 수사 방법에 의문을 제기했고, 자기 나름대로의 수사를 시작했다. 그들 중의 한 사람이 짐 개리슨 검사로

33) http://movie.naver.com/movie/bi/mi/basic.nhn?code=10740

그는 케네디 대통령 암살사건의 배후 인물을 재판정에 최초로 세운 사람이다. 이때 개리슨 검사에게 새로운 정보를 제공해 주는 익명의 X라는 인물이 등장한다. 마치 닉슨 대통령의 워터게이트 도청사건 당시 「워싱턴 포스트」 지의 밥 우드워드(Bob Woodward), 칼 번스틴(Carl Bernstein) 등 두 기자에게 정보를 제공해 주었던 익명의 딥 스로트(Deep Throat) 같은 인물이다.

X는 개리슨에게 "누가, 어떻게 케네디를 죽였는가?"가 중요한 것이 아니라 "왜 케네디를 죽였는가?"가 사건의 본질이라고 얘기하면서 개리슨에게 당신의 승리는 예측할 수는 없지만 사실을 드러내는 것만으로도 충분한 의미가 있다며 그를 격려한다. 하지만 개리슨이 유력한 증인으로 법정에 세우고자 하는 사람은 차례로 의문사를 당하고 개리슨 팀 내에서조차 내분이 일어날 정도로 개리슨은 곤궁에 처한다. 우여곡절 끝에 6년이 지난 1969년, 개리슨은 케네디 대통령 저격사건의 배후 인물로 남부지역에서 입김이 센 경제인 클레이 쇼를 기소해서 법정에 세운다.

미 중앙정보국, 미 연방수사국, 군수물자 제조 회사들, 그리고 반(反)카스트로파들과 전쟁을 주장하는 육군과 공군의 관계자와 당시 부통령 존슨까지 케네디 암살 음모에 관련되어 있음을 이 영화는 암시한다.

정치학자 밀스(Charles Wright Mills)는 군산복합체(military industrial complex)가 진정한 미국의 최종 정책결정자 그룹이며 이들이 실제적인 파워 엘리트이고 미국의 지배자라는 입장을 주장한 바 있다(Mills, 1994). 이러한 관점에서 생각해 보면 케네디는 이들의 이익에 도움이 되지 않았거나 또는 걸림돌이 되었던 모양이다.

이들은 자신을 대변해 줄 수 있는 또 다른 누구를 찾았고 현재의 걸림돌을 제거하기로 결정한 것이 아닌가 싶다. 왜냐하면 바로 그들이 미국을 최종적으로 지배하는 지배자들이고 대통령은 자신들의 뜻을 집사처럼 집행하는 대리인이라고 생각했기 때문이다. 따라서 그들은 케네디 대통령이 자신들의 이익에 걸림돌이 된다고 생각하고 자신들의 이익과 목적에 배치되는 케네디를 제거하기 위한 음모를 꾸미고, 이를 실행에 옮겨 케네디를 암살하고 자신들의 이익을 대변할 수 있는 존슨과 같은 이를 대통령으로 앉힌 것이라는 논리적 추론이 어떻게 보면 아주 자연스럽게 설득력을 갖는다.

이 영화는 개리슨 변호사의 생각과 행동을 통해 이러한 음모와 갈등의 실체를 강하게 암시하고 있다.

16 『컨스피러시(*Conspiracy Theory*)』

리처드 도너(Richard Donner)가 감독을 맡고, 제리 플레처 역의 멜 깁슨(Mel Gibson), 앨리스 슈턴 역의 줄리아 로버츠(Julia Roberts), 닥터 조나스 역의 패트릭 스튜어트(Patrick Stewart), 미스터 윌슨 역의 스티브 카핸(Steve Kahan) 등이 출연한 1997년 9월 6일에 개봉된 영화이다.

이 영화는 미국 중앙정보부(CIA)의 비밀 프로젝트에 의해 암살범으로 변모했던 주인공이 사랑에 빠져 자신의 본연의 정체를 찾게 되고, 정부조직의 음모를 파헤치는 것을 내용으로 한다. 영화 첫머리에 주인공 멜 깁슨이 택시 기사로 일하면서 고객들에게 온갖 'X 파일'급 이야기를 주절대는데 이 이야기들이 모두 음모적 냄새를 띤 것임을 알 수 있다.

2008년에 개봉된 영화 『음모(*Conspiracy*)』도 음모를 소재로 한 것이다. 이 영화는 애덤 마커스(Adam Marcus)가 감독을 맡고, 맥퍼슨 역의 발 킬머(Val Kilmer), 로데스 역의 게리 콜(Gary Cole) 등이 출연하는데, 이 영화에서도 이라크전 참전 해병인 맥퍼슨을 둘러싼 갈등과 음모를 주인공인 맥퍼슨이 잘 파헤쳐가며 문제를 해결해 나가는 과정을 나름대로 표현해 내고 있다.

이 밖에도 국가나 최고 권력자 또는 그를 둘러싼 파워 엘리트 집단의 정치적 음모와 갈등을 잘 담고 있는 영화로는 『에너미 오브 스테이트(*Enemy of States*)』를 들 수 있다. 이 영화는 토니 스코트(Tony Scott)가 감독을 맡고, 윌 스미스(Will Smith), 진 해크먼(Gene Hackman), 존 보이트(Jon Voight), 레지나 킹(Regina King), 배리 페퍼(Barry Pepper), 제이슨 리(Jason Lee), 리사 보넷 등이 출연했으며, 1998년 12월 24일에 개봉되었다.

이 영화는 국가기관의 음모 때문에 오명을 뒤집어쓴 한 변호사가 전 첩보 요원을 만나 갈등의 실체와 음모를 밝혀내는 내용을 골자로 하고 있다. 도청, 감청, 위성을 활용한 정보 수집 첩보 등 미국의 첨단 첩보기술의 위력이 얼마나 대단하고 무서운 것인지를 알 수 있게 하는 영화이기도 하다.

제 7 장 행정책임과 행정통제

미국의 대통령 케네디(John F. Kennedy)는 1961년 1월 20일 대통령에 취임하면서 역사에 길이 남을 취임 연설을 했다. 그는 취임 연설문(Inaugural Addresses)에서 미국이 국내외적으로 그리고 역사 이래로 지속적인 여러 도전에 직면하고 있다고 말한 후 그러한 도전에서 결코 뒤로 물러서지 않겠으며 오히려 대통령으로서 그러한 도전을 기꺼이 받아들여 대통령으로서의 책임을 다해 나가겠다는 강한 의지를 드러냈다.[1] 또한 이러한 응전에 국민들도 함께 할 것을 주문하면서[2] 국가가 국민을 위해 무엇을 할 것인가보다, 국민이 국가를 위해 무엇을 할 것인가를 묻기 바란다는 명문장 명연설을 남겼다.[3]

그의 이러한 대통령으로서의 책임 또는 책무는 공직자의 수장으로서 그리고 행

1) "세계가 오랜 역사를 거쳐 오는 과정에서, 겨우 몇 세대만이 최악의 위기 국면 속에서 자유를 수호하는 역할을 담당해 왔습니다. 저는 이 책임을 회피하지 않고 기꺼이 받아들이겠습니다." 존 케네디, 『대통령 취임 연설문』, 1961년 1월 20일.

2) "다른 나라의 국민이나 다른 시대의 세대와 처지를 바꾸고 싶은 사람은 우리들 중에서 아무도 없다고 저는 믿습니다. 우리가 이러한 과업을 이루기 위해 열정과 신념 지니고 헌신적으로 노력하고 있기 때문에, 우리나라와 조국을 위해 봉사하는 모든 국민에게는 밝은 미래가 보장되고, 거기에서 타오르는 찬란한 불꽃이 정말로 온 세상을 밝게 비추어 줄 것입니다." 존 케네디, 『대통령 취임 연설문』, 1961년 1월 20일.

3) "친애하는 미국 국민 여러분, 조국이 여러분을 위해 무엇을 할 수 있는지 묻지 마시고, 여러분이 조국을 위해 무엇을 할 수 있는지 자문해 보십시오." 존 케네디, 『대통령 취임 연설문』, 1961년 1월 20일.

정수반으로서 마땅히 가져야 할 국민과 국가에 대한 기본적인 의무이며 또한 사명이라 할 수 있다.

우리나라의 대통령도 대통령 취임선서를 할 때 '헌법'을 준수하고 국가를 보위하며 대통령으로서의 직책을 성실히 수행할 것을 국민 앞에 엄숙히 선서한다.[4] 국가 원수이며 행정권의 수반인 대통령의 이러한 공적 책임은 장·차관이나 실·국장을 포함한 모든 공직자에게도 결코 예외가 될 수는 없다. 일반 공직자들이 자신이 행하는 행정행위가 크게는 국가의 안위에서부터 작게는 지역사회의 사소한 민원에 이르기까지 지대한 영향을 끼친다는 생각을 잠시라도 내려놓아서는 안 되는 이유이기도 하다.

일반적으로 어떠한 행위를 할 때 피할 수 없이 반드시 부닥쳐야 하는 것이 권리와 의무의 균형성이란 문제이다. 쉽게 말하면 권리 행사에는 반드시 그에 수반된 의무가 따르게 된다는 것이다.

국민으로부터 신성하게 위임된 공무를 수행할 경우 마치 양날을 가진 칼처럼 한쪽은 권리라는 것이 수반되고 또 다른 쪽은 의무라는 것이 수반된다. 권리 쪽의 칼날은 그릇될 경우 다른 사람을 벨 수 있지만 의무 쪽의 칼날은 잘못되면 자신의 몸을 베는 칼날이 될 수 있다. 따라서 공직자가 권리를 행사할 때는 자칫 잘못해 다른 사람을 벨 수도 있고 자기 자신도 벨 수가 있는 만큼 신중하지 않으면 안 된다. 잘못되면 자기 자신뿐만 아니라 다른 사람의 귀중한 신체와 생명 그리고 재산에 커다란 흠집을 남길 수 있기 때문이다. 게다가 신성한 국민으로부터 위임된 국가의 공무를 수행할 때는 더욱 그러하다.

여기에서 권리의 반대편에 서 있는 의무란 공직이 가지는 책임 또는 책무를 의미한다. 이러한 공직이 가지는 책임 또는 책무는 위로는 행정부의 수반인 대통령으로부터 아래로는 말단 공무원에 이르기까지 모두가 공평하게 자신의 직무의 성격과 경중에 따라 그 짐을 나눠 가지게 되는 것이다. 대통령은 가장 커다란 짐을 그리고 말단 공무원은 가장 적은 짐을 나눠 가지는 것을 의미한다.

그러나 여기에서 한 가지 오해가 없어야 할 점은 커다란 짐이 작은 짐보다 더

4) 대통령은 취임에 즈음해 다음의 선서를 한다. "나는 헌법을 준수하고 국가를 보위하며 조국의 평화적 통일과 국민의 자유와 복리의 증진 및 민족문화의 창달에 노력하여 대통령으로서의 직책을 성실히 수행할 것을 국민 앞에 엄숙히 선서합니다." 대한민국 '헌법' 제69조.

중요하고 더 가치가 있으며 더 의미가 있다는 뜻은 결코 아니라는 것이다. 모든 공직자가 나눠 가진 짐은 그 크기와는 관계없이 모두 중요하고 가치가 있고 의미가 있으며, 그 이유는 모든 짐이 바로 국민으로부터 받은 신성한 주권과 위임된 공적 의무를 수행하는 데 없어서는 안 되는 것이기 때문이다.

이해를 돕기 위해 이를 멋진 건물을 짓는 것에 비유할 수 있다. 멋진 건물을 짓기 위해서는 값이 비싸고 호화로운 건축자재가 많이 필요하다. 예를 든다면 대리석이나 원목 그리고 정원수 같은 것을 열거할 수 있다. 그런데 이런 것만으로 멋진 집이 지어질 수 있을까? 이에 대한 답은 분명하게 아니다이다. 값싼 물도 필요하고 모래도 필요하고 자갈 그리고 철근도 필요하다. 대리석과 원목만으로는 멋진 집을 지을 수 없는 것이다. 이와 같이 멋진 행정이 이뤄지기 위해서는 짐의 크기와는 관계없이 서로 필요한 것끼리 잘 어우러지는 것이 무엇보다 중요하다.

제 1 절 행정책임*

일반적으로 행정책임 또는 행정책무 또는 공적 책임 또는 공적 책무라 함은 국가나 국민으로부터 위임받은 주권이나 이와 관련된 공적 업무를 행정기관 자신의 직위에서 수행을 해 나가고 이에 대해 의무를 다해 나가는 행위를 의미한다.

이를 좀 더 간단하게 말하면 행정기관이 행하는 모든 행위에 대해 행정기관 스스로 그 일에 대한 의무를 다해 나가는 것을 의미하며, 그 의무가 정신적이건 물질적이건 혹은 사실적이건 법률적이건 그에 따른 모든 의무를 다한다는 의미를 포괄적으로 갖는 개념으로 이해할 수 있다(이병철, 2004: 185).

롬젝(Barbara S. Romzek)은 "행정책임이란 공무원이 자신이 이뤄놓은 성과에 대해 대답하는 것"이라고 정의를 내리고 있다(Romzek, 1996: 97). 프레서스(Robert Presthus)는 행정책임을 "행정인이나 행정조직이 윤리적, 기술적, 법률적 기준에 따라 행동해야 하는 의무"라고 이해하고 있고(Presthus, 1975: 441), 피프너(John M. Pfiffner)는 행정책임이란 "행정기관이 외부기관이나 어떤 행동 기준에 대해 의무를

* 이 부분은 저자의 『행정윤리』(2004: 185-188)를 수정 보완한 것이다.

지는 것"이라고 정의하고 있다(Pfiffner & Presthus, 1967: 538).

그리고 쿠퍼(Terry L. Cooper)는 행정책임이란 "행정인의 역할에 대한 윤리를 발전시키는 데 주요한 개념"이라고 하면서 객관적 책임과 주관적 책임으로 나눠 설명한다(Cooper, 1982: 43－55). 여기서 객관적 책임이란 외부로부터 부과된 기대와 관련되고 법규에 대한 책임이며, 어떠한 관행이나 성과의 범주 및 특정한 표준에 대한 의무라고 보는 반면 주관적 책임이란 행정인이 책임져야 한다는 지각(知覺)에 근원하는 책임이라는 것이다. 이는 행정인이 가지고 있는 충성, 양심 등에 근거한다고 볼 수 있다.

커나건(Kenneth Kernaghan) 역시 공무원이 지시에 복종하는 데 실패하는 경우에 제재를 가하게 되는 정치적 · 행정적 상위자들에 대해 갖게 되는 객관적 책임과 어떠한 사람이 누군가에 대해 책임을 져야 할 것을 느끼고 책임 있게 행동해야 한다는 데에 중점을 두는 주관적 책임의 두 가지 형태로 나눌 수 있다(Kernaghan, 1978: 580－581)고 본 것도 이와 맥을 같이하는 개념적 정의로 이해할 수 있다.

이에 대해 좀 더 쉽게 풀어 설명하면 객관적 책임이란 법적 규정이나 명확한 도덕적 기준이 설정되어 있어서 그에 입각해 행정책임을 물을 수 있는 반면, 주관적 책임은 그러한 법적 규정이나 도덕적 기준이 없거나 또는 해석상의 모호성 등으로 인해 주관적인 판단이 개재될 수 있는 책임을 의미한다.

또 다른 측면에서 공직자가 가지는 개인의 양심에 입각한 자율적인 책임을 뜻한다고도 볼 수 있다. 객관적 관점에서는 분명히 책임을 질 일이라 판단되지만 해당 공직자는 이에 대해 자기 나름대로의 판단에 입각해서 그 문제에 대해 책임을 지지 않으려고 할 수도 있는데, 이러한 경우 개인적 판단에 입각한 그리고 개인에게 맡겨진 책임을 주관적 책임이라고 할 수 있다.

백완기(1998: 335)도 "행정책임이란 행정인 또는 행정조직이 윤리적, 기술적 또는 법규적 기준에 따라 행동해야 하는 의무"라고 개념을 규정하고 있으며, 신윤표(1997: 465) 역시 "행정책임이란 행정인 또는 행정조직이 일정한 행동 기준이라고 보는 법령, 공익, 국민의 소망과 기대에 따라 활동할 의무를 전제로 해서 그 행동 결과에 대해 비판을 받을 상태에 있는 것"을 의미한다고 주장하는데 이것도 맥을 같이하는 것이다.

이종수 · 윤영진 외(2001: 242)는 "행정책임이란 행정관료가 도덕적 · 법률적 규범에 따라 행동해야 하는 국민에 대한 의무"를 말하며, 여기에는 공무원의 결과책임(행정행위의 내용)뿐만 아니라 과정책임(행정행위의 절차)도 포함된다고 주장한다.

더 나아가 이종수(2012: 162)는 행정책임을 외재적·법률적 책임과 자율적·도덕적 책임으로 나누고, 전자를 특정한 행정조직 및 행정인이 입법부, 사법부, 국민 그리고 해당 조직의 상급 기관 및 상급자 등에 대해 법률적으로 지는 책임을, 그리고 후자는 행정인 자신이 주관적으로 느끼는 자율적 책임, 즉 공무원이 전문가로서 직업윤리와 책임감에 기초해서 적극적이고 자발적인 재량을 발휘해 확보되는 책임을 의미한다고 주장한다. 그러면서 행정책임은 민주국가에서 객관성이 담보되는 외재적·법률적 책임이 근간이 될 수밖에 없지만, 오늘날 행정 기능이 확대되고 전문화하고 복잡화됨에 따라 행정책임을 자발적으로 확보할 수 있는 주관적 책임의 중요성이 새롭게 인식되고 있다는 점을 분명히 하고 있다.

앞에서 백완기는 행정책임을 행정인 또는 행정조직이 윤리적, 기술적 또는 법규적 기준에 따라 행동해야 하는 의무라고 말했는데 윤리적, 법규적 그리고 기술적 혹은 직무적 행정책임은 무엇인지 좀 더 구체적으로 살펴보면 다음과 같다.

우선 '윤리적' 또는 '도의적 책임(responsibility)'이란 개인적이고 도덕적인 의미를 내포하기 때문에 반드시 공식적 역할이나 지위에 관계될 필요는 없으며, 그렇기 때문에 타인이나 부하의 행위에 대해서도 책임을 지며, 법적 요구 수준을 합법적으로 충족시키더라도 경우에 따라서는 책임을 질 수 있는 행정책임을 의미한다(백완기, 1998: 335-336).

또한 윤리적 또는 도의적 책임의 기준은 주로 국민의 여망이나 여론에 바탕을 두기 때문에 국민의 요구에 대한 감응성(responsiveness)이 그 핵심을 이룬다. 도의적 책임은 목표의 최대 한도의 성취를 위해 최선을 다한다는 의미에서 외면적인 요구 조건뿐만 아니라 내면적인 조건도 중요시된다.

다음 '법적 책임(accountability)'이란 행위의 결과가 법적 요구 수준에 부합되어야 하는 책임을 의미한다. 따라서 법적 책임은 공식성(formality)을 강조하는 책임이다(백완기, 1998: 336). 도의적 책임과는 달리 법적 책임은 외면적인 결과가 미리 제시된 기준에 부합되어야 한다. 책임의 적용 영역의 넓이를 고려해서 말하면 앞서 말한 도의적 책임보다는 협의적 의미의 개념으로 이해할 수 있다.

이를 좀 더 쉽게 설명하면 법적 책임이란 헌법을 비롯해, 예를 들면 행정법 또는 민법이나 형법 등 법에 규정되어 있거나 이를 시행하기 위해 제정된 대통령령이나 부령 등 시행령이나 그리고 지방자치단체에서 제정하는 조례나 규칙 등에 규정하고 있는 법적 사항을 반드시 지켜야 하는 책임을 의미한다.

그리고 도덕적 또는 도의적 책임이란 법적 책임보다는 더 넓은 의미의 책임을 의미하며, 법으로 규정되어 있지 않은 책임이라 해도 그것이 마땅히 공직자로서 행해야 할 의무적 사항이라고 국민이 생각하거나 사회가 하나의 여론 형식을 빌려 요구하는 것이라면 그에 대해 도덕적·윤리적 책임을 지는 것을 뜻한다. 그리고 도덕적 책임은 법적 책임이 아니기 때문에 공직자를 반드시 규제하고 구속하는 것은 아니지만 공직자로서 그 사회가 요구하는 일정한 수준의 의무나 책임을 다하지 못했다는 점에서 사회적으로 비판받을 수는 있다.

'직무적 책임(obligation)'이란 말은 바 업무나 작업을 수행해야 한다는 의미에서 일컬어지는 책임이다. 따라서 공직자는 직무적 책임을 수행하기 위해 자기의 능력, 지식, 기술, 자원 등을 최대한으로 활용할 것이 요구된다(백완기, 1998: 337). 책임의 적용 영역의 넓이를 고려해서 말하면 도의적 책임이나 법적 책임보다도 좁은 최협의적 의미의 개념으로 이해할 수 있다.

이 밖에 외재적 책임과 내재적 책임이 있는데, 외재적 책임이란 공직자가 업무를 수행하고 있는 행정관료제의 외적 환경에서 일어나는 일로 인해 공직자가 책임을 지는 것을 의미한다. 이에 반해 공직자가 몸담고 있는 조직의 내부적 요인이나 공직자 자신으로 인해 공적 책임이 발생할 경우 이를 내재적 책임이라 할 수 있다.

신윤표(1997: 466)는 외재적 책임이란 행정조직 또는 공직자가 입법, 사법, 그리고 국민에 대해 지어야 하는 책임이며, 내재적 책임은 행정기관 내부에서 상관 또는 감독기관에 대해 지는 책임을 의미한다고 설명한다.

제 2 절 행정통제*

통제라는 말은 왠지 거북스럽게 느껴진다. 어쩐지 자유를 속박하는 것 같고 외

* 이 부분은 저자의 『행정윤리』(2004: 180－188)를 수정 보완한 것이다.

부로부터의 강제를 느끼게 하는 다소 불편한 용어로 인식되곤 한다. 한마디로 없으면 좋을 법한 용어로 이해되는 면도 없지 않다. 그러나 진정한 자유를 희구하고 향유하기 위해서라도 거북한 느낌을 주는 통제가 반드시 필요하다는 역설이 생경하게 들릴지 모른다. 그러나 어쩌면 진실을 담은 말일 수도 있겠다는 생각을 가질 필요가 있을 법도 하다.

이유는 간단하다. 인간은 불완전할 뿐만 아니라 인간이 모여 사는 이 사회가 완전하지 않기 때문이다. 그래서 부득불 통제를 할 수밖에 없다. 아마 지금으로부터 200여 년 전에 살았던 미국 건국의 아버지 중 한 사람인 매디슨(James Madison)도 이러한 딜레마에 봉착해 고뇌했으며, 결국 정부 통제의 불가피성과 필요성을 주장했다.

만약 사람이 천사라면 정부가 굳이 필요하지 않다. 만약 천사가 사람들을 지배한다면, 내적이거나 외적인 통제가 불필요할 것이다. 그러나 사람이 사람을 지배하고, 관리를 해야 하는 정부를 만드는 일은 그래서 어렵다. 무엇보다 먼저 정부가 피치자(被治者)들을 통제할 수 있도록 해야 하며, 그 다음에 피치자들을 관리하는 정부를 통제할 수 있도록 해야 할 의무를 가지고 있다(Lewis & Catron, 1996: 700).

앞에서 언급한 행정책임이 진정한 본래의 의미를 제대로 갖기 위해서는 이러한 내용이 실제적으로 집행되어야 한다. 아무리 이상적으로 그럴 듯해 보인다 해도 그것이 실제적으로 적용되어 그 이상적 의미를 실현시키지 못한다면 아무런 의미도 없기 때문이다. 따라서 행정에 대한 책임이 제대로 실행되기 위해서는 이를 확보할 수 있는 수단이 존재해야 되고, 이것이 제대로 작동되어야 한다. 바로 이러한 행정행위를 확보하기 위한 수단이 바로 행정통제라고 할 수 있다.

주인 역할을 해야 하는 국민에 의해 선출된 공직자들이 그들의 대리인인 공무원을 잘 지도하고 통솔할 수 있다면 그리고 공무원이 선출된 공직자의 지도와 통솔을 잘 받아들이고자 하는 마음자세가 되어 있고 행동을 그렇게 한다면 구태여 행정통제가 존재할 필요는 없을 것이다. 그러나 실제의 행정을 살펴보면 이러한 생각이 한계를 가지고 있다는 점을 알게 된다. 즉, 선출된 공직자의 지도와 통솔에는 한계가 있을 뿐만 아니라 잘못되면 이를 감시하는 조직만 추가하게 된다. 그리고 선출된 공직자의 관료제에 대한 지나친 통제 강화는 전체 공무원의 창의력을 억제하고 사기를 저하시키는 부작용을 낳기도 한다(Lewis & Catron, 1996: 243).

행정통제의 기본 목적은 크게는 국민이 원하는 행정을 실시하고, 작게는 불법적이고 부당하고 비능률적인 행정행위를 사전이나 사후에 방지하는 데 있다(백완기, 1998: 338).

신윤표(1997: 467)는 행정통제를 "국민 또는 국민의 대표로 간주되는 입법부 및 국민에 의해 선출되는 행정수반이 원하는 방향으로 행정권이 행사되도록 하는 것"이라고 정의하고 있다.

이종수와 윤영진 등은 행정통제를 "설정된 행정 목표 또는 정책 목표와 기준에 따라 성과를 측정하고 이에 맞출 수 있도록 시정하는 노력, 다시 말하면 공무원 개인 또는 행정 체제의 일탈에 대한 감시와 처벌을 통해 원래의 행정 성과를 달성하려는 활동"으로 이해하고 있다(이종수·윤영진 외, 2001: 243; 이종수, 2012: 163).

그래서 이종수는 행정통제와 행정책임은 표리의 관계에 있다고 말한다(이종수, 2012: 163). 행정통제는 사후 교정적인 입장과 함께 바람직하지 못한 행동의 사전 예방적 차원에서도 논의가 이뤄져야 한다(이종수·윤영진 외, 2001: 244).

사이먼(Herbert A. Simon), 톰슨(Victor A. Thompson)과 스미스버그(Donald W. Smithburg)는 행정책임을 공식적 통제와 비공식적 통제로 나눠 살펴보고 있으며, 공식적 통제를 다시 사법적 통제, 입법부 통제, 그리고 계층제적 통제 등으로 나누고 있다(Simon, Thompson, & Smithburg, 1991: 513-561).

두브닉(Melvin J. Dubnick)과 롬젝(Barbara S. Romzek) 등은 행정책임을 행정통제의 행위자(actor)가 누구냐에 따라 상관에 의한 통제, 사법부에 의한 통제, 전문가에 의한 통제, 민원인으로 이해되는 행정고객에 의한 통제, 선거직 공무원에 의한 통제 그리고 일반 시민들에 의한 통제 등으로 나누고 있다(Dubnick & Romzek, 1991: 3).

이를 통제의 원천(source of control)과 통제의 강도에 따라 좀 더 집약 정리해 보

표 7-1 행정에서 책임 관계의 유형

		통제의 원천	
		내부	외부
통제 정도	높음	계층제에 의한 통제	법적인 통제
	낮음	전문직업적 통제	정치적인 통제

자료: Romzek(1996: 100).

면 계층제에 의한 통제, 법적인 통제, 정치적인 통제, 그리고 전문직업적 통제로 나눠 볼 수 있다(Romzek & Dubnick, 1987: 227-238; Dubnick & Romzek, 1991: 3). 이를 좀 더 세부적으로 설명하면 다음과 같다(<표 7-1> 참고).

즉, 계층제에 의한 통제는 정부 내에 가장 일반적인 통제 메커니즘이다. 내부통제이면서 통제의 강도가 높다. 부서의 상관이나 상급 공무원의 기대 가치가 으뜸으로 여겨지는 만큼 하급 공무원의 재량권은 그만큼 제한적이다. 기대되는 행태는 복종이다. 이런 통제는 편지를 분류하고 프린트를 하고 이미 정해진 복지 관련 지급금을 해당자에게 나눠 주는 일처럼 일상적이고 단순한 행정 업무 상황에서 가장 적실성 있고 효과적이다(Miller, 1992). 이런 유형의 통제 방식으로 가장 대표적인 조직은 군대이다.

다음 법적인 통제는 일종의 외부통제로서 통제 정도가 상대적으로 높다. "이 사람이 실업급여나 장해급여를 받을 법적인 자격이 있는가?" 하는 업무와 관련된 물음이 제기되었을 때 결정은 외부에서 주어진 상대적으로 엄격하게 제한된 법 규정이라는 기준에 따라 이뤄져야 한다. 즉, 공무원은 이미 정립된 법적 기준에 입각해 결정에 대한 판단을 해야 할 책임과 의무가 있다. 또 하나의 예로 경찰이 용의자를 검거할 때 '미란다 원칙'을 말해 주어야 하는 것도 일종의 법적인 통제의 하나로 볼 수 있다. 이것이 제대로 이행되지 않으면 법적으로 절차적인 하자가 발생할 수 있다(이병철, 2004: 193-194).

다음 정치적인 통제는 시민이나 선거 주민, 행정 고객, 납세자, 선거직 공무원 등에 의해 이뤄지는 통제로서, 통제의 강도는 상대적으로 낮은 외부통제이다. 그러나 이것도 사안에 따라서는 무시 못할 행정 통제력을 갖는다. 예를 들어 지방정부 차원에서 매우 위험성이 높다고 인지되는 건널목에 교통신호등을 설치해 달라는 지역주민들로부터의 청원을 무시하기는 대단히 어려운 일이다(이병철, 2004: 194).

이러한 통제력은 한 걸음 더 나아가 지역주민을 행정 고객으로 여겨 그들의 주장이나 요구를 시장의 요구로 받아들이는 시장 지향적 행정책임론으로 나타나기도 한다. 대표적인 것이 오스본(David Osborne)과 게블러(Ted Gaebler) 등의 주장이다(Osborne & Gaebler, 1992). 이런 시각에서는 교도소와 같은 교정시설의 교도관도 재소자를 행정고객으로 보아야 하는데, 이렇게 될 경우 종전과는 완전히 다른 새로운 접근이 요구된다(DiIulio, 1987).

마지막으로 전문직업적 통제는 내부통제이며 통제의 정도가 낮다. 따라서 공무원에게 상당한 재량권을 부여해 준다. 공무원이 전문가이며 명예로운 사람이라는 가정 하에 엄격한 감시 없이도 이들이 올바르게 일을 잘 판단해서 할 것이라는 생각이 기반을 이룬다. 이런 행정 시스템에서 공적인 신뢰는 기본이 되며, 이들에 대한 실질적인 통제는 동료나 공무원 상호간의 견제와 감시를 통해 이뤄진다. 주로 이에 해당하는 대표적인 공무원 유형으로는 소방관과 교통 관련 공무원을 꼽을 수 있다(Romzek, 1996: 100-103).

여기에서 유념해야 할 점은 이러한 분류가 상호 배타적이지 않다는 점이다. 실제 행정 상황에서는 얼마든지 중복되어 나타날 수 있다. 경찰의 행위 중에는 계층제에 의한 통제뿐만 아니라 법원에서의 재판과 관련된 다양한 의사 결정을 준비하기 위해 이와 관련된 법적인 통제도 가지게 된다. 또한 순찰활동 등을 할 때는 전문가로서 자유재량권이 필요하기 때문에 전문직업적인 통제가 요구되기도 한다(Romzek, 1996: 108-109).

행정통제는 그 방법에서 행정 밖의 기관들이 행정을 통제하느냐, 아니면 행정 스스로 통제하느냐에 따라 외부통제와 내부통제로 나눠기도 한다(백완기, 1998: 338).

여기에서 재미있는 사실 하나는 프리드리히(Carl J. Friedrich)와 파이너(Herbert Finer) 간의 이견(異見)이다. 프리드리히는 관료제 자체가 자기통제 기능을 가지고 있기 때문에 구태여 관료제 밖의 통제가 필요치 않다는 견해를 피력한 반면, 파이너는 강력한 외부감시와 통제를 통해 정부와 관료제를 감독해야 한다는 견해를 피력한 점이다(Friedrich, 1940; Finer, 1941: 335-350; Mckinney & Howard, 1998: 12).

이들 주장의 옳고 그름을 따지기보다는 이들이 제시한 양대 시각의 균형과 조화로운 접점을 찾는 것이 현실적으로 더 요망된다.

행정이 비교적 단순했던 입법국가 시대에는 내부통제보다 외부통제가 민주정치 이념에 부합되어 중시되었으나, 행정이 고도의 전문성과 기술성을 띠는 현대 행정국가에서는 외부통제의 효과를 크게 기대할 수 없게 됨에 따라 점차적으로 그 중요성이 내부통제로 옮아가고 있다(신윤표, 1997: 467).

여기에서는 행정통제를 가장 일반적으로 분류하고 있는 형태인 외부통제와 내부통제로 나눠 살펴보고자 한다.

1 외부통제*

외부통제는 주로 행정의 민주성을 확보하는 데 목적을 둔다. 외부통제는 어느 기관이 통제하느냐에 따라 민중통제(popular control), 입법통제(legislative control), 사법통제(judical control) 그리고 옴부즈만(ombudsman) 제도 등으로 구분할 수 있다(이병철, 2004: 197).

1) 민중통제

이것은 일반 국민이 직접 행정을 통제하는 것이다. 페슬러(James W. Fesler)와 케틀(Donald F. Kettl)은 공적 조직이 민간조직과 차별화되는 요건 중에서 일반 국민에 의한 감시와 통제(public scrutiny & oversight)를 들고 있다(Fesler & Kettl, 1996: 11). 그들은 이것을 '어항 효과(goldfish-bowl effect)'라고 부르는데, 이는 공적 조직이 마치 투명한 유리로 된 어항처럼 되어 있어야 어항 안에서 노니는 물고기들의 움직임을 어항 밖에서 모두 관찰할 수 있는 것처럼 공적 조직의 투명성을 확보하게 된다는 점을 비유한 것이다(Fesler & Kettl, 1996: 197).

이와 같이 공적 조직이 투명성을 가질 수 있도록 일반 국민에 의해 직접 관찰이 이뤄지고 이를 통해 행정이 통제되는 것들로 백완기(1998: 339-340)는 선거, 여론, 주민 참여 그리고 정당과 압력단체 등을 통한 통제 등을 열거하고 있고, 신윤표(1997: 471)는 선거, 여론, 매스컴, 지식인 등을 열거하고 있다. 서로 공통되거나 중복되는 부분이 있으므로 백완기가 제시한 행정통제 내용에 따라 설명하면 다음과 같다.

(1) 선거

조직화되지 않은 일반 민중이 가질 수 있는 가장 보편화된 통제 방법의 하나이다. 국민은 선거를 통해 자신이 원하는 대통령이나 국회의원 그리고 지방자치단체의 장과 의원 등을 선출할 수 있고, 또한 원하지 않는 사람을 경질할 수도 있다. 이러한 관점에서 볼 때 선거는 하나의 행정통제 수단이 될 수 있다.

그러나 우리나라와 같은 경우 투표권자가 자기의 권한 행사로 참가하기보다는

* 이 부분은 저자의 『행정윤리』(2004: 197-200)를 수정 보완한 것이다.

의무로서 참여하는 경향이 강하고, 권력, 금력, 그리고 학연·지연 등으로 좌우되거나 매수되는 사례가 적지 않으므로 진정한 통제 기능이 이뤄지기보다는 집권자의 집권을 합법화하기 위한 동원 내지는 요식 행위로 전락할 우려도 없지 않다(신윤표, 1997: 472).

(2) 여론

정당이나 매스컴 등의 언론기관 또는 지식인 등에 의해 형성되는 여론은 정책의 수립과 수정에 영향력을 행사한다. 아무리 훌륭한 정책이나 프로그램도 여론을 등지고서는 성공하기 어렵다. 특히 사회가 개방화되고 여론이 중시되는 요즈음과 같은 시대 정서 속에서 언론기관의 고발은 강력한 행정통제의 수단이 된다.

따라서 언론기관 등이 이러한 기능을 제대로 수행해 나가기 위해서는 중립적인 입장에서 자율적으로 민의를 반영하고, 언론에 대한 여당화와 상업화가 조속히 지양되어야 하며, 좀 더 적극적으로 가치 중립적이고 발전 지향적인 언론을 육성할 필요가 있다(신윤표, 1997: 473).

또한 지식인들의 행정통제 기능은 정치와 행정 발달 수준이 낮고 일반 국민의 정치 의식 수준이 높지 못한 사회일수록 중요시되고 높이 평가된다.

(3) 주민 또는 시민 참여

주민들이 자신들의 의사를 행정에 반영시키기 위해 행정에 스스로 참여하는 것을 의미한다. 참여의 방법으로는 각종의 자문위원회나 청원, 진정, 공청회 등이 있다.

이러한 주민 직접 참여 방식을 통한 행정통제는 참여의 기회를 확대하고 정부에 대한 불만을 해소시켜 정치적으로나 사회적으로 안정을 증대시켜 나가며, 새로운 참신한 아이디어를 제공해 줄 수 있고, 특정 문제에 관해 여론에 호소함으로써 개혁의 주요한 모멘트를 제공해 줄 수 있다는 이점을 가진다. 이런 점에서 루이스(John D. Lewis)와 미제스(Ludwig Von Mises)는 시민 참여가 공공이익을 위한 관료제 결정에 행정책임성을 수반하게 만든다고 주장한다(Lewis, 1941: 232-249, 454-469; Von Mises, 1944).

하지만 시민 참여가 도를 지나칠 경우 반대나 저항에 그칠 뿐 적극적인 대안을 제시하지 못하는 경우가 많고, 행정책임을 확보하기 위한 수단이 아닌, 참여 그 자체를 목적으로 간주하려는 경향이 나타나고, 더 나아가 집권층에서 정치, 경제, 사회적 힘의 재분배 내지는 확산을 꺼려하는 나머지 시민 참여를 제약하거나, 권한과 책임 회피 방법으로서 악용하거나, 또는 저항 세력의 회유 방법 등으로 시민 참여를 이용하는 등 그 폐해도 클 수 있다는 점에 유념해야 한다(신윤표, 1997: 474).

(4) 정당과 압력단체

행정부의 정책에 대해 여당이나 야당은 다 같이 통제 기능을 수행한다. 예산안을 작성하거나 중요한 정책을 수립할 때 정부와 여당 간의 당정협의회 등이 이뤄지는 경우가 많은데, 이럴 경우에도 정당은 정부의 정책에 많은 영향을 준다. 물론 야당도 현 정책을 비판하고 생산적인 대안을 제시함으로써 정부정책에 긍정적으로나 부정적으로 영향을 끼치게 된다.

또한 압력단체는 자신들의 집단이익을 위해 전문적인 입장에서 행정부에 영향력을 행사해 통제 기능을 수행하지만, 이러한 영향력이 집단이기주의적 속성을 띠게 될 경우에는 사회 전체의 이익을 손상시킬 수도 있다.

2) 입법통제*

입법부는 행정의 기본 목표를 설정하고 예산을 심의하고 의결해 줌으로써 행정에 대한 제1의 통제자라고 할 수 있다. 그뿐만 아니라 입법부는 행정조직의 골격을 정하고 때로는 구체적인 운영 문제까지 규제한다(백완기, 1998: 340).

입법부의 정치가들은 행정을 통제하고 그들이 가지고 있는 권력이 국민을 위해 제대로 올바르게 사용될 수 있도록 책임을 묻고 규제한다. 우선 그들은 입법부에서 범위를 정한 입법을 통해, 또 절차를 규정하고 권위의 한계를 설정해 주고 업무의 한계를 설정해 주는 입법을 통해, 그리고 예산 과정을 통해, 그리고 구체적인 기관의 결정과 규제를 지배하기 위한 국회 거부권을 사용함으로써, 또한 청문회나 국정감사 등을 통한 행정기관의 조사나 이들 정책의 조사를 통해, 그리고 상호 지원을 하고 의견을 교환하는 행정공무원과의 비공식적인 접촉을 통해 행정이나 정부를 통제하고 있다(Balk, 1996: 37-38).

이러한 맥락에서 하이네만(Charles S. Hyneman)과 파이너(Herbert Finer)는 입법부

---

* 이 부분은 저자의 『행정윤리』(2004: 200-211)를 수정 보완한 것이다.

의 통제가 적절한 행정책임을 확보할 수 있는 수단이나 방법이라고 주장한다(Hyneman & Finer, 1950; Finer, 1941: 335-350).

특히 입법부에서 이뤄지는 감사(oversight)는 매우 중요한 입법통제의 수단이 되는데, 이러한 감사의 목적은 다음과 같다(Fesler & Kettl, 1996: 321-322).

첫째, 입법부가 의도하는 대로 행정부가 따라오도록 하는 데 있다. 특히 입법부가 제정한 법의 해석이 모호할 경우 감사는 입법부와 행정부의 의사소통을 좀 더 원활하게 해주는 데 도움을 준다. 왜냐하면 법의 해석을 둘러싼 모호성을 해소해 줄 수 있기 때문이다.

둘째, 행정부에 의한 부당이득, 사기, 낭비 또는 직권 남용의 사례를 조사하는 데 있다.

셋째, 정보 수집을 하는 데 있다. 법을 어떻게 바꾸고, 새로운 법은 어떤 식으로 제정해야 되는가에 대한 데이터를 수집할 수 있다.

넷째, 프로그램의 효과성을 평가하는 데 있다. 이는 입법부로 하여금 그 부서의 효과성을 개선토록 하는 데도 도움을 준다.

다섯째, 입법부의 특권을 보호하는 데 있다. 감사는 행정부에 의해 침해될 수 있는 입법부와 입법부 의원들의 헌법적 권리와 특권을 보호하는 데 사용되기도 한다. 견제와 균형은 자주 경계 논쟁을 행정부와 일으키게 만드는데, 이때 감사는 의원 자신의 견해를 보호할 수 있는 기회를 제공한다.

여섯째, 개인적 명분과 정치적 경력, 역량을 쌓고 지역 주민에 이를 보일 수 있는 기회를 제공한다.

일곱째, 감사는 의원으로 하여금 대중적 인기가 없는 결정을 행정부가 번복할 수 있게 만드는 지렛대를 제공해 준다. 대결하겠다는 엄포와 직접적인 압박을 통해 입법부는 행정부에 결정 번복(飜覆)을 하라는 신호를 보낼 수 있다.

주로 입법부 감사가 이뤄지는 채널들은 다음과 같다. 입법부의 각종 위원회와 그들 위원의 활동을 통해 그리고 입법부의 거부권(veto power) 등을 통해 이뤄진다. 미국 같은 경우에는 의회 소속으로 되어 있는 '회계감사원(General Accounting Office: GAO)'[5)]에 의한 프로그램 검열(review) 등을 통해 이뤄지기도 한다. 사실 입법부는

5) 회계감사원은 1921년부터 정부 감사 기능을 인수받았다. 1789년부터 1921년까지는 이 기능을 재무부에서 주도해 왔었다. 이 기관은 정부 행정관료제를 지켜보는 경계 견(watch dog)의 역할을

행정부의 기관과 그들의 프로그램 집행을 모니터하는 데 위원회에 크게 의존하고 있으며, 입법부 의원들은 예산 삭감과 같은 강력하면서도 다양한 제재 수단을 가지고 있다(이병철, 2004: 202-203).

미국의 경우 의회 감사에 책임을 지고 있는 3개의 상임위원회가 있다(이병철, 2004: 323-324).

첫째로 들 수 있는 것이 '허가위원회(Authorizing Committees)'이다. 이 위원회는 통상적으로 프로그램을 허가하는 법을 제정하는 위원회라고 해서 허가위원회로 알려져 있다. 이 위원회는 노동, 상무, 교육, 외교 등 특별 영역에 법안이나 결의안 등을 발의해 검토하고 보고하는 일을 한다. 물론 권한 내에 있는 행정법규를 감사할 책임도 있다. 그러나 이 위원회는 현존하는 행정집행을 감사하는 것보다는 새로운 법을 만드는 데 더 큰 관심이 있다. 또한 영구 허가를 받은 프로그램들이 많아짐에 따라 감사 기회는 줄어들고 있다. 어떤 위원회는 업무량을 덜기 위해 재허가 기간을 길게 끊어 주는데 이럴 경우 감사의 기회는 그만큼 줄어들게 된다.

둘째로는 '세출위원회(Appropriations Committees)'를 들 수 있다. 행정을 통제하는 데 가장 효과적인 위원회이기도 하다. 이 위원회 소속 의원들은 매년 정부살림과 관련이 깊은 세출 과정을 꾸려 나가야 되기 때문에 일 년 내내 엄청난 업무량 속에 파묻혀 산다.

셋째로는 일명 정부운영위원회라 불리는 '상원 정부업무위원회(The Senate Committee on Government Affairs)'와 '하원 정부개혁과 감사위원회(The House Committee on Governmental Reform and Oversight)'를 들 수 있다. 행정활동에 대한 감사에서 가장 강력한 힘과 광범한 책임을 가진다. 1800년대 초기부터 이 위원회가 다른 위원회를 압도해 온 것이 사실이다. 이들의 관할 영역은 일상적인 부서나 위원회 경계에 의해 제한받지 않는다.

통상적으로 입법통제라 함은 법률제정권, 예산의 심의 및 의결·확정권, 국정

하고 있으며, 미국 의회로 하여금 행정부를 통제하는 데 가장 핵심적 역할을 수행하고 있다. 기능과 역할이 그러하다 보니 회계감사원의 원장(Comptroller General)은 의회의 동의하에 대통령에 의해 임명되며 행정부에 의한 간섭을 배제하기 위해 원장의 임기를 15년으로 하고 있다. 이것은 종신직인 연방최고법원 판사를 제외하고는 정부 직책 중 임기가 제일 긴 것이다. 또한 임기 중 해임도 상하 양원의 합동 해임 결의나 탄핵에 의해서만 가능하도록 함으로써 정치적 영향력 없이 공명정대하게 정부의 감시자로서 일할 수 있는 제도적인 여건을 마련해 주고 있다(Fesler & Kettle, 1996: 330).

조사 및 질문(의)권, 그리고 인사에 관한 통제 권한 등을 열거할 수 있다. 이를 부연 설명하면 다음과 같다(이병철, 2004: 204-211).

(1) 법률제정권과 예산의 심의 및 의결 · 확정권

법률제정권은 일명 입법권이라고 불리는 것으로, 입법부는 행정이 의존해야 할 법률을 제정함으로써 행정활동의 한계를 정해 준다. 가장 고유한 입법부 권한 중의 하나이다. 우리나라도 '헌법' 제40조에 "입법권은 국회에 속한다."라고 명시해 입법권은 입법부의 고유 권한임을 분명히 하고 있다.

다음 입법부는 행정부가 편성해 제출한 예산안을 심의하고 의결해 확정할 뿐만 아니라 계속비, 예비비에 대한 의결 등을 통해 행정에 대한 통제권을 행사한다. 우리나라도 '헌법' 제54조 제1항에 "국회는 국가의 예산안을 심의 · 확정한다."라고 명시해 예산의 심의, 의결, 확정권이 입법부의 고유 권한임을 분명히 하고 있다. 그리고 입법부는 이러한 예산심의권 이외에도 '헌법' 제59조는 "조세의 종목과 세율은 법률로써 정한다."고 해서 조세법률주의를 선언하고 있으며, 이러한 재정입법권은 당연히 국회의 고유한 권한이다. 또한 국가의 세입 부족을 보충하기 위해 국가가 재정적 채무를 지는 유동국채(流動國債)나 고정국채의 발행에 대한 기채동의권(起債同意權), 긴급재정처분에 대한 승인권 등을 가지고 있어 행정에 대한 통제권을 행사한다.

(2) 국정조사 및 질문(의)권

우리나라 국회는 국정을 감사하거나 특정한 국정사안에 대해 조사할 수 있으며, 이에 필요한 서류의 제출 또는 증인의 출석과 증인이나 의견의 진술을 요구할 수 있다.[6] 그리고 요구받는 자 또는 기관은 국회에서의 증언 · 감정(鑑定) 등에 관한 법률에서 특별히 규정한 경우를 제외하고는 누구든지 이에 응해야 하며, 위원회의 검증(檢證) 기타의 활동에 협조해야 한다.[7] 감사 또는 조사를 마치면 위원회는

6) 우리나라 '헌법' 제61조 제1항에 의하면 "국회는 국정을 감사하거나 특정한 국정사안에 대하여 조사할 수 있으며, 이에 필요한 서류의 제출 또는 증인의 출석과 증언이나 의견의 진술을 요구할 수 있다."고 되어 있고, 제62조 제1항은 "국무총리 · 국무위원 또는 정부위원은 국회나 그 위원회에 출석하여 국정 처리 상황을 보고하거나 의견을 진술하고 질문에 응답할 수 있다."고 규정되어 있다.

7) 우리나라 '헌법' 제62조 제2항에 의하면 "국회나 그 위원회의 요구가 있을 때에는 국무총리 · 국무위원 또는 정부위원은 출석 · 답변하여야 하며, 국무총리 또는 국무위원이 출석 요구를 받은 때에

그 결과에 대한 보고서를 작성해 의장에게 제출하고 의장은 바로 본회의에 보고해야 하며, 국회는 본회의의 의결로 감사 또는 조사 결과를 처리한다.

우리나라 '헌법'에 명시되어 있는 것처럼 입법부는 행정부에 비행이나 부정 그리고 과오가 있다고 생각할 때에 조사위원회를 구성해 조사활동을 할 수 있고, 관계 공무원을 출석시켜 질의를 할 수 있다.

국정조사나 질문 및 질의는 상시적으로 이뤄지는 것도 중요하지만 필요한 사안이 발생했을 때 즉각적으로 이뤄지는 것도 매우 능률적이고 효과적이다. 왜냐하면 상시적이고 정기적일 경우 행정부가 이를 예상하고 대비하므로 입법통제의 소기의 성과를 올리기 어렵기 때문이다. 그래서 문제의 소지가 보인다거나 어떤 사안이 문제로 터져나올 때 또는 어떤 정책에 대해 불만이 나올 때 즉응적으로 국정조사나 질문 및 질의권이 행사되어 문제의 소지를 시의성과 적실성에 맞게 상황 관리 쪽으로 문제의 정확한 진단과 해결의 실마리를 찾아 나갈 수 있게 한다면 오히려 그것이 능률적이고 효과적이라고 볼 수 있다.

실제적으로 미국의 입법부 의원들은 '경찰순찰 방식(police patrol style)'의 입법통제보다는 '소방경보 방식(fire alarm style)'의 입법통제를 더욱 선호한다(Fesler & Kettl, 1996: 321).

여기에서 경찰순찰 방식의 입법통제란 경찰이 순찰을 돌며 범죄를 감시하고 제재하듯이 의원 자신이 주관이 되어 일상적이고 통상적인 입법감시 활동을 하는 것을 의미하며, 소방경보 방식의 입법통제란 문제가 제기되고 이에 대한 불평이 터져 나올 때 그에 대해 반응하는 식의 입법통제를 하는 것을 의미한다. 사실 소방경보 방식의 입법통제는 문제 파악이 용이할 뿐만 아니라 더 적은 비용으로 더 많은 이익을 의원들에게 제공하며 좀 더 효과적이라 한다.

(3) 인사에 관한 통제 권한

우리나라 국회가 정부 인사에 대해 가지는 통제 권한과 정부에 대한 견제권의 구체적인 내용을 보면 국무총리 임명동의권, 국무총리·국무위원 출석요구권 및 질문권, 국무총리·국무위원 해임건의권,[8] 대통령·국무위원 기타 법률이 정한 공

는 국무위원 또는 정부위원으로 하여금 출석·답변하게 할 수 있다."고 명시되어 있다.

8) '헌법' 제63조 제1항에 의하면 "국회는 국무총리 또는 국무위원의 해임을 대통령에게 건의할 수 있다."고 규정되어 있다.

무원에 대한 탄핵소추권,[9] 비상조치승인권과 해제결의권, 계엄해제요구권, 선전포고 및 국군 해외파견·외국군 주둔에 대한 동의권, 일반사면에 대한 동의권 등이 있으며, 헌법기관의 구성원에 대한 선임권과 대통령의 헌법기관 구성원 임명에 대한 동의권이 있다. 그중 중요한 것은 헌법위원회 위원 선임권, 중앙선거관리위원회 위원 선출권, 대법원장 임명동의권, 감사원장 임명동의권 등이 있다. 이와 같이 입법부는 행정부나 사법부의 고위 공직자들의 임명에 대한 동의권, 해임건의 및 의결권 및 탄핵권 등이 있다.

이와 연관해 여기에서 짚고 넘어가야 할 제도가 하나 있는데 그것이 바로 청문회(hearing) 제도이다. 이것은 미국에서 입법부에 의한 행정통제의 한 방법으로 일반화된 제도이다. 우리나라에서도 이 제도를 도입해 정치권의 비리나 부조리 등을 국회 차원에서 조사할 때나 또는 고위 행정부 인사의 인사와 관련된 사안들을 인준할 때 많이 활용한다. 2002년 3월 7일 법률 제6660호로 제정된 '인사청문회법'이 그것이다.

참고적으로 미국의 경우 고위공직자 인준 절차는 다음과 같다(조선일보, 1996. 11.18: 5). 대통령이 지명을 상원에 통보하고 상원은 위원회에 회부한다. 위원회에서는 본회의에 회부하고 본회의에서는 기명 투표와 다수결 원칙에 의해 가부(可否)를 결정하게 된다. 행정부의 장, 차관 등과 대사 등 고위 외교사절, 행정부에서 독립된 각종 규제위원회 위원 그리고 연방대법원 대법관을 인준 대상으로 하고 있다.[10] 위원회에 회부된 안건은 서면조사를 거쳐 인사청문회에 넘겨지게 되며 청문회는 공개를 원칙으로 한다.

인사청문회의 목적은 말할 것도 없이 고위 공직자의 자질과 능력의 검증을 위한 인사제도이다. 청문회 대상 역시 법의 명문 규정이 없어 1787년 이래 관례와 연방대법원 판결대로 인정되고 있다. 미국의 경우 고위 공직자로 임명되기 위해서는 상원의 인준을 거쳐야 한다. 청문회 대상 모두에 대해 청문회가 실시되는 것은 아니며, 대부분은 의례적인 절차에 불과하나 행정부에 종속되지 않는 각종 규제위원

9) '헌법' 제65조 제1항에 의하면 "대통령·국무총리·국무위원·행정각부의 장·헌법재판소 재판관·법관·중앙선거관리위원회 위원·감사원장·감사위원 기타 법률이 정한 공무원이 그 직무집행에 있어서 헌법이나 법률을 위배한 때에는 국회는 탄핵의 소추를 의결할 수 있다."고 규정되어 있다.

10) 전체 2백만 개의 관직 중 1만 6천 개 정도가 인준 대상이 된다.

회나 대법관 등의 경우 까다로운 청문회를 통과해야 한다. 1789년부터 1989년까지 인준이 거부된 경우는 행정부 공무원은 열두 차례이지만 대법관은 스물여덟 차례나 되었다는 점이 이를 잘 나타내 준다.

우리나라에서는 과거 미국의 청문회 제도 도입의 필요성이 제기되었을 때 비판이 없지 않았다. 이들의 비판 논리를 살펴보면 3권 분립을 기본 정신으로 하고 있는 우리 '헌법' 체제에서 대통령의 고유 권한인 공무원 임명권에 대해 입법부가 간여하는 것은 위헌으로, 이를 도입하려면 개헌이 필요하다는 것이다. 그러나 이를 찬성하는 입장은 고위 공직자 자질 및 능력 검증을 위한 혁신적 인사제도로서 필요할 뿐만 아니라 고위 공직자 임명의 중립성과 공정성 확보를 위해 필요하다는 것이다. 이러한 찬반의 열띤 공방 속에 인사청문회 제도를 도입하게 되었다.

물론 청문회 제도가 다 좋은 것은 아니다. 이 제도도 나름대로 한계와 문제가 있으며 그래서 많은 비판을 받는다. 이러한 비판으로는 첫째, 당파성이 지나치게 개입될 여지가 있다는 것이다. 둘째, 본말(本末)의 전도처럼 공직자로서의 자질・능력 검증과는 무관한 개인 신상이나 여론의 흥미 여하에 따라 사안이 뒤바뀔 가능성이 있다는 점이다. 셋째, 청문회가 통상적으로 수개월 이상 지속될 경우 이로 인한 비효율성이 문제가 될 수 있다는 것이다. 넷째, 사생활 침해와 명예 훼손 등의 문제가 발생할 수 있다는 점이다. 사실 의원내각제 국가에서는 인사청문회를 두지 않는 경우가 많은데 이런 문제점도 한몫을 하고 있다.[11)]

이러한 청문회 제도의 문제점을 개선할 수 있는 방안으로는 다음과 같은 것을 생각해 볼 수 있다. 첫째, 수사기관을 통해 인적 사항을 조사하고 이를 의회에 제출해 청문회 소요 시간을 단축시키는 방안과 둘째, 질의는 해당 공직에 필요한 자격과 관련된 사항으로 한정하고 명예를 손상시키거나 인격 모독적인 내용을 금지하는 방안 등이다.

(4) 입법통제에 대한 평가

일반적으로 근자에 들어와서 입법부의 행정통제권은 종전보다 많이 약화되었다. 그 이유는 첫째, 사회가 전문화됨에 따라 재량권의 확대가 이뤄지고, 이에 따라 실질적인 입법 기능조차 행정부로 많이 옮겨졌기 때문이다. 둘째, 행정부가 장악하

11) 물론 이러한 국가에서는 내각 불신임권 등이 이를 대체하고 있다고 보면 될 것이다.

고 있는 경제적 권력이 매우 커졌기 때문이다. 특히 정치자금의 조달이 행정부에 크게 의존하고 있는 경우에는 더욱 그러하다. 셋째, 행정부의 국정 및 행정에 관한 정보의 독점, 특히 우리나라의 경우는 보안 관계가 강조되어 더욱 그러하다. 넷째, 우리나라 여당의 경우, 의원직 취득에 거의 결정적인 역할을 하는 후보 공천권을 실질적으로 행정수반이 가지고 있어 여당 의원이 독자성을 가지고 소신껏 일하기 어렵기 때문이다(신윤표, 1997: 469).

또한 입법부가 과도한 행정통제를 위해 여러 가지 접근 방법을 활용하고 과도한 청문회 등을 할 경우 오히려 행정통제와 감사를 수행할 수 있는 입법부의 능력을 약화시킬 수도 있다는 데 유념할 필요가 있다.

행정활동의 복잡성이 증대되고 프로그램 업적에 대한 좋은 정보를 개발해 내기 어렵고 이익집단이나 시민단체들의 입법부의 힘을 상쇄하는 활동은 행정부에 대한 입법부의 통제 지렛대를 약화시키고 결국 제 구실을 못하게 만들 수도 있다는 점 역시 간과해서는 안 된다.

또한 지속적으로 이뤄지고 있는 예산 과정의 변화 역시 행정기관을 다루고 이에 책임을 지는 입법부 해당 위원회의 일을 더욱 중복시키게 할 뿐만 아니라, 입법부 감사 및 조사, 질의 과정의 방대성과 중복성도 이러한 문제를 더욱 어렵게 하고 있다는 점을 인식해야 한다. 한 미국의 연구기관에서 발표한 추계에 따르면, 차관보가 그의 시간의 40%를 입법부 청문회와 의원에 의한 질문에 응답하는 시간으로 할애한다고 나와 있음이 이를 잘 말해 준다(Fesler & Kettl, 1996: 325).

3) 사법통제*

행정에 대한 사법적 통제는 행정기관의 행위가 입법 취지에 부합되는지 또 그들이 권력 남용이나 오용을 하고 있는지를 결정하는 것이다(Balk, 1996: 38).

사법통제에는 크게 두 가지가 있는데, 그 하나는 행정 업무의 수행상 시민의 권리나 이익이 침해되었을 때에 법원에 소송을 제기함으로써 권익을 구제하는 경우이고, 다른 하나는 행정부가 발한 명령의 위헌 또는 위법 여부를 법원이 심사함[12]

* 이 부분은 저자의 『행정윤리』(2004: 211-213)를 수정 보완한 것이다.

12) 이른바 법령심사권(judicial review of the constitutionality)에 의한 통제 방법이다(신윤표, 1997: 468).

으로써 나타나는 행정통제이다.

우리나라에서도 후자의 경우에 대해 '헌법' 제107조 제1항에 "법률이 헌법에 위반되는 여부가 재판의 전제가 된 경우에는 법원은 헌법재판소에 제청하여 그 심판에 의하여 재판한다."고 규정하고, 제2항에는 "명령 · 규칙 또는 처분이 헌법이나 법률에 위반되는 여부가 재판의 전제가 된 경우에는 대법원은 이를 최종적으로 심사할 권한을 가진다."고 규정하고 있다.

혹자는 법이 너무 보수적이고 체제의 안정성만을 지나치게 강조함으로써 공무원들의 실제적인 문제 해결에 도움이 되기보다는 오히려 걸림돌이 된다는 주장을 피력하기도 하나 메(Ronald C. Moe) 등은 비록 법이 그러한 일면이 있다고 하더라도 적법절차는 민주성을 실현시키는 데 가장 으뜸이며, 나아가 적법절차는 경제적 논리 기준을 정당화시키는 것 그 이상이라는 것이다. 따라서 그는 법을 무시하는 그 어떤 정당성에 대한 논의나 주장도 결코 용납할 수 없다고 주장한다(Moe, 1987: 453-460; 1988: 675).

쿠퍼(Phillip J. Cooper) 역시 법은 정부와 공무원들에게 그들이 해야 하는 공무와 관련된 의사 결정, 능률 향상, 자의성 배제, 사기 진작, 그리고 자신이 몸담은 기관에 닥치는 여러 가지 새로운 도전에 대해 가장 효과적인 방어 수단을 제공해 줄 것이라고 주장한다(Cooper, 1996: 134).

또한 그는 한 걸음 더 나아가 법이 의사 결정을 좀 더 합리화시켜 주고 공정성을 회복시켜 주며, 정치 간섭과 정책오류로부터 행정을 보호해 줄 것이므로 법은 행정책임과 통제와 관련되어 공무원들에게 꼭 필요한 도구라고 역설하고 있다(Cooper, 1996: 134).

그러나 사법통제가 만능적인 것은 아니다. 나름대로의 한계도 가지고 있다. 일반적으로 거론되는 사법통제의 한계점 내지는 제약점으로는 첫째, 불완전한 사후구제라는 점, 둘째, 시간과 비용 그리고 노력이 많이 소요된다는 점, 셋째, 행정 기능의 확대 및 강화와 전문화 및 그에 따른 재량권의 확대로 인해 외부통제가 점차적으로 어려워지고 있다는 점 그리고 넷째, 우리나라의 경우 사법부의 독립성과 공정성을 보장하기가 다소 어려울 수 있다는 점 등을 열거할 수 있다(신윤표, 1997: 468).

4) 옴부즈만 제도*

이 제도는 현대 국가가 행정국가화됨에 따라 입법부와 사법부의 행정통제 기능이 약화되자 이를 보완함으로써 좀 더 쉽게 국민의 권익을 보호하려는 취지에서 20세기 초반 스웨덴에서 만들어져 노르웨이와 덴마크 등 스칸디나비아 3국을 거쳐 전 세계 많은 나라에서 채택·실시하고 있다.[13] 이러한 도입 과정에서 각 나라들은 자국의 형편과 여건에 따라 스웨덴모형을 변형시켜 적용하고 있기 때문에 다양한 형태를 지니고 있다.

그러나 제도의 목적만은 나라별로 별반 차이가 없다. 이 제도의 목적은 행정권의 남용이나 부당행위로 인해 국민의 권리나 이익이 침해되었을 때에 그것을 신속하게 구제하는 것이다. 오늘날 세계 각국에서 옴부즈만(ombudsman)[14] 제도가 행정통제의 수단으로 논의되고 있는 것은 행정의 재량 영역이 넓어짐으로써 국민의 권리 침해 가능성이 그만큼 커진 데 있다(백완기, 1998: 341).

옴부즈만이란 공무원의 권력 남용에 대한 시민의 불평을 조사하기 위한 의원의 의원(이광종, 1998: 263)이라는 정의와 정부에 의해 부당하게 취급된 시민의 불평을 조사하고 만약에 그 불평이 정당한 것이라면 구제를 모색하는 의회의 특별요원(Rowat, 1973: Ⅶ)이라는 정의도 있다.

또한 옴부즈만이란 공무원들의 횡포와 권력의 남용으로부터 국민을 보호하는 데 주안점을 두고 있는 제도(유훈, 1996: 707), 또는 호민관 또는 행정감찰관을 말하며, 공무원의 위법, 부당한 행위로 말미암아 권리의 침해를 받은 시민이 제기하는 민원(民願), 불평을 조사해 관계 기관에 시정을 권고함으로써 국민의 권리를 구제하는 기관(김규정, 1997: 858)이라는 정의도 있다. 에이브러햄(Henry J. Abraham)은 옴부즈만의 적절한 활용이 행정책임을 보증하는 효과적인 수단이라고 주장하고 있다(Abraham, 1960: 152-157).

이 제도의 특징은 첫째, 옴부즈만이 의회의 기관이지 행정부의 기관이 아니고,

---

13) 이 부분은 저자의 『행정윤리』(2004: 213-215)를 수정 보완한 것이다.

13) 1908년 스웨덴 헌법에 규정된 것을 효시로 하여 그 뒤 핀란드(1919), 노르웨이(1952), 덴마크(1953), 뉴질랜드(1962), 그 밖에 영국, 캐나다, 미국, 서독 등에서 계속 채택했다(신윤표, 1997: 470).

14) 어원(語源)은 대리인 혹은 대변자라는 뜻을 가진 스웨덴어(ombudsman)에 두고 있는 것으로 현대적 의미의 호민관을 의미한다.

둘째, 옴부즈만에서 고발할 수 있는 행위는 불법행위뿐만 아니라 공직의 요구에서 이탈된 모든 행위이며, 셋째, 옴부즈만은 기존의 행정 결정이나 행정행위를 무효화시키거나 취소할 수는 없고, 넷째, 옴부즈만은 시민의 고발에 의해 활동을 개시하는 것이 일반적이기는 하지만 때로는 신문 보도나 여론을 토대로 해서 자기직권으로 조사활동을 하기도 하며, 다섯째, 불평의 처리 과정은 직접적이고 신속하며 모든 판단의 결과는 반드시 시민에게 직접 알려 주도록 되어 있다는 점 등이다(백완기, 1998: 341－342).

이 제도의 장점으로는 첫째, 신속하고 저렴한 비용으로 시민의 권익을 옹호할 수 있고, 둘째, 시민이 용이하게 접근할 수 있어 행정의 민주화에 기여하며, 셋째, 국민의 대표기관인 의회의 기능 약화에 대치되는 기능을 함으로써 그 영향력을 소생시키고, 넷째, 행정 업무량과 인구가 적은 사회에서 효용성이 크며, 다섯째, 공평한 활동과 공개적인 비판과 건의를 할 수 있다는 점 등이다(신윤표, 1997: 471).

이에 반해 단점으로는 첫째, 의회의 직무와 중복되고, 둘째, 행정부 내의 이와 비슷한 제도와 중복되며, 셋째, 행정의 비밀성을 침해할 우려가 있고, 넷째, 문제된 행정이나 재판에 관한 시정권이 없어 실효성에 의문이 있다는 점 등이다(신윤표, 1997: 471).

2 내부통제*

내부통제의 주된 목적은 행정의 능률성을 확보하는 데 있다(백완기, 1998: 342).

첫째, 내부통제의 하나로 행정수반 및 상급기관의 지휘·감독을 들 수 있다. 민선으로 선출된 행정수반과 그에 의해 임명된 상급기관이 행정을 지휘·감독해 행정의 능률성을 확보하고 여러 가지 비리나 부정 등을 일소해 나가는 통제 과정이다. 행정수반은 지휘 및 감독권을 효율적으로 수행하기 위해 산하에 사정 담당기관, 민정비서실 등의 보좌기관을 거느리고 있다. 이들 보좌기관이 주로 하는 일은 공무원의 불법이나 부정 그리고 부당행위 등을 색출하고 방지하는 것이다.

둘째, 목표 성취에 대한 심사·평가제도를 들 수 있다. 행정 목표나 프로그램의

* 이 부분은 저자의 『행정윤리』(2004: 216－218)를 수정 보완한 것이다.

성취 여부를 분석하고 평가하는 행위는 중요한 내부통제의 하나이다. 행정 목표나 프로그램의 성취 여부나 성취 정도를 분석하고 평가해 그에 상응한 벌과 상을 부여하는 것 자체가 행정을 통제하는 데 매우 유익한 수단이고 방법이기 때문이다. 심사분석[15]과 같은 것도 이러한 취지에 부합되도록 재구성되고 집행된다면 지금보다 나은 행정 성과를 가져올 수 있다.

셋째, 내부통제에서 가장 중요시되는 것으로 감사원의 감사제도를 들 수 있다. 우리나라 '헌법' 제97조에는 "국가의 세입·세출의 결산, 국가 및 법률이 정한 단체의 회계검사와 행정기관 및 공무원의 직무에 관한 감찰을 하기 위하여 대통령 소속 하에 감사원을 둔다."고 규정하고 있으며, '헌법' 제99조에는 "감사원은 세입·세출의 결산을 매년 검사하여 대통령과 차년도 국회에 그 결과를 보고하여야 한다."고 규정하고 있다. 그리고 '헌법' 제100조에는 "감사원의 조직·직무 범위·감사위원의 자격·감사 대상 공무원의 범위 기타 필요한 사항은 법률로 정한다."고 규정하고 있다.

이러한 규정에 따라 1963년 12월 13일 법률 제1495호로 '감사원법'이 제정되었다. 이 법은 제1조에서 "이 법은 감사원의 조직·직무 범위·감사위원의 임용자격·감사 대상기관 및 공무원의 범위와 기타 필요한 사항을 규정함을 목적으로 한다."고 규정하고 있으며, 제20조에서는 "감사원은 국가의 세입·세출의 결산검사와 이 법 및 다른 법률이 정하는 회계를 상시 검사·감독하여 그 적정을 기하고 행정기관 및 공무원의 직무를 감찰하여 행정운영의 개선 향상을 기한다."고 감사원의 임무를 규정하고 있다.

'헌법'이나 '감사원법'에서 나타나고 있듯이 감사원의 통제 중 가장 중심이 되는 것은 회계검사와 직무감찰이며, 이것은 행정의 내부통제 중 핵심이라 말해도 지나침이 없을 만큼 중요하다.

우선 회계검사는 예산 집행상의 합법성 여부를 검사하는 행위이다. 영국이나 미국의 경우는 회계검사기관이 의회에 소속되어 있어 행정에 대한 외부적 통제로 사용되고 있으나 우리나라에서는 행정부에 소속되어 있어 내부적 통제로 사용되고

15) 심사분석(審査分析)이라 함은 정부 시책 추진의 효율성을 높이고 예산 등 자원의 효율적 이용을 위해 정부가 시행하는 주요 시책이나 사업에 대해 그 집행 상황을 관리하고, 집행 성과를 분석·평가해 그 결과를 시책이나 사업 추진에 반영하도록 하는 것이다.

있다. 다음 직무감찰은 공무원의 비리나 비위로부터 행정 운영의 비능률과 비합리성을 제거함으로써 행정 운영의 개선을 가져오려는 통제행위라 할 수 있다.

넷째, 내부통제에서 간과할 수 없는 것이 직업윤리인데, 이것은 법규나 상부의 지시 또는 명령에 의해 이뤄진 규범이 아니고 공무원들이 직무상 스스로 발전시켜 온 윤리적 기준이다. 따라서 직업윤리는 자발적이고 자율적인 행동 기준이라 할 수 있다. 그러나 이것은 관례나 선례와는 다른 윤리적 규범성을 띠고 있기 때문에 행정통제의 수단으로 논의되는 것이다(백완기, 1998: 344).

3 행정책임과 행정통제의 효과를 높일 방안*

1) 행정부 발생 정보원의 접근 가능성 증대를 통한 입법통제 강화 방안

행정활동을 모니터하는 입법부의 효과성은 행정부에서 만들어진 정보원(情報源)에 얼마나 접근할 수 있느냐에 달려 있으나 이 접근에는 많은 문제가 있다. 따라서 정보의 장애물을 제거해 나갈 수 있는 방안이 강구되어야 할 것이다(Fesler & Kettl, 1996: 325-328).

첫 번째 장애물로는 행정부 내에 일반화되어 있는 비밀과 보안인데, 이것이 가지는 문제는 국가 안보와 관련된 비밀이 아닌데도 정보를 입법부에 제공하는 것을 거부하는 것과, 외교·국방·정보활동에 관한 입법부의 의사 결정이나 검열에 필수적인 정보를 입법부에 제공하는 것을 거부하는 것이다. 이를 해결하는 방법은 극소수의 선택된 위원회, 예를 들면 입법부의 정보위원회에게만 비밀정보를 제공하거나 의장이나 위원회의 핵심 위원들에게만 공개하는 방법인데 이것도 나름대로 문제가 있다. 레이건 행정부의 고위관리가 은밀히 폭로한 '이란-콘트라 사건'의 내용[16]은 바로 이러한 해결 방법이 얼마나 부적합한 것인가를 잘 보여 주고 있기 때문이다.

두 번째 장애물로는 대통령의 특권(executive privilege)을 들 수 있는데, 이는 '헌

* 이 부분은 저자의 『행정윤리』(2004: 219-226)를 수정 보완한 것이다.

16) 주요 내용은 행정부의 중미 프로그램을 기금화하기 위해 이란에 무기를 판매한다는 것인데 이것이 뒤에 미국 의회에 의해 커다란 문제로 비화되어 레이건 대통령이 궁지에 몰리며 퇴임 후에도 증언해야 되는 지경에 이르도록 만들었다.

법'에는 없지만 대통령의 권력 속에 내재하는 것으로 이해하며, 대통령과 그의 백악관 참모 간의 구두 혹은 서면상의 의사소통의 은밀성을 보호하는 데 가장 강력한 힘을 발휘하는 것으로, 특히 닉슨 행정부의 워터게이트사건 동안에 가장 잘 나타났다.

세 번째 장애물로는 행정비밀(administrative confidentiality)로서 개인의 사적인 정보보호로, 예를 들면 개인의 세금 환불 액수, 기업의 거래 비밀, 재무자료 등에 대한 보호이다. 행정부는 가끔 이런 이유로 해서 입법부에서 요구한 정보 수집을 거절한다.

네 번째 장애물로는 행정기관에 의해 심각히 고려되거나 고려되지 않고 있는 정책이나 결정을 담고 있는 서류, 메모, 기타 내부 기록과 관련된 행정비밀에 대한 것이다. 이런 내부 자료들의 시기상조적인 폭로는 대중성을 왜곡시키고 대중의 그릇된 판단을 낳을 수 있다는 것이 이것을 비밀로 하는 이유이다. 아직 결정된 것이 아닌데 결정된 것처럼 신문이나 방송과 같은 언론매체에 오르내리게 되면 큰 문제가 발생될 수 있다는 것이다.

이 밖에 많은 장애물이 있긴 하지만 이러한 장애물을 제도적으로 제거해 나가는 조치들에 대한 정형화된 해결책은 아직까지 강구되지 못하고 있다. 이를 단계적으로 구축해 나가는 노력이 필요한 이유가 여기에 있다.

2) 행정부와의 전문성 괴리 극복을 통한 입법통제 강화 방안

입법부는 행정부와의 전문성의 괴리를 메우기 위한 노력이 실질적으로 경주되어야 할 것이다. 이러한 노력을 위한 중요한 벤치마킹 모델로는 미국의 의회를 들 수 있다.

미국 의회는 의회의 전문성을 행정부에 뒤지지 않게 하기 위해 첫째, 의원의 개인 참모들과 관련 직원들을 증원시키고, 둘째, 위원회를 위한 관련 직원을 더 많이 채용하며, 셋째, 의회에 봉사하는 4개의 참모기관을 강화시켰다.

이러한 참모기관으로는 '의회연구서비스처(Congressional Research Service),'[17] '의회예산청(Congressional Budget Office: CBO),' '의회기술평가처(Office of Technology Asses-

17) 행정 운영에 대한 조사보다는 미래정책 옵션, 급박한 법안 제안 등의 일에 관련된 정보를 분석하고 연구하는 일에 더 초점을 맞추고 있다.

ment),' '회계감사원(General Accounting Office: GAO)' 등이 있다.

맬빈(Michael J. Malbin)은 "이런 직원들과 기관이 없으면 의회는 행정부와 이익단체의 정보의 포로가 될 것"이라고 주장한다. 실제로 1965년에서 1985년까지 20년 사이에 의회위원회 관련 직원의 수가 3배로 늘어났는데, 이는 세계에서 두 번째로 직원을 많이 둔 캐나다 의회보다도 그 수가 10배나 많다. 이는 우리도 긍정적으로 고려해 볼 수 있는 접근 방법이다.

3) 행정책임과 행정통제를 강화시키는 기타 방안

베버(Max Weber)가 지적했듯이 관료제는 그것을 필요로 하는 사회·경제적 조건에 따라 흥성하는 것이다(Gerth & Wright Mills, 1946). 따라서 관료제가 제대로 된 방향으로 나아가지 못하고 또 이 속에 몸담은 공직자들이 국민을 위한 제대로 된 행정을 펴지 못하고 그릇되고 잘못된 방향으로 나아가게 만드는 것은 바로 우리 사회라고 볼 수 있다. 그렇기 때문에 가장 우선적으로 공직자들의 부패문제를 비롯한 그릇된 행정 관행과 절차를 해소하기 위해서는 사회·경제환경과 정서 그리고 분위기가 바뀌지 않으면 안 된다.

우리 사회가 공직의 무능과 부패의 온상으로 자리 잡고 있는 한 공직자들의 무능과 부패는 끊이지 않을 것이며, 오히려 더욱 탄력을 받아 그 폐해가 상상을 초월하는 단계로까지 파급될 우려도 있다. 따라서 무엇보다 사회를 정화시키고 국민들의 그릇된 의식구조를 바르게 고쳐 잡는 노력이 필요하며, 그릇된 관행과 행태 등도 의식 전환과 병행되어 고쳐져야만 할 것이다.

이러한 바탕 위에 공직의 무능과 부패, 무책임과 무사안일, 복지부동에 대한 문제 해결 방안이 강구되어야 한다. 이러한 관점에서 효과적인 행정책임과 행정통제를 위한 방안을 앞의 언급된 내용을 중심으로 집약해 제시하면 다음과 같다.

(1) 민중통제의 효율화를 통한 통제 방안

국민에 의한 통제를 들 수 있다. 국민에 의한 선거권의 행사를 통해 공직자의 무능과 복지부동, 무사안일 그리고 부조리와 부패를 견제할 수 있다. 특히 지방자치가 완전하게 뿌리를 내리게 되면 지방 주민들에 의한 지방자치단체의 선거권 그리고 여러 가지 방식으로 전개될 수 있는 주민 참여를 통한 견제는 엄청난 영향력을 가질 수 있게 될 것이다.

또한 정치권의 자정(自淨)은 공직자들에게 엄청난 압박으로 와 닿고, 이것이 공직자들의 무능과 부패를 견제하게 될 것이다. 더 나아가서 정당에 의한 행정통제를 통해 공직자들의 무능과 복지부동, 무사안일 그리고 부조리와 부패를 해소시키는 방안도 고려해 볼 수 있으며, 그 이외에 이익집단, 여론과 시민운동, 언론에 의한 행정통제 등을 통해 공직자들의 이러한 문제점을 해소시킬 수도 있다.

물론 이러한 국민들에 의한 관료제의 통제에서 지식인이 차지하는 역할이 크므로 여론의 선도자로서 올바른 행정통제를 위한 지평을 더욱 넓게 전개해 나가야 할 것이다.

또한 공직자의 자성과 의식 전환도 이 시점에서 중요하다. 어떻게 정부와 행정이 국민 혹은 시민, 주민들에 의해 더 잘 통제되고 더 잘 책임을 질 수 있을까 하는 질문에서 가장 중요한 전제가 되는 해답은 공직자들이 국민이나 시민, 주민들에 의해 선출된 공직자, 그리고 그들의 공복이라는 인식을 분명히 하고 시민의 의지에 잘 복종해 나가야 된다는 점이다(Balk, 1996: 37).

(2) 입법부, 사법부 그리고 옴부즈만 제도를 통한 효율적인 통제 방안

이외에 국회나 지방의회 등을 통한 입법부에 의한 통제, 사법부에 의한 통제 등을 통해 관료제의 역기능의 폐해를 해소하는 방안도 있다. 또한 망국병으로 치부되는 공직자들의 부패에 대한 검은 유혹을 과감하게 척결할 수 있는 시의성과 적실성을 갖춘 실효성 있는 반부패 관련법 등을 제정하는 것도 실효가 있으며, 이를 엄정하고 중립적으로 그러면서 투명성 있게 집행할 수 있는 사법부의 의지 천명도 매우 중요하다.

공직자들의 부패는 용납될 수 없다는 분명한 메시지가 전달될 수 있는 법제도적 장치와 집행기구들의 완비가 이와 병행해서 이뤄져야 한다. 물론 옴부즈만 제도의 활용도 이러한 차원에서 의미를 갖는다.

특히 신윤표가 한국적 상황에서 행정 옴부즈만 제도의 도입이 절실하다고 주장하는 것도 이와 맥을 같이한다. 그는 한국이 전통적인 관료 우위사상과 민주정치가 발달하지 못한 데다가 행정의 비중이 커짐에 따라 이에 대한 통제가 하나의 중요 문제로 대두되고 있다고 주장하면서 그동안 외부통제는 미약했으며, 자율인 내부통제마저도 형식에 그친 감이 있어 아직도 정경유착이 심하고 정치의 행정 간섭이 계속되고 있는 현실에서는 특별검사제 도입이나 행정 옴부즈만 제도의 도입이 필요하다고 주장한다(신윤표, 1997: 476-477).

(3) 엄격하고 내실 있는 내부통제를 통한 효율적인 방안

좀 더 엄격하고 내실 있는 내부통제가 이뤄져야 한다. 대통령에 의한 행정통제, 국무총리에 의한 행정통제, 재정경제부·행정자치부 등에 의한 행정통제, 중앙행정기관의 자체적 행정통제, 감사원에 의한 행정통제 등이 내실 있고 엄격하게 시행되어 공직자들의 무능과 복지부동, 무사안일 그리고 부조리와 부패가 더 이상 창궐할 수 없게 만들어야 할 것이다.

올바른 행정책임 의식을 공직자들에게 심어 주고 제대로 된 행정통제를 통해 행정의 민주성과 효율성 그리고 형평성, 나아가서 공익성과 합법성 등을 제고하기 위해서는 무엇보다 올바르고 제대로 된 공직자상(公職者像)에 대한 의지를 정립해 주는 일이다.

지방자치 시대에 지방자치단체에 대한 중앙통제는 좀 더 유연하면서도 유도 지향적으로 진행되어야 하며, 또한 내실 있게 운영되어 지방자치단체의 본연의 목적을 달성할 수 있도록 지도·계몽이 이뤄져야 하고, 깨끗한 지방정부의 공직자상을 정립하는 데 기여해야 한다.

앞에서 열거한 많은 제도적인 개혁과 올바르고 바람직한 공직 의식과 의지의 정립을 위한 지속적 노력이 결실을 맺게 된다면 공직자들의 무능과 복지부동, 무사안일 그리고 부조리와 부패는 사회로부터 그리고 정부로부터 사라지게 되고, 그렇게 되면 관료제나 정부의 생산성은 배가될 수 있으며, 그에 대한 반사적 이익으로 국민들은 더 나은 행정 서비스를 더 낮은 가격과 비용으로 향유할 수 있게 될 것이다.

제 3 절 행정책임과 행정통제에 관련된 영화들

행정책임과 행정통제에 관련된 영화로는 『설리: 허드슨 강의 기적』, 『버티칼

리미트』, 『캡틴 필립스』, 『라이언 일병 구하기』, 『트루스』, 『모두가 대통령 사람들』, 『닉슨』, 『이장과 군수』, 『크림슨 타이드』, 『유령』, 『붉은 10월』, 『튜브』가 있다.

1 『설리: 허드슨 강의 기적(*Sully*)』

클린트 이스트우드(Clint Eastwood)[18] 감독이 체슬리 설리 설렌버거 역의 톰 행크스(Tom Hanks), 로리 설렌버거 역의 로라 리니(Laura Linney), 제프 스카일스 역의 아론 에크하트(Aaron Eckhart)를 주연으로 하고, 엘리자베스 역의 안나 건(Anna Gunn), 제프 콜로제이 역의 샘 헌팅턴(Sam Huntington), 마이클 딜레이니 역의 제리 페라라(Jerry Ferrara), 테스 소사 역의 어텀 리저(Autumn Reeser), 마이크 클리어리 역의 홀트 맥칼라니(Holt McCallany)를 조연으로 해서 2016년 9월 28일 개봉한 영화이다.[19]

이 영화는 2009년 1월 15일 허드슨 강에 수상 착륙해 탑승객 155명 전원의 목숨을 구한 체슬리 설렌버거 기장과 이에 얽힌 비행기 추락사고의 알려지지 않은 이야기를 그린 감동 실화이다.

승객과 승무원을 포함한 155명을 태우고 뉴욕의 라과디아(LaGuardia) 공항을 출발해 노스캐롤라이나(North Carolina) 주의 샬럿(Charlotte)으로 가던 유에스 에어웨이즈 1549편(AWE 1549: US Airways Flight 1549)은 이륙한 후 3분이 지난 후 850m 상공에서 날아든 새떼와 충돌해 조류 충돌(bird strike)을 일으키고 이로 인해 엔진 2개가 정지되는 사고를 당한다.

엔진은 불이 붙으면서 동력을 상실하고 추락하기 시작했다. 그러나 비상착륙을 하기 위해 인근 공항까지 비행을 강행하는 것은 무리라 판단한 설리 기장의 침착한 대응으로 여객기는 허드슨 강 수면 위로 무사히 불시착했다. 다행스럽게도 승객과 승무원을 태우고 허드슨 강에 반쯤 잠긴 상태의 기체에서 승무원들의 위기관리 매뉴얼에 담긴 내용에 따른 탈출 안내에 따라 일 분 안에 신속하게 승객들이 기체 밖으로 탈출을 시도했다.

18) 클린트 이스트우드는 설리 기장의 수기 『최고의 의무(*Highest Duty*)』를 손에 쥐고 『아버지의 깃발』에서처럼 영광스러운 사건 당시의 경험과 이를 둘러싼 이면의 이야기를 조명한다.
19) http://movie.naver.com/movie/bi/mi/basic.nhn?code=143495

그리고 탈출과 거의 동시에 사고기의 주변에 있던 7척의 통근용 페리[20]와 사고 접수 후 수 분 안에 현장에 도착한 구조선 등에 탑승한 1,200여명의 구조대원이 1549편 승객과 승무원 155명 전원을 무사히 구출했다.[21] 모두 하나로 뭉쳐 '허드슨 강의 기적(Miracle on the Hudson)'이라 회자되는 놀라운 일을 일궈내는 데 걸린 시간은 단 24분이었다.

허드슨 강에 불시착을 강행하면서 기장은 "충격에 대비하라"는 안내 방송을 내보낸다. 이에 조건반사적으로 비상 착륙 시 매뉴얼을 또박또박 이행하는 여승무원들이 훈련한 대로 "충격에 대비하고, 머리 낮추고, 자세도 낮춰라!"는 멘트를 승객들에게 반복해 외치는 모습에서 자신의 안위보다 승객의 안전을 더 우선시하는 그들의 프로 정신과 책임감을 느낄 수 있다.

승객의 생사 여부 확인 중인 설리에게 와서 시장님과 청장님이 와 계시다는 소식에 설리는 자신이 이 자리를 뜰 수 없음을 분명히 하면서 "시장님과 청장님이 이쪽으로 오셔야 할 것 같다. 아직 구조 중이잖소."라고 말하며 자신의 책임을 다하는 모습을 보여 준다.

또한 허드슨 강에 불시착한 여객기에서 탈출해 물에 빠진 승객들을 구조하면서 경찰 직원 중 누군가가 "오늘은 누구도 죽지 않는다."라고 말하며, 물에 빠진 승객들에게 힘을 북돋는 격려의 말은 경찰로서 마땅히 수행해야 할 자신의 책무를 성실하고 착실하게 수행하고 있다는 믿음을 보여 준다.

사고를 수습한 후 조사를 위해 공청회를 열었는데 설리는 공청회 막바지에 휴식 시간을 요청한 후 복도에 나가 부기장인 제프에게 "우리는 우리가 할 일을 해냈어!"라고 말한다. 이 영화는 이 말을 통해 자신이 맡은 일에 대한 책임감이 무엇보다 중요하다는 메시지를 던지고 있다.

또한 청문회장에서 이 모든 공은 설리 기장님 때문이라던 말에 답변하면서 "아

20) 뉴욕 수로국(NY Waterway)의 페리인 토머스 제퍼슨(Thomas Jefferson) 호가 수 분 이내에 사고 현장에 제일 먼저 도착했고, 이어 주지사 토머스 킨(Governor Thomas H. Kean) 호가 도착해서 구조활동을 신속하게 펼쳤다. http://en.wikipedia.org/wiki/US_Airways_Flight_1549

21) 이 사고에서 골든타임을 놓치지 않고 성공적으로 승무원과 승객 전원을 무사히 구조할 수 있었던 것은 상부 보고, 승인, 허락 같은 정상적인 절차를 모두 무시하고 '뉴욕항만청(Port Authority of New York & New Jersey)'이 선 조치 후 보고 방식을 통해 구조선을 바로 투입했고, 이후 항만청 중심으로 현장 상황에 맞게 재난구조를 총지휘할 수 있었기 때문인 것으로 드러났다. 이것이 현장 중심 재난 대처를 근간으로 하는 미국식 재난 대응 시스템이다(이병철, 2014: 152–153).

니요. 저 혼자 해낸 일이 아닙니다. 우리 모두가 해낸 일이죠. 제프와 도나, 쉴라, 도린 등 부기장과 승무원들, 그리고 구조대원들, 관제사들, 출근 보트 선원들과 스쿠버 경찰들 모두 같이 해낸 겁니다. 우리 모두가 살았어요."라며 자신의 공을 모든 이에게 돌린다.

또한 기자가 방송 인터뷰 도중 설리에게 "본인이 영웅으로 불리는데 기분이 어떠신가요?" 물었을 때 "저는 영웅이 아닙니다. 당연히 해야 할 일을 했을 뿐입니다."라고 기장으로서 자신의 책임을 다했을 뿐이라는 말을 분명히 하고 있다.

설리는 155명의 생명을 구했음에도 불구하고 끊임없이 자기 자신에게 내가 한 행동이 정말로 승객을 위한 옳은 선택이었는지, 그렇지 않으면 승객을 오히려 위험에 빠뜨릴 수도 있었던 것은 아닐까 하는 질문을 던진다. 자신의 결정이 승객의 생명과 안전을 위한 최선의 방법이었는지에 대해 의구심을 던지며 자문하는 것이다.

여기에서 문제의 핵심은 조류 충돌로 인해 2개의 엔진이 파열되었을 당시 비행기가 출발지인 뉴욕 라과디아 공항으로 회항할 수 있었는지 혹은 없었는지의 여부이다. 회항할 수 있었는데도 불구하고 기장이 허드슨 강에 비상 착륙을 강행했다면 이는 승객의 안전과 생명을 오히려 위태롭게 하는 선택이 되는 것이다. 이에 대해 기장은 응분의 책임을 져야 한다.

이러한 관점에서 다양한 식견과 경험 그리고 지식을 갖춘 항공 전문가들은 허드슨 강에 비상 착륙한 설리의 결정이 정말로 옳았는지 그리고 그 이외의 다른 대안은 없었는지에 대해 집요하게 문제를 제기했다. 설리 역시 사고 당시의 순간을 끊임없이 머릿속에서 재생하며 후유증을 겪는 한편 기장으로서 자신의 선택이 옳았는지 의문을 가지게 된다.

조류 충돌을 일으켜 엔진 2개가 정지된 상태에서 강에 비상 착륙해 모든 승객과 승무원을 살렸다면 훌륭한 일을 해낸 것으로 여겨 당연히 영웅으로 대접을 받아야 한다는 것이 상식이지만 국가운수안전위원회(NTSB)의 조사가 시작되면서 조사를 맡은 항공 전문가와 관계자들의 생각은 달랐다.

다른 대안의 가능성을 생각하면서 과연 기장인 설리가 취한 결정이 최선의 결정이었는가를 따져보고, 그렇지 않다고 결론이 나면 기장에게 그 책임을 묻겠다는 것이 이들의 생각이었다. 그만큼 그들의 생각은 합리적이고 매일 4번씩 155명의 승객을 비행으로 옮기면서 승객과 승무원의 생명과 안전을 책임지고 있는 기장으로서의 책무는 중차대한 것으로 이해할 수 있다.

국가운수안전위원회 조사에 의해 제기된 의문을 아내에게 고백하면서 “내가 이 모든 걸 날려버리면 어쩌지?”라고 말할 때, 아내는 “뉴스를 봐, 당신은 영웅이야.”라고 말한다. 그는 조사 결과에 따라 직업과 명예, 그리고 애써 평생 모은 집을 날릴지도 모른다는 불안감이 그를 더욱 괴롭힌다. 기장으로서의 책임이 그의 양 어깨를 고통스러우리만큼 짓누르고 있었던 것이다.

위원회의 조사와 판단은 설리의 위기 대처 방식에 대한 조사위원의 주관적인 판단이 아니라 객관적으로 추정된 기준을 따른다. 무감동한 자동인형처럼 행동하는 조종사들의 시뮬레이션은 설리에 의해 보기 좋게 반박당한다. 그는 자신의 결정을 이끌었던 것은 기계적인 침착함이 아니라 공포와 긴장, 당혹 등 인적 요소를 내포한 직관이었다고 주장한다.

이 한마디로 설리는 무모했다는 관료적인 책임 전가를 피해 간다. 설리는 모든 인간성을 제거한 비행 시뮬레이터들에 의존한 조사의 허망함을 폭로하며, 자신의 행위의 정당성을 입증하고, 나아가 자신에게 책임이 없음을 분명히 한다.

2 『버티칼 리미트(*Vertical Limit*)』

마틴 캠벨(Martin Campbell) 감독이 피터 가레트 역의 크리스 오도넬(Chris O'Donnell), 엘리엇 본 역의 빌 팩스톤(Bill Paxton), 애니 가레트 역의 로빈 튜니(Robin Tunney) 등을 주연으로 해서 2001년 1월 13일에 개봉한 영화이다.[22)]

세계 최고의 산악인 로이스는 화창한 어느 날 아들 피터와 딸 애니와 함께 암벽 등반을 즐긴다. 깎아지른 절벽에서 정상을 향한 모험을 즐기던 이들은 옆에서 암벽 등반을 하던 다른 산악인의 실수로 피터와 애니 그리고 로이스 모두가 가장 아래쪽에 있던 애니의 자일에 매달리게 된다. 가장 아래쪽에 있었던 애니는 이 사고로 인해 가장 윗자리에 위치하게 되었고, 그 다음으로 피터가 그리고 그 아래로 아버지인 로이스가 자리를 잡게 되었다. 물론 그 아래로는 이 사고의 원인을 제공

22) http://movie.naver.com/movie/bi/mi/basic.nhn?code=31153

한 다른 두 산악인이 매달린 형국이 되었다.

이럴 때일수록 안정과 침착이 무엇보다 중요한데 맨 아래쪽에 있던 두 산악인은 두렵고 당황한 나머지 비명을 지르고 마구 몸을 뒤척이며 살기 위한 안간힘을 쓰다가 결국 끝이 보이지 않는 절벽 아래로 추락하고 만다. 이제 애니의 자일에 몸을 지탱하고 매달려 있는 사람은 애니를 비롯해 피터 그리고 로이스뿐이다.

경험이 많고 노련한 산악인으로서 애니의 자일을 지탱하기 위해 바위 틈 사이에 낀 캠 두 개만으로는 현재 자일 하나에 매달려 있는 세 사람의 무게를 버티지 못한다는 사실을 알고 있는 로이스는 가장 위쪽에 있는 애니에게 바위틈 사이에 한 개의 캠을 더 끼워 넣으라고 이른다. 애니는 로이스의 말에 따라 자기가 가지고 있던 캠을 꺼내 바위틈 사이에 끼워 넣으려고 몸을 비틀면서 안간힘을 쓴다.

그러나 바위틈과 애니와의 거리가 애니의 팔 길이보다 긴 관계로 이러한 노력은 수포로 돌아간다. 오히려 설상가상으로 애니가 바위틈에 캠을 끼우려고 안간힘을 쓰는 바람에 캠 하나가 바위틈 사이에서 빠져버린다. 애니를 비롯한 피터와 로이스는 순간 긴장한다. 세 명이 하나의 캠에 의지하고 있는 자일로는 지탱할 수 없다는 사실을 알고 있던 로이스는 현재의 상황을 돌이킬 수 없다는 판단을 한다.

로이스는 중간에 있는 피터에게 "등산용 칼을 꺼내서 자일을 자르라!"고 침착한 어조로 조용히 이른다. 애니가 안 된다고 절규하듯이 외친다. 로이스는 침착하게 "이것은 하나가 죽느냐 그렇지 않으면 셋이 모두 죽느냐의 문제"라면서 피터에게 계속 자일을 자를 것을 요구한다. 피터는 진퇴양난의 상태에 빠진다. 애니는 절대로 잘라서는 안 된다고 읍소한다.

그러나 로이스는 이 상태에서 최선의 선택이 무엇인지 노련한 산악인으로서 잘 알고 있을 뿐만 아니라 가족을 지켜 주어야 한다는 아버지로서의 책임감도 강하게 느끼고 있었다. 자기 하나의 희생으로 사랑하는 나의 가족을 살릴 수 있다면 그것 이상 최선의 선택이 어디 있겠는가 하는 마음이다.

그나마 바위틈에 가까스로 끼워져 있던 하나 남은 캠이 미끄러지면서 내려오며 빠질 듯하자 이들은 커다란 공포감을 느끼게 된다. 위기일발의 순간 로이스는 피터에게 외친다. "어느 누구도 너를 비난하지는 않을 것이다. 세 명이 매달려서는 모두가 다 죽는다. 너의 사랑하는 동생을 살려야 하지 않겠느냐. 어서 칼로 자일을 잘라라." 피터는 동생 애니의 만류하는 비명 속에 떨리는 손으로 칼을 든다. 그리고 잠시 망설이다가 결국 자일을 자르게 된다. 로이스는 절체절명의 위기의 순간 조금도 망설임이 없이 결단을 내려 자신의 생명을 희생하고 애니와 피터를 살린다. 그는 아버지로서 살신성인의 마지막 책임을 다한 것이다.

3 『캡틴 필립스(*Captain Philips*)』[23)]

폴 그린그래스(Paul Greengrass) 감독이 리처드 필립스 역의 톰 행크스(Tom Hanks), 안드레아 필립스 역의 캐서린 키너(Catherine Keener), 무세 역의 바크하드 압디(Barkhad Abdi), 빌라이 역의 바크하드 압디라만(Barkhad Abdirahman), 나지 역의 파이살 아메드(Faysal Ahmed), 엘미 역의 마핫 알리(Mahat M. Ali) 등을 주연과 조연으로 해서 2013년에 개봉한 영화이다.[24)]

해적의 출몰이 매우 잦은 소말리아 인근 해상에서 리처드 필립스 선장이 이끄는 화물선 머스크 앨라배마 호가 구호물자를 잔뜩 실은 상태에서 해적의 공격을 받는 사건이 발생한다. 필립스 선장은 평범한 가장이자 평생 컨테이너선을 몰아온 베테랑 선장으로서 선장의 의무와 본분에 충실하고 자기와 함께 하는 사람의 목숨에 책임을 지는 우직한 전형적인 뱃사람이다.

필립스 선장은 순간의 기지로 해적들의 1차 공격을 막는 데 성공하지만 결국 해적들은 앨라배마 호를 점령한다. 선원들을 해적의 손이 미치지 않을 안전한 곳으로 대피시킨 채 홀로 필립스 선장은 해적과 대치한다.

그런 후 숨막히는 경계와 팽팽한 심리전 속에서 해적과 협상을 하고 그들의 요구대로 투철한 책임감을 자랑하는 필립스 선장은 19명의 선원을 대신해 "날 죽일지라도 선원들은 살려 주시오."라고 하면서 해적들과 함께 구명보트에 올라 홀로 해적의 인질이 된다. 그리고 구조의 손길이 올 때까지 침착함을 유지한다. 곧 현장에 도착한 미국 해군은 총 몇 자루가 전부인 소말리아 해적을 상대로 압도적인 소탕작전을 펼친 끝에 그를 무사히 구출해 낸다.

이 영화에서 전달하고자 하는 메시지는 선장이 선장으로서의 본분과 책임감을

23) 영화의 원작인 필립스 선장의 수기 제목은 『선장의 의무(*A Captain's Duty*)』이다.
24) http://movie.naver.com/movie/bi/mi/basic.nhn?code=97696

잘 보여 주고 있다는 점이다. 모두가 잘 알고 있는 사실이지만 선원의 안전과 생명을 책임지고 있을 뿐만 아니라 목적지까지 배에 실린 화물을 안전하게 운송해야 할 책임이 바로 선장에게 있는 것이다.

예로부터 선장은 배와 함께 운명을 같이하는 것이 관례처럼 되어 있다. 배가 침몰될 때 선장은 승객과 화물을 최대한 안전하게 탈출시킨 후 자신은 배와 함께하는 것을 선장으로서의 최고의 명예로 알았던 것이다. 대표적인 예로서는 20세기 들어서면서 최대 규모와 화려함으로 이름이 높았던 영국 호화 유람선 타이타닉(Titanic) 호를 들 수 있다. 1912년 4월 14일 밤 대서양의 유빙과 충돌한 타이타닉 호는 결국 두 조각으로 동강이 나서 침몰하지만 이 배와 함께 에드워드 존 스미스(Edward John Smith) 선장도 운명을 같이한다. 선장의 책임은 이만큼 막중하다.

이러한 선장으로서의 책임을 지키기 위해 이 영화에 나오는 필립스 선장은 자신의 하나뿐인 목숨까지 건다. 자신의 목숨을 걸만큼 선장으로서 그의 책임은 막중한 것이고, 그는 목숨을 걸고 이것을 지켜낸다.

이것은 2009년 미국 화물선 머스크 앨라배마(Maersk Alabama) 호가 소말리아의 해적에 납치당했던 실화를 바탕으로 한 영화이다. 미국판 '아덴만의 여명작전'이라 할 수 있다. 참고적으로 아덴만의 여명작전은 2011년 소말리아 해적에게 납치된 석해균 선장과 그의 선원들을 구하기 위해 우리나라 해군이 해상 작전을 통해 성공적으로 인질을 모두 구하고 해적을 사살하거나 생포한 사건으로 앞서 살펴본 미국 화물선 머스크 앨라배마 호 사례와 매우 유사한 실화라 할 수 있다.

이 영화 역시 선장으로서의 책임을 다하는 모습을 담아내고 있다. 공직자들도 선장이나 선원과 같은 책임성을 지니는 존재라고 볼 수 있다. 어떻게 보면 이들보다 더 막중한 책임감을 지니는 존재인지도 모른다.

국민으로 가득 찬 국가라는 배를 운행하는 공직자는 선장과 선원처럼 올바른 방향으로 제대로 배를 몰아가야 할 책임을 가진다. 그리고 안전하고 쾌적하게 목적지에 국민들을 모시고 가야 할 책임을 가지고 있는 것이라는 점을 간접적으로 보여 주고 있다.

4 『살인의뢰』

손용호 감독이 베테랑 형사 태수 역의 김상경, 살인마 조강천에게 아내를 잃은 승현 역의 김성균, 연쇄실종사건의 범인이자 부녀자들을 무참히 살해한 살인마 조강천 역의 박성웅을 주연으로 해서 2015년 3월 12일 개봉한 영화이다.[25)]

베테랑 형사 태수는 우연히 뺑소니 범인인 조강천을 잡는다. 그리고 그가 서울 동남부 연쇄실종사건의 범인이자 부녀자 열 명을 무참히 살해한 살인마였다는 사실을 알게 된다. 그러던 중, 강천의 마지막 희생양이 태수의 동생 수경으로 밝혀져 태수는 충격에 휩싸인다. 태수는 수경의 행방을 찾기 위해 강천 앞에 무릎까지 꿇지만 강천은 입을 굳게 다물고, 그에게 아내를 잃은 또 다른 남자 승현은 슬픔과 분노를 견디지 못한 나머지 사라진다.

3년이란 세월이 흐른 후, 살인사건을 조사하던 태수는 누군가 감옥 안의 강천을 노리고 있다는 것을 알게 된다. 죽음의 표적이 된 강천을 지킬 수도, 그렇다고 죽게 내버려 둘 수도 없는 형사 태수 앞에 사라졌던 승현이 다시 모습을 드러낸다.

이 영화는 연쇄살인의 잔혹성이 사회에 끼치는 해악에 대해 메시지를 던져 주고 있다. 사실 지금까지 많은 연쇄살인이 우리 사회 내에서 저질러졌다. 대표적인 것으로 예를 들어 보면 유영철이 2003년부터 2004년까지 저지른 연쇄살인 사건[26)]과 강호순이 2006년부터 2008년까지 자행한 연쇄살인사건[27)] 등이다.

---

25) http://movie.naver.com/movie/bi/mi/basic.nhn?code=122916

26) 유영철은 고등학교 2학년 때 절도사건으로 소년원에 수감된 이래, 총 14차례의 특수절도 및 성폭력 등의 혐의로 11년을 교도소에서 생활했다. 그는 1991년에 결혼했다. 1993년부터 1995년까지는 간질 증세로 병원에서 진료를 받았다. 그리고 2002년 5월 무렵 부인이 이혼소송을 제기해 일방적으로 이혼을 당한 뒤부터 여성 혐오증을 보인 것으로 알려져 있다. 2003년 11월에는 전과자이며 이혼남이라는 사실이 알려져 교제 중이던 여성으로부터 절교를 당하기도 했다. 그리고 2003년 9월부터 2004년 7월까지 연쇄적으로 총 21명을 살해했다. 유영철은 2004년 7월 18일 경찰에 체포되었다. 이어 같은 해 8월 13일 구속 기소되었는데, 죄목은 21명 살해, 공무원 자격 사칭, 강도 등의 혐의이다. 이후 2005년 6월 대법원에서 사형이 확정되었다. 『네이버 지식백과』; http://terms.naver.com/entry.nhn?docId=1227009&cid=40942&categoryId=31778

27) 강호순은 2005년 10월 경기도 안산시 상록구 본오동 장모 집에 불을 질러 장모와 처를 살해한 이래 2006년부터 2008년까지 경기도 서남부 일대에서 연쇄적으로 여성 일곱 명을 납치해 살해했다. 2009년 1월 27일 검거된 그에 대해 1심과 2심에서 살인, 현주건조물 방화치사, 존속살해, '성폭력범죄처벌법' 위반 등의 혐의를 적용해 사형을 선고했고 강호순은 상고하지 않아 2009년 8월 3일 사형이 확정되었다. 『네이버 지식백과』; http://terms.naver.com/entry.nhn?docId=1345808&cid=

이 영화는 이러한 연쇄살인 사건의 피해자가 살해를 당한 사람뿐만 아니라 그의 사랑하는 가족들, 그리고 우리 사회 전체라는 점을 강조하고 있다. 살해당해 죽은 자도 그렇지만 살아남은 자들의 삶은 무어라 형용하기 어려울 정도로 피폐하고 황량하게 변하고 만다. 살아 있어도 산 것이 아닌 그야말로 목불인견의 참담한 처지에 놓이게 되는 것이다. 이 영화의 대사 중 "그 날 이후, 죽을 수도 살 수도 없었다."는 것이 이러한 피해자 가족의 심경을 적나라하게 표현한 것으로 이해할 수 있다.

이들은 자기 자신이 어떻게 해볼 수 없는 상황에 처해 허우적거림에 따른 강한 무기력감과 자신이 사랑하는 사람을 앗아간 살해자와 그에게서 자신과 자신의 가족을 지켜 주지 못한 사회와 국가에 대한 분노를 가지게 된다.

이러한 심리적 상태는 급기야 정상을 벗어나는 일탈적 행태로 나타나게 된다. 그래서 그들은 자신과 자신이 사랑했던 가족을 지켜 주지 못한 사회나 국가에 대한 적개심을 분출하는 행동을 보이거나 심할 경우 자기 자신이 직접 가해자에게 복수를 하게 되는 것이다.

실제로 영화에서 아내를 잃은 슬픔에 가해자인 조강천을 죽여 복수를 하려고 승현이 자기 집 책상에다 '죽여야 한다'라고 칼로 글을 쓰면서 "죽여야 한다! 죽여야 한다! 죽여야 한다! 죽여야 한다!"라며 혼잣말로 중얼거리는 것도 바로 이러한 심리 상태를 반영한 것이다.

또한 자기 여동생 남편인 승현과 여동생 수경을 살해한 연쇄살인범 조강천과 몸싸움을 한 후 그를 체포해 경찰한테 인계하고 그가 연행되어가는 모습을 지켜보던 태수는 경찰 후배 기석이의 권총을 꺼내면서 조강천을 향해 "기석아. 나! ~ 살고 싶다!" 하고 외치면서 살인마 조강천을 향해 권총을 발사하는 장면도 바로 이와 맥을 같이하는 것으로 볼 수 있다.

자신이 지켜 주지 못한 가족에 대한 미안함과 정상적인 사법절차를 통해서는 조강천을 제대로 응징할 수 없다는 절박감이 이러한 행동을 유발하게 된 것으로 여겨지기 때문이다. 지금 그의 명을 끊어놓지 않는다면 사형제도가 유명무실해진 현 상황에서 조강천은 비록 감옥 안이긴 하겠지만 천수를 누리게 될 것이다.

국가는 개인의 자유와 생명을 지켜 주어야 할 의무와 책임을 가지고 있다. 로크(John Locke)나 루소(Jean Jacque Rousseau)의 『사회계약론(*Social Contract*)』을 거론하

40942&categoryId=31778

지 않는다 하더라도 국가는 분명 그러한 책무를 국민에게 지고 있는 것이다.

억울하게 피해를 입은 국민을 정부는 보호해야 하며, 그러한 피해를 준 가해자에 대해 그에 상응하는 응징을 해야 한다. 그러나 최근에 들어 피의자의 인권 보호나 국가 온정주의 등의 영향으로 솜방망이 처벌이 예사가 되고, 심지어 사형제도와 같은 극단적인 형사적 처벌이 집행되지 않는 경우가 발생하고 있다.

인권적 차원에서 이해되지 않는 것은 아니지만 법으로 보호할 가치가 없는 인권까지 보호해야 하는지에 대해 숙고해 볼 필요가 있고, 더불어 국가의 책임을 다하기 위해 국가는 국민 보호를 위해 무엇을 할 것인가를 고민해 보아야 할 것이다.

5 『베테랑』

류승완 감독이 형사 서도철 역의 황정민, 재벌 3세 조태오 역의 유아인, 최 상무 역의 유해진을 주연으로 하고, 오 팀장 역의 오달수, 위장 전문 홍일점 미스봉 역의 장윤주, 육체파 왕형사 역의 오대환, 막내 윤형사 역의 김시후를 조연으로 해서 2015년 8월 5일 개봉한 영화이다.[28)]

한 번 꽂힌 것은 무조건 끝을 보는 행동파 서도철 형사, 오 팀장, 장윤주, 육체파 왕 형사, 막내 윤 형사가 특수 강력사건 담당 광역수사대의 팀원이 된다. 국제 불법 중고차 매매단 사건이라는 오랫동안 쫓던 대형 범죄사건을 해결한 후 숨을 돌리려는 찰나, 서도철은 세상 무서울 것 없는 안하무인의 재벌 3세 조태오와 언제나 그의 곁을 지키는 오른팔 최 상무를 만나게 된다. 서도철은 의문의 사건을 쫓던 중 그들이 사건의 배후에 있음을 직감한다.

조태오와 최 상무 등이 서도철을 협박하며 건넨 말로 건들면 다친다는 충고에도 불구하고 포기하지 않는 서도철의 집념에 판은 걷잡을 수 없이 커져가고 조태오는 이를 비웃기라도 하듯 유유히 서도철이 쳐놓은 포위망을 빠져 나간다. 이런 모습을 지켜보는 서도철은 "돈으로 어디까지 막을 수 있을 거 같아?" 하면서 끝까지 포기하지 않는다.

돈과 권력을 가지고 온갖 협박과 회유를 함에도 불구하고 경찰의 본분을 우직

---

28) http://movie.naver.com/movie/bi/mi/basic.nhn?code=115977

스러울 만큼 밀고 지켜나가는 서도철의 행동에서 이 시대의 진정한 경찰상을 보는 것 같은 마음의 공감을 자아낸다. 겉으로는 거칠고 마구 자비처럼 행동을 하지만 속마음은 진솔하고 정의감에 불타는 그의 사람됨은 그가 본분을 다하는 경찰의 책임 이행에서 진정성 있게 드러나고 있다.

그는 어떠한 위협과 회유에도 굴하지 않고 이 사회의 정의 실현을 위해 경찰로서의 맡은 바 소임과 책임을 끝까지 밀고 지켜 나가는 민중의 지팡이 역할을 제대로 한 것이다.

6 『내가 살인범이다』

정병길 감독이 최형구 역의 정재영, 이두석 역의 박시후를 주연으로 해서 2012년 11월 8일 개봉한 영화이다.[29)]

15년 전, 세상을 떠들썩하게 만들었던 연쇄살인 사건은 끝내 범인을 잡지 못한 채 공소시효가 끝난다. 사건 담당 형사 최형구는 범인을 잡지 못한 죄책감과 자신의 얼굴에 끔찍한 상처를 남기고 사라진 범인에 대한 분노로 15년간 하루도 편히 잠들지 못한다.

그리고 공소시효가 끝나고 2년 후, 사건 발생 17년 후, 법적으로 무죄가 된 자신을 연쇄살인 사건의 범인이라고 스스로 밝힌 이두석이 자신의 살인 행각을 낱낱이 기록한 『내가 살인범이다』라는 살인 참회 자서전을 출간하고, 이 책은 단숨에 베스트셀러가 된다. 아름다운 미남형 외모와 수려한 말솜씨로 스타가 된 희대의 연쇄살인범 이두석을 결코 최형구는 용서할 수 없었다. 그는 알려지지 않은 마지막 미해결 실종사건을 파헤쳐 법이 용서하고 세상이 용서한 이두석을 어떻게든 잡아 넣으려 한다.

이 영화가 우리에게 던지는 화두는 공소시효가 끝난 살인자를 어떻게 할 것인가 하는 점이다. 그는 분명 사회적 악이며, 그에 의해 누군가는 피해를 보고 상처를 입었음에도 불구하고 법 위에서 잠을 잔 자는 보호할 가치가 없다는 시효제도의 취지에 따라 공소시효가 만료됨으로써 법적으로 무죄가 되는 상식적으로는 도

29) http://movie.naver.com/movie/bi/mi/basic.nhn?code=78790

저히 이해할 수 없는 상황에 처해지게 된다.

바로 이 점을 우리는 어떻게 해석해야 하느냐 하는 것이다. 법적 안정성도 중요하고 피의자의 인권도 중요하지만 그로 인해 빚어진 비극을 단지 법이 규정한 시효가 만료되었다는 이유 하나만으로 모든 것을 용서한다는 것은 법 이전의 인간으로서의 도리나 인간적 정서로 본다 해도 용납되기 어렵다. 바로 이러한 점에 대해 이 영화는 우리에게 그 답을 요구하는 것이다.

또한 이 영화는 이렇게 법이 지켜 주지 못하는 국민을 국가는 어떻게 보호해 줄 것인가 하는 점에 대해 주의를 환기시키고 있다. 시효가 만료되었다거나 또는 법이 가진 맹점을 철저하게 악용해 법의 그늘 속에서 사악한 범죄를 저지르는 범법자로부터 선량한 국민을 어떻게 보호할 것인가 하는 문제인데 이에 대한 해답을 요구하고 있다.

국가는 두 말할 필요도 없이 국민을 이러한 범죄로부터 보호를 할 책임을 가지고 있으며 사법제도에 문제가 있다면 사후약방문 식의 오류를 범하지 말고 예방적 차원에서 선제적인 조치를 취해 나가야 한다. 바로 그것이 국가가 행해야 할 국민을 위한 의무의 이행이며 책임의 완수이다.

7 『살인의 추억』

봉준호 감독이 형사 박두만 역의 송강호, 서태윤 형사 역의 김상경, 구희봉 반장 역의 변희봉, 신동철 반장 역의 송재호, 형사 조용구 역의 김뢰하를 주연과 조연으로 해서 2003년 4월 25일 개봉한 영화이다.[30)]

이 영화도 앞에서 살펴본 『내가 살인범이다』와 같이 비슷한 문제를 제기하고 있다. 1986년부터 1991년까지 경기도 화성시 태안읍 일대에서 열 명의 여성이 살해되었다. 언론 등에서는 이를 화성연쇄살인사건[31)]으로 이름 붙였다. 이 사건을 해결

30) http://movie.naver.com/movie/bi/mi/basic.nhn?code=35901

31) 한국에서 발생한 최초의 연쇄살인 사건으로1986년 9월 19일 경기도 화성시 태안읍 안녕리(安寧里)에서 71세 노인의 하의가 벗겨지고, 목이 졸려 살해된 채 발견되면서 시작되었다. 이후 1986년 2차례, 1987년 3차례, 1988년 2차례, 1990년과 1991년에 각각 1차례씩 총 10회에 걸쳐 불특정 다수의 여성 열 명이 차례로 강간 살해되었는데, 사건 모두 태안읍 반경 2㎞ 이내에서 일어났다. 『네이버 지식백과』. http://terms.naver.com/entry.nhn?docId=1224758&cid=40942&categoryId=31637

하기 위해 경찰이 무던히도 많은 노력을 기울였지만[32] 지난 2006년을 기해 공소시효 만료로 범인을 찾지 못한 채 종결되었다.

그러나 오늘 날까지도 대한민국 3대 미제사건 중 가장 충격적인 사건으로 기억되고 있다. 그런데 만약 범인이 공소시효가 끝난 지금, 『내가 살인범이다』에서 설정을 한 것처럼 스스로 세상에 나온다면 어떻게 될까? 우리에게 같은 질문을 던지고 있다.

1986년 경기도에서 젊은 여인이 무참히 강간을 당한 후 살해당한 시체로 발견된다. 사건 발생 2개월 후, 비슷한 수법의 강간살인사건이 연이어 발생하면서 이 사건은 언론을 중심으로 세간의 주목을 받기 시작하고, 사건이 발생한 일대는 연쇄살인이라는 생소한 범죄가 가져다 주는 공포에 휩싸인다.

사건 발생 지역에 특별수사본부가 설치된다. 특별수사본부는 구희봉 반장을 필두로 지역 토박이 형사 박두만과 조용구, 그리고 서울 시경에서 자원해 온 서태윤이 배치된다. 육감으로 사건을 처리하는 데 이골이 나 있는 박두만은 동네 양아치들을 족치며 자백을 강요하고, 서태윤은 사건 서류를 꼼꼼히 검토하며 사건의 실마리를 찾아가지만, 스타일이 다른 두 사람은 처음부터 팽팽한 신경전을 벌인다.

이윽고 용의자가 검거되고 사건의 끝이 보일 듯하더니, 매스컴까지 몰려든 현장 검증에서 용의자가 범행 사실을 부인하면서 현장은 아수라장이 되고, 이에 대한 책임을 지고 구 반장은 파면당한다.

수사진이 놀랄 정도로 범인은 자신의 흔적을 일절 남기지 않는다. 살해하거나 결박을 할 때도 모두 피해자가 착용했거나 사용하는 물품을 이용한다. 심지어 강간사일 경우에도, 대부분 피살자의 몸에 떨어져 있기 마련인 범인의 음모조차 단 한 가락도 발견되지 않는다. 후임으로 신동철 반장이 부임하면서 침체된 수사는 활기를 띠기 시작한다.

박두만은 범인이 사건 현장에 털 한 오라기 남기지 않는다는 점에 착안해서, 근

32) 총 180만 명의 경찰이 동원되고, 3,000여 명의 용의자가 조사를 받았음에도 8차 사건을 제외하고는 어떤 사건의 범인도 잡히지 않았다. 또 7·9·10차 사건의 용의자로 지목되었던 3명의 용의자가 스스로 목숨을 끊는 등 불상사가 거듭되었다. 유일하게 해결된 8차 사건의 경우, 사건 현장에서 발견된 음모와 범인의 음모가 일치한다는 것이 증거로 채택되어 무기징역이 선고되었으나, 다른 사건과는 관련이 없는 것으로 밝혀졌다. http://terms.naver.com/entry.nhn?docId=1224758&cid=40942&categoryId=31637

처의 절과 목욕탕을 뒤지며 무모증인 사람을 찾아 나서고, 사건 파일을 검토하던 서태윤은 비오는 날, 빨간 옷을 입은 여자가 범행 대상이라는 공통점을 밝혀낸다.

이에 근거해 선제 공격에 나선 형사들은 비오는 밤, 여자 경찰에게 빨간 옷을 입히고 범인을 끌어들이는 함정 수사를 벌인다. 그러나 성과 없이 끝나고 다음날 아침 들려오는 것은 또 다른 여인이 끔찍하게 살해되었다는 뉴스뿐이다. 사건은 해결의 실마리를 다시 감추고 냄비처럼 들끓는 언론은 일선 형사들의 무능을 지적하면서 형사들을 더욱 궁지로 몰아넣는다.

이러한 줄거리로 전개되는 이 영화에서 던지는 질문은 여러 가지가 있지만 그 중 하나는 공권력의 무기력화이다. 살인의 추억에 나오는 연쇄살인범은 공권력을 철저하게 농락하고 비웃는다.

나 보란 듯이 잔인한 범행을 저지르고 그런 후 하나라도 증거를 남기지 않고 그야말로 바람과 같이 사라진다. 뒷북을 치듯이 공권력은 북새통을 이루며 움직이지만 어떠한 그의 흔적을 발견조차 못한다. 이러한 게임을 연쇄살인범은 오히려 즐기는 것이 아닌가 하는 생각이 들 정도로 그는 국가의 공권력을 가지고 논 것이다.

앞에서도 누차 언급했지만 국민의 생명과 재산을 지키는 것은 국가의 핵심적 책무이다. 그리고 그러한 국가의 책무를 집행하는 공권력이 바로 경찰이다. 그럼에도 불구하고 경찰이 국민의 생명과 재산을 제대로 지켜 주지 못한다면 국민들의 불안은 말로 형용키 어려울 것이다. 불안한 치안 속에서 이 일대의 주민들은 두려움에 떨어야 되고 국민들의 사회적 불안 역시 가시기가 어려울 것이다.

장미가 장미다워야 하듯이 경찰은 경찰다워야 한다. 공권력의 상징으로서 경찰은 국민의 생명과 재산을 지키는 맡은 바 소임과 책임을 다해야 할 것이라는 점을 미제의 사건이 되어 버린 화성연쇄살인사건을 소재로 한 이 영화에서는 강하게 요구하고 있다.

8 『26년』

조근현 감독이 광주 수호파 중간보스 곽진배 역의 진구, 국가대표 사격선수 심미진 역의 한혜진, 서대문 소속 경찰 권정혁 역의 임슬옹을 주연으로 해서 2012년

11월 29일 개봉한 영화이다.[33]

곽진배, 심미진, 그리고 권정혁 등 5·18 민주화운동 희생자 2세라는 공통분모를 가진 세 사람을 한 자리로 불러모은 보안업체 대기업 회장 김갑세와 그의 비서 김주안은 그 사람을 과녁으로 한 극비 프로젝트를 이들에게 제안한다.

진배는 무력 도발로 연희동을 자극시킨다. 그러나 회장 김갑세가 광주 시민들을 제압하던 계엄군이었고 그의 총검에 아버지가 죽었다는 사실을 알게 되면서 팀에는 금이 생긴다.

이러한 균열로 인해 극비 프로젝트가 제대로 추진되지 못함을 안타깝게 여기던 미진은 어느 날 홀로 서대문 사거리에서 그 사람이 타고 있는 차량에 뛰어들어 사격을 가한다. 마지막 한 발로 성공적인 저격의 순간이 왔을 때, 총이 터져 버린다. 이로 인해 미진은 상당한 부상을 입게 된다. 위기일발의 순간 미진은 뒤늦게 달려온 진배의 도움으로 탈출하지만, 정혁은 충격을 받고 사라진다.

이러한 일련의 사건으로 사설 경호 인력이 보강되는 등 연희동의 경호는 더욱 삼엄해진다. 이러한 와중에 주안은 그 사람의 비서실장인 탁 실장을 대상으로 한 로비에 성공한다. 그 사람과의 단독 면담 날짜가 잡힌다.

드디어 그날이 밝았다. 저격 위치를 확보한 미진, 경찰 병력을 저지할 진배 일행, 그리고 김갑세와 주안은 탁 실장을 이용해 검문을 무사히 통과하고 드디어 연희동 저택 안으로 들어간다. 그러나 행운의 여신은 이들에게 마냥 미소를 지어 주는 것은 아니었다. 서대문경찰서 최 계장의 집요한 추적으로 암살작전의 실체가 밝혀지고 경호실장인 마상렬의 명령으로 연희동 안팎은 빠르게 진압된다. 미진에게까지 포위망은 좁혀지고 사라졌던 정혁이 나타나 작전을 저지한다.

이 영화는 1980년 5월 광주의 비극과 연관된 조직폭력배, 국가대표 사격선수, 현직 경찰, 대기업 총수, 그리고 사설 경호업체 실장이 26년 후 바로 그날, 학살의 주범인 그 사람의 단죄를 위한 작전을 펼치는 액션 복수극이다.

1980년 5월에 일어난 광주의 아픔을 재현하는 데에 그치는 것이 아니라 그로부터 26년이 흐른 현재로 시점을 옮겨 그날의 비극이 결코 박제된 역사가 아닌, 살아남은 자들에게는 여전히 계속되고 있는 아픔과 상처라는 점을 이야기한다. 특히 역사적인 사실에 학살의 주범인 그 사람을 단죄한다는 과감한 상상력을 더한 파격적

33) http://movie.naver.com/movie/bi/mi/basic.nhn?code=47384

인 소재로 영화를 구성하고 있다.

전직 대통령의 예우를 받으며 상상하기조차 힘든 철통 경호를 받고 있는 난공불락의 요새인 연희동 저택으로 이들은 침투하고자 한다. 완벽 경호를 뚫기 위한 주인공들의 치밀하고도 다층적인 암살 계획이 전개된다. 또한 점점 좁혀오는 수사망과 좌절되는 암살 시도, 팀원 내부의 갈등과 돌출 행동으로 인한 위기 등을 잘 묘사하고 있다.

이 영화는 결코 간과할 수 없는 관점 하나를 제시하고 있다. 공직자가 가지는 책임은 무한하다는 점이다. 비록 임기가 끝난다 하더라도 그가 재임 중에 내린 결정에 대해서는 책임을 져야 한다는 것이다. 이러한 생각은 고위 공직자의 경우 역사가 평가를 내린다는 말과 상통한다.

그만큼 공직자가 내리는 하나하나의 결단과 결정은 태산만큼이나 크고 무겁다. 이렇게 보는 이유는 공직자가 내린 결정은 국민의 삶에 매우 중요한 결과를 초래하기 때문이 아닐까 생각해 볼 수 있다. 따라서 공직자의 결정, 특히 고위 공직자의 결정은 국민에게 무한 책임을 가질 수밖에 없다. 이 영화는 국민에 대한 무한책임을 그 사람에게 현재 묻고 있다.

9 『더 울프 오브 월 스트리트(*The Wolf of Wall Street*)』

마틴 스코세지(Martin C. Scorsese) 감독이 조던 벨포트 역의 레오나르도 디카프리오(Leonardo Di Caprio), 도니 아조프 역의 조나 힐(Jonah Hill), 마크 한나 역의 매튜 맥커너히(Matthew McConaughey)를 주연으로 해서 2014년 1월 9일 개봉한 영화이다.[34)]

세상을 발칵 뒤집은 희대의 사기극이며 최고들이 만들어 낸 거짓말 같은 실화이다. 화려한 언변, 수려한 외모, 명석한 두뇌를 지닌 조던 벨포트는 주가 조작으로 월 스트리트 최고의 억만장자가 된다. 주체할 수 없이 많은 돈을 손에 쥔 그는 술과 파티, 여자에게 아낌없이 쏟아붓고, 급기야 FBI의 표적이 된다.

이 영화는 국가는 이러한 교활한 사기꾼들로부터 국민의 사유재산을 지켜 줄

34) http://movie.naver.com/movie/bi/mi/basic.nhn?code=95333

책임을 가지고 있다는 점을 간접적으로 시사하고 있다.

10 『라이언 일병 구하기(*Saving Private Ryan*)』

스티븐 스필버그(Steven Spielberg) 감독이 존 밀러 대장 역의 톰 행크스(Tom Hanks), 리처드 레이번 일병 역의 에드워드 번즈(Edward Burns), 마이크 호버스 하사관 역의 톰 시즈모어(Tom Sizemore), 통역병 업햄 역의 제레미 데이비스(Jeremy Davies), 애드리안 카파르조 일병 역의 빈 디젤(Vin Diesel), 스탠리 멜리시 일병 역의 애덤 골드버그(Adam Goldberg), 대니얼 잭슨 일병 역의 배리 페퍼(Barry Pepper), 제임스 프란시스 라이언 일병 역의 맷 데이먼(Matt Damon), 앤더슨 중령 역의 데니스 파리나(Dennis Farina), 프레드 해말 대장 역의 테드 댄슨(Ted Danson Edward Bridge Danson III), 그리고 지오바니 리비시(Giovanni Ribisi) 등을 주연과 조연으로 해서 1998년 9월 12일 개봉한 영화이다.35)

제2차 세계대전이 종전으로 치닫는 치열한 전황 속에서 미 행정부는 전사자 통보 업무를 진행하던 중 충격적인 사실을 발견하게 된다. 네 형제 모두 이 전쟁에 참전한 라이언 가문에서 며칠간의 시차를 두고 세 형제가 이미 전사하고 막내 제임스 라이언 일병만이 프랑스 전선에 생존해 있음을 알게 된 것이다.

네 명의 아들 가운데 이미 셋을 잃은 라이언 부인을 위해 미국 행정부는 막내 제임스를 구하기 위한 매우 특별한 작전을 지시한다. 결국 사령부에서 막내를 찾아 집으로 보낼 임무는 밀러에게 부여되고, 이것은 이제껏 수행했던 임무보다 훨씬 어렵고 힘든 것이었다.

밀러는 여섯 명의 대원과 통역병 업햄 등 새로운 팀을 구성해 작전에 투입된다. 라이언의 행방을 찾아 최전선에 투입된 밀러와 대원들은 미군에게 접수된 마을을 지나던 중 의외로 쉽게 그를 찾아낸다. 하지만 임무 완수의 기쁨도 잠시 그는 제임스 라이언과 성만 같은 다른 인물로 밝혀진다.

다음날, 밀러 일행은 우연히 한 부상병을 통해 제임스 라이언이 라멜 지역의 다리를 사수하기 위해 작전에 투입되었고, 현재는 독일군 사이에 고립되어 있다는 사

35) http://nstore.naver.com/movie/detail.nhn?productNo=1775682

실을 듣게 된다.

단 한 명의 목숨을 구하기 위해 여덟 명이 위험을 감수해야 할 상황에서 대원들은 과연 라이언 일병 한 명의 생명이 그들 여덟 명의 생명보다 더 가치가 있는 것인가라는 끊임없는 혼란에 빠진다.

하지만 지휘관으로서 작전을 끝까지 책임지고 성공적으로 완수해야 할 밀러는 부하들을 설득해 다시 라이언 일병이 있다는 곳으로 향한다. 도중에 독일군과의 간헐적인 전투를 치르면서 결국 밀러 일행은 라멜 외곽지역에서 극적으로 라이언 일병을 찾아낸다. 하지만 라이언은 다리를 사수해야 할 동료들을 사지에 남겨두고 혼자 돌아가는 것을 거부한다.

밀러 대위는 임무에 충실한 군인 정신의 화신이면서, 전장에서는 부하의 죽음을 남몰래 슬퍼하는 아버지와 같은 역할로 분대원을 하나로 묶는 구심점이 된다. 그는 자신의 임무를 완수하기 위해 사선을 넘는 것도 마다하지 않는다.

아직 전장이 정리되지 않은 전투의 최일선으로 뛰어들어 국가에서 명한 임무인 라이언 일병을 찾아 무사히 그의 어머니 품으로 돌아갈 수 있도록 하기 위해 자신과 한 몸이 된 팀원들을 다독이고 격려하며 나아간다.

군인의 국가와 국민에 대한 책임은 국가의 수호와 국민의 안위를 살피는 일로 자신의 몸을 바치는 것이다. 한마디로 위국헌신(爲國獻身)이다.

우리나라 '군인복무규율'을 살펴보면 국군의 사명으로 "국군은 대한민국의 자유와 독립을 보전하고 국토를 방위하며 국민의 생명과 재산을 보호하고 나아가 국제평화의 유지에 이바지함을 그 사명으로 한다."[36]고 명시되어 있다. 그리고 "군인은 국군의 이념과 사명을 자각하여 정치적 중립을 엄정히 지키며 맡은 바 임무를 완수하여 국가와 국민에게 충성을 다하여야 한다."[37]고 명시하고 있다.

또한 '군인의 지위 및 복무에 관한 기본법'에는 "국군은 국민의 군대로서 국가를 방위하고 자유 민주주의를 수호하며 조국의 통일에 이바지함을 그 이념으로 한다."[38] 그리고 "국군은 대한민국의 자유와 독립을 보전하고 국토를 방위하며 국민의 생명과 재산을 보호하고, 나아가 국제 평화의 유지에 이바지함을 그 사명으로

36) '군인복무규율', 제4조 제2항.
37) '군인복무규율', 제6조.
38) '군인의 지위 및 복무에 관한 기본법', 제5조 제1항.

한다.”39)고 좀 더 구체적으로 명시하고 있다.

군인으로서 어떠한 책임과 의무를 가지고 있는가 하는 것을 알 수 있게 하는 내용이다. 나라는 다르지만 미국도 이와 별반 다르지는 않을 것이다. 밀러 대위는 이러한 군인의 본분과 책무를 다한다. 그 결과 무사히 라이언 일병을 구출해 그를 어머니의 품으로 돌려보낸 것이다.

11 『트루스(*Truth*)』

제임스 밴더빌트(James Vanderbilt) 감독이 최대의 보도 스캔들과 그 논란의 중심에 서 있는 베테랑 저널리스트이며 유능한 뉴스 프로듀서 메리 메이프스 역의 케이트 블란쳇(Cate Blanchett)과 CBS 메인 뉴스 앵커 댄 래더 역의 로버트 레드퍼드(Robert Redford)를 주연으로 하고, 군사 자문위원이자 조사관 로저 찰스 대령 역으로 데니스 퀘이드(Dennis Quaid), 프리랜서 저널리스트 마이크 스미스 역으로는 토퍼 그레이스(Topher Grace), 언론학 교수이자 협력 프로듀서로 활약하는 루시 스코트 역의 엘리자베스 모스(Elisabeth Moss)를 조연으로 해서 2016년 8월 24일 개봉한 영화이다.40)

2004년 미국 전역을 뜨겁게 달구며 지난 10년간 가장 중요한 저널리즘 사건으로 회자되고 있는 ‘래더 게이트’ 실화를 바탕으로 한 이 영화는 CBS 시사 고발 프로그램 ‘60분’의 베테랑 프로듀서 메리 메이프스를 중심으로 한 방송 팀과 간판 앵커 댄 래더41)가 손을 맞잡고42) 당시 대통령 재선을 위해 뛰고 있던 조지 부시 대통령의 군복무 비리 의혹에 대한 심층 보도 방송을 위해 이를 뒷받침할 증거를 입수하고 추적하는 고군분투 과정을 담은 영화로, 메리 메이프스의 회고록 『진실과

39) ‘군인의 지위 및 복무에 관한 기본법’, 제5조 제2항.
40) http://movie.naver.com/movie/bi/mi/detail.nhn?code=127359
41) 댄 래더는 CBS 뉴스에서 40년간 일했고, 24년간 이브닝 뉴스의 앵커를 역임한 지난 반세기 동안 전 세계에서 가장 유명한 저널리스트들 중 한 명이다. http://movie.naver.com/movie/bi/mi/detail.nhn?code=127359
42) 메리 메이프스는 TV 뉴스 프로듀서와 리포터로 25년간 활약했고, 마지막 15년 동안은 CBS 뉴스에서 일하며 주로 댄 래더와 함께 CBS 이브닝 뉴스와 ‘60분’에서 호흡을 맞췄다. http://movie.naver.com/movie/bi/mi/detail.nhn?code=127359

의무: 언론, 대통령, 그리고 권력의 특권』[43]을 원작으로 삼고 있다.

하지만 방송 이후, 이들이 제기한 조지 부시 대통령의 군복무 비리 의혹 보도는 사건의 핵심이었던 대통령의 직무 유기에 대한 의혹에서 문서의 진위 여부로 점점 쟁점이 흐려졌고 증거 조작과 오보라는 주장이 제기되었다. 정작 밝혀야 할 진실이 오리무중이 되어버린 것이다. 결국 CBS는 사과 방송을 내보냈고, 조지 부시의 대통령 재취임식 이후 메리는 CBS로부터 제명되었고, 댄 래더는 진실을 향한 저널리즘에 대중들이 관심을 가져 주길 기원하며 작별 방송을 하고 CBS를 떠나는 비극적 결말을 맞았다.

거대한 권력 앞에 "진실엔 아무도 관심이 없고 진실 따위는 사라져 버리길 바라고 있죠."라며 절망감에 젖어 공허한 절규를 외치지만 진실 보도라는 공통된 윤리 의식을 기저에 두고 있었고, 이를 위해 힘있는 자들이 비밀에 부치려는 것들을 찾아내서 보도하는 저널리스트의 사명과 사회적 책임을 잃지 않았던 둘은 결국 그 뜻을 이루지 못하고 도중 하차를 하게 되는 것이다.

그러나 그들이 추구했던 중요한 가치, 진실 보도와 힘있는 정부가 자신의 책임을 다하는가에 대한 감시와 통제에 대해 새로운 메시지를 던져 주었다는 점에서 나름대로 의미를 찾을 수 있는 영화로 받아들여진다.

12 『모두가 대통령의 사람들(*All The President's Men*)』

이 영화는 밥 우드워드(Bob Woodward)와 칼 번스타인(Carl Bernstein)이 함께 워터게이트 사건이 일어난 2년 뒤인 1974년에 해당 사건의 취재 연대기와 비화를 엮어 『모두가 대통령의 사람들』이라는 책을 발간했는데 이를 바탕으로 만들어졌다.

워터게이트 사건을 취재하던 「워싱턴 포스트」의 두 젊은 기자인 밥 우드워드와 칼 번스타인의 고군분투를 그린 1976년 작품이다. 이들이 익명의 취재원인 딥 스로트(Deep Throat)의 도움을 받아, 워터게이트빌딩 난입 사건 피의자들로부터 닉슨의 최측근으로까지 범위를 좁혀가며 독자적인 수사를 벌이는 7개월의 과정이 이야기

43) 그녀가 '60분'의 프로듀서로서 당시 대통령이었던 조지 부시의 군복무 비리 조사 작업 내용 등과 문서 조작 문제가 제기되고 결과적으로 메이프스가 해고되고 래더가 사임하는 결과로 이어진 의혹 등이 아주 자세히 기술되어 있다. http://movie.naver.com/movie/bi/mi/detail.nhn?code=127359

의 중심을 이룬다.

감독 앨런 파큘러(Alan J. Pakula)가 밥 우드워드[44] 역의 로버트 레드퍼드와 칼 번스타인[45] 역의 더스틴 호프먼(Dustin Hoffman)을 주연으로 하고, 벤 브래들리[46] 역의 제이슨 로바즈(Jason Robards), 딥스로트(Deep Throat)[47] 역의 하워드 홀브루크(Howard Holbrook), 해리 로젠펠드 역의 잭 워든(Jack Warden), 그리고 마틴 발삼(Martin Balsam) 등을 조연으로 해서 1976년에 개봉한 영화이다.[48]

1972년 6월 미국 워싱턴 워터게이트빌딩 내에 소재한 민주당 전국위원회 본부에서 도청장치를 갖고 침입한 다섯 명의 남자가 체포된다.[49] 취재를 맡은 「워싱턴 포스트」 기자 밥 우드워드는 이들의 심리가 열리는 재판정에서 수상한 징후를 발견하고 이 사내들이 중앙정보부(CIA), 더 나아가 현직 대통령이자 차기 공화당 대권주자인 리처드 닉슨의 측근과 연계되어 있다는 의혹을 품게 된다.

「워싱턴 포스트」 편집국에서는 기사 작성에 노련한 또 다른 젊은 기자 칼 번스타인을 우드워드에게 붙여주고, 약간의 신경전 끝에 두 사람은 진실을 규명하기 위해 의기투합하게 된다. 사건의 배후를 좇는 과정에서 밥은 딥 스로트라 불리는 정체 불명의 취재원과 접촉하게 되는데, 모든 정황을 알고 있는 듯 보이는 그는 밥에게 "돈을 따르라"라는 수수께끼 같은 조언을 건넨다. 밥은 딥 스로트가 건네는 수수께끼 같은 단서를 조합하며 다섯 명의 침입자를 움직인 돈의 출처를 적극적으로 좇아 점점 사건의 핵심으로 이동한다.

44) 「워싱턴 포스트」의 패기 넘치는 신입기자. 워터게이트빌딩 난입 사건의 배후를 좇아 사건의 전말을 파헤친다. 정보원 딥 스로트에게 충고를 얻어 취재 과정의 고비를 돌파해 내곤 한다.

45) 16세 때부터 기사 작성을 시작해 글쓰기에 노련한 젊은 기자. 인터뷰 대상자로부터 원하는 정보를 이끌어 내는 능력 또한 탁월하다. 밥 우드워드와 팀을 이뤄 취재에 나선다.

46) 「워싱턴 포스트」 편집국장. 딥 스로트라는 익명의 취재원에 의존한 밥 우드워드와 칼 번스타인의 취재 과정에 의문을 표하고 이들에게 객관적인 사실 관계가 철저히 확보된 기사를 요구한다. 「워싱턴 포스트」에 가해진 외압에 굴하지 않고 두 기자의 노력을 독려하는 인물.

47) 얼굴도 신원도 감춰진 비밀 정보원. 한밤중 지하 주차장에서 밥 우드워드와 은밀히 만나 교착 상태의 취재 과정에 실마리를 던져 준다. 당대에 인기를 끌었던 포르노 영화 제목을 빌린 이 정보원의 실제 신원은 30여년간 철저히 베일에 싸여 있다가, 2005년에 와서야 워터게이트 스캔들 당시 FBI 부국장을 역임했던 마크 펠트였음이 당사자에 의해 밝혀진다.

48) http://movie.naver.com/movie/bi/mi/basic.nhn?code=10492

49) 워터게이트 건물의 경비원이었던 프랭크 윌리스(Frank Willis)는 워터게이트 건물을 침입한 괴한들을 처음으로 발견해 경찰에 신고해 이들이 체포되게 함으로써 워터게이트 사건이 만천하에 드러날 수 있도록 하는 계기를 마련했다. https://en.wikipedia.org/wiki/Frank_Wills_(security_guard)

다섯 명의 사내를 움직인 자금이 닉슨 대통령의 재선위원회에서 유입되었다는 정보를 포착한 두 기자는 선거운동을 담당했던 직원들에 대한 탐문 취재를 시작한다. 그리고 드러나는 사실들을 꾸준히 신문에 발표한다. 결국 그 기사들이 대중의 관심을 끌게 되면서 스캔들의 불씨가 당겨지게 되는 것이다.

취재 대상자나 취재원들이 일순간에 진술을 뒤집고 정계의 방해공작이 거듭되는 여러 난관을 극복한 끝에 마침내 워터게이트 사건의 배후에는 백악관의 실세가 존재하고, 빌딩 침입 훨씬 이전부터 이들이 민주당 대선 후보군에 대해 조직적인 방해 공작을 시도했다는 사실을 알게 된다. 닉슨은 결국 재선에 성공하고, 두 기자는 신변의 위협 속에서 좀 더 확실한 증거와 증인 확보를 위한 분투를 이어간다.

참고적으로 사실 닉슨은 대선에서 이런 반칙을 사용하지 않았어도 충분히 승리할 수 있었다. 그는 민주당 대통령 후보 조지 맥거번(George Stanley McGovern)을 완패시켰다. 49개 주에서 승리한 것이다.[50] 49대 1의 완벽한 승리였는데 닉슨 입장에서는 이렇게 결과가 나올지 몰랐다. 그래서 그는 민주당의 선거전략 등을 알기 위해 도청하는 무리수를 둔 것이다. 결국 긁어서 부스럼을 낸 격이 되었다. 워터게이트 도청이라는 무리수를 두지 않았어도 충분히 선거에서 완승해 대통령이 될 수 있었다. 과유불급(過猶不及)의 교훈을 새삼 되새겨보는 계기가 될 수 있다(이병철, 2012: 54).

이 영화의 중심을 이루는 것은 닉슨의 본격적인 낙마 과정이 아니라 이에 도화선이 되었던 워터게이트 스캔들 초기 7개월간의 이야기이다. 주로 이 스캔들의 발화점이 된 폭로 과정에 초점을 맞추고 있다. 대다수의 언론이 침묵하고 대중은 무관심했던 그때, 두 기자는 여러 가지 어려운 난관을 뚫으면서 숨겨진 불편한 진실을 좇아 동분서주하고 있었던 것이다.

이 영화는 행정부의 수반인 대통령이 국민을 속이고 대통령으로서의 책임을 다하지 않았다는 점을 강하게 부각시키고 있다. 공직자는 무엇보다 정직해야 한다. 루스벨트(Franklin Delano Roosevelt)는 "정직이 최상의 정책"이라는 유명한 말을 남겼다. 그의 말이 하나도 틀림이 없는 것이다. 국민에게 위임받은 권력을 행사하는 공직자는 무엇보다 자신의 주인인 국민에게 정직해야 한다. 그것이 자신에게 권력

50) 조지 맥거번은 매사추세츠 주와 워싱턴 D.C.의 두 지역에서만 승리했을 뿐이다. http://ko.wikipedia.org/wiki/%EC%A1%B0%EC%A7%80_%EB%A7%A5%EA%B1%B0%EB%B2%88

을 쥐어 준 국민들의 뜻이다.

그러나 닉슨은 그러지 않았다. 그는 끝까지 자신의 결백함을 주장했고 자신의 잘못된 행동을 폭로하고 꼬집은 「워싱턴 포스트」지를 비롯한 반대파 언론에 재갈을 물리기 위한 정치적 탄압을 마다하지 않았다. 그러나 그러한 행동은 손바닥으로 하늘을 가리려는 어리석은 짓이었다. 모든 비밀은 백일하에 드러났고 그의 일그러진 자화상은 낱낱이 모습을 나타냈다.

행정부의 수반이라는 대통령은 공직자로서 가장 무거운 국민에 대한 책임을 지는 공인이다. 그는 결국 불편한 진실 앞에 무릎을 꿇었다. 탄핵으로 대통령직을 잃게 되는 것이 피할 수 없는 현실이 되자 그는 국민 앞에 섰다. 그리고 대통령직에서 하야할 것을 발표했다. 그런 후 막중한 대통령으로서의 책임을 다하지 못하고 역사의 뒤안길로 사라졌다.

13 『닉슨(*Nixon*)』

올리버 스톤(Oliver Stone) 감독이 리처드 닉슨 역의 앤서니 홉킨스(Anthony Hopkins), 팻 닉슨(Pat Nixon) 역의 조앤 알렌(Joan Allen), 알렉산더 헤이그 역의 파워스 부스(Powers Boothe), 하워드 헌트 역의 에드 해리스(Ed Harris), 에드가 후버 역의 밥 호스킨스(Bob Hoskins)를 주연으로 해서 1996년 2월 17일 개봉한 영화이다.[51)]

이 영화는 워터게이트 사건을 일으킨 닉슨 대통령의 내면에 초점을 맞췄으며, 닉슨 대통령의 성장 과정부터 정치적 이력을 상세하게 살펴보면서 그가 왜 미국 대통령 사상 최초로 사임에까지 이르게 되었는지를 설명한다.

38대 대통령 선거운동이 한창이던 1972년 6월 17일, 신원을 알 수 없는 다섯 명의 남자가 당시 야당이던 민주당 후보의 워싱턴 사무실에 무단 침입을 기도하다 현장에서 체포된다. 경찰 조사 결과 이들은 민주당 통신시설에 도청 장치를 설치하려고 했음이 밝혀지고, 당시 재선을 준비 중이던 닉슨(Richard Nixon)의 법률 고문 고든(Gordon Liddy)이 무단 가택 침입과 도청으로 기소된다. 다섯 명의 침입자에게 유죄 판결이 내려지고, 의혹의 시선을 받게 된 닉슨은 부분적인 책임을 인정하는

51) http://movie.naver.com/movie/bi/mi/basic.nhn?code=17449

성명을 발표한다.

그러나 이 사건에 대통령이 관련되어 있다는 심증을 굳힌 민주당 의원들은 특별위원회를 구성해 닉슨에 대한 맹공을 시작한다. 바로 이때, 미국 정치사 최대의 정치 스캔들의 도화선이 된 결정적인 양심 선언이 등장한다. 백악관 보좌관으로 일했던 버터필드가 대통령 집무실 대화 내용이 기록된 비밀 테이프의 존재를 폭로한 것이다.

사태가 이 지경에 이르자 테이프를 공개하라는 빗발치는 여론이 난무하고, 천재일우의 기회를 만난 민주당 의원들은 여론에 편승해 백악관에 맹비난을 퍼붓는다. 그러나 닉슨은 국가 보안을 이유로 테이프 공개를 거부한다. 설상가상으로 워터게이트 사건을 조사하기 위해 지명된 특별검사 아처볼트 콕스가 공식적으로 증거 제출을 요구하자 위기감을 느낀 닉슨은 콕스 특검 해임을 리처드슨 법무장관에게 지시하지만 리처드슨은 이를 거부하며 사임했고, 법무차관도 대통령의 명령을 물리친다.

이후 임명된 법무장관이 콕스를 해임하고 새로운 특별감사 레온 자보로스키를 임명한다. 그러나 자보로스키는 닉슨이 대법원 판결로 제출한 녹음 테이프에서 삭제 흔적을 밝혀낸다.[52] 콕스에 이어 두 명의 특별검사가 최고 권력에 맞서 비리를 밝혀낸 것이다.

여론은 이제 닉슨이 워터게이트 사건을 직접 지시했다는 방향으로 굳어져 가고, 가까이 있던 측근들마저 등을 돌리고, 아내인 패트조차 이혼을 요구한다. 미국 역사상 처음으로 대통령에 대한 탄핵이 준비되는 가운데, 닉슨은 고개 숙인 케네디의 초상화 앞에서 오열한다. 결국 1974년 7월 하원 사법위원회에서 탄핵안이 통과되었고 상원에서도 탄핵안 통과가 확실시되자 닉슨은 8월 스스로 사임한다.

이 영화 역시 앞에서 살펴본 『모두가 대통령의 사람들』에서 언급한 국민을 속인 대통령의 말로가 어떠한 식으로 이뤄지는지를 잘 보여 준다. 국민을 속이고 대통령으로서의 책임을 다하지 못한 닉슨은 스스로 대통령직에서 물러남으로써 행정부의 수반인 대통령의 책임이 얼마나 무거운 것인가를 실감나게 보여 주고 있다.

---

52) 1973년 7월, 총 4천여 시간에 달하는 문제의 테이프가 공개되는데 가장 결정적인 단서가 될 18분 30초가 누군가에 의해 이미 교묘히 지워진 후였다. http://movie.naver.com/movie/bi/mi/basic.nhn?code=17449

14 『이장과 군수』

장규성 감독이 노총각 조춘삼으로 나오는 이장 역의 차승원과 노대규로 나오는 군수 역의 유해진을 주연으로 해서 2007년 3월 29일 개봉한 영화이다.53)

시골에서 초, 중, 고등학교를 함께 나온 30대 동창 두 주인공이 학창 시절과 다르게 이장과 군수라는 신분 차이가 뒤바뀐 현실에서 겪는 갈등과 우정을 코믹하게 잘 그려내고 있다.

노총각 조춘삼 이장과 조춘삼의 어린 시절 자기 밑에서 꼬봉 노릇이나 하던 노대규 군수는 같은 동네에서 자라고 같은 학교를 나온 친구이다. 그러나 성장을 해서 한 친구는 군수가 되고 다른 친구는 이장이 되었다. 조춘삼은 자신의 어린 시절 꼬봉이었던 노대규가 군수가 된 것이 매우 배가 아프고 질투가 났다. 어린 시절과 달리 신분 차이에서 인생 역전이 된 이 상황이 조춘삼을 더욱 괴롭혔다.

조춘삼 이장은 군수가 된 노대규를 통해 자신을 돋보이게 하려고 한다. 자신이 마음에 두고 있는 여자 앞에서 이장은 군수 친구를 만나게 된다. 조춘삼은 노대규 군수를 불러 세우며 여자 앞에서 은연중 자신을 돋보이게 하기 위해 군수를 직위와 관계없이 막역한 친구처럼 소리를 지르고 무례하게 행동한다.

주변에 있는 기관장과 자신의 부하들에게 민망해진 군수 친구는 이러한 속수무책의 무례한 접근에 불쾌감을 느끼고 모른 척하고 차를 타고 가버린다. 이러한 군수 친구의 홀대 아닌 홀대에 마음을 다친 이장 친구는 쌓인 질투심과 시기심 그리고 경쟁심이 합해져서 군수에게 앙심을 품게 된다.

군수가 된 노대규가 자신의 어린 시절에는 자기의 꼬봉에 불과했고 또한 자신은 어린 시절 반장이 되고 주위로부터 떠받음을 받고 너무나 잘나갔었는데 지금은 이렇게 신분상으로 역전되어 울화가 치밀고 심사가 뒤틀려 있던 차에 이러한 군수의 홀대는 군수에 대한 복수의 칼날을 더욱 예리하게 벼르게 하는 결과를 초래하게 했던 것이다.

이러던 차에 군수는 방사능폐기장을 유치하고 중앙정부로부터 막대한 지원금을 받아 지역사회를 발전시켜 나가겠다는 당찬 포부를 가지게 된다. 이를 실행에

53) http://movie.naver.com/movie/bi/mi/basic.nhn?code=61639

옮기기 위해 군수는 회의를 열어 이를 주재한다. 우선 군수는 방사능폐기장의 국가적 필요성과 이를 자신의 지역에 유치했을 경우 가져올 수 있는 여러 재정적 지원에 대해 장황하게 설명한다. 그런 후 방사능폐기장을 꼭 유치하겠다고 말한다.

그는 늘상 공무원들이 그러하듯이 이런저런 이유를 대면서 반대를 위한 반대를 하는 행태를 연상하지만 실제 그 회의에서 부군수 이하 모든 공무원들이 나타낸 반응은 군수의 생각과는 아주 다른 것이었다. 군수님 말씀이 지당하다는 반응이었다. 어느 누구도 군수의 의견에 토를 다는 사람 없이 만장일치로 방사능폐기장 유치사업을 추진하기로 결정한다. 군수는 의기양양해서 회의장을 나선다.

그러나 부군수 등은 군수의 뒤에서 군수를 헐뜯는다. 무엇도 모르는 것이 망둥이처럼 뛴다고 하면서 이런 짓거리하다가 낭패를 크게 볼 터이니 우리는 구경만 하자는 식의 행태를 보인다. 한편 군수 친구인 조춘삼 이장은 마음이 크게 다쳐 있던 차에 군수가 방사능폐기장을 유치한다는 소식을 접하자 이 기회가 군수에게 복수할 수 있는 좋은 기회라 생각하고 군수의 방사능폐기장 유치를 반대하는 시위의 전면에 나선다.

이 영화를 통해 우리는 공무원들이 몸담고 있는 관료조직의 책임 전가가 일반화된 타성적 업무 행태와 비효율성을 엿볼 수 있다. 민선군수가 방사능폐기장 유치사업을 추진하겠다고 회의장에서 말했을 때 어느 공무원도 이에 반대하지 않고 당연히 그렇게 하셔야 한다고 이야기를 해놓고는 다른 곳에 가서는 이와는 다른 이야기를 하면서 이런 짓거리하다가 낭패를 크게 볼 거라면서 우리는 구경만 하자는 식의 책임 전가식 행태를 보이는 장면은 이러한 타성적 업무 행태를 극적으로 잘 보여 주고 있는 대목이다.

잘못된 관료조직은 윗사람의 명령을 무비판적으로 일단 수용해 놓고 보자는 그릇된 타성적 행태를 가지고 있기 때문이다. 관료조직의 책임 전가식 타성적 업무 행태는 이러한 예스 맨(Yes Man)식 행태가 만들어 내는 경우가 비일비재하며 타성적으로 옳고 그름과는 상관없이 일단 힘센 권력자에게 빌붙고, 만약 일이 잘못되어 책임 소재가 따를 때는 윗사람의 명령에 따랐을 뿐이라고 변명함으로써 철저하게 자신에게 책임이라는 불똥이 튀지 않도록 하자는 식의 업무 행태가 일부 관료조직을 비효율적으로 만들어간다는 사실을 직시할 필요가 있다.

15 『크림슨 타이드(*Crimson Tide*)』

토니 스코트(Tony Scott) 감독이 론 헌터(Ron Hunter) 부함장 역의 덴젤 워싱턴(Denzel Washington), 프랭크 램지(Frank Ramsey) 함장 역의 진 해크먼(Gene Hack-man)을 주연으로 하고, 갑판장 역의 조지 던자(George Dundza), 피터 인스 역의 비고 모텐슨(Viggo Mortensen), 보비 도허티 역의 제임스 겐돌피니(James Gandolfini), 로이 짐머 역의 맷 크레이븐(Matt Craven), 라첸코(Vladimir Radchenko) 역의 대니얼 본 바르겐(Daniel Von Bargen)을 조연으로 해서 1995년 9월 8일 개봉한 영화이다.[54]

이 영화 역시 핵 잠수함을 배경으로 그려진 영화인데, 부함장이 함장을 직위 해제시키는 선상 반란을 다뤘다.

구소련 해체 이후인 1990년대 어느 즈음, 구소련 내부에서 벌어진 내전을 틈타, 구소련 강경파 군부 지도자 라첸코는 핵미사일 기지를 포함해, 군 통수권 일부를 장악한 후, 미국 본토를 위협하겠다는 제3차 세계대전 시나리오를 구상 중이다. 이로 인해 세계는 쿠바미사일 위기(the Cuban Missile Crisis) 사건 이후 최대의 세계적 위기에 처하게 된다.

이에 미국 국방부는 라첸코가 핵미사일 발사를 위한 암호 코드를 장악하기 전에, 이를 저지해야 하는 위기에 빠진다. 급기야 미 국방부는 프랑크 램지 대령에게 함장 지휘권을 부여하고, 핵탄두 미사일을 탑재한 오하이오급 핵 잠수함 앨라배마(USS Alabama)[55] 호를 출정시킨다.

마침내 웅장한 핵 잠수함 앨라배마 호는 출정이 시작되고, 얼마 후 러시아의 미사일 기지 근해로 접근하게 된다. 그리고 러시아 잠수함의 위협에 대비하라는 미 국방부의 비상전문이 도착한다. 앨라배마 호는 램지 함장의 지휘 하에 숨가쁜 방어 태세에 돌입한다.

앨라배마 호의 접근에 놀란 러시아 잠수함은 어뢰를 발사하며 앨라배마 호를 위협한다. 적의 어뢰 공격을 가까스로 피한 후 본국으로부터 핵미사일의 발사에 대한 단계적인 명령이 하달되기 시작한다. 핵미사일 발사 명령이 차근차근 수행되지

54) http://movie.naver.com/movie/bi/mi/basic.nhn?code=17486
55) 앨라배마라는 이름은 토니 스콧 감독의 『트루 로맨스』에 나오는 여주인공 패트리샤 아퀘트의 극중 이름이기도 하고, 과거에 미시시피 주와 더불어 인종 차별이 가장 심했던 주의 이름이다.

만 최종 발사 명령을 남겨두고 예기치 않은 통신 장비의 고장 사태가 발생한다.

램지 함장은 국방부의 최종 명령이 전달될 수 없는 상황에서 핵미사일을 발사하려고 한다. 이때부터 부함장인 소령 론 헌터와 램지 함장 사이에 권력 게임이 벌어진다. 30년의 베테랑으로 노련하지만, 독선적인 백인 램지 함장과 실전 경험은 없지만 원칙에 철두철미한 학구파이고 이론적이며 합리적인 흑인 헌터 부함장의 대결과 그에 따라 부하들도 양쪽으로 나뉘어 대립한다.

이로 인해 부당한 명령에 대한 항명이 불가피한 상황에 직면한다. 규정에 따르면 앨라배마 호의 핵미사일은 함장과 부함장이 동시에 동의해야만 발사할 수 있도록 되어 있다. 더군다나 대통령의 최종 명령과 국방부의 최종 전문을 기다리지 않고 내린 함장의 명령은 전 세계를 제3차 세계대전의 소용돌이 속으로 빠뜨릴 수 있다는 판단 하에 헌터 부함장은 제3차 세계대전을 막기 위해 미 해군 복무규정 제184조에 의해 램지 함장의 지휘권을 박탈하고 함장을 선실에 감금시켜 버린 뒤 지휘권을 장악함으로써 선상 반란을 일으킨다.

그러던 중 러시아 잠수함으로부터 두 번째 어뢰가 발사되고 앨라배마 호의 동체 일부가 파괴되면서 엔진이 정지되고 심해로 가라앉기 시작한다. 전 장병이 몰살당할 수도 있는 극한 상황 속에서 함장의 뜻을 따르는 병사들은 감금된 함장을 풀어 주고 오히려 부함장 헌터와 협조 세력들을 감금하는 반전을 일으킨다. 숨 막힐 듯 전개되는 긴장 속에 반전과 갈등이 계속되지만, 이런 심각한 반목을 해결해 줄 통신 장치의 수리는 지연되기만 하고 함장과 부함장 두 세력 간의 최후의 충돌은 극을 향해 치닫게 된다.

결국 통신 회복으로 핵미사일은 발사되지 않았고 러시아 쪽 사태도 수습되어 제3차 세계대전은 일어나지 않았다. 그러나 미국에서는 항명과 선상 반란에 관한 군법회의가 열린다. 군법회의에서 램지 함장은 자기의 잘못을 솔직하게 인정하고 스스로 예편을 신청한 후, 대신 헌터 부함장의 승진을 추천한다. 그는 냉전시대의 산물인 자신의 시대가 끝났음을 깨달은 것이다. 그리고 새로운 세계 질서를 인정한다. 군법회의에서 법무관은 "어떤 의미에서 당신들은 둘 다 옳았다."라고 말해, 궁극적인 진리는 베일에 가려진다.

핵 잠수함이라는 닫힌 세계를 배경으로 해서 일어난 자신의 신념을 과신한 편견과 대립이 얼마나 큰 위험을 가져올 수 있는가 하는 점을 이 영화는 보여 준다.

또한 명령 통일의 원칙이 지켜지기 어려운 위기가 발생했을 때 얼마나 큰 위험과 혼란이 빚어질 수 있는가 하는 점도 이 영화는 잘 보여 주고 있다.

여기에서 중요한 것은 자신의 책임에 관한 것이다. 램지 함장은 램지 함장대로 그리고 헌터 부함장은 부함장대로 각자에게 주어진 책임이 있었다. 함장으로서의 책임과 부함장으로서의 책임 말이다. 램지 함장과 헌터 부함장은 각자가 가진 자신의 책임에 충실했다.

서로의 잘하고 못함을 따지는 군법회의에서조차 법무관이 "어떤 의미에서 당신들은 둘 다 옳았다."라고 말한 내용을 보아도 그들 둘은 군인으로서 그리고 함장과 부함장으로서 자기에게 부여된 책임에 최선을 다했다고 볼 수 있다. 그러나 불가피한 상황이었기에 이러한 책임 간에 충돌이 발생했고, 이로 인해 불미스러운 일이 일어났던 것이다.

여기에서 유념해야 할 점은 공직자가 자신에게 부과된 책임을 최선을 다해 완수한다는 것은 지극히 당연한 일이며, 한 걸음 더 나아가 상대가 상관이던 동료든 혹은 부하이든 그들의 책임과 자신의 책임이 부딪칠 때 어떠한 결정을 내려야 할 것인가를 두고 숙고할 필요가 있다는 것이다.

램지 함장은 자신의 조국이 테러단체가 쏜 핵미사일에 초토화되고 있다는 생각에서 자신에게 부여된 핵 발사 권한과 책임을 행사하면서 핵 단추를 누르려 했고, 헌터 부함장은 행여나 상대방은 쏘지 않았는데 지레 짐작하고 핵단추를 누르는 어리석음을 우려해 쏘지 못하도록 자신에게 부여된 핵 발사 권한과 책임을 행사했던 것이다. 어떻게 보면 법무관의 말처럼 그들 모두의 행동은 옳았다.

이와 같이 공직자의 책임과 이의 행사는 매우 어렵고 복잡하다. 따라서 어느 선택이 국민을 위해 그리고 국가를 위해 최선의 것인가를 깊게 고민할 필요가 있다.

16 『유령』

민병천 감독이 부함장 202 역의 최민수, 431 역의 정우성, 함장 역의 윤주상, 432 역의 설경구 등을 주연으로 해서 1999년 7월 31일에 개봉한 영화이다.[56)]

56) http://movie.naver.com/movie/bi/mi/basic.nhn?code=25579

이 영화는 앞서 살펴본 『크림슨 타이드』와 소재나 내용이 유사하다. 이 영화 역시 함장의 명령에 대해 이의를 가지고 있던 부함장이 항명하고 하극상을 일으키는 것을 주된 내용으로 하고 있다.

부함장은 러시아에서 극비리에 도입한 한국 최초의 핵 잠수함을 가지고 일본을 치려는 생각으로 이를 추진하고 있었다. 그러나 한국은 핵 잠수함을 가지고 있어서는 안 된다는 미국과 일본을 중심으로 하는 세력의 압력과 이에 굴복해 핵 잠수함을 스스로 파괴시켜 없애려는 한국 정부의 결정에 분노하게 된다. 그래서 자기를 따르는 일단의 부하들을 중심으로 선상 반란을 일으키고, 이러한 결정에 따르려는 함장을 살해하고 일본을 핵으로 공격하려 한다.

이것도 앞의 『크림슨 타이드』와 유사하게 핵미사일을 사용하는 문제와 얽힌 명령 체계의 갈등과 한국 정부의 핵 잠수함 폐기 명령에 항명하는 일단의 한국 최초의 핵 잠수함 근무 장병들을 그리고 있다. 또한 그러한 맥락에서 선상 반란을 동일하게 같은 소재로 활용하고 있다.

여기에서도 정부의 결정을 따르려는 함장과 이에 불복하고 선상 반란을 일으키고 그 여세를 몰아 일본을 치려는 부함장이 등장한다. 당연히 함장과 부함장은 충돌할 수밖에 없게 된다.

함장은 군 통수권을 가지고 있는 정부의 결정을 따라야 할 함장으로서의 책임이 있다. 그러나 부함장은 정부에서 부여한 임무를 수행하는 함장을 돕고 함장 유고 시 함장의 책임을 대행해야 할 책임을 버리고 자신의 정치적 신념에 의해 행동한다. 공직자로서의 본분으로부터 일탈이 이뤄지는 것을 목격할 수 있다.

17 『붉은 10월(*The Hunt for Red October*)』[57)]

존 맥티어난(John McTiernan) 감독이 함장 마르코 라미우스(Marin Ramius) 역의

57) 해병 출신의 미국 중앙정보부(CIA) 소속의 해군사관학교 교수 잭 라이언(Jack Ryan)이 활약하는 톰 클랜시(Tom Clancy)의 원작을 영화화한 작품으로 『다이하드』를 감독한 액션 스릴러의 거장 존 맥티어난이 『다이하드 2』의 연출을 포기하고 제작했다. 같은 주인공이 활약하는 속편 격인 『패트리어트 게임(*Patriot Games*)』이 1992년에 제작되었다. 1984년 출판된 톰 클랜시의 '붉은 10월호를 추적하라'는 극비리에 제작된 소련 최신예 핵 잠수함 '붉은 10월' 호가 돌연 행방불명되어 소련과 미국에서 동시에 추적을 받게 되는 긴박감 속에 이들이 미국으로 망명할 것임을 눈치챈 주

숀 코너리(Sean Connery), 알렉 볼드윈(Alec Baldwin), 스코트 글렌(Scott Glenn) 등을 주연으로 해서 1990년 3월 2일에 개봉했으며, 한국에서는 1990년 6월 23일 개봉한 영화이다.58)

소련의 잠수함 기지 북쪽 무르만스크(Murmansk) 항 근처의 폴리자르니 해협(Polijarny Inlet)에서 최신 핵 잠수함 '붉은 10월'호가 새로 설치된 소음 제거 장치의 실험을 위해 해저 훈련을 떠났는데 이것은 속임수이고 사실은 오랫동안 소련의 체제에 염증을 느낀 함장 마르코 라미우스와 부함장 및 부하 장교들이 미국으로 망명하기 위한 출항이었다. 마르코 함장은 감찰장교 푸틴을 죽이고 본격적인 망명작전에 들어간다.

초고속으로 해저 항진을 해도 아무 소리가 들리지 않는 가공할 만한 핵 잠수함이 항로에서 갑자기 실종되자 이를 추적하던 소련과 미국에서 비상이 걸린다. 소련 정부에서는 '붉은 10월' 호를 폭파하기 위해 전 함대를 동원하고, 미국 정부는 핵탄두를 실은 잠수함이 미국 전역을 강타하려는 것이 아닌가 하는 불안에 사로잡혀 추격 명령을 내린다.

'붉은 10월' 호의 출항 직전부터 그 존재를 감지한 미국 중앙정보부(CIA) 요원 라이언은 마르코 함장의 의도를 직감하고, 도울 방법을 강구하기 위해 '붉은 10월' 호에 가장 가까이 있는 미국 잠수함 '댈러스' 호로 달려간다. 그리고 라이언은 소련 해군을 견제하기 위해 영국 항공모함 '인빈서블' 호를 빌린다.

한편 미국과 소련의 추격전 속에서도 동요됨이 없이 '붉은 10월' 호는 미국 동부 해안으로 항진을 계속한다. 이에 소련에서는 수십 척의 공격용 핵 잠수함과 수상함을 출동시켜 '붉은 10월' 호를 찾는다. 미 중앙정보부에서는 소련 해군의 이런 행동과 소련 내 정보원 카디날(Cardinal)의 정보로 라미우스가 망명을 시도하고 있

인공 잭 라이언이 활약하는 내용이다. 이 소설은 1975년 구 소련 프리키트함 함장이 자신의 배를 끌고 미국에 망명하려다 실패한 사건에서 힌트를 얻어 쓴 것이다. 미국 중앙정보부의 정보분석요원으로 있는 잭 라이언은 영국 정보부(SIS)에서 소련의 신형 미사일 잠수함에 대한 사진을 얻는다. 그 잠수함의 이름은 '붉은 10월' 호이며, 타이푼(Typhoon)급 미사일 잠수함이지만 기존의 타이푼급과는 달리 동체 옆 부분에 용도를 알 수 없는 문이 달려 있는 것이었다. 중앙정보부에서도 그 문의 용도를 추측하지 못하자, 라이언은 자신의 친구인 타일러에게 사진을 보이고는 그 문이 새로운 무소음 추진 장치임을 알아낸다. http://movie.naver.com/movie/bi/mi/basic.nhn?code=10519; http://movies.yahoo.com/movie/1800079223/info

58) http://movie.naver.com/movie/bi/mi/basic.nhn?code=10519

다는 것을 알아낸다. 하지만, 그들의 망명은 받아들인다 해도 잠수함은 돌려 줄 수 밖에 없는 입장이라 난처해한다.

미 해군의 688급 잠수함 댈러스 호에서는 음파탐지병 존스가 전에 듣지 못했던 조용한 타이푼 호를 감지하고는 계속 추적한다. 댈러스 호와 인빈서블 호의 합동작전으로 드디어 라미우스 함장과 접촉하는 데 성공하고, 함장은 원자로 사고를 핑계로 '붉은 10월' 호의 승무원을 하선시키는 한편 '붉은 10월' 호가 침몰했다고 믿게 하기 위해 미국은 낡은 핵 잠수함 한 척을 대신 침몰시킨다.

라이언과 댈러스 호 함장 맨쿠조, 음파탐지병 존스 등은 '붉은 10월' 호에 옮겨 타고 다른 잠수함들의 호위를 받아 해군기지인 노포크(Norfork)로 향한다. 배 안에 남아 있던 소련 정보국 요원의 공작으로 잠수함 안의 미사일이 폭발할 위기를 맞지만 라이언이 그를 사살한다.

노포크로 가던 도중, '붉은 10월' 호는 잠복해 있던 소련 알파급 잠수함 '코노발로프' 호의 공격을 받는다. 미국 잠수함은 반격을 할 수 없는 위기의 상황에서, 라미우스의 뛰어난 조함 능력으로 '붉은 10월' 호는 치명적인 손상을 피하고 '코노발로프' 호를 격침시킨다. 소련은 '붉은 10월' 호가 침몰했다는 것에 의심을 품지 않는다. 마침내 마르코 함장과 라이언, 댈러스 호 함장 맨쿠스의 뛰어난 기지로 라미우스 일행은 감쪽같이 미국 망명에 성공한다.

이 영화 역시 미국으로 망명하려고 하는 '붉은 10월' 호 선장을 비롯한 몇몇 군 관계자들이 상부의 명령을 받아들이지 않고 자신들의 목적인 미국 망명을 어렵사리 따내는 것을 주 내용으로 하고 있다.

이 영화에서는 생각해 보아야 할 문제를 제기한다. 상명하복이 목숨보다 더 소중하게 인식되는 특수조직인 군에서 그것도 최고의 정예들만 엄선해 훈련시켜 배치한다는 잠수함부대에서, 더 나아가 그 잠수함부대의 함장이 상부의 명령을 거부하고 자신의 목적인 미국으로의 망명을 감행한다는 것은 명령 통일의 원칙을 파기한 것이고, 또한 함장으로서 그리고 군인으로서 마땅히 지켜야 할 책임을 포기한 것이 된다. 이러한 행위는 고위 공직자로서의 책임을 유기한 것이나 다름이 없다. 군인은 오로지 명령에 살고 명령에 죽는다.

18 『튜브』

백운학 감독이 장도준 역의 김석훈, 송인경 역의 배두나, 강기택 역의 박상민을 주연으로 하고, 권실장 역의 손병호, 형사반장 역의 임현식, 면도날 역의 권오중을 조연으로 해서 2003년 6월 5일 개봉한 영화이다.[59]

이 영화 역시 국가 권력의 잘못된 정책 결정에 의해 피해를 본 비밀특수요원이 테러리스트로 변신해 이의 보상을 위해 지하철과 승객을 볼모로 삼아 인질극을 벌이는 것을 주제로 함으로써 정치와 관료제의 어둡고 암울한 이면을 잘 묘사해 주고 있다.

지하철이 무대가 되었다는 점과 관료제의 어둡고 암울한 이면을 나름대로 드러냈다는 점에서는 조지프 루벤(Joseph Ruben)이 감독을 맡고 웨슬리 스나입스(Wesley Snipes), 우디 해럴슨(Woody Harrelson), 제니퍼 로페즈(Jennifer Lopez)가 주인공으로 나오는 1995년에 개봉한 『머니 트레인(*Money Train*)』과도 유사한 점이 많다.

영화 내용을 볼 때 지하철 탈취라는 소재를 바탕으로 깔고 있지만 실제 있었던 실미도 사건에서 아이디어를 얻은 것 같다. 내용상 펼쳐지는 스토리 또한 엇비슷하다. 즉, 고위 정치인이 자신이 과거에 저지른 과오를 반성하기는커녕 그것을 은닉하기 위해 자신의 과거를 알고 있는 비밀특수대원들이 탈취한 지하철 차량을 공사구간으로 밀어넣게 영향력을 행사한다.

그의 눈에는 지하철 차량에 탑승하고 있는 무고한 시민이나 시민의 혈세(血稅)로 만들어진 지하철과 지하철 차량 등에 대한 배려는 전혀 보이지 않는다. 단지 자신의 명예를 실추시키고 자신의 현 지위를 위태롭게 하는 과거의 부하들을 죽음을 통해 침묵시키게 하려는 것만이 유일한 관심 사항일 뿐이다.

이러한 비열하고 그릇된 행태는 고위 정치인으로만 끝나지 않는다. 자신의 보신(保身)과 안일(安逸)에만 눈이 어두운 지하철 통제관은 고위 정치인의 비열하고 그릇된 지시를 조건 없이 받아들인다. 그러나 그의 부하인 지하철 통제조장은 이를 거부하고 비열하고 그릇된 지시와 용감히 맞서 싸운다.

그러나 권력 앞에 무기력한 지하철 통제 직원들은 울며 겨자 먹기로 통제관의

---

59) http://movie.naver.com/movie/bi/mi/basic.nhn?code=31479

서슬 퍼런 명령을 따른다. 이것 역시 권력 앞에 무기력하게 순응하는 관료제의 특성을 잘 묘사해 주고 있다. 그래서 그런지 지하철 통제조장의 용기 있는 행동뿐만 아니라 무기력하게 보이고 빤질빤질하게만 보이는 형사반장의 처음이자 마지막인 상관에 대한 항명 역시 애처롭게만 느껴진다. 그렇지만 이렇게 작게만 느껴지는 행동 속에서 비록 가느다란 실가락 같긴 하지만 관료제 내의 끊이지 않는 정의와 희망의 불꽃을 읽을 수 있다는 것이 다행인지 모른다.

어쨌든 이러한 맥락에서 몇몇 그릇된 생각을 가지고 있는 정치인들에 의해 이뤄진 잘못된 정책으로 인해 많은 사람이 본의 아니게 피해를 볼 수 있다는 점을 이 영화는 강조하고 있다.

앞에서도 누차 언급했지만 정치인을 비롯한 고위 행정관료들이 내리는 정책과 관련된 결정은 그 파급력이나 영향력이 대단하다는 것이고, 이것이 잘못될 경우 엄청난 사회적 비용이 요구된다는 점이다. 따라서 정치인을 위시한 고위 행정관료들과 같은 공직자들의 사회적 책임은 매우 크며, 따라서 이에 대한 적절한 통제와 관리가 제도적으로 이뤄져야 한다는 점 역시 명확하다.

이 영화는 또한 관료제의 권력 순응성과 조직에 몸담은 인간 군상의 비겁하고 허약한 모습 그리고 관료제의 역기능 중 하나인 경직성과 획일성을 잘 대변해 주고 있다.

제 8 장 정보화 사회와 행정윤리

제 1 절 관련 이론과 사례의 개관

1 정보의 장애물 제거

행정활동을 모니터하는 입법부의 효과성은 행정부에서 만들어진 정보에 얼마나 시의성을 가지고 접근할 수 있느냐에 달려 있다. 그러나 이 접근에 많은 문제가 있다. 따라서 입법부 의원들은 구체적인 데이터의 홍수 속에서 시의성과 적실성을 모두 가지고 있는 핵심적인 이슈를 정제해 낼 수 있어야 한다. 그러기 위해서는 다음과 같은 정보의 장애물을 제거해 나갈 수 있는 방안이 강구되어야 할 것이다(Fesler & Kettl, 1996: 325－328).

첫 번째 장애물은 행정부 내에 일반화되어 있는 비밀과 보안이다. 국가 안보나 보안이라는 명분 아래 공직자가 그들이 선택한 어떤 문제를 1급비밀, 2급비밀, 3급비밀 또는 대외비로 분류할 가능성이다. 아무리 실제적으로 하찮은 것이라 하더라도 일단 비밀 분류가 되면 해제하기 어렵다(이병철, 2008: 267).

비밀 분류의 문제는 두 가지 차원이 있다. 하나는 사실상 국가 안보와 관련된 비밀도 아닌 정보를 입법부에 제공하는 것을 거부하는 것이고, 다른 하나는 외교, 국방, 정보활동에 관한 입법부의 의사 결정이나 검열에 필수적인 정보를 입법부에 제공하는 것을 거부하는 것이다(이병철, 2008: 267-268).

이에 대한 해결 방법은 극소수의 선택된 위원회, 예를 들면 입법부의 정보위원회에만 비밀정보를 제공하거나 의장이나 위원회의 핵심위원들에게만 공개하는 것이다. 그러나 이것도 나름대로 문제가 있다. 레이건 행정부의 고위관리가 은밀히 폭로한 '이란-콘트라 사건들'의 내용[1]은 바로 이러한 해결 방법이 얼마나 부적합한 것인가를 잘 보여 주고 있기 때문이다. 국방 예산에도 완전 은닉되거나 입법부의 몇몇 의원에게만 공개된 비공개 프로그램(black program)의 비율이 점차로 높아지고 있음도 이와 무관치 않다(이병철, 2008: 268).

두 번째 장애물은 대통령의 특권(executive privilege)이다. 헌법에는 어떤 특권도 명시되어 있지 않지만 대통령의 권력 속에 내재하는 것으로 이해할 수 있다. 미국의 경우 대통령은 '특권화된 의사소통(privileged communications)'의 법적 원리를 유추해 이 특권을 주장한다고 한다. 여기에서 특권화된 의사소통이란 남편과 아내, 의사와 환자, 변호사와 고객, 사제와 신도 간의 대화[2] 그리고 그 내용을 의미한다. 사실상 이 원리는 대통령과 백악관 참모 간의 구두 혹은 서면상 의사소통의 은밀성을 보호하는 데 가장 강력한 힘을 발휘했다. 특히 닉슨 행정부의 워터게이트 사건 동안에 가장 잘 나타났었다(이병철, 2008: 268).

세 번째 장애물은 행정비밀(administrative confidentiality)이다. 이러한 행정비밀 중 하나는 개인의 사적인 정보 보호, 즉 개인의 프라이버시(privacy)에 대한 보호이다. 예를 들면 개인의 세금 환불 액수, 기업의 거래 비밀, 재무자료 등이다. 이런 정보는 행정부가 비밀을 지킨다는 전제 하에 정부기관에 의해 수집된다. 행정부는 가끔 이런 이유로 입법부에서 요구한 정보 수집을 거절한다(이병철, 2008: 268-269).

안문석은 전자정부와 관련된 정책 중에서 정보공개정책과 개인정보 보호정책 사이의 관계가 바로 이러한 딜레마적 현상이라고 주장한다(안문석, 2008: 166). 정보공개정책을 적극적으로 펼쳐나가려고 하면 할수록 개인정보 보호정책과 충돌이 더

1) 주요 내용은 행정부의 중미 프로그램을 기금화하기 위해 이란에 무기를 판매한다는 것인데 이것이 뒤에 미국 의회에 의해 커다란 문제로 비화되어 레이건 대통령이 궁지에 몰리며 퇴임 후에도 증언을 해야 되는 지경에 이르도록 만들었다.

2) 천주교의 고백성사가 대표적으로 이에 해당된다.

잦게 일어나게 된다는 것이다. 또한 어느 선까지 정보를 공개해야 하고 개인정보 보호 역시 어느 선까지 인정할 것이냐 하는 문제도 그리 쉬운 문제가 아니다.

정보공개정책이 추구하는 목적은 정책 결정 과정과 집행 과정에서 투명성을 높여 정책의 학습 능력을 제고하고 부패를 줄이자는 것이며, 이 목적을 위한 수단으로 등장한 것이 정보공개이다(안문석, 2008: 166). 한편 개인정보 보호정책은 '헌법'이 보장하는 개인의 사생활을 보호함으로써 개인의 삶의 질을 높이는 것을 목적으로 하는 것으로, 개인의 사생활에서 발생하는 정보는 국가가 보호하는 것이 정책 수단으로 등장한다(이병철, 2008: 269).

이 두 정책은 정책이 추구하는 바람직한 상태에 대해서는 모두 동의하지만 그 구체적인 정책 수단에 대해서는 딜레마 상태에 직면하게 된다. 정보공개를 수단으로 채택할 경우 '헌법'이 보장하고 있는 개인 정보가 공개될 수 있기 때문이다. 개인의 프라이버시 보호와 같은 앞의 쟁점도 바로 이러한 두 정책 간의 갈등과 충돌이 딜레마 상황을 가져오게 되기 때문에 발생하는 것이다(안문석, 2008: 166).

이러한 딜레마는 정치적 과정을 거쳐 입법 과정에서 해결을 꾀할 수밖에 없는데, 핀란드 등 북유럽 국가에서는 정보공개 중심으로 조정이 이뤄지며, 이와 반대로 일본 등에서는 개인정보 보호 중심으로 조정이 되기도 한다. 한국의 경우는 이 양 극단의 중간 정도 수준에서 조정하고 있다(안문석, 2008: 166).

특히 핀란드는 정보사회주의를 채택하고 있는 대표적인 국가로서, 정부가 보유하고 있는 정보는 원칙적으로 모두 공개해야 한다는 이론이 지배적이다. 미국과 한국은 개인의 사생활 보호 우선주의를 취하고 있는 국가로 분류 가능하며, 이들 국가에서는 개인의 사생활이 침해될 우려가 있는 경우에는 국가가 보유하고 있는 정보라 해도 반드시 특정 개인의 동의를 구하도록 하고 있다(안문석, 2008: 234).

미국의 '정보공개법(The Freedom of Information Act: FOIA)'은 1966년에 제정되었으며, 그 내용은 공공기관이 가지고 있는 정보에 대한 일반 국민의 접근을 법적으로 보장하는 것을 골자로 하고 있다. 그리고 정보화 시대의 도래와 함께 1997년 정보화 관련 수정법안인 'E-FOIA'을 제정했다. 이 수정법안에서는 연방정부기관들이 주요 정보를 국민들에게 온라인으로 공개함과 아울러 정보 요청과 관련한 지침을 제공하고 정보를 게시하는 데 필요한 기술을 구비하도록 규정하고 있다.

한국은 1994년에 공공기관을 대상으로 한 정보공개법안의 시안을 마련했고, 그

후 1996년 '공공기관의 정보 공개에 관한 법률'이라는 이름으로 제정 · 공포되었으며, 1998년 1월 1일부터 시행되었다.

정보화 사회에서 사생활 침해는 사이버 공간이 출현하면서 더욱 심각해졌다는 것이 안문석의 주장이다(안문석, 2008: 247). 사이버 공간의 개인정보가 갖는 광역성, 순간성, 그리고 대규모성 때문이라는 것이다. 심각한 위기에 빠져 있는 이러한 정보화 시대의 개인정보의 보호를 위해 한국은 '공공기관의 개인정보 보호에 관한 법률,' 그리고 '정보통신망 이용 촉진 및 정보보호 등에 관한 법률,' '정보화 촉진 기본법,' '공직후보자에 관한 정보의 수집 및 관리에 관한 규정,' '교육 관련 기관의 정보 공개에 관한 법률' 등의 개별법으로 보호하고 있다(안문석, 2008: 249-254).

다른 하나는 행정기관에 의해 심각히 고려되거나 또는 고려되지 않는 정책이나 결정을 담고 있는 서류, 메모, 기타 내부 기록과 관련된 행정비밀에 대한 것이다. 이런 내부 자료의 시기상조적인 폭로는 대중성을 왜곡시키고 대중의 그릇된 판단을 낳을 수 있다는 것이 이것들을 비밀로 하는 이유이다. 아직 결정된 것이 아닌데 결정된 것처럼 신문지상에 오르내리게 되면 큰 문제가 발생될 수 있다는 것이다(이병철, 2008: 270).

이 밖에 많은 장애물이 있긴 하지만 이러한 장애물을 제도적으로 제거해 나가는 조치에 대한 아직 정형화된 해결책이 강구되지 못하고 있다. 이를 단계적으로 구축해 나가는 노력이 필요한 이유가 여기에 있다.

안문석이 주장하듯이 전자정부에서 사이버 공간에서 벌어지는 일이 공개되지 않으면 정책 결정 과정이나 대민 서비스 과정은 오히려 비밀의 베일 속에서 많은 부작용을 만들어 낼 수 있다는 점도 가볍게 보아서는 안 될 정보화 시대 관료제 역기능의 한 단면이다(안문석, 2008: 92).

2 사이버 범죄의 근절

정보화 사회에서 정보의 장애물을 제거해 나가는 방안 못지않게 중요한 것이 사이버 범죄를 근절시키는 것이다. 사이버 범죄는 지식정보화 사회라는 새로운 환경이 도래하면서 나타난 새로운 기준을 요구하는 범죄를 의미한다(이병철, 2008:

269). 정보화 사회의 총아라고 일컬어지는 컴퓨터의 등장이 가져온 새로운 환경에서 특정 개인이 자신의 사적 이익을 부당하게 도모하는 범죄행위를 의미한다. 그리고 이러한 범죄는 주로 IQ가 높은 이 분야 전문가들에 의해 저질러지고 있다는 데 문제의 심각성이 있다(이병철, 2008: 271).

최근의 사이버 범죄는 초기의 단계를 벗어나 단순한 컴퓨터 이용과 관련된 범죄 수준을 넘어 컴퓨터와 인터넷 등 정보 서비스망이 결합되어 만들어 낸 새로운 공간에서 활개를 치고 벌어지고 있다. 그리고 그 피해의 영역과 범위도 점점 더 확대되고 있다. 네트워크가 광역화될수록 그 피해의 범위는 더욱 확산될 수밖에 없다. 재산상의 피해뿐만 아니라 인격권에 대한 피해도 무시할 수 없는 수준으로 발전되고 있으며, 일반 범죄보다 낮은 죄의식으로 인해 피해가 불특정 다수로 확산되는 경우가 비일비재하다(이병철, 2008: 271).

심지어는 사이버 공간의 범죄가 국제화되어 국제 간 대결 양상으로 번지기도 하고, 사이버 공간을 통한 사이버 공격[3]인 사이버 테러도 점차 증가하고 있다. 이러한 국가 간의 사이버 공격 능력을 증대시키기 위해 미국, 중국, 러시아 등을 포함한 많은 국가에서 자국의 사이버 전력을 증강시키고 있다.

실제적으로 미국, 중국, 러시아의 사이버 전력은 상대국의 사이버 능력을 와해시킬 수 있을 만큼 상당한 수준에 도달해 있는 것으로 전문가들은 평가하고 있다. 이들 사이버 전력은 일례로 한꺼번에 수많은 컴퓨터가 특정 웹사이트에 접속함으로써 비정상적으로 트래픽을 늘려 해당 사이트의 서버를 마비시키는 해킹 방법인 디도스(distributed denial of service: DDos) 공격 등 사이버 테러를 직접 감행해 상대국의 전산 시스템을 마비시켜 사회·경제적 혼란을 야기하거나, 은밀하게 상대국의 전산망에 침투해서 중요한 자료를 빼돌리는 해킹을 하거나 또는 상대국의 전산 시스템을 은밀하게 엿보거나 또는 역정보를 유포시켜 정보 교란을 하는 등 사이버 능력이 엄청나게 빠른 속도로 발전해 감에 따라 말로 형용하기 어려운 여러 가지 방법을 사용하고 있다.

실제적으로 미국은 이란의 핵 개발을 저지하기 위해 작전 코드명 '올림픽 게임'

3) '국가사이버 안전관리규정' 제2조에서는 사이버 공격을 "해킹, 컴퓨터 바이러스, 논리 폭탄, 메일 폭탄, 서비스 방해 등 전자적 수단에 의해 국가정보통신망을 불법 침입, 교란, 마비, 파괴하거나 정보를 절취, 훼손하는 일체의 공격행위"로 정의하고 있다(안문석, 2008: 276).

을 실행했다. 이것은 이란에서 가동 중인 핵 농축공장 전산망에 침투해서 스턱스넷(stuxnet)이라는 소프트웨어를 활용한 사이버 무기를 통해 핵 농축공장의 기능을 마비시키는 것인데, 미국 국가안보국의 감청 등을 통해 성공한 것으로 판명되었다. 또한 핵 농축시설의 운영 시스템도 스턱스넷에 감염되어 핵농축 진행 과정이 고스란히 미국으로 흘러갔다. 미국은 스턱스넷을 통해 어떤 첩자보다 더 많은 정보를 획득할 수 있었다.4)

또한 사이버 전력이 상당한 수준으로 평가되고 있는 북한도 한국에 대한 사이버 공격을 감행하고 있는 것으로 추정된다. 실제로 북한의 소행으로 추정되는 악성코드 공격으로 방송국과 금융기관 등의 전산망이 일시적으로 마비되는 사태가 발생하기도 했다.

심지어는 최근 치러진 미국 대통령 선거에도 사이버 공간을 통해 해킹된 자료로 인해 국제 간의 긴장이 고조되고, 나아가 대통령 당선에도 심각한 영향을 끼쳤다는 해석도 나오고 있는 실정이다.5)

좀 더 우려스러운 것은 이러한 행위가 국가 차원에서만 이뤄지는 것이 아니라 테러조직에 의해서도 이뤄지고 있다는 점이다. 그리고 테러조직이 이러한 사이버 공격 능력을 가지게 될 경우 그 위험성에 대한 우려는 더욱 커질 수밖에 없다. 실제적으로 항공관제 시스템을 비롯한 핵발전소 운영 관련 관리통제 시스템, 차량 및 철도 등 교통관제 시스템, 금융전산 시스템, 발전소 및 상수도 관련 전산 시스템 등을 해킹해 그들의 침투 목적에 따라 교란한다면 사회적으로, 더 나아가서는 국가적으로 엄청난 피해를 가져오게 될 것이다.

따라서 이들 범죄를 제어하고 제압하는 데 더 많은 노력과 비용이 요구된다. 안문석은 이를 위해 윤리적인 사이버 공간을 구축할 것과 사이버 보안의 내실화를 그 대안으로 제시하고 있다(안문석, 2008: 289-291).

또한 사이버 테러 관련 법제 정비가 시급하다. 현재 사이버 관련법들이 체계적

---

4) http://news.joins.com/article/21020794

5) 미국 민주당 대통령 후보로 나왔던 클린턴(Hillary Rodham Clinton)의 국무장관 시절의 개인적인 이 메일(e-mail)이 해킹을 당해 선거판에 공개되었고 이것이 상대 후보인 트럼프(Donald Trump) 선거 진영에 좋은 호재가 됨으로써 대통령 선거 결과에 영향을 끼쳤다고 주장하는 의견이 분분했다. 이에 덧붙여 이러한 해킹의 배후에는 러시아가 있다는 주장까지 가세되어 선거판을 뒤흔든 결과 미국과 러시아의 관계도 불편해지는 결과를 가져왔다.

으로 정비되지 않고 흩어져 있는 관계로 관련 기관 간의 업무 중첩이 심각한 상황이며, 각 관련 기관 간의 역할이나 책임 등도 이로 인해 불투명하다는 것이 부인할 수 없는 현실이다.[6)]

민간 관련 기관, 행정부서, 그리고 군 정보기관 간의 합동 대응 체제도 제각각으로 이뤄지고 있다.[7)] 이를 하나로 통합 운영할 수 있는 컨트롤 타워가 다른 어느 때보다 시급히 필요하다. 또한 위기관리를 위한 전문가 시스템을 신속히 구축해 사후 치료가 아닌 사전 예방에 집중해서 접근하는 노력이 요망된다.

그리고 공직자들에게 정보와 관련된 윤리적이고 도덕적인 문제에 대한 교육이 정기적으로 이뤄질 수 있도록 제도적인 보완책을 마련해야 한다. 민간 부문도 마찬가지이지만 행정기관 역시 개인 정보가 지나치게 노출되어 이것이 범죄, 나아가 개인의 자유까지 침해할 수 있는 지경에 도달하는 것도 시간문제라고 볼 수 있다.

정보를 생성하고 관리하는 공직자뿐만 아니라 이를 전달 또는 운영하는 공직자들까지 관련 교육을 철저히 받아서 정보와 관련된 불미스러운 일이 일어나지 않도록 해야 한다. 특히 정보와 관련된 윤리적이고 도덕적인 문제까지 해결할 수 있는 방안이 강구되어야 할 것이다.

제 2 절 정보화 사회의 행정윤리와 관련된 영화들

정보화 사회에서 행정윤리를 극적으로 잘 시사해 주는 영화로는 『네트』, 『에너미 오브 더 스테이트』, 『방화벽: 파이어 월』, 『엔트랩먼트』 등이 있다.

6) '정보통신망법'은 민간, '정보보호기반보호법'은 정보통신기반시설, '국가사이버안전관리규정'은 중앙행정기관 · 지방자치단체 · 공공기관 정보통신망을 관리 대상으로 규정하고 있어 기관 간 업무가 중첩되고 역할과 책임 소재도 불분명하다. 윤해성, "사이버 테러의 동향과 대응 방안에 관한 연구," 한국형사정책연구원. https://www.lawtimes.co.kr/Legal-News/Legal-News-View?serial=73485

7) 현재 국가 사이버 테러 대응 체제는 한국인터넷진흥원이 민간 분야, 국가정보원이 공공 분야, 국방정보본부가 군 분야를 맡고 있다. 경찰청과 대검찰청은 이와는 별도로 사이버 테러 범죄수사를 전담한다. 사이버 테러에 대한 컨트롤 타워의 필요성이 계속 제기되고 있지만 아직까지 제 역할을 하는 곳이 없는 것이 현실이다(윤해성, "앞의 글").

1 『네트(*The Net*)』

어윈 윙클러(Irwin Winkler) 감독이 안젤라 베넷(Angela Bennett) 역으로 출연하는 산드라 블록(Sandra Bullock), 잭 데블린(Jack Devlin) 역으로 출연하는 제레미 노덤(Jeremy Northam), 닥터 챔피언 역으로 출연하는 데니스 밀러(Dennis Miller) 등을 주연으로 해서 1995년에 제작 출시한 영화이다.[8)]

이 영화 역시 정보화 시대에 거대한 조직 앞에 선 한 개인이 얼마나 작고 초라한지를 잘 보여 주고 있다. 주인공 안젤라 베네트는 새로 나온 컴퓨터 소프트웨어의 바이러스나 에러(error)를 분석하는 일을 전문으로 하는 미모의 컴퓨터 프로그래머이다.

어느 날 그녀는 동료 데일(Dale)로부터 새 인터넷 프로그램에 문제가 있는 것 같다며 분석을 의뢰받는다. 그녀는 의뢰받은 프로그램을 분석한다. 겉으로는 평범한 음악용 소프트웨어에 불과한 '모차르트 밴드'라고 생각했지만 분석 결과 이 프로그램에는 연방정부의 극비 데이터베이스(DB) 시스템이 담겨져 있다는 사실을 알게 된다.

놀란 안젤라는 급히 데일에게 도움을 요청하고, 이 소식을 접한 데일은 안젤라를 만나러 오다가 의문의 비행기 사고로 죽는다. 안젤라는 데일의 죽음에 충격을 받고 이를 떨쳐버리기 위해 멕시코로 휴가여행을 떠나지만 그곳에서 잭이란 의문의 남자를 만난다. 그와 휴가 기분에 들떠 하룻밤을 보내게 되지만 잭의 수상한 행동에 의혹을 느낀 그녀는 잭과 격투를 벌이고 가까스로 탈출한다.

그러나 탈출 과정에서 여권도 신용카드도 모두 잃어버린 안젤라에게 남은 것은 오직 파손된 디스켓 한 장뿐이다. 그리고 그녀의 존재는 이미 컴퓨터 네트워크 상에서 완전히 지워진 상태였다. 더욱이 절망스러운 것은 그녀를 노리는 범죄조직이 그녀의 어머니를 향하고 있다는 점이었다.

그녀를 향한 컴퓨터 범죄조직의 올가미는 점점 그녀의 목을 조여오고 있었다. 그녀는 진퇴양난의 상황에 빠지고 만 것이다. 신종 컴퓨터 범죄집단에 전자 기업과 고위층의 검은 커넥션까지 복잡하게 얽혀 있는 거대한 범죄조직에 의해 모든 개인

8) http://movie.naver.com/movie/bi/mi/basic.nhn?code=17700

적 가치가 다 지워진 상태에서 과연 인간이 사회적 실체로서 살아갈 수 있는가에 대한 문제 의식을 이 영화는 던져 주고 있다.

또한 거대한 경찰 및 관련 기관의 컴퓨터와 그 관련 네트워크까지 장악한 범죄조직의 한 개인에 대한 극악한 테러는 특히 모든 개인적 정보가 노출된 상태로 살아가야 하는 정보화 시대의 현대인들에게 좋은 경종이 되고 있다. 안보나 치안과 관련된 정보를 가지고 있는 거대 관료조직이 잘못된 생각을 가지고 있는 사람들에게 영향을 받게 될 경우 모든 시민이 피해의 대상이 될 수 있다는 점 역시 상기해 볼 필요가 있다.

2 『에니미 오브 더 스테이트(*Enemy of the State*)』

토니 스코트(Tony Scott) 감독이 로버트 딘(Robert Clayton Dean) 역으로 출연하는 윌 스미스(Will Smith), 국가안보국 국장 역으로 출연하는 진 해크먼(Gene Hackman) 등을 주연으로 하고, 국회의원 필(Phillip) 역으로 제이슨 로바즈(Jason Robards) 등을 조연으로 해서 1998년에 제작 출시한 영화이다.

정보 수집 임무를 띤 국가안보국(National Security Agency: NSA)[9]이라는 국가 기관의 음모와 이들의 가공할 위력을 다룬 영화로서, 특히 거대한 국가정보기관의 가공할 정보 수집 및 분석 능력이 잘못 이용될 경우 시민들의 개인적 사생활이나 권리뿐만 아니라 민주주의 정치 체제 자체가 붕괴될 수 있음을 적나라하게 경고하고 있다.

소름이 끼칠 만큼 거대한 국가 정보조직의 능력 앞에 속절없이 쫓기는 선량한 시민이자 변호사로 나오는 이 영화의 주인공 로버트 딘은 거대 정보화 사회에 살고 있는 바로 우리의 자화상일 수 있기 때문이다.

또한 대표적인 정부기관인 국가안보국이 자신들의 기관 이익에 정면으로 배치

9) 『볼티모어 선(*The Baltimore Sun*)』 지의 스콧 셰인과 톰 바우만 기자가 쓴 6회분 기획 기사에 따르면, 국가안보국(NSA)은 미국인에게도 실제가 공개되지 않는 비밀기관이다. 국가안보국은 첩보작전을 수행하는 곳으로, 예산과 인력 면에선 CIA를 능가한다. 이 기관은 연간 80억 달러의 예산을 쓰며, 메릴랜드의 본부에 소속된 20,000명의 인력 규모는 미국 내 정부기관 중 최대 규모이다. 국가안보국은 전화나 팩스, 컴퓨터는 물론 레이다나 미사일의 전자 신호까지 잡아내어 분석한다고 한다.

된다고 해서 시민의 대표기관인 국회의원 필을 살해하는 음모를 모의해 이를 실행에 옮기는 것 역시 국가와 국민을 위해 봉사하고 헌신해야 할 공공기관으로서 상상도 할 수 없는 위법행위이며 월권행위이다. 또한 정보를 독점하고 이를 악용해 자신들의 이익을 극대화하려는 처사 역시 이와 같은 차원에서 마땅히 응징되고 배제되어야 할 잘못된 일이라 할 수 있다.

이 영화는 정보화 사회에서 나타날 수 있는 잘못된 정부 관료조직의 어두운 일면을 묘사해 투영해 주고 있으며, 나아가 정보 독점 권력의 일그러진 음모와 비리의 추한 모습을 잘 보여 준다.

3 『방화벽: 파이어 월(*Firewall*)』

리처드 론크레인(Richard Loncraine) 감독이 잭 스탠필드 역의 해리슨 포드(Harrison Ford),[10] 빌 콕스 역의 폴 베타니(Paul Bettany), 앤드류 스탠필드 역의 지미 베네트(Jimmy Bennett), 베스 스탠필드 역의 버지니아 매드슨(Virginia Madsen), 개리 미첼 역의 로버트 패트릭(Robert Patrick) 등을 주연으로 해서 2006년 2월 17일에 개봉한 영화이다.[11]

이 영화에서 주인공으로 나오는 컴퓨터 보안 전문가 잭 스탠필드는 '랜드락 퍼시픽 은행'에서 최고로 손꼽히는 중역급 간부이다. 그는 첨단 네트워크 추적장치와 코드, 방화벽으로 무장된 금융업계 최고의 해킹 방지 시스템을 구축해 나날이 지능화되어 가는 해커들의 끊임없는 위협으로부터 은행을 지켜낸다.

그러나 철통 같은 잭의 컴퓨터 보안 시스템에도 약점이 있었다. 그것은 다름 아닌 바로 잭 자신이다. 어느 날, 그 약점을 노리고 교활할 뿐만 아니라 냉혈한인 빌 콕스가 잭에게 접근한다. 빌은 잭과 그의 가족을 1년 동안 감시하며 이들의 개인적인 정보를 모두 파악해 치밀하고 철저히 준비해 놓은 상태였다. 아이들 친구들의 이름은 물론 병원 진료 기록, 보안 회사와의 암호에 이르기까지 잭과 그 주변의 일을 손바닥 들여다보듯 훤히 꿰게 된 빌은 대담한 한탕 음모를 실행에 옮기기 시작

10) 은행 보안 전문가(bank security expert) 잭 스탠필드(Jack Stanfield) 역으로 나온다.

11) 미국 개봉일은 2006년 2월 10일이다. http://www.maxmovie.com/movie_info/detail_synopsis.asp?m_id=M000034868&menu=5; http://movie.naver.com/movie/bi/mi/basic.nhn?code=42462

한다.

일당과 함께 잭의 집을 무단 점거한 빌은 잭의 가족을 인질로 삼고 잭을 협박해 1억 달러를 랜드락 퍼시픽 은행에서 빼내어 자신의 계좌로 이체할 것을 요구한다. 빌 콕스 일당에 의해 위기를 모면할 수 있는 모든 퇴로가 사전에 치밀하게 차단되고 인질이 되어버린 가족의 목숨마저 경각에 달린 절망적인 상황에서 잭이 선택할 수 있는 길은 단 한 가지뿐이었다. 자신이 만든 철통 같은 은행의 보안 시스템을 뚫고 1억 달러를 빌 콕스의 계좌로 이체시켜 주는 일 이외에는 달리 방법이 없었다.

설상가상으로 잭이 다니는 은행이 금융업계의 골리앗인 애큐웨스트 사에 합병되면서 잭의 행보는 날카로운 감시의 눈에 노출되고 컴퓨터의 데이터를 조작하는 작업도 더욱 어려워졌다. 돈을 빼내는 데 필요한 중요 장비마저 다른 곳으로 옮겨지자 더욱 궁지에 몰린 잭은 빌의 요구를 이행하기 위해 필사의 노력을 기울인다.

이 영화에서 보듯이 정보화 사회가 진전될수록 정보화 사회가 지니는 약점들도 나타나게 마련이다. 그 이유는 정보화 사회를 가능하도록 만든 컴퓨터와 관련 프로그램 그 자체가 바로 인간의 발명품에 불과하기 때문이다. 이러한 약점을 교활한 지능범들은 놓치지 않고 교묘하게 파고든다.

해킹을 방지하는 프로그램이거나 또는 여러 목적에 따라 보안 시스템 관련 프로그램을 만든 사람들은 자신이 만든 프로그램의 강점과 약점을 가장 잘 아는 사람이면서 동시에 그들이 잘못된 마음을 갖거나 또는 외부적 요인에 의해 자신의 올바른 마음을 그릇되게 굽힐 경우에는 그 자체가 바로 재앙으로 와 닿게 되는 것이 겉으로 보기에 완벽에 가까운 정보화 사회의 맹점이다.

영화에서 잭 스탠필드는 해킹이 불가능한 거의 완벽에 가까운 보안 관리 시스템을 만들어 이것을 보안 방화벽으로 삼아 자신의 은행을 지켜내기는 했으나 정작 자신의 가족을 지키는 방화벽을 만들어 낼 수는 없었다. 결국 자기 자신의 가족을 지키는 방화벽이 없는 관계로 자신의 가족이 교활하면서도 포악한 냉혈 범인들의 사냥감이 되고, 결국 그 자신도 그들의 요구에 굴복하고 인질이 된 가족을 구해내기 위해 자신이 만든 보안 방화벽의 약점을 파고들어 결국 1억 달러의 돈을 빼내게 된다. 은행의 보안 방화벽은 정상적으로 가동되었으나 인간 방화벽이 뚫려 은행의 손실을 야기하는 결과를 낳게 된 것이다.

이 영화는 정보화 사회의 모순적인 이중성을 예리하게 파헤쳐 극화시키고 있다. 그리고 정보화 사회의 특징 중 하나는 컴퓨터와 그 연결 네트워크를 통해 단시간에 막대한 정보량을 운송하고 전파할 수 있는 능력을 가지고 있는 사회라는 점이다. 따라서 보안 관리 시스템을 속일 수 있도록 조작만 잘 할 수 있다면 1억 달러의 돈도 컴퓨터를 통해 순식간에 보안 관리 시스템을 뚫은 사람이 어디에 공간적으로 존재하는지와는 관계없이 그의 돈이 되어버리는 것이다. 미국이어도 좋고 한국이어도 상관이 없다. 왜냐하면 세계 도처의 컴퓨터가 네트워크로 연결되어 있기 때문이다.

만약 1억 달러를 은행에서 빼내기 위해 전통적인 방법을 쓴다면 10여명이 넘는 많은 인원의 은행털이범들이 경찰이나 경비원들의 삼엄한 경비를 뚫고 들어가 엄청난 양의 화폐와 수표 그리고 은행에 보관 중인 유가증권 혹은 보석, 금괴 등을 훔쳐내어 이를 은행 밖에 안전한 곳으로 이동시켜야 할 것이다. 이러기 위해서는 운송 수단인 트럭이라도 몇 대 필요할지 모른다.

1995년 6월에 존 맥티어난(John McTiernan) 감독에 의해 개봉된 『다이하드(*Die Hard With A Vengeance*)』 3편에서 이러한 장면이 그대로 묘사된다. 미국 연방준비은행(Federal Reserve Bank: FRB)을 턴 테러리스트 사이먼 일당이 몇 대의 트럭을 통해 엄청난 금괴 등을 트럭에 탑재한 채 벌건 대낮에 시내를 통과해 유유히 빠져 나가는 장면이 바로 그것이다.

그리고 이러한 은행털이를 위한 모든 과정을 시간적으로 따져본다면 상당한 시간의 소요가 불가피하다. 그리고 1억 달러라는 은행털이의 액수와 규모로 볼 때 은밀하게 진행하기는 상당히 어려울 것이다.

그러나 정보화 사회에서는 이러한 전통적인 방법을 사용하지 않는다. 이 영화에서 보여 주듯이 계좌번호와 ID번호 그리고 패스워드(비밀번호)만 있으면 또 필요에 따라서는 거짓 정보를 입력하는 식의 컴퓨터 조작만 할 수 있으면 쉽게 돈이 있는 계좌에 접근이 가능하고 이것을 빼내는 것도 엔터키를 한 번 누르는 시간 정도밖에 소요되지 않는다. 물론 이체하는 데 드는 어느 정도의 시간을 감안한다 하더라도 그 신속성이나 기밀성은 전통적인 방법으로는 감히 상상도 할 수 없는 것이다.

따라서 정보화 사회에서 나쁜 마음을 먹고 내부 정보를 잘 아는 자가 돈을 빼돌리기로 작심한다면 과거보다 훨씬 더 쉽게 일을 성사시켜 낼 수 있다는 것이다.

정보화 사회는 우리에게 시간과 비용 면에서 엄청나게 많은 편익을 제공하지만 그것이 잘못될 경우에는 우리에게 상상을 초월하는 재앙을 안겨줄 수 있음을 이 영화는 간접적으로 보여 주고 있다.

모든 세계의 금융정보 시스템이 하나의 컴퓨터 네트워크망에 의해 연결되어 있다고 생각한다면 결코 이러한 가정과 상상이 단순하고 쓸데없는 공상에 불과하다고 가벼이 넘기기는 어렵다. 아무리 완벽한 보안 방화벽을 구축했다고 하더라도 그것이 인간의 작품인 이상 불완전함이 있을 수밖에 없고, 그것을 간파한 다른 전문가에 의해 그 방화벽은 무력화될 수밖에 없기 때문이다.

또한 그 방화벽을 설계해 설치하고 관리 운영하는 것도 결국 인간이 한다고 볼 때 인간의 한계가 바로 방화벽의 목적의 한계라고 볼 수 있다. 이 영화는 이러한 화두를 던지면서 정보화 사회가 가지고 있는 인간과 이러한 인간들의 결합체인 조직의 한계를 잘 묘사해 냈을 뿐만 아니라 나아가 이러한 한계를 교묘히 파고들어 자신의 탐욕을 채우려는 범죄조직의 교활성과 악랄함을 잘 보여 주고 있다.

이 영화는 특히 2006년 2월에 일어난 영국 최대의 현금 강탈사건 범인들에게 아이디어를 제공해 주었다 해서 화제가 되었다. 실제로 범인들은 영국 현금보관소 소장과 그 가족들을 인질로 잡고 이들을 협박해 현금보관소를 열게 한 후 그곳에 보관된 현금[12]을 탈취해 사라졌다. 이러한 범죄 수법은 이 영화에서 나타난 수법과 매우 유사하다.

4 『엔트랩먼트(*Entrapment*)』

존 아미엘(Jon Amiel) 감독이 맥두걸(Robert MacDougal) 역의 숀 코너리(Sean Connery),[13] 진 베이커(Gin Baker) 역의 캐서린 제타 존스(Catherine Zeta-Jones),[14] 아론 티바도 역의 빙 레임스(Ving Rhames), 윌 패튼(Will Patton) 등을 주연으로 해서 1999년 5월 29일에 개봉한 영화이다.[15]

---

12) 약 400억 파운드라고 하는데 그 규모가 커서 확실치 않다고 보도되었다. 혹자는 800억 파운드 가까운 돈이라고도 말하고 있다.

13) 로버트 맥두걸(Robert "Mac" MacDougal) 역으로 나온다.

14) 버지니아 베이커, 보험수사관 진 베이커("Gin" Baker) 역으로 나온다.

이 영화는 첨단 보안 정보 시스템을 뚫고 들어가 엄청난 고가의 미술품이나 거액을 훔쳐내는 사이버 전문절도범들의 행각을 흥미진진하게 보여 준다. 특히 밀레니엄 버그(millenium bug)를 방지하기 위해 은행들이 새해를 맞이하기 바로 전날 밤 은행 컴퓨터를 잠시 멈춘다는 아이디어를 밀레니엄 버그 소재로 삼았다.

말레이시아 국제은행에서 밀레니엄 버그를 방지하기 위해 은행 컴퓨터가 잠시 멈춘 것을 이용해 수십억 달러에 달하는 거액의 돈을 빼돌린 고가의 미술작품만 골라 훔치는 유명한 도둑인 맥두걸과 뛰어난 미모와 지성을 갖춘 베이커의 기발한 발상을 통해 철통 같은 방어 시스템을 가진 은행의 컴퓨터망도 허점이 있음을 보여 줌으로써 완벽한 듯 보이는 정보화 사회의 맹점을 적나라하게 보여 준다.

이 영화 역시 앞서 살펴본 『방화벽』에서와 같이 정보화 사회의 총아로 불리는 은행전산망을 소재로 하고 있다.

제 3 절 사이버 테러와의 전쟁에 행정윤리의 중요성을 소재로 한 영화들

정보전의 대명사인 사이버 테러와의 전쟁에 행정윤리의 중요성을 극적으로 잘 시사해 주는 영화로는 『터미네이터』, 『아이, 로봇』, 『웨스트월드: 인공지능의 역습』, 『이글아이』, 『판도라』, 『마지막 보이 스카웃』, 『자칼』, 『네이키드 웨폰』, 『다이 하드』, 『다이 하드 2』, 『언더시즈 Ⅱ』, 『다이 하드 3』, 『다이 하드 4』 등이 있다.

1 『터미네이터 1(*The Terminator 1*)』

1984년 제임스 캐머런(James Cameron) 감독이 터미네이터 역의 아널드 슈워제네거(Arnold Schwarzenegger), 카일 리즈 역의 마이클 빈(Michael Biehn), 사라 코너 역의 린다 해밀턴(Linda Hamilton)을 주연으로 하고, 부코비치 형사 역의 랜스 헨릭슨(Lance Henriksen), 에드 트래슬러 역의 폴 윈필드(Paul Winfield)를 조연으로 해서

15) http://movie.naver.com/movie/bi/mi/basic.nhn?code=24447; http://www.videokorea.com/movie/mo_detailinfo.htm?Movie_ID=1762

1984년 12월 22일 개봉한 영화이다.16)

2029년 로스앤젤레스에서 핵전쟁의 잿더미 속에서 노골적으로 인류를 말살하기 위해 일어선 인공지능을 가진 기계들과 인간 간의 마지막 전쟁을 상정하고 있다.

1997년 인간이 만든 인공지능 컴퓨터 전략 방어 네트워크가 스스로의 지능을 갖추고는 인류를 핵전쟁의 참화로 밀어넣어 버린다. 그 결과 30억이라는 인류를 핵전쟁의 잿더미 속에 묻어버린다. 그리고 이러한 극한적 핵 참화에서 살아남은 인간들은 기계의 지배를 받아 시체를 처리하는 일 등에 동원된다.

이때 비상한 리더십과 작전 능력으로 인간을 이끌던 사령관 존 코너는 반기계 연합을 구성하고 기계와의 전쟁을 시작한다. 이때부터 형편없이 밀리던 인간은 비로소 상황을 반전시키게 된다. 이에 기계는 존 코너의 탄생 자체를 막기 위해, 2029년 어느 날, 타임머신에 인간과 똑같이 만든 유기적인 침투용 사이보그인 터미네이터를 태워서 존 코너가 탄생할 1984년의 로스앤젤레스로 보낸다. 태어나기 전에 존 코너의 모친을 살해하기 위해서였다.

이 정보를 입수한 존 역시 카일 리스라는 젊은 용사를 보내 그녀를 보호하게 한다. 직장인 식당에서 일을 하던 존 코너의 모친이 될 사라 코너는 터미네이터에게 쫓기기 시작한다. 리스의 도움을 받아 같이 도망을 치던 사라는 리스를 통해 미래에 자신이 낳은 아이가 핵전쟁 생존자인 인간을 지배하게 될 것을 두려워한 나머지 터미네이터가 그녀를 죽이려 한다는 사실을 알게 된다.

리스와 사라는 함께 도망하면서 사랑에 빠지게 되고, 마지막으로 리스는 자신을 희생하는 대폭발을 유도해서 터미네이터를 제거하려 하지만 뜻을 이루지 못한다. 결국 사라가 터미네이터를 사라지게 한다. 그런지 몇 달 후 사라는 지구의 인간성을 회복해 줄 리스의 아이를 임신하게 된다.

결국 이 영화는 인간 이상의 인공지능을 가진 사이보그, 즉 기계인간들과 인간 간의 첨예한 대결상을 보여 주고 있다. 터미네이터는 존 코너가 탄생해 사이보그와의 전쟁에서 승리를 쟁취하지 못하도록 하기 위해 존 코너의 모친인 사라를 없애기 위한 임무를 띠고 현재로 오지만 뜻을 이루지 못하고 사라진다.

영화에서는 얼마든지 인공지능이 발전되면 인공지능 대 인류의 충돌이 불가피할 뿐만 아니라 만일 이 싸움에서 인류가 질 경우 인류가 말살될 수 있는 이와 같

16) http://movie.naver.com/movie/bi/mi/basic.nhn?code=10028

은 상황이 오지 말라는 법이 없다는 점을 분명히 하면서 그런 상황을 드라마틱하게 표현해 내고 있다.

2 『아이, 로봇(*I, Robot*)』

알렉스 프로야스(Alex Proyas) 감독이 델 스프너 형사 역의 윌 스미스(Will Smith), 수전 캘빈 박사 역의 브리짓 모이나한(Bridget Moynahan), 랜스 로버트슨 역의 브루스 그린우드(Bruce Greenwood), 알프레드 래닝 박사 역의 제임스 크롬웰(James Cromwell), 파르베 역의 샤이아 라보프(Shia LaBeouf), 존 베긴 경사 역의 치 맥브라이드(Chi McBride) 등을 주연과 조연으로 해서 2004년 7월 30일 개봉한 영화이다.[17)]

이 영화에서는 인간이 사전에 프로그램화한 인간 보호를 위한 로봇 3 원칙을 내장한 인공지능을 탑재한 로봇이 인간의 편의를 돕도록 설계했지만 이 로봇은 스스로의 자기 학습 발전을 통해 지능을 고도화해 인간의 통제에 따르지 않는 로봇으로 진화하고 이들은 급기야 인간을 공격하기에 이르게 된다.

인간의 통제에서 벗어나 인간을 통제하려는 존재로 탈바꿈이 일어나는 현상을 잘 보여 주고 있으며, 앞의 터미네이터와 마찬가지로 이 영화는 인간 이상의 인공지능을 가진 사이보그, 즉 기계인간들과 인간 간의 첨예한 대결상을 보여 준다. 또한 얼마든지 인공지능이 발전이 되면 인공지능 대 인류의 충돌이 불가피할 뿐만 아니라 만일 이 싸움에서 인류가 질 경우 인류가 말살될 수도 있음을 암시한다.

3 『웨스트월드: 인공지능의 역습(*Westworld*)』

조너선 놀란(Jonathan Nolan) 감독이 에반 레이첼 우드(Evan Rachel Wood), 제임스 마스던(James Marsden), 잉그리드 볼소 베르달(Ingrid Bolso Berdal), 앤서니 홉킨스(Anthony Hopkins), 탠디 뉴튼(Thandie Newton), 에드 해리스(Ed Harris), 그리고 섀넌 우드워드(Shannon Woodward) 등을 주연과 조연으로 해서 2015년 개봉한 영화이다.[18)]

---

17) http://movie.naver.com/movie/bi/mi/basic.nhn?code=38420

이 영화에서는 인간들이 노리개로 사용하던 인공지능 로봇과 인간과의 갈등 등을 잘 보여 주고 있다. 인간이 필요해서 만든 수단으로서의 컴퓨터가 이제 발달되어 인간이 통제할 수 없는 상태를 넘어서서 인간을 통제하는 목적으로 변신되는 현상을 영화인들의 상상을 통해 우리에게 보여 주면서 이렇게 변화되는 미래 사회를 경계해야 함을 가르쳐 준다. 앞의 영화 『터미네이터』나 『아이, 로봇』이 인간에게 시사하는 내용과 같은 메시지임을 알 수 있다.

4 『이글 아이(*Eagle Eye*)』

카루소(D. J. Caruso)가 감독을 맡고 제리 쇼 역의 샤이아 라보프(Shia LaBeouf)와 레이첼 홀로맨 역의 미셸 모나한(Michelle Monaghan)이 주연으로 그리고 공군 특별수사관 조 페레즈 역의 로사리오 도슨(Rosario Dawson), 국방장관 캘리스터 역의 마이클 치클리스(Michael Chiklis), 윌리엄 보먼 역의 앤서니 마키(Anthony Mackie), 토비 그랜트 요원 역의 에단 엠브리(Ethan Embry) 등이 조연으로 출연해서 종전에는 볼 수 없었던 사이버 테러와의 전쟁을 기막히게 풀어나가고 있다.[19)]

미국은 속절없이 일방적으로 당해야 했던 9·11테러 이후 대(對)테러전을 국가안보 차원에서 밀고나가게 된다. 그 일환으로 '애국법(USA Patriot Improvement and Reauthorization Act Of 2005: USA PATRIOT Act)'이라고 일컬어지는 '국가안보법'을 만들어 기존에 누리던 일부 자유까지 억압할 수 있는 강도 높은 국가 안보 위주의 법집행을 강행하고 있다. 이러한 현재의 미국 안보 분위기를 극화한 것이 바로 이 영화이다.

미국 국방부는 현재와 앞으로 도래할 정보 테러전에 대비키 위해 극비리에 국방성 지하 36층에 사이버 대테러조직을 만들고 이러한 대테러조직의 활동을 지원할 수 있는 슈퍼컴퓨터를 작동시켜 세계 전역의 정보망을 감시하고 통합하는 통제관리 시스템을 운영하게 한다. 이 통합 통제 정보관리 시스템은 미국 국내뿐만 아니라 국외까지 모든 정보를 검색하고 감시하며 모니터링할 수 있을 뿐만 아니라

18) http://movie.naver.com/movie/bi/mi/basic.nhn?code=83868
19) http://movie.naver.com/movie/bi/mi/basic.nhn?code=45292

수집 가능한 정보들을 수집해 이를 분석·평가·관리 통제하려고 하는 데 목적을 둔 것이다.

그런데 이 통합 통제 정보관리 시스템에 문제가 발생한다. 세상을 조종하고 통제하는 또 하나의 눈인 '이글 아이'라고 하는 통합 통제 정보관리 시스템이 원래의 목적과 그에 따른 기능을 묵살하고 자기 자신이 임의적으로 설정한 국가안보 콘셉트를 가지고 작동하기 시작했기 때문이다.

실제로 인공지능(artificial intelligence: AI)의 발전을 두려운 눈으로 지켜보는 사람들에게는 먼 미래가 아닌 가까운 미래에 나타날 수 있는 현상이다. 인간의 지적 능력을 뛰어넘는 인공지능은 스스로 학습 능력까지 갖춰 거의 무결점의 완벽한 지적 상태로까지 발전되어 인간의 가치 판단이나 창의력을 뛰어넘는 단계로까지 나아가게 된다면 인간은 이들에게 굴복할 수밖에 없고, 이들의 노예로 전락하게 된다는 비관적 예측인 것이다. 이러한 시나리오는 특히 최근에 전 세계를 경악하게 만든 이세돌과 알파고 간의 바둑 대결이 낳은 충격 이후 더욱 크게 제고되고 있다.

이러한 것을 주제로 삼은 영화로는 앞에서 이미 설명했듯이『터미네이터』시리즈와『아이, 로봇』,『웨스트월드: 인공지능의 역습』등을 열거할 수 있다.

바로 이와 맥을 같이하는 영화가『이글 아이』인데, 이것은 고지능을 가지고 스스로 인간을 통제하게 되는 슈퍼컴퓨터이다. 스스로 생각하고 판단할 수 있는 이글 아이는 현재의 대통령과 그가 이끄는 내각으로는 미국의 안보를 책임질 수 없다고 생각한다. 따라서 통합 통제 정보관리 시스템인 이글 아이의 판단은 이들을 제거하고 새로운 대통령과 그가 지휘하는 내각을 결성하고자 하는 음모를 추진하게 된다. 일종의 기계에 의한 쿠데타 음모가 꾸며지게 되는 것이다.

통합 통제 정보관리 시스템은 이글 아이를 관리하고 있는 주인공 제리 쇼의 형을 이용해 뜻을 펼쳐보려고 하지만 형은 이것이 잘못임을 직감하고 단호히 거절한다. 그리고 이 통합 통제 정보관리 시스템이 그러한 음모를 현실로 옮기지 못하도록 이 시스템의 핵심이 되는 부분을 작동할 수 없도록 잠가 버린다.

이 잠금장치를 열기 위해서는 이를 운영해 왔던 그리고 이를 잠가버린 제리 쇼의 형만이 할 수 있는데 이 시스템이 잘못된 방향으로 나가고 있음을 감지하고 이를 막기 위해 잠금장치를 한 제리의 형을 이글 아이 시스템은 자신이 나가고자 하는 길에 걸림돌로 판단하고 의도적으로 교통사고를 일으켜 사고사를 가장해 죽여

버린다.

제리의 형이 교통사고로 살해되자 이글 아이의 잠금장치를 풀 수 있는 사람은 형과 생물학적·생체학적 특성이 같은 동생 제리뿐이다. 결국 제리는 이글 아이의 표적이 된다. 이글 아이는 제리를 자신의 의도대로 움직이고 통제하기 위해 그를 이글 아이의 올가미에 엮어버리는 음모를 진행한다.

이 음모의 일환으로 먼저 제리의 통장에 의문의 75만 달러라는 거금이 입금되도록 만든다. 제리는 자동현금인출기(ATM)에서 거금이 자기 계좌에 들어 있음을 알고 무척 놀란다. 그런 그가 자신의 집으로 되돌아와 보니 집 안에는 온통 각종 첨단 무기와 자신의 이름으로 된 여러 개의 여권이 배달되어 쌓여 있는 것이 아닌가.

그가 이런 현장을 지켜보며 경악하고 있을 때 한 통의 전화가 걸려온다. 그리고 걸려온 전화에는 차가운 여자 목소리로 30초 후 미국 연방수사국 요원들이 들어닥칠 테니 지금 바로 도망갈 것을 명령한다. 아닌 밤중에 홍두깨도 유분수지 영문도 모른 채 우왕좌왕하다가 제리는 전화에서 말한 것처럼 급습한 연방수사국 요원들에게 체포되고, 체포 현장의 물증 등으로 인해 영락없이 테러리스트로 몰리게 된다.

그러나 이글 아이는 제리의 신변을 신속하게 확보하는 것이 무엇보다 긴요했기 때문에 그를 연방수사국의 손아귀에서 벗어나게 만들고, 연방수사국 요원들과의 추격전에서 아들의 목숨을 담보로 전화 지시에 따르고 있는 같은 처지의 레이첼 홀로맨을 만나 같이 이글 아이의 명령에 따르는 신세가 되도록 만든다.

이글 아이는 휴대폰, 자동 현금 지급기, 거리의 CCTV, 교통안내 LED 사인 보드, 신호등 등 이들 주변의 전자장치와 시스템 등을 이용해 이들의 행동을 조종하고 통제한다.

이들은 자신의 자유 의지와는 상관없이 이글아이에 의해 선택되었고 오로지 살기 위해서는 복종할 수밖에 없는 신세로 전락하고 만다. 여러 가지 죽을 고비를 넘기고 결국 그들은 이글 아이가 유도하는 대로 국방부 지하 36층에 극비리에 존재하는 이글 아이를 통제하는 곳으로 들어오게 된다.

제리는 이글 아이의 지시에 따라 형이 작동시켜 놓은 잠금장치를 해제하려고 한다. 그러나 그것이 잘못된 것임을 직감하고 이글 아이 시스템이 추구하는 음모가 현실화되는 것을 막기 위해 목숨을 걸고 행동한다. 그러나 제리의 이러한 필사적인 노력에도 불구하고 이글 아이가 주도한 대통령 암살 음모가 실행에 들어간다. 막다른 골목에 몰린 꼴이 된 제리는 이를 막기 위해 자신의 몸을 던진다.

대통령이 연두교서를 하는 의회에 잠입해 대통령의 목숨을 노리는 목걸이 폭탄을 목에 걸고 있는 같은 처지에 빠진 레이첼을 찾는다. 제리는 레이첼이 목에 걸고 있는 목걸이가 가공할 만한 폭발력을 가진 고성능 폭약임을 알고 있었다. 그리고 미국의 국가를 연주하기 위해 의회에 초대된 어린이 연주단의 트럼펫 연주자인 레이첼의 아들이 부는 트럼펫이 목걸이 폭탄의 뇌관을 터뜨리는 메시지를 전송한다는 사실 역시 알고 있었다.

그는 대통령 암살을 막을 수 있는 방법에 대한 선택의 여지가 없는 결정적인 순간에 자기 자신 스스로 천정으로 권총을 쏘아 대통령을 암살하려는 것처럼 가장한다. 당연히 근접 경호를 하고 있던 경호원들 일부는 대통령을 감싸고 신속히 도피하고, 나머지 일부 경호원들은 제리를 제압하기 위해 그에게 총을 쏘며 대응하게 된다.

이런 혼란한 상황에서 제리는 총에 맞아 쓰러지고 이런 와중에 트럼펫을 불던 레이첼의 아들은 놀라 트럼펫을 부는 것을 중지한다. 이로 인해 레이첼이 목에 걸고 있던 목걸이 폭탄의 뇌관이 작동되지 않아 대통령 암살이라는 엄청난 음모는 불발로 끝나게 된다. 사이버 테러의 끔찍한 악몽 앞에서 이러한 주인공의 살신성인의 행동이 결국 대통령 암살도 모면케 하고 미국의 안보도 지켜내는 결과를 가져오게 한다.

이 영화는 우리에게 몇 가지 메시지를 보내고 있다.

첫째, 인간이 좀 더 생산적이고 효율적인 사회를 만들기 위해 그리고 좀 더 안전한 사회를 만들기 위해 제작한 통합 통제 정보관리 시스템이 잘못 관리되거나 또는 오작동되거나 혹은 테러단체들에 의해 악용될 때에는 엄청난 재앙을 초래할 수 있다는 경고이다.

둘째, 통합 통제 정보관리 시스템이라는 인공지능이 고도로 발전되어 인간의 통제 능력을 벗어나게 될 경우 인간에게 엄청난 재앙을 가져다 줄 수 있다는 것이다.

셋째, 통합 통제 정보관리 시스템이 자체의 내부 결함으로 인해 에러가 발생하고 이로 인해 목적 이외의 방향으로 작동될 경우 역시 인간에게 커다란 재앙을 안

겨줄 수 있다는 것이다.

결국 이러한 첨단 통합 통제 정보관리 시스템은 인간에게 날카로운 양날을 가진 칼이 되는 셈이다. 잘만 이용한다면 문명의 이기가 되지만 그렇지 못할 경우 문명의 흉기로 돌변하게 되는 것이다. 지혜로운 관리와 통제가 요구되는 이유가 바로 여기에 있다.

21세기는 많은 사람이 이야기하듯이 지적 정보화 사회라고 한다. 모든 부문이 정보화되고 이로부터 자유로운 것은 하나도 없다고 해도 과언이 아닌 세상이 되었다. 우리들의 모든 신상정보를 비롯한 생체정보, 금융정보, 의료정보, 교육정보 등등이 전부 컴퓨터에 의해 사이버 공간에 저장되고 활용되고 있다. 이것이 악의를 가진 자나 조직에 의해 또는 오작동에 의해 그리고 컴퓨터 자체의 높은 인공지능에 의해 인간 통제를 벗어나는 방향으로 오용되거나 또는 나쁜 방향으로 악용된다면 가공할 재앙적 상황을 상정하지 않을 수 없다.

따라서 이러한 시대일수록 첨단 정보를 관리하고 통제하는 공직자들의 역할은 매우 중요하고 필요하다. 공직자들은 국민의 해당 정보자료를 철저하게 보호할 수 있는 방법을 강구하고 이를 활용할 수 있어야 하며, 충분히 통제 가능한 통합 정보관리 시스템에 대한 운영관리 능력을 지속적으로 가질 수 있어야 하고, 이를 악의적으로 악용할 수 있는 개인이나 조직의 손아귀에 놀아나지 않도록 하는 예방 및 방어 조치를 강구해 나가야 할 것이다.

이 영화는 현재 진행 중이거나 앞으로 도래할 사이버 테러, 사이버로 인한 뜻하지 않은 재앙 등을 높고 풍부한 상상력을 통해 우리에게 현실과 다름없이 투영해 주었다고 평가할 수 있다. 또한 이를 통해 대(對)테러 업무를 맡고 있거나 정보 관련 업무를 수행하는 공직자들이 가져야 하는 높은 도덕성과 책임감을 주문하고, 나아가 그들에게 그렇게 하지 않았을 때의 경고의 메시지와 더불어 강력한 대응책을 주문하고 있다.

5 『판도라』

박정우 감독이 재혁 역의 김남길, 연주 역의 김주현, 평섭 역의 정진영, 석 여사 역의 김영애, 정해 역의 문정희, 총리 역의 이경영, 공씨 역의 강영일 등을 주연과 조연으로 해서 2016년 12월 7일 개봉한 영화이다.[20]

원자력발전소의 운영을 책임지는 첨단 통합 통제 정보관리 시스템이 역대 최대 규모의 강진에 의해 제 기능을 상실하게 되고, 이러한 위기 상황에서 이를 진두지휘해야 할 컨트롤 타워마저 제 기능을 발휘하지 못하게 됨으로써 결국 원자력발전소의 폭발 사고와 이의 후유증으로 방사능까지 유출되는 최악의 상황으로까지 이어지는 상황이 연출된다.

원자력발전소의 폭발과 방사능까지 유출되는 최악의 상황을 영화인의 상상을 통해 드라마틱하게 극화하고 있는데, 이것 역시 이러한 통제권을 쥐고 있는 관리자의 지혜로운 관리와 통제가 필요하다는 점을 부각시키는 것으로 이해할 수 있다.

실제로 일본 도후쿠(東北) 지방의 강진과 이에 이은 엄청난 쓰나미에 의해 후쿠시마(福島) 원자력발전소의 폭발과 방사능 후유증을 앓고 있는 일본의 사례를 한반도에 투영시켜 드라마틱하게 극화시켰고, 이러한 자연재해로 비롯된 사고의 이면에는 이에 적절하게 대응하지 못한 인재(人災)도 한몫했다는 점을 잘 보여 준다.

원자력 발전에 대해 잘 알지도 못하는 사람을 대표랍시고 낙하산에 태워 자리에 앉히고 보여 주기 식의 그리고 절차니까 할 수 없다는 식으로 허접하게 실시된 재가동 시험, 사태가 발생하자 이러한 사태를 해결하기보다는 숨기려고 애쓰는 정부 당국, 그 와중에서도 탁상공론이 판을 치고, 괜찮아지겠지 하는 안일한 모습, 위로부터의 지시만을 기다리며 자기 책임이 아니라고 우기는 중간관리자들, 권력 상부로 가는 보고 라인을 중간에서 자르고 자신이 진두지휘하는 정부 인사의 행태, 자기 자신 스스로 결정을 내리지 못하고 아랫사람에게 휘둘리는 권력의 핵심 등의 행태로 나타나는 여러 모습에서 이러한 참화는 자연재해로 촉발되기는 했지만 좀 더 큰 피해는 인재에서 비롯된 것이라는 확신을 영화는 심어 주고 있다.

6 『마지막 보이 스카웃(*The Last Boy Scout*)』

토니 스코트(Tony Scott) 감독이 조 할렌백(Joe Hallenbeck) 역의 브루스 윌리스

20) http://movie.naver.com/movie/bi/mi/basic.nhn?code=132933

(Walter Bruce Willis), 지미(Jimmy Dix) 역의 데이먼 웨이언즈(Damon Kyle Wayans), 사라 역의 첼시 필드(Chelsea Field) 등을 주연으로 해서 1991년 12월 24일에 개봉한 영화이다.[21)]

조 할렌백은 왕년에 대통령과 캘리포니아의 상원의원 보디가드, 즉 경호원으로 일하면서 잘나갔지만 근자에 들어 사립탐정 일을 하면서 푼돈이라도 벌고 있는 신세가 되었다. 그는 자신에게 일감을 주던 뚱보 마이크(Mike Matthews)가 자동차 폭발사고로 날아가고 자신이 보호하던 나이트클럽에서 춤추는 흑인 댄서가 살해당하자, 흑인 댄서의 애인이자 과거 화려한 미식축구 쿼터백을 지냈지만 지금은 퇴물 취급받는 지미와 미궁 속의 사건에 뛰어들어 함께 음모와 비리를 추적해 나간다.

그러던 중에 그는 테러단체들이 'LA 메모리얼 콜로세움'으로 불리는 미식 축구장에 운집한 군중들을 대상으로 폭탄 테러를 가하려 한다는 사실을 알아내고, 이를 막기 위해 피나는 노력을 하게 된다. 그러나 그의 제보와 노력에도 불구하고 테러를 막는 데 책임을 지고 있는 정보기관이나 경찰조직의 움직임은 더디기만 하고 그의 마음에 차지 않는다. 그러자 그는 직접 발 벗고 나서 테러를 막으려는 노력을 기울인다. 결국 그는 정보기관이나 경찰조직에 앞서 몸소 테러단체와 맞부딪쳐 가공할 위기일발의 테러를 일소시킨다.

이 영화는 은밀하고 신속하게 움직이는 테러조직에 비해 정보기관이나 경찰조직 등 테러를 예방하거나 근절시켜야 할 공적 조직이 제대로 그 기능을 신속하게 그리고 효율적으로 작동시키지 못함을 여과 없이 들춰내고 있다.

테러조직은 은밀성과 신속성을 생명으로 한다는 사실은 이미 삼척동자도 다 아는 사실이다. 소규모 팀 단위로 구성되어 테러 임무를 수행하며, 팀 구성은 문제해결을 전제로 한 전문성을 위주로 편성하고 팀원 간의 결속력(group cohesiveness)은 매우 강하다. 그리고 팀 조직은 점 조직화되어 있어 비밀을 유지하는 데 도움이 된다. 또한 소규모 조직이기 때문에 테러 목적과 임무에 따라 매우 신속하게 움직이는 것을 특징으로 한다.

이에 반해 기존 정보기관이나 경찰조직은 조직이 방대할 뿐만 아니라 명령 및 보고 체계도 복잡하고 다층적이며 관할권 등 조직을 명료하고 신속하게 움직이는데 걸림돌이 되는 많은 요인이 도사리고 있다. 여기에 이 조직에 몸담고 있는 공직

21) http://www.cine21.com/Movies/Mov_Movie/movie_detail.php?id=215

자들의 무사안일적 사고 혹은 복지부동의 자세나 경직적으로 관행에 젖은 관료적 병리 행태 등은 은밀하고 신속하게 움직이는 테러조직의 움직임을 사전에 감지하고 예방하고 차단하는 데 많은 어려움을 던져 준다. 바로 이 영화는 이러한 것들을 극화해 가감 없이 우리에게 현실감 있게 보여 주고 있다.

7 『자칼(*The Jackal*)』

마이클 카튼 존스(Michael Caton Jones) 감독이 자칼(Jackal) 역의 브루스 윌리스(Walter Bruce Willis), 데클랜 조셉 멀퀸(Declan Joseph Mulqueen) 역의 리처드 기어(Richard Tiffany Gere), 카터 프레스턴(Cater Preston) 역의 시드니 포이티어(Sidney Poitier), 발렌티나 코슬로바(Valentina Koslova) 역의 다이앤 베노라(Diane Venora) 등을 주연으로 해서 1997년 12월 13일에 개봉한 영화이다.[22]

전설적 테러리스트였던 '자칼'을 영화화한 작품이다. 프레드 진네만(Fred Zinnemann)이 1973년도에 선보인 『자칼의 음모』를 새롭게 각색한 작품이기도 하다. 주인공 자칼 역으로 나오는 브루스 윌리스와 이를 막는 역할을 맡은 데클랜 조셉 멀퀸 역으로 나오는 리처드 기어 간의 숙명의 대결을 잘 그려내고 있다. 빠른 속도감과 이에 버금가는 반전의 묘미가 극적 재미를 더해 주는 작품이기도 하다.

영화의 내용은 이렇다. 동서냉전이 종식된 1990년대를 시대적 배경으로 한다. 미국과 러시아는 오랫동안 골머리를 앓아 왔던 러시아 마피아 조직 소탕을 위해 공동작전을 벌인다. 이 과정에서 심복을 잃은 마피아 조직의 보스는 미국에 대한 복수를 위해 미국 정부 요인을 암살할 전문 킬러를 고용하는데 그가 바로 자칼이다. 그는 철저하게 베일에 가려진 인물로 묘사된다.

러시아 마피아의 동태를 관찰하던 미국 연방수사국과 러시아 정보국은 미국 정부 요인을 암살하기 위해 마피아 조직이 자칼을 고용했다는 사실을 뒤늦게 알게 된다. 그러나 끊임없이 이동하고 변신하는 그의 거처와 정체는 물론 그에 관련된 모든 것이 비밀에 싸여 있었으며, 아는 것이라고는 단지 그의 이름이 자칼이라는

22) http://movie.naver.com/movie/bi/mi/basic.nhn?code=18750; http://www.maxmovie.com/movie_info/detail_synopsis.asp?m_id=M000024807&menu=5

것뿐이다.

자칼의 존재는 알지만 그의 명료한 암살 목표와 이를 실행에 옮기는 방법 등을 파악하지 못했던 미국 연방수사국 부국장 프레스턴은 자칼의 강력한 도전을 받게 된다. 러시아 정보요원 코슬로바의 지원을 받고 있는 그는 냉혈 킬러 자칼을 추적하기 위한 방법을 모색해야만 했다. 그들은 암살을 저지할 수 있는 유일한 방법으로 베일에 싸여 있는 자칼을 누구보다 잘 알고 그에게 대적할 수 있는 인물을 물색하게 되는데, 그가 바로 자칼과 똑같은 경력을 가지고 투옥 중인 전 첩보 요원 데클랜 멀퀸이다.

프레스턴 부국장은 과거에 자칼과 함께 활동하던 멀퀸을 고용한다. 멀퀸은 TV를 보다 자칼의 암살 목표가 영부인임을 직감한다. 그러나 이미 자칼은 경찰관으로 변장해 모든 준비를 끝낸 상태였다. 자칼은 준비된 대로 냉정하고 침착하게 일을 진척시켜 나간다. 영부인이 경호원들과 함께 나타난 곳에 경찰관 복장으로 잠입에 성공한 자칼은 영부인을 암살하기 위한 행동을 취한다.

이 영화는 우리에게 몇 가지의 메시지를 던져 주고 있다.

우선 미국 연방수사국이나 러시아의 정보국이 자칼의 거처나 행동반경 그리고 암살 목표, 암살 장소 그리고 암살 방법 등에 대한 정보를 정확하게 확보하지 못했다는 점이다. 정보화 사회에서 핵심 정보를 적에게 선점당하는 것은 곧 죽음을 의미한다. 정보기관의 본래 목적이나 기능이 어느 누구보다 빨리 정확한 정보를 파악하고 이를 활용하는 것인데 오히려 자칼이 정보기관을 가지고 노는 꼴이 되어버린 셈이다.

둘째, 방대한 예산과 인적 자원을 사용하고 심지어는 초법적 권력을 행사할 수 있는 정보기관이 자칼이라는 한 테러리스트의 행방을 파악하지 못하고 우왕좌왕하는 모습은 현대 조직들이 가지고 있는 변화에 대한 둔감성, 경직성을 그대로 나타낸다. 기민하게 상황에 따라 시시각각으로 변화를 꾀하는 테러리스트에 비해 방대하고 관료적으로 관성화되고 화석화된 경직적 조직은 그러한 테러리스트를 효과적으로 제압할 수 없을 뿐만 아니라 오히려 그들의 좋은 사냥감이 되는 것이다.

오히려 자칼에 대해 잘 알고 있고 또 자칼의 움직임을 예의주시하고 그의 움직임에 따라 신속하고 기민하게 움직이는 멀퀸 한 사람의 역할이 거대하고 방대한 정보기관보다 문제 해결의 실마리를 먼저 거머쥐게 되는 것도 바로 이러한 이유에 기인된다. 상황의 변화가 왔을 때 작은 보트는 쉽게 방향을 전환할 수 있지만 항공모함처럼 거대한 선박은 쉽사리 방향을 전환할 수 없는 것과 같은 이치이다.

이런 맥락에서 볼 때 거대한 관료제가 주된 패러다임이었던 산업사회의 프레임에서 벗어나 좀 더 정보화 사회에 걸맞은 조직 유형으로 관료제도 바뀌어야 한다는 강한 메시지를 이 영화는 우리에게 던져 주고 있다.

8 『네이키드 웨폰(*Naked Weapon*)』

정소동 감독이 샬린 역의 매기 큐(Maggie Q), 캣 역의 안아, 질 역의 이행지, 잭 역의 오언조 등을 주연으로 해서 2002년에 개봉한 영화이다.[23)]

영화의 내용은 이렇다. 갑자기 전 세계의 뛰어난 외모와 운동신경을 가진 여자아이들이 일순간에 사라져 버렸다. 미국 중앙정보부(CIA)는 의혹투성이의 이 사건을 수사하지만 곧 미궁에 빠지고 만다. 이렇게 중앙정보부가 미궁 속을 헤매고 있을 때 이 납치의 배후에는 강제로 납치된 여자아이들을 전문 암살범으로 훈련시키려는 마담 M이 날카로운 발톱을 숨기고 웅크리고 있었다.

이러한 대규모의 납치가 있은 후 6년이 경과된다. 위치 추적이 불가능한 감옥 같은 곳에서 철저한 감시 속에 체력 훈련과 테러교육을 받아오던 아이들은 가장 강한 자만이 살아남을 수 있는 프로그램에 투입되고, 살아남기 위해 친구마저 죽음으로 몰아야 하는 살인 병기로 키워진다.

살인적인 프로그램에서 살아남은 아이들은 마지막 시험 무대에 오른다. 사방이 가로막힌 철창 속에서 벌이는 죽음의 서바이벌 게임이 바로 그것이다. 서로 죽이고 죽임을 당하는 죽음의 서바이벌 게임에서 결국 샬린, 캣, 질만이 살아남아 세계 최고의 암살자가 된다. 그리고 이들은 스페인과 필리핀, 홍콩 등지에서 각종 테러에 투입되고 마지막으로 홍콩에서 한 남자를 살해하라는 임무를 맡고 작전에 투입된다. 그러나 샬린은 그곳에서 오래 전 헤어진 엄마를 만나면서 충격을 받고, 이로 인해 중앙정보부 요원 잭과 마주친다. 잭은 샬린의 과거를 되찾아 주고 샬린은 마담 M을 제거하겠다고 약속한다.

---

23) http://movie.naver.com/movie/bi/mi/basic.nhn?code=36600

이 영화 역시 뛰어난 여자아이들을 납치해 테러리스트로 양성하는 범죄조직에 대해 정보기관이 속수무책으로 당하는 것을 극화하고 있다는 점에서 앞의 『자칼』과 다름이 없다. 특히 정보기관이 여자아이들의 납치와 관련된 실종사건을 수사하는 데 매우 비효율적이고 주먹구구식의 행태를 잘 극화해 보여 주고 있다.

앞에서도 언급했지만 정보화 사회에서 정보기관은 남보다 먼저 정보를 입수하고 이를 정확히 분석 평가해 사안의 경중에 따라 예방 조치를 취하거나 이것이 실행될 수 없도록 제어하고 통제하는 기능과 역할을 수행해야 한다.

그러나 이 영화에서 보여 주듯이 정보기관의 수사는 원점에서 맴돌고 이렇게 6년 동안 소재 파악도 못하는 등 허송세월로 시간을 낭비하는 동안 납치된 여자아이들은 무서운 테러리스트로 키워져서 세계의 평화를 위협하는 존재로 나타나게 되는 것이다.

테러와의 전쟁에서 제일 중요한 것 중 하나는 정보를 남보다 먼저 획득하고 이를 정확히 분석 평가하는 일이다. 이러한 일을 제대로 해내지 못한다면 그런 정보기관은 존재의 의미를 상실할 수밖에 없다. 이런 조직에게 국민의 혈세를 무턱대고 쏟아붓는 어리석음이 재현되어서는 안 될 것이다.

9 『다이 하드(*Die Hard*)』

존 맥티어난(John McTiernan) 감독이 존 맥클레인(John McClane) 역의 브루스 윌리스(Walter Bruce Willis), 한스 그루버(Hans Gruber) 역의 앨런 릭맨(Alan Rickman), 홀리 맥클레인(Holly Gennero McClane) 역의 보니 베델리아(Bonnie Bedelia), 파월 경사(Sergeant Al Powell) 역의 레지널드 벨존슨(Reginald Veljohnson) 등을 주연으로 해서 1988년 9월 24일에 개봉한 영화이다.[24)]

뉴욕 경찰 존 맥클레인은 사랑하는 아내와 자식과 함께 크리스마스를 보내기 위해 로스앤젤레스로 날아온다. 그가 아내 홀리의 직장이 있는 나카토미 플라자(Nakatomi Plaza) 빌딩으로 찾아갔을 때 사무실에서는 크리스마스 파티로 크게 북새통을 이루고 있었다.

24) http://cizle.nate.com/movieinfo/movie.html?movieid=1376

그러나 파티가 한창 무르익을 무렵 한스 그루버가 이끄는 일단의 테러리스트들이 침입해 사장을 비롯한 파티 참석자 30여 명을 인질로 삼고 건물 금고에 소장하고 있는 돈과 보물을 손에 넣으려 한다. 최첨단 하이테크에 의해 관리되던 34층짜리 나카토미 플라자 빌딩은 통째로 테러리스트들의 수중으로 넘어가 폐쇄된다.

크리스마스를 아내와 함께하기 위해 이 건물에 왔던 맥클레인은 아내를 구출하고 자신도 살아남기 위해 건물을 점거하고 있는 일단의 테러리스트들과 살벌한 생존 게임을 한다. 긴급 출동한 경찰과 연방수사국 요원들은 혼자 고군분투하는 맥클레인을 무시한 채 멋대로 무리한 작전을 수행한다.

그뿐만 아니라 출세욕에 눈이 먼 TV 리포터는 앞뒤 가릴 것 없이 카메라를 들이대어 맥클레인을 궁지로 몰아넣는다. 다만 말단 흑인 경찰관 파월 경사만이 그의 눈과 귀가 되어 줄 뿐이다. 맥클레인은 초인적인 힘을 발휘해 최첨단 장비로 무장된 열두 명의 테러리스트들을 한 명씩 처치해 간다.

이 영화는 경찰조직과 연방수사국이 냉혹하면서도 기민하게 움직이는 테러리스트들에 대해 엉성한 대응을 하는 것을 보여 주고 있다. 물론 맥클레인을 영웅으로 만들려고 하는 의도가 영화 곳곳에 배어 있긴 하지만 위기 상황에서 보여 주는 경찰과 연방수사국 요원들의 초등 대응 장면은 우리가 흔히 접할 수 있는 경찰의 그릇된 일면을 새삼 새롭게 각인시켜 주는 듯한 인상을 갖게 한다. 현장에 관한 정확한 정보 파악도 없이 그리고 현재 상황에 대한 정확한 이해도 없이 교범과 관례대로 행해지는 경찰과 연방수사국 요원들의 테러 대응은 영화를 보는 우리들의 마음을 더욱 초조하게 조여들게 만든다.

최첨단 장비로 무장한 채 인텔리전트 빌딩의 통제권을 장악하고 첨단통신 체계로 정보 채널을 공유하고 이러한 공유된 명령 체계 내에서 일사불란하게 움직이면서 테러의 주도권을 쥐고 나가는 잘 훈련된 테러리스트들과 테러와 관련된 일련의 사태에 당황하면서 우왕좌왕하고 관할권 다툼 등으로 구심점을 흔들리게 하는 경찰 당국은 이 영화를 통해 극명하게 비교되고 있다. 테러리스트들은 온라인에서 놀고 있는데 경찰은 오프라인에서 고군분투하는 모습으로 비쳐지는 안타까움도 느껴진다.

특히 맥클레인이 테러리스트와 생사를 건 혈투를 하면서 이러한 사실을 경찰 당국에 알리기 위해 여러 가지 방법을 강구해 외부로 메시지를 보내지만 이미 이러한 신고 전화 등에 불감증에 걸린 경찰은 이를 제대로 받아들이지 않는다.

결국 맥클레인은 최후의 방법으로 순찰을 나온 말단 흑인 경찰관 파월 경사의 순찰차에 총질을 하고 이미 처치한 테러리스트의 주검을 던져 현재 이 빌딩이 처한 긴박한 사실을 알리고 사태의 심각성을 고지시키고자 하는 고육책을 쓰게 되며, 이것을 목격한 파월 경사는 경찰본부에 사태의 심각성을 전달하고 지원을 요청함으로써 경찰조직이 움직이게 된다. 그만큼 비대해지고 화석화된 관료조직인 경찰조직은 이러한 위기 시의 즉응적 태세에 취약해질 수밖에 없었다. 이를 이 영화는 이러한 각본을 통해 잘 보여 주고 있다.

영화에서 보듯이 맥클레인의 눈부신 활약으로 테러리스트들의 뜻은 이뤄지지 못하고 일망타진되지만 이러한 노력에 경찰이나 연방수사국의 역할이 별로 보탬이 되지 못한다는 각본 구성은 위기 상황 시 이에 대처하는 경찰조직에 대한 불신을 그 내면에 깔고 있는 것 같아 마음이 무겁게 느껴진다.

10 『다이 하드 2(*Die Hard 2*)』

레니 할린(Renny Harlin) 감독이 존 맥클레인 역인 브루스 윌리스(Walter Bruce Willis), 스튜어트 대령 역의 윌리엄 새들러(William Sadler), 홀리 지네로 맥클레인 역의 보니 베델리아(Bonnie Bedelia), 리처드 손버그 역의 윌리엄 아서튼(William Atherton), 알 파월 역의 레지널드 벨존슨(Reginald Veljohnson), 오라일리 역의 로버트 패트릭(Robert Patrick) 등을 주연으로 해서 1990년 12월 1일에 개봉한 영화이다.[25]

형사 존 맥클레인은 크리스마스 이브에 로스앤젤레스에서 날아오는 아내 홀리를 마중하기 위해 들뜬 마음으로 워싱턴 국제공항에 간다. 그런데 갑자기 공항에서 비행기 납치 경보가 울려 퍼진다. 그리고 전직 미군 장교 스튜어트의 목소리가 마이크를 통해 들려온다. 마이크를 통해 들려오는 내용은 마약 밀수로 체포된 에스페란자 장군을 압송해 오는 비행기를 으슥한 활주로에 착륙시키고, 보잉 747 점보기를 준비해 놓지 않으면 엄청난 일이 일어날 것이라는 협박의 목소리이다.

25) http://www.movist.com/movies/movie.asp?mid=2757; http://movie.naver.com/movie/bi/mi/basic.nhn?code=10245

스튜어트 등 월남전을 겪은 전쟁 전문가들로 구성된 테러리스트 집단은 단숨에 공항을 점령하고 눈보라가 그치는 대로 에스페란자 장군을 태우고 이륙할 준비를 마친다. 맥클레인은 죽을 고생을 하기로 작심하고 테러범들을 일망타진하기 위해 맹활약을 벌인다. 공항경찰서장 로렌즈와 함께 맥클레인은 끝내 테러범들이 탄 보잉 747기를 폭파시키고, 무사히 비상 착륙한 아내 홀리를 맞이한다.

이 영화 역시 사이버 테러의 일면을 잘 보여 준다. 스튜어트 등 군전문가로 구성된 테러리스트들은 항공관제탑과 항공기의 전자기기를 통제할 수 있는 사이버 기술을 발휘해 경찰과 군의 대(對)테러작전을 교란하고 봉쇄한다. 물론 맥클레인의 맹활약으로 테러리스트들의 사이버 시스템은 붕괴되지만 이것이 발휘한 영향은 상당했음을 영화를 통해 알 수 있다.

실제로 앞으로의 테러와의 전쟁에서는 이러한 사이버 테러 시스템이 테러리스트들에 의해 악용되어 테러 대상이나 목표가 된 기관이나 이런 기관이 소유하고 운용하고 있는 정보관리 시스템에 영향을 주게 된다면 결과적으로 테러의 대상이나 목표가 된 기관에게 치명적인 영향력을 행사할 수도 있게 될 것이다.

11 『언더 시즈 2(*Under Siege II*)』

제프 머피(Geoff Murphy) 감독이 케이시 라이백(Casey Ryback) 역의 스티븐 시걸(Steven Seagal), 에릭 보고시안(Eric Bogosian), 에버렛 맥길(Everett McGill), 캐서린 헤이글(Katherine Heigl), 모리스 체스트넛(Morris Chestnut), 피터 그린(Peter Greene), 그리고 패트릭 킬패트릭(Patrick Kilpatrick)을 주연과 조연으로 해서 1995년 8월 5일 개봉한 영화이다.[26]

정신이 다소 비정상적이고 광적인 천재 과학자이면서 테러리스트인 컴퓨터 전문가 드래비스 데인(Dane)[27]은 테러용 컴퓨터 프로그램을 개발해 이것을 통해 지구 궤도를 도는 전투용 인공위성을 장악하고는 워싱턴을 초토화시키고 미국 국방부와 지하 핵 원자로를 손에 넣겠다고 정부를 위협한다. 그리고 이러한 협박을 통

26) http://movie.naver.com/movie/bi/mi/basic.nhn?code=17181
27) 드래비스 데인 역으로 에릭 보고시안(Eric Bogosian)이 출연한다.

해 10억 달러의 불법적인 부당이득을 취하려다가 탈취한 기차에 타고 있던 퇴역 해군특수부대 요원 케이시 라이백에 의해 잘못된 꿈이 좌절되는데, 이것도 『다이 하드 2』 영화와 맥을 같이하는 것으로 이해할 수 있다.

12 『다이 하드 3(*Die Hard: With a Vengeance*)』

존 맥티어난(John McTiernan) 감독이 존 맥클레인 역의 브루스 윌리스(Walter Bruce Willis), 제우스 카버 역의 새뮤얼 잭슨(Samuel L. Jackson), 사이먼 그루버 역의 제레미 아이언스(Jeremy Irons) 등을 주연으로 해서 1995년 6월 10일에 개봉한 영화이다.[28)]

사이코 테러리스트 사이먼은 백화점을 폭파한 후 제2의 범행을 하겠다고 위협하면서 정직 중인 뉴욕 경찰관 맥클레인을 내놓으라고 요구한다. 사이먼을 포함한 테러리스트들에 의한 테러행위에 의해 뉴욕 시민들이 위해를 당할 것을 우려한 맥클레인은 사이먼의 협박대로 흑인가에서 흑인을 미워한다는 간판을 메고 있다가 흑인들에게 죽음을 당하기 직전 같은 흑인인 제우스의 도움으로 살아나고 이때부터 테러리스트들과 대결하면서 제우스와 행동을 같이한다.

사이먼은 『다이하드』에서 맥클레인에게 죽임을 당한 범인의 형으로서 동생의 복수를 위해 맥클레인을 끌어들인 것이다. 사람이 많이 모이는 곳에 폭발물을 설치한 사이먼은 수수께끼를 풀어야만 폭발물을 제거할 수 있도록 만들어 놓아 맥클레인과 제우스는 그 수수께끼를 풀기 위해 뉴욕 시내를 미친 듯이 돌아다닌다.

그러나 사이먼은 다시 한 번 더 지하철을 폭파시키고 세 번째로 어느 학교에 또 폭발물을 설치해 놓았다고 경고한다. 뉴욕의 전 경찰과 연방수사국 요원들이 각 학교마다 동원되어 폭발물을 찾는 동안 사이먼은 성동격서의 병법을 사용해 연방준비은행(FRB)의 엄청난 금괴를 털어 유유히 사라진다.

사이먼의 음모를 눈치챈 맥클레인은 제우스와 함께 치열한 추격전을 벌인다. 사이먼이 배를 타고 도주하자 맥클레인과 제우스는 그 배에 오르지만 오히려 테러리스트들에게 체포되는 신세로 전락한다. 배가 폭파되기 직전 간신히 도망친 두 사

28) http://movie.naver.com/movie/bi/mi/basic.nhn?code=17092

람은 캐나다 국경을 넘어 도망치는 사이먼 일행을 끝까지 추적해 끝내 그의 헬기를 폭파시킨다.

이 영화에서도 테러리스트들은 뉴욕 시내에 설치한 폭발물을 원격 조종장치를 통해 폭파시킨다. 즉, 컴퓨터 네트워크를 이용해 자신들이 설치한 폭발물을 터뜨린 것이다. 이러한 측면에서 이것도 사이버 테러의 한 단면을 보여 준 영화라고 볼 수 있다. 그리고 성동격서식의 교란 전술을 쓰기 위해 동시에 여러 지역에서 테러를 저지르는 것도 바로 이러한 컴퓨터 네트워크를 활용했기 때문에 가능한 것이다. 이 영화 역시 정보전의 한 형태인 사이버 테러를 소재로 삼고 있다.

13 『다이 하드 4(*Live Free Or Die Hard*)』

렌 와이즈먼(Len Wiseman)이 감독을 하고, 존 맥클레인 역의 브루스 윌리스(Walter Bruce Willis), 토머스 가브리엘 역의 티모시 올리펀트(Timothy Olyphant), 맷 파렐 역의 저스틴 롱(Justin Long), 보우먼 역의 클리프 커티스(Cliff Curtis), 그리고 메이 린 역의 매기 큐(Maggie Q) 등을 주연으로 해서 2007년 개봉한 영화이다.[29)]

이 영화에서 보여주는 것처럼, 정부의 네트워크 전산망을 파괴해 미국을 장악하려는 전 정부요원 토머스 가브리엘과 같은 해커 한 명이 컴퓨터 조작만으로 비행기 추락, 열차 충돌, 발전소 폭발 등 대형 참사를 유발하고 교통, 통신, 금융, 전기 등 모든 국가 기간산업 네트워크를 손아귀에 넣어 국가를 위협하고 국민을 공황에 떨게 할 수 있는 것이 바로 오늘의 정보화 사회의 현주소이다.

그리고 타락한 공직자 자신이 직무상 지득한 지식과 정보를 바탕으로 자신이 지니고 있는 해킹 능력을 자신의 탐욕을 채우는 그릇된 방향으로 발휘하게 된다면 국가적으로 엄청난 사회적 비용을 지불할 수밖에 없는 상황이 바로 우리가 살고 있는 정보화 사회의 현실이다.

실제로 이러한 전산망에 대한 공격을 통해 자신들의 목적을 달성하려는 노력은 적게는 한 개인으로부터 크게는 국가 단위에 이르기까지 광범위하고 폭넓게 활용되고 활성화되어 있다. 또한 적게는 개별적인 테러에서부터 광범위한 전장이 구축

29) http://movie.naver.com/movie/bi/mi/basic.nhn?code=40133

되는 전쟁에서조차 활용되고 있다.

지난 2008년 8월 그루지야와 영토 분쟁으로 전쟁까지 치렀던 러시아는 사이버 공격으로 그루지야 정부 웹사이트를 초토화시킨 뒤 전투기, 탱크와 장갑차 그리고 무장군인들을 그루지야 영토 내로 진입시키는 물리적인 군사작전을 펼친 바 있다. 지난해 4월 에스토니아도 러시아인으로 추정되는 해커들에 의해 주요 전산망이 마비되었고 전력 공급이 중단된 바 있다.

우리나라도 이 점에서는 예외가 아니다. 지난 2004년 4월 국회, 해양경찰청, 원자력연구소 등 24개 주요 국가 공공기관 개인용 컴퓨터(PC)가 중국발 악성 바이러스 침투로 마비되었고, 이것이 완전히 복구되는 데 2개월이 걸린 바 있다.

그리고 2007년 국내에서 발생한 사이버 침해사고는 총 3만 5,316건으로 전년보다 9% 감소했지만, 공공 분야 침해사고는 오히려 증가했다. 기관별로는 지자체(51%), 교육기관(28%), 산하기관(9%), 국가기관(8%), 연구기관(3%) 순이다.[30] 현대전은 탱크나 전투기에 앞서 사이버 공격으로 적의 기선을 제압한다는 게 일반 상식화될 정도로 사이버전으로 일컬어지는 전자전의 중요성은 아무리 강조해도 지나침이 없다.

지금 각국은 적성(敵性) 국가 컴퓨터마다 바이러스 숙주(宿主)를 심어놓은 뒤, 일정 시점에 신호를 보내면 잠복했던 바이러스가 동시 활동을 개시하면서 상대방 전산망을 다운시키는 전략을 구사하기도 한다. 각 가정 컴퓨터에도 이미 테러 용도의 바이러스 숙주가 자리 잡고 있을 가능성도 배제할 수 없다는 것이 오늘의 현실이다.

따라서 정보기관에 근무하거나 또는 일반 행정부서에서 컴퓨터와 관련된 직종에 있거나 사이버 테러와 관련된 업무를 주 임무로 하는 공직자들은 이러한 정보전에서 자신이 최일선에서 근무하는 최첨병이라는 마음가짐을 갖고 자신의 공적 임무에 종사해야 할 필요가 있다.

정보전에서는 전방과 후방이 없다. 컴퓨터의 네트워크가 가 닿는 곳은 그곳이 어디인지에는 상관없이 모두가 정보전의 전쟁터가 되는 것이다. 따라서 이와 관련된 업무를 전담하는 공직자들은 국가에서 정한 정보관리 수칙을 숙지하고 이를 규정에 따라 엄격히 준수해야 한다. 보안이나 비밀 분류 그리고 정보관리 수칙의 준

30) http://news.chosun.com/site/data/html_dir/2008/10/15/2008101500071.html

수 등은 아무리 강조한다 해도 지나침이 없다고 말하는 이유도 여기에 있다.

간혹 이러한 규정이 너무 엄격해서 문제라든가 또는 이러한 규정을 악용해 과도하게 비밀 분류 등을 해서 자기 조직의 비리나 문제점을 은폐하는 경우도 없지 않다는 불만스러운 이야기도 있지만 큰 의미로 볼 때에는 이러한 규정은 지켜야 하는 것이 맞다. 왜냐하면 이러한 문제들 때문에 규정을 엄격하게 적용을 안 할 경우 그 틈새를 비집고 들어와 사이버 테러를 일으킬 경우 국가적으로나 사회적으로 치러야 할 비용과 피해가 그렇게 하지 않았을 때 치르는 것보다 상상을 초월할 만큼 많을 수가 있기 때문이다.

앞에서도 언급했듯이 미국 사이버 부대가 이란의 핵개발을 막기 위해 '스턱스넷'라는 소프트웨어를 침투시켜 이를 핵발전소 컴퓨터에 감염시킨 사례를 보면 얼마나 정보관리 수칙이 필요하며 이를 엄격하게 지키는 것이 중요한가 새삼 깨닫게 만든다.

핵 개발과 관련해 미국과 대립각을 곧추세웠던 그 당시 이란도 미국의 이러한 사이버 공격을 예상했기 때문에 핵발전소에서 사용하는 각종 컴퓨터나 이와 연계된 인터넷망의 보안 시스템을 강화했을 뿐만 아니라 불특정 외부 연결망과 접속하지 못하도록 철저하게 독자적인 폐쇄 회로 시스템을 갖추고 이 시스템 안에서 운영할 수 있도록 하는 전산 시스템을 개발해 이를 유지했다.

그러나 아무리 철통 같은 방어 체계를 해놓았다고 하지만 이 사례를 살펴보면 항상 문제는 사람을 통해 발생하는 경우가 대부분이다. 미국 사이버 부대는 이러한 이란의 사이버 대응 전략과 시스템을 이미 파악하고 있었고 인적 취약점을 파고드는 우회적인 방법을 사용했다.

즉, 컴퓨터 연결망에 접속한 핵 기술자들이 사용한 USB를 통해 스턱스넷 소프트웨어 프로그램을 자연스럽게 침투시켜 핵발전소의 컴퓨터를 감염시킬 수 있었던 것이다. 이러한 일은 컴퓨터를 일상적으로 사용하는 일반 사람들에게서도 다반사로 일어나는 일이다. 다른 컴퓨터에 꽂아서 사용한 USB를 아무 생각 없이 또 보안 조치를 취하지 않고 자신의 컴퓨터에 꽂아서 사용하는 경우이다.

이렇게 스턱스넷에 감염되었다는 사실은 이란의 입장에서 볼 때는 참으로 어처구니없는 일이었을 것이다. 엄청난 돈을 들여 만든 보안 시스템이 인재로 인해 순식간에 무위로 돌아간 상황이 되었기 때문이다. 좀 더 엄격하게 핵 기술자들이 정보관리 수칙을 꼼꼼하게 지켰다면 이러한 어처구니없는 큰 실수는 저지르지 않았을 것이고, 이로 인해 스턱스넷의 공격을 받지 않아도 되었을 것이다. 그런 의미에서 이 역시 인재라고 볼 수 있다.

또한 어떤 사례는 정보 관리자가 자신의 정보 관련 문건을 정보관리 수칙에 따라 엄격하게 파기하지 않고 무심코 쓰레기통에 버렸는데, 이를 상대방 정보 수집자가 쓰레기통을 뒤져 정보의 대어를 낚는 경우도 있다.

이러한 사례들을 볼 때 정보관리 수칙을 지킨다는 것이 얼마나 중요한가 하는 것을 새삼 깨닫게 된다. 관리수칙을 지키는 일에 무관심이나 사소한 실수라도 그것이 상대방의 사이버 정보수집망에 걸려들거나 또는 사이버 공격에 노출될 경우 국가나 사회가 입는 피해는 천문학적인 액수가 될 것이고, 심할 경우 국가 안보에도 커다란 위협이 될 수 있으므로 이에 대한 정보 관련 공직자들의 근무 기강이나 태도 그리고 자세는 매우 중요하다.

이와 더불어 상대방의 역정보나 정보 교란에 놀아나지 않도록 철저한 대비와 즉응 태세를 마련해야 한다. 정보전의 특성상 전선이 없기 때문에 언제라도 적의 공격과 교란에 그대로 노출될 수밖에 없으므로 정보 관련 공직자는 항상 긴장된 상태에서 사이버 테러나 적의 정보전에 대응하는 마음가짐이 필요하다. 정보화 시대를 살아가고 있는 정보 관련 공직자들의 이러한 노력이 국민의 생명과 재산을 지키고 국가의 안보를 튼튼하게 다지는 일이기 때문이다.

참고 문헌

국내 문헌

김규정(1997). 『행정학원론』(신판), 서울: 법문사.
김번웅(1997). "한국공무원의 부조리 행태," 『한국행정개혁론』, 서울: 법문사.
김영종(1985). "개발도상국가들의 관료부패모형 정립," 『한국행정학보』, 19(2).
______(1988). "한국 관료부패와 부패방지," 『계간경향』, 봄호.
김인규(2011). "'준법지원인'制는 변협의 '도둑 정치'다," 『조선일보』, 2011년 5월 11일.
김항규(2009). 『행정철학』, 서울: 대영문화사.
로버트 메리 지음 · 최원기 옮김(2006). 『모래의 제국』, 서울: 김영사.
박흥식. 『온라인 행정학 전자사전』, 한국행정학회.; http://www.epadic.com/
백완기(1998). 『행정학』, 서울: 박영사.
서교일(2006). "불신의 사회적 비용," 『중앙일보』, 2006년 11월 16일.
신윤표(1997). 『행정학』, 서울: 박영사.
안문석(2008). 『한국전자정부론』, 서울: 박영사.
유종해(1988). 『현대행정학』, 서울: 박영사.
유훈(1996). 『행정학원론』(제6정판), 서울: 법문사.
윤태범(1992). "한국 관료부패의 유형과 구조의 변화에 관한 연구: 제3공화국에서 제6공화국까지," 서울대학교 대학원, 『행정학박사학위논문』.
윤해성. "사이버 테러의 동향과 대응 방안에 관한 연구," 한국형사정책연구원.
이광종(1998). 『행정책임론: 책임과 통제』(개정판), 서울: 대영문화사.
이병철(2003). 『행정의 역사와 이론』, 부산: 도서출판 금정.
______(2004). 『행정윤리』, 울산: 울산대학교출판부.
______(2008). 『영화를 통해서 본 행정학』, 울산: 울산대학교출판부.

______(2012). 『행정철학』, 부산: 도서출판 금정.
______(2014). 『정부신뢰성과 행정』, 울산: 울산대학교출판부.
______(2015). 『인물 중심으로 살펴본 행정학』, 울산: 울산대학교출판부.
이종수(2012). 『새 행정윤리』, 서울: 대영문화사.
이종수 · 윤영진 외(2001). 『새 행정학』, 서울: 대영문화사.
전수일(1984). "관료부패연구: 사회문화적 접근," 『한국행정학보』, 18(1).
전종섭 지음 · 윤재풍 외 옮김(1989). 『행정학: 구상과 문제해결』, 서울: 박영사.
전종섭 지음, 윤재풍 · 정희남 옮김(2001). 『행정철학』, 서울: 대영문화사.
정우일(2006). 『리더와 리더십』, 서울: 박영사.
존 케네디(1961). 『대통령 취임 연설문』, 1961년 1월 20일.
칼 포퍼(Karl Popper) 지음 · 허형은 옮김(2006). 『삶은 문제 해결의 연속이다(*All Life is Problem Solving*)』, 서울: 도서출판 부글북스.
한국행정학회. 『온라인 행정학 전자사전』.
『성경』, "마태복음" 7장 12절, "누가복음" 6장 31절.
『조선일보』, 1996. 11. 18.

외국 문헌

Abraham, Henry J.(1960). "A People's Watchdog Against Abuse of Power," *Public Administration Review*, Vol.20 (Summer).
Adams, Elsie B. & Frank Marini(1995). "Regimentation and Rebellion in 'One Flew Over the Cuckoo's Nest'," in Charles T. Goodsell & Nancy Murray(eds.), *Public Administration Illuminated and Inspired by The Arts*, Westport, Connecticut: Praeger Publishers.
Adams, Guy B.(1996). "The Wheel of Fortune: Middle Ages, Not TV," Book Reviews 1, *Public Administration Review*, Vol.56, No.2 (March/April).
Aldrich, Howard E.(1979). *Organizations and Environments*, Englewood Cliffs, New Jersey: Prentice-Hall.
Allison, Graham T. Jr.(1986). "Public and Private Management: Are They Fundamentally Alike in All Unimportant Respects?," in Frederick S. Lane(ed.), *Current Issues in Public Administration*, 3rd ed., New York: St. Martin's Press.
Appleby, Paul H.(1952). *Morality and Administration in Democratic Government*, Baton Rouge: Louisiana State University Press.
Argyris, Chris(1960). *Understanding Organizational Behavior*, Belmont, CA: Dorsey Press.

Asch, Solomon E.(1987). *Social Psychology*, New York: Oxford University Press.

Bailey, Stephen K.(1966). "Ethics in the Public Service," in Robert Golembiewski, Frank Gibson, & Geoffrey Y. Cornog(eds.), *Public Administration*, Chicago: Rand McNally.

Balk, Walter L.(1996). *Managerial Reform and Professional Empowerment in the Public Service*, Westport, Connecticut: Quorum Books.

Barber, Bernard(1983). *The Logic and Limits of Trust*, New Brunswick, New Jersey: Rutgers University Press.

Bennis, Warren G. & Burt Nanus(1985). *Leaders: The Strategies for Taking Charge*, New York: Harper Collins.

Bennis, Warren G., Kenneth D. Benne, & Robert Chinc(eds.)(1969). *The Planning of Change*, 2nd ed., New York: Holt, Rinehart and Winston, Inc.

Bergen, Garret L. & William V. Harvey(1966). *Organizational Relations and Management Action*, New York: McGraw－Hill.

Blake, Robert Rogers, Herbert A. Shepard, & James Mouton(1964). *Managing Intergroup Conflict in Industry*, Houston: Gulf Publishing Co.

Blau, Peter M.(1964). *Exchange and Power in Social Life*, New York: Wiley.

Bok, Sissela(1978). *Lying: Moral Choice in Public and Private Life*, New York: Vintage Books.

______(1983). *Secrets*, New York: Vintage Books.

Boss, R. W.(1978). "Trust and Managerial Problem－Solving Revisited," *Group and Organization Studies*, Vol.3.

Boulding, Kenneth E.(1962). *Conflict and Defense: A General Theory*, New York: Harper and Row.

______(1964). "A Pure Theory of Conflict Applied to Organization," in R. L. Kahn & K. E. Boulding(eds.), *Power and Conflict in Organizations*, New York: Basic Books.

Bowman, James S.(1983). "Ethical Issues for the Public Manager," in William B. Eddy(ed.), *Handbook of Organization Management*, New York: Marcel Dekker.

______(1987). "Whistle Blowing: Literature and Resource Materials," *Public Administration Review* (May/June).

Burrell, Gibson & Gareth Morgan(1979). *Sociological Paradigms and Organizational Analysis*, London: Heine Man.

Caiden, Gerald & Naomi Caiden(1977). "Administrative Corruption," *Public Administration Review*, Vol.37.

Carnevale, David G.(1995). *Trustworthy Government: Leadership and Management Strategies for Building Thrust and High Performance*, San Francisco, CA: Jossey－Bass

Publishers.

Colson, Charles W.(1977). *Born Again*, New York: Bantam Books.

Cook, Thomas D., et al.(1979). *Quasi Experimentation*, Chicago, Illinois: Land McNally College Publishing Co.

Cooper, Phillip J.(1996). "Understanding What the Law Says About Administrative Responsibility," in James L. Perry(ed.), *Handbook of Public Administration*, 2nd ed., San Francisco, California: Jossey-Bass Publishers.

Cooper, Terry L.(1982). *The Responsible Administrator: A Approach to Ethics for the Administrative Role*, Port Washington, New York: Kennikat Press.

Dante, Alighieri(1949), *L'Inferno*, New York: Penguine Books(orig. c. 1315).

Denhardt, Kathryn G.(1988). *The Ethics of Public Service*, Westport, Connecticut: Greenwood.

Denhardt, Robert B.(1995). *Public Administration: An Action Orientation*, Belmont & Albany: Wadsworth Publishing Company.

Deutsch, Morton(1973). *The Revolution of Conflict: Constructive and Destructive Processes*, New Haven, Connecticut: Yale University Press.

Devine, T. M. & D. G. Aplin(1986). "Abuse of Authority: The Office of the Special Counsel and Whistleblower Protection," *Antioch Law Journal*, Vol.4.

Dewey, John(1934). *Art as Experience*, New York: Minton, Balch and Company.

DiIulio, John J. Jr.(1987). *Governing Prisons: A Comparative Study of Correctional Management*, New York: Free Press.

Dubnick, Melvin J. & Barbara S. Romzek(1991). *American Public Administration: Politics and the Management of Expectations*, New York: Macmillan.

Dye, Thomas R.(1994). *Who's Running America?*, 6th edition, Englewood Cliffs, New Jersey: Prentice-Hall, Ins.

Fesler, James W. & Donald F. Kettl(1996). *The Politics of the Administrative Process*, 2nd ed., Chatham, New Jersey: Chatham House Publishers, Inc.

Finer, Herbert(1941). "Administrative Responsibility in a Democratic Government," *Public Administration Review*, Vol.1. (Summer).

Friedrich, Carl J.(1940). "Public Policy and the Nature of Administrative Responsibility," in C. J. Friedrich & E. S. Mason(eds.), *Public Policy*, Cambridge, Massachusetts: Harvard University Press.

Fukuyama, Francis(1996). *Trust: The Social Virtues and The Creation of Prosperity*, New York: Free Press.

Gerth, H. H. & Charles Wright Mills(1946). *From Max Weber: Essays in Sociology*, New York: Oxford University Press.

Gibbon, Edward(2001). *The History of the Decline and Fall of the Roman Empire*, Abridged edition, London: Penguin Classics.

Gibson, James L., John M. Ivancevich, & James H. Donnelly, Jr.(1979). *Organizations: Behavior, Structure, Processes*, 3rd ed., Dallas, Texas: Business Publications.

Golembiewski, Robert & M. L. McConkie(1975). "The Centrality of Interpersonal Trust in Group Processes," in C. L. Cooper(ed.), *Theories of Group Processes*, New York: Wiely.

Goodsell, Charles T. & Nancy Murray(eds.)(1995). *Public Administration Illuminated and Inspired by The Arts*, Westport, Connecticut: Praeger Publishers.

Gortner, Harold F.(1991). *Ethics for Public Managers*, New York: Greenwood Press.

Gould, David J.(1980). *Bureaucratic Corruption and Underdevelopment in the Third World: The Case of Zaire*, New York: Pergamon.

______(1991). "Administrative Corruption: Incidence, Causes and Remedial Strategies," in Ali Farazmand(ed.), *Handbook of Comparative and Development Public Administration*, New York: Marcel Dekker, Inc.

Halberstam, David(1972). *The Best and the Brightest*, New York: Random House.

Hall, Richard H.(1982). *Organizations: Structure and Process*, Englewood Cliffs, New Jersey: Prentice-Hall, Inc.

Heidenheimer, Arnold J.(1989). *Political Corruption: Readings in Comparative Analysis*, New York: Holt, Rinehart and Winston, Inc.

______(1990). "Problems of Comparing American Political Corruption," in Arnold J. Heidenheimer, Michael Johnston, & Victor T. LeVine(eds.), *Political Corruption: A Handbook*, New Brunswick, New Jersey: Transaction Books.

Holbrook, Thomas M. & Kenneth J. Meier(1993). "Politics, Bureaucracy and Political Corruption: A Comparative State Analysis," in H. George Frederickson(ed.), *Ethics and Public Administration*, Armonk and New York: M. E. Sharpe.

Holzer, Marc & Linda G. Slater(1995). "Insights into Bureaucracy from Film: Visualizing Stereotypes," in Charles T. Goodsell & Nancy Murray(eds.), *Public Administration Illuminated and Inspired by The Arts*, Westport, Connecticut: Praeger Publishers.

Huse, Edgar F. & James L. Bowditch(1977). *Behavior in Organizations: A Systems Approach to Managing*, 2nd ed., Reading, Mass.: Addison-Wesley Publishing Co.

Hyneman, Charles S.(1950). *Bureaucracy*, New York: Harper and Row.

Johnston, Michael(1986). "Systematic Origins of Fraud, Waste, and Abuse," in Jerome B. McInney & Michael Johnston(eds.), *Fraud, Waste, and Abuse in Government*, Philadelphia, Pennsylvania: ISHI Publications.

Kernaghan, Kenneth(1978). "Changing Concepts of Power and Responsibility in the Canadian Public Service," *Canadian Public Administration*, Vol.21, No.3 (Fall).

Klitgaard, Robert(1988). *Controlling Corruption*, Berkeley, California: University of California Press.

Kochan, Thomas A. et al.(1975). "Determinant of Intra-organizational Conflict in Collective Bargaining in the Public Sector," *Administrative Science Quarterly*, Vol.20, No.1 (March).

Kroll, Morton(1995). "The Administrator-Viewer Reviewed, Through Film," in Charles T. Goodsell & Nancy Murray(eds.), *Public Administration Illuminated and Inspired by The Arts*, Westport, Connecticut: Praeger Publishers.

Kupfer, Joseph H.(1983). *Experience as Art: Aesthetics in Everyday Life*, Albany, New York: State University of New York Press.

Lawrence, Paul R. & Jay W. Lorsch(1969). *Organizations and Environments*, Homewood, Illinois: Irwin.

Lewis, Carol W. & Bayard L. Catron(1996). "Professional Standards and Ethics," in James L. Perry(ed.), *Handbook of Public Administration*, 2nd ed., San Francisco, CA: Jossey-Bass Publishers.

Lewis, John D.(1941). "Democratic Planning in Agriculture," *American Political Science Review*, Vol.35 (April/June).

Likert, Rensis(1967). *The Human Organization*, New York: McGraw-Hill.

Litterer, Joseph A.(1965). "Management Conflict in Organizations," Proceedings of the 8th Annual Midwest Management Conference, Southern Illinois University Business Research Bureau, Reprinted in Max S. Wortman & Fred Luthans(1969). *Emerging Concepts in Management*, New York: The Macmillan Co.

Loomis, J.(1959). "Communication, the Development of Trust, and Cooperative Behavior," *Human Relations*, Vol.12.

Lui, A. Y. C.(1979). *Corruption in China During the Early Ch'ing Period: 1644 to 1660*, Hong Kong: University of Hong Kong, Center of Asian Studies.

Malec, Kathryn L.(1993). "Public Attitudes toward Corruption: Twenty-Five Years of Research," in H. George Frederickson(ed.), *Ethics and Public Administration*, Armonk and New York: M. E. Sharpe.

March, James G. & Herbert A. Simon(1938). *Organizations*, New York: John Wiely and Sons.

Maslow, Abraham H.(1954). *Motivation and Personality*, New York: Harper Collins.

______(1965). *Eupsychian Management*, Homewood, Illinois: Irwin.

McGregor, Douglas M.(1960). *The Human Side of Enterprise*, New York: McGraw-Hill.

Mckinney, Jerome B. & Lawrence C. Howard(1998). *Public Administration: Balancing Power and Accountability*, 2nd ed., Westport & London: Praeger.

Mcleish, John(1968). *Theory of Social Change*, London: Routedge and Kegan.

Mellinger, G. D.(1956). "Interpersonal Trust as a Factor in Communication," *Journal of Abnormal Social Psychology*, Vol.52.

Merry, Robert W.(2005). *Sands of Empire*, New York: Sterling Lord Literistic, Inc.

Miceli, M. P. & J. P. Near(1985). "Characteristic of Organizational Climate and Perceived Wrongdoing Associated with Whistle-Blowing Decisions," *Personnel Psychology*, Vol.38.

Miles, R. E. & J. B. Ritchie(1984). "Participative Management: Quality versus Quantity," in D. A. Kolb, I. A. Rubin, & J. M. McIntyre(eds.), *Organization Psychology*, 4th ed., Englewood Cliffs, New Jersey: Prentice-Hall, Inc.

Miller, Gary J.(1992). *Managerial Dilemmas: The Political Economy of Hierarchy*, Cambridge, England: Cambridge University Press.

Mills, Charles Wright(1960). *The Power Elite*, New York and London: Oxford University Press.

Mises, Ludwig Von(1944). *Bureaucracy*, New Haven, Connecticut: Yale University Press.

Moe, Ronald C.(1987). "Exploring the Limits of Privatization," *Public Administration Review*, Vol.47.

______(1988). "'Law' Versus 'Performance' as Objective Standard," *Public Administration Review*, Vol.48, No.2.

Myrdal, Gunnar(1969). *The Challenge of World Poverty*, New York: Vintage Books.

______(1971). "Corruption: Its Causes and Effects," *Asian Drama: An Inquiry into the Poverty of Nations*, New York: Vintage Books.

Nader, Ralph et al.(1972). *Whistle-Blowing*, New York: Grossman.

Nas, Tevfik F., Albert C. Price, & Charles T. Weber(1986). "A Policy-Oriented Theory of Corruption," *American Political Science Review*, Vol.80 (March).

Nye, Joseph S.(1967). "Corruption and Political Development: A Cost-Benefit Analysis," *American Political Science Review* (June).

______(1979). "Corruption and Political Development: A Cost-Benefit Analysis," in Monday U. Ekpo(ed.), *Bureaucratic Corruption in Sub-Saharan Africa: Toward a Search for Causes and Consequences*, Washington, D. C.: University Press of America.

Osborne, David & Ted Gaebler(1992). *Reinventing Government: How the Entrepreneurial Spirit Is Transforming the Public Sector*, Reading, Massachusetts: Addison-Wesley.

Perry, James L.(1993). "Whistleblowing, Organizational Performance, and Organizational Control," in H. George Frederickson(ed.), *Ethics and Public Administration*, Armonk & New York: M.E. Sharpe.

Peters, B. Guy(1996). *American Public Policy: Promise and Performance*, 4th ed., Chatham, New Jersey: Chatham House Publishers, Inc.

Peters, John G. & Susan Welch(1978). "Political Corruption in America: A Search for Definitions and a Theory," *American Political Science Review*, Vol.72 (Sep.).

Pfiffner, John M. & Robert Presthus(1967). *Public Administration*, 5th ed., New York: Ronald Press.

Popper, Karl Raimund(1971). *The Open Society and Its Enemies*, Vol.1: The Spell of Plato, 5 Revised edition, Princeton, New Jersey: Princeton University Press.

______(1971). *The Open Society and Its Enemies*, Vol.2: Hegel, Marx, and the Aftermath, Princeton, New Jersey: Princeton University Press.

Presthus, Robert(1975). *Public Administration*, 6th ed., New York: Ronald Press.

Rawls, John(1971). *A Theory of Justice*, Cambridge, Massachusetts: Harvard University Press.

Reich, Robert(1987). *Tales of a New America*, New York: Times Books.

Robbins, Stephen P.(1974). *Managing Organizational Conflict: A Nontraditional Approach*, New York: Prentice－Hall, Inc.

______(1983). *Organization Theory: The Structure and Design of Organizations*, Englewood Cliffs, New Jersey: Prentice－Hall, Inc.

Rohr, John(1988). *Ethics for Bureaucrats*, New York: Marcel Dekker.

Romzek, Barbara S.(1996). "Enhancing Accountability," in James L. Perry(ed.), *Handbook of Public Administration*, 2nd ed., San Francisco, California: Jossey－Bass Publishers.

Romzek, Barbara S. & Melvin J. Dubnick(1987). "Accountability in the Public Sector: Lessons from the Challenger Tragedy," *Public Administration Review*, Vol.47.

Rose－Ackerman, Susan(1978). *Corruption: A Study in Political Economy*, New York: Academic Press.

Rotter, J. B.(1967). "A New Scale for the Measurement of Interpersonal Trust," *Journal of Personality*, Vol.35.

Rowat, Donald C.(1973). *The Ombudsman Plan: Essays on the Worldwide Spread of an Idea*, Toronto, Canada: McClelland and Stewart.

Scott, James C.(1972). *Comparative Political Corruption*, Englewood Cliffs, New Jersey: Prentice－Hall, Inc.

Sherif, Muzafer(1964). "Experiments on Group Conflict and Cooperation," in Harold J. Leavitt & Louis R. Pondy(eds.), *Readings in Managerial Psychology*, Chicago:

University of Chicago Press.
______(1966). *In Common Predicament*, Boston, Mass.: Houghton Mifflin.

Simon, Herbert A., Victor A. Thompson, & Donald W. Smithburg(1991). *Public Administration*, New Brunswick & London: Transaction Publishers.

Strauss, George & Eliezer Rosenstein(1970). "Workers Participation: A Critical View," *Industrial Relations*, (Feb.).

Thomas, Kenneth W.(1976). "Conflict and Conflict Management," in Marvin D. Dunneffe (ed.), *Handbook of Industrial and Organizational Psychology*, Chicago, Illinois: Rand McNally.

Thompson, James D.(1960). "Organizational Management of Conflict," *Administrative Science Quarterly* (March).

Thompson, James D. & Arthur Luden(1959). "Strategies, Structures and Processes of Organizational Decision," in J. D. Thompson, et al.(eds.), *Comparative Studies in Administration*, Pittsburgh, Pennsylvania: University of Pittsburgh Press.

Thompson, Victor A.(1961). *Modern Organization*, New York: Knopf.

Truelson, Judith A.(1986). "Protecting David from Goliath: On Blowing the Whistle on Systematic Corruption," *Dialogue* (Spring).

Waldo, Dwight(1956). *Perspectives on Administration*, Alabama: University of Alabama Press.

Walton, Richard E. & John M. Dutton(1969). "The Management of Interdepartmental Conflict: A Model and Review," *Administrative Science Quarterly* (March).

Walton, Richard E. & R. B. Mckersie(1965). *A Behavioral Theory of Labor Negotiation*, New York: McGraw-Hill.

Weinstein, Deena(1979). *Bureaucratic Opposition: Challenging Abuse at the Workplace*, New York: Pergamon.

Weisband, Edward & Thomas M. Franck(1975). *Resignation in Protest: Political and Ethical Choices Between Loyalty to Team and Loyalty to Conscience in American Public Life*, New York: Grossman Publishers.

Werner, Simcha B.(1983). "New Directions in the Study of Administrative Corruption," *Public Administration Review*, Vol.43, No.2 (March/April).

Whyte, William F.(1948). *Human Relations in the Restaurant Industry*, New York: McGraw-Hill.

Wolfe, Humbert(1924). "Some Public Servants in Fiction," *Public Administration*, Vol.2 (January).

Wortman, Max S. & Fred Luthans(1969). *Emerging Concepts in Management*, New York:

The Macmillan Co.

Zald, Meyer N.(1962). “Power Balance and Staff Conflict in Correctional Institutions,” *Administrative Science Quarterly*, (June).

Zald, Meyer N. & M. A. Berger(1978). “Social Movements in Organizations: Coup d'Etat, Insurgency, and Mass Movements,” *American Journal of Sociology*, Vol.83.

Zand, Dale E.(1972). “Trust and Managerial Problem Solving,” *Administrative Science Quarterly*, Vol.17.

Zimmerman, Joseph(1994). *Curbing Unethical Behavior in Government*, Westport, Connecticut & London: Greenwood Press.

찾아보기

ㄱ

가르침의 다리 39
『가문의 위기』 149
가상현실(Virtual Reality: VR) 31
가이 피터스(B. Guy Peters) 85
가치의 다리 39
갈등 208
『강남 1970』 135
개인정보 보호정책 314
객관적 책임 253
『갱스 오브 뉴욕(*Gangs of New York*)』 157
게블러(T. Gaebler) 258
결과책임 254
경주 최부잣집 16, 54
경찰순찰 방식의 입법통제 266
계층제에 의한 통제 257
골렘뷰스키(R. Golembiewski) 81
공개형 내부고발 182
공공기관의 개인정보 보호에 관한 법률 316
공공기관의 정보 공개에 관한 법률 316
『공공의 적』 146
『공공의 적 2』 147
공공 이익적 기준 116
공식적 통제 257
공익과 관련된 개념 116
공적 책무 252
공적 책임 252
공직과 관련된 개념 116
공직부패 110, 119
공직자 13, 46, 51, 58, 60, 63
공직자윤리법 60
공직후보자에 관한 정보의 수집 및 관리에 관한 규정 316
과정이론 180
과정책임 254
『광복절 특사』 162
『광해, 왕이 된 남자』 13, 42, 63, 71
교육 관련 기관의 정보공개에 관한 법률 316
국가공무원 복무규정 62
국가공무원법 60, 62
국제투명성기구(Transparency International: TI) 109
굴드(D. J. Gould) 120
굿셀(C. T. Goodsell) 37, 40
『그녀는 날 싫어해(*She Hate Me*)』 198
『그때 그 사람들』 242
기능주의적 접근 119
기대이론 180

기본(E. Gibbon) 112
『기술자들』 131
『긴급명령(*Clear and Present Danger*)』 73
김번웅 88
김영종 118

ㄴ

『나쁜 녀석들(*Bad Boys*)』 153
『나쁜 녀석들 2(*Bad Boys II*)』 153
나이(J. S. Nye) 117, 119
낙시(樂施) 48, 51
『내가 살인범이다』 289
내부고발 18, 167, 174
내부고발의 단계 183
내부 고발의 유형 181
『내부고발자(*The Whistleblower*)』 188, 201
내부고발자보호법(Whistleblower Protection Act) 188
『내부자들』 42, 123
내부통제 259, 272
내부형 내부고발 181
『내셔널 시큐리티(*National Security*)』 160
내재적 책임 255
『네고시에이터(*The Negotiator*)』 159
네오콘(neocon) 그룹 86
『네이키드 웨폰(*Naked Weapon*)』 338
『네트(*The Net*)』 320
『노리개』 140
노스(O. North) 186
논 제로섬 게임(non-zero sum game) 81
논리실증주의 35
『논어(論語)』 49
뉴욕시정연구회(the New York Bureau of Municipal Research) 33
니어(J. P. Near) 175
『닉슨(*Nixon*)』 301
닉슨(R. Nixon) 185

ㄷ

『다이 하드(*Die Hard*)』 339
『다이 하드 2(*Die Hard 2*)』 341
『다이 하드 3(*Die Hard: With a Vengeance*)』 324, 343
『다이 하드 4(*Live Free Or Die Hard*)』 344
단테(A. Dante) 40
대(大) 카토(Marcus Porcius Cato) 59
대동법(大同法) 64, 67, 70
대통령의 특권 274
『대학(大學)』 49
『더 록(*The Rock*)』 226
『더 울프 오브 월 스트리트(*The Wolf of Wall Street*)』 294
『더 킹』 126
『더러운 경찰(*Dirty*)』 172
『데이브(*Dave*)』 70
덴하트(R. B. Denhardt) 87
『도가니』 95
도둑 정치(kleptocracy) 114
도의적 책임 254
도이취(M. Deutsch) 81, 209
『돈 크라이 마미』 97
『돈의 맛』 141
두브닉(M. J. Dubnick) 257
듀이(J. Dewey) 36
『디파티드(*The Departed*)』 102

ㄹ

『라이언 일병 구하기(*Saving Private Ryan*)』 295
『라이터를 켜라』 164
라이히(R. B. Reich) 81
러셀(B. Russell) 113
『럭키』 90

레이건(R. Reagan) 186
로르(J. Rohr) 117
로빈스(S. D. Robbins) 209
로스 애커맨(S. Rose-Ackerman) 18, 121
로크(J. Locke) 121, 287
롤스(J. Rawls) 96
롬젝(B. S. Romzek) 252, 257
루소(J. J. Rousseau) 287
루이스(J. D. Lewis) 261
『룰스 오브 인게이지먼트(*Rules of Engagement*)』 221
류이(A. Y. C. Lui) 117
리더십의 다리 39
『리처드 닉슨의 암살(*The Assassination of Richard Nixon*)』 103
리커트(R. Likert) 81
리터러(J. A. Litterer) 216
『리플레이스먼트(*The Alternate*)』 228

ㅁ

마리니(F. Marini) 41
『마이너리티 리포트(*Minority Report*)』 235
마일스(L. E. Miles) 81
『마지막 보이 스카웃(*The Last Boy Scout*)』 334
마치(J. G. March) 212, 216
매디슨(J. Madison) 256
매커시(R. B. Mckersie) 216
맥그리거(D. M. McGregor) 81
맥대니얼(T. McDaniel) 36
맥커디(H. McCurdy) 36
맬렉(K. L. Malec) 116
맬빈(M. J. Malbin) 276
『머니 트레인(*Money Train*)』 154, 311
머레이(N. Murray) 37
머슬로(A. H. Maslow) 81, 212
메(R. C. Moe) 270
메리(R. W. Merry) 86
메이요(E. Mayo) 210
멜링거(G. D. Mellinger) 81
『모던 보이』 170
『모두가 대통령의 사람들(*All The President's Men*)』 298, 302
『모비딕』 202
『목민심서(牧民心書)』 46, 48
『무간도(無間道)』 102
뮈르달(G. Myrdal) 117
『미션 임파서블 1(*Mission: Impossible*)』 237
『미션 임파서블 2(*Mission: Impossible II*)』 239
『미션 임파서블 3(*Mission: Impossible III*)』 240
미셸리(M. P. Miceli) 175
미제스(L. Von Mises) 261
민원인으로 이해되는 행정고객에 의한 통제 257
민중통제 260
밀스(C. W. Mills) 248, 276

ㅂ

바버(B. Barber) 81
바우먼(P. Bowman) 191
박홍식 179, 181
반(反)관료제적 신화 87
방납(防納) 47, 65, 70
『방화벽: 파이어 월(*Firewall*)』 322, 326
『방황하는 칼날』 94
백완기 253, 260
『뱅크 잡(*The Bank Job*)』 150
『버티칼 리미트(*Vertical Limit*)』 282
『범죄와의 전쟁: 나쁜 놈들 전성시대』 138
법적 기준 116
법적 책임 254
법적인 통제 257
베니스(W. G. Bennis) 81
베버(M. Weber) 198, 276

베일리(S. Bailey) 35
『베테랑』 288
『별들의 전쟁(*Star Wars*)』 32, 38
병객(屛客) 48, 50
보드치(J. L. Bowditch) 209
복(S. Bok) 87
볼딩(K. E. Boulding) 209, 212, 216
볼프(H. Wolfe) 33
『부당거래』 133
『부러진 화살』 89
『부산행』 91
부정청탁 및 금품 등 수수의 금지에 관한 법률 190
부패지수(Corruption Perceptions Index: CPI) 109
『불량 경찰: 부정부패 소탕작전』 172
불완전형 내부고발 183
『브릭 맨션: 통제불능 범죄구역(*Brick Mansions*)』 144
블라우(P. M. Blau) 81
블레이크(R. R. Blake) 216
비공식적 통제 257
빙햄(J. Bingham) 191

ㅅ

사법부에 의한 통제 257
사법통제 260, 269
『사생결단』 137
사이먼(H. A. Simon) 208, 216, 257
사이버 범죄 316
사이버 정부(cyber government) 22
사이버 테러 22
『살인의 추억』 290
『살인의뢰』 286
삼정(三政)의 문란 47
상관에 의한 통제 257
상생 게임(win–win game) 81
상앙(商鞅) 88
새로운 교량 37
『서경(書經)』 51
『서울무지개』 107
『서울역』 93
선거직 공무원에 의한 통제 257
『설리: 허드슨 강의 기적(*Sully*)』 43, 279
소 카토(Marcus Porcius Cato Uticensis) 59
소극형 내부고발 183
소방경보 방식의 입법통제 266
「소설 속에 나오는 몇몇 공직자들」 33
솔로몬(Solomon) 105
『쇼생크 탈출(*The Shawshank Redemption*)』 166
스미스버그(D. W. Smithburg) 257
『스트라이킹 디스턴스(*Striking Distance*)』 167
스틸만(R. J. Stillman) 87
슬래터(L. G. Slater) 41
시장 중심적 개념 116
『시티즌포(*Citizenfour*)』 200
『신곡(*Divina Commedia*)』 40
『신기전』 43, 75
『신목민심서』 53
『신세계』 101
신윤표 253, 257, 260, 277
『13구역(*District 13*)』 106, 142
『13구역: 얼티메이텀(*Banlieue 13: Ultimatum*)』 143

ㅇ

아리스토텔레스(Aristoteles) 48
『아수라(阿修羅)』 171
아우구스투스(Augustus) 57
『아웃브레이크(*Outbreak*)』 224
『아이, 로봇(*I, Robot*)』 328
아지리스(C. Argyris) 81

안문석 314
애덤스(E. B. Adams) 41
애덤스(G. B. Adams) 36
애플비(P. Appleby) 117
액튼 경(Lord W. Acton) 121
『야망의 함정(*The Firm*)』 233
『어 퓨 굿맨(*A Few Goodman*)』 222
어항 효과 260
『언더 시즈 2(*Under Siege II*)』 342
에거(R. Egger) 35
『에니미 오브 더 스테이트(*Enemy of the State*)』 249, 321
에이브러햄(H. J. Abraham) 271
『엔트랩먼트(*Entrapment*)』 325
『L.A. 컨피덴셜(*L.A. Confidential*)』 155
엘튼(G. Elton) 121
여론에 의한 기준 116
역할이론 179
『열린 사회와 그 적들(*The Open Society and Its Enemies*)』 113
엽관제 33
영화 게임(zero sum game) 81, 214, 218
오스본(D. Osborne) 258
옴부즈만(ombudsman) 260, 271
완전형 내부고발 183
왈도(D. Waldo) 35
『왕의 남자』 243
『왝 더 독(*Wag the Dog*)』 245
외부통제 259, 260
외부형 내부고발 181
외재적 책임 255
외재적 · 법률적 책임 254
워터게이트 사건(Watergate scandal) 186
『월스트리트(*Wall Street*)』 233, 234
월튼(R. E. Walton) 216
『웨스트월드: 인공지능의 역습(*Westworld*)』 328
웨인슈타인(D. Weinstein) 176
윌슨(J. Q. Wilson) 18, 121
『유령』 307
육훈(六訓) 54
윤태범 118
율기육조(律己六條) 48
『음모(*Conspiracy*)』 249
『의뢰인(*The Client*)』 206
『이글 아이(*Eagle Eye*)』 329
이란 콘트라 사건 74, 115, 186, 274, 314
『이레이저(*Eraser*)』 204
이론의 다리 38
『이장과 군수』 303
이종수 118, 253, 257
이직형 내부고발 181
『26년』 292
익명형 내부고발 181
인간적 인격체의 가치 114
인사관리청(Office of Personnel Management: OPM) 175
『인사이더(*The Insider*)』 193, 195
『인터스텔라(*Interstellar*)』 32
일반 시민들에 의한 통제 257
입법부 통제 257
입법통제 260, 262

ㅈ

자율적 · 도덕적 책임 254
자질이론 179
『자칼(*The Jackal*)』 336
재직형 내부고발 181
잰드(D. E. Zand) 81
적극형 내부고발 182
전관예우(前官禮遇) 114
전문가에 의한 통제 257
전문직업적 통제 257
전수일 118
전자정부(e-government) 22

전종섭 37, 176, 204
『절대권력(*Absolute Power*)』 73, 104
절용(節用) 48, 50
「정도전(鄭道傳)」 53
정보공개법(The Freedom of Information Act: FOIA) 315
정보공개정책 314
정보통신망 이용 촉진 및 정보보호 등에 관한 법률 316
정보혁명 21
정보화 사회 313
정보화 촉진 기본법 316
정약용 15, 46, 52
『정의론』 96
정책의 다리 40
정치경제리스크컨설턴시(Political and Economic Risk Consultancy, Ltd.: PERC) 110
정치적인 통제 257
제가(齊家) 49
『제보자』 193
조직갈등 212
죄수의 딜레마(prisoner's dilemma) 82
주관적 책임 253
『주유소 습격사건』 146
『쥬라기 공원(*Jurassic Park*)』 32
증인 보호 19, 191
증인 보호 프로그램 191, 204, 206
지대 추구 114
직무적 책임 255
짐멜(G. Simmel) 209

ㅊ

『차이나 신드롬(*China Syndrome*)』 203
『1724 기방난동사건』 161
청문회(hearing) 267
청심(淸心) 49
청원제도 217
『체인질링(*Changeling*)』 172
『추격자』 99
『춘향전』 51
치킨 게임(chicken game) 82
칙궁(飭躬) 48

ㅋ

카네베일(D. G. Carnevale) 86
칸(H. Kahn) 21
칸트(I. Kant) 96, 114
캠벨(A. Campbell) 175
『캡틴 필립스(*Captain Philips*)』 284
커나건(K. Kernaghan) 253
『컨스피러시(*Conspiracy Theory*)』 249
케네디(J. F. Kennedy) 250
케이든(G. Caiden) 118
케틀(D. F. Kettl) 260
쿠퍼(J. H. Kupfer) 36
쿠퍼(P. J. Cooper) 270
쿠퍼(T. L. Cooper) 253
크롤(M. Kroll) 41
『크림슨 타이드(*Crimson Tide*)』 305, 308
클린턴(B. Clinton) 85
클릿가드(R. Klitgaard) 18, 119, 121
키케로(Marcus Tullius Cicero) 58

ㅌ

타키투스(Tacitus) 87
『터미네이터 1(*The Terminator 1*)』 326, 329
『테이큰(*Taken*)』 106
토머스(K. W. Thomas) 209
토플러(A. Toffler) 21
톰슨(J. D. Thompson) 209
톰슨(V. A. Thompson) 257
『투캅스』 145
『튜브』 311

『트래픽(*Traffic*)』 205
『트레이닝 데이(*Training Day*)』 152
『트루스(*Truth*)』 297
『트리플X2: 넥스트 레벨(*xXx 2: The Next Level*)』 229

ㅍ

파이너(H. Finer) 259, 262
『판도라』 333
『패트리어트 게임(*Patriot Games*)』 74, 308
페리(J. L. Perry) 175
페슬러(J. W. Fesler) 260
펜들턴법(Pendleton Act) 33
포퍼(K. Popper) 113
프레서스(R. Presthus) 252
프리드리히(C. J. Friedrich) 259
플라톤(Platon) 48, 58
플라톤의 법칙 58
플러스 섬 게임(plus sum game) 81
『피스메이커(*The Peacemaker*)』 158
피프너(J. M. Pfiffner) 252

ㅎ

하이네만(C. S. Hyneman) 262
하이덴하이머(A. J. Heidenheimer) 116
핼버스탬(D. Halberstam) 85
행정갈등 19, 208, 218
행정부패 16, 109, 115, 122
행정비밀 275
행정신뢰 16, 80
『행정에 대한 전망(*Perspectives on Administration*)』 35
행정책무 252
행정책임 20, 250, 252, 274
행정통제 20, 255, 256, 274
행태주의 35
허균(許筠) 42, 52, 63
『헬(*In Hell, The Savage*)』 165
「호민론(豪民論)」 52
홀(F. Hall) 186
홀(R. H. Hall) 209
홀브루크(T. M. Holbrook) 117
홀처(M. Holzer) 41
홉스(T. Hobbes) 34, 121
『홍길동전(洪吉童傳)』 52, 69
화이트워터 스캔들 85
『황시(*The Children of Huangshi*)』 168
회계감사원(General Accounting Office: GAO) 263
후기 기능주의적 접근 119
후스(E. F. Huse) 209
후쿠야마(F. Fukuyama) 82, 84

저자 소개

이병철(Lee, Byung Chul)

연세대학교 대학원 졸업(행정학박사)
울산대학교 사회과학대학 행정학과 교수

<주요 저서>
『인물 중심으로 살펴본 행정학』, 울산: 울산대학교출판부, 2015.
『정부신뢰성과 행정』, 울산: 울산대학교출판부, 2014.
『행정철학의 이해』, 울산: 울산대학교출판부, 2013.
『행정철학』, 부산: 도서출판 금정, 2012.
『영화를 통해서 본 행정학』, 울산: 울산대학교출판부, 2008.
『행정윤리』, 울산: 울산대학교출판부, 2004.
『행정의 역사와 이론』, 부산: 도서출판 금정, 2003.

영화 속의 행정윤리

펴낸날 제1판 제1쇄 2016년 12월 30일
지은이 이병철
펴낸이 임춘환
펴낸곳 도서출판 대영문화사
주소 서울특별시 용산구 청파로 61길 5(청파동 1가) 제일빌딩 2층
등록 1975년 12월 26일 제3-16호
전화 (02)716-3883, (02)714-3062
팩스 (02)703-3839
홈페이지 http://www.dymbook.co.kr

ISBN 978-89-7644-586-5
값 18,000원